U0916301

新疆大学马克思主义理论学科建设与理论研究系列丛书

近代商帮与社会转型研究

贾秀慧 著

人民日报出版社

图书在版编目（CIP）数据

近代商帮与社会转型研究 / 贾秀慧著. -- 北京 : 人民日报出版社, 2025. 8. -- ISBN 978-7-5115-8659-9

Ⅰ. F729.5

中国国家版本馆 CIP 数据核字第 2025ZJ9048 号

书　　名: 近代商帮与社会转型研究
JINDAI SHANGBANG YU SHEHUI ZHUANXING YANJIU
作　　者: 贾秀慧

责任编辑: 李　安　蒋菊平
版式设计: 九章文化

出版发行: 人民日报出版社
社　　址: 北京金台西路 2 号
邮政编码: 100733
发行热线: (010) 65369509　65369527　65369846　65369512
邮购热线: (010) 65369530　65363527
编辑热线: (010) 65369528
网　　址: www.peopledailypress.com
经　　销: 新华书店
印　　刷: 三河市中晟雅豪印务有限公司
法律顾问: 北京科宇律师事务所　(010) 83622312

开　　本: 710mm × 1000mm　1/16
字　　数: 442 千字
印　　张: 27
版次印次: 2025 年 9 月第 1 版　　2025 年 9 月第 1 次印刷

书　　号: ISBN 978-7-5115-8659-9
定　　价: 78.00 元

本书是国家社科基金一般项目（12BZS089）结项成果、“天山英才”培养计划哲学社会科学人才和新疆文化名家项目资助（2023WHMJ012）阶段性成果。

目 录

Contents

导 论

《近代商帮与社会转型研究》是一本深入探讨近代商帮群体如何影响并推动社会转型的学术著作。该书以近代商帮为研究对象，兼顾社会史与经济史的研究视角，详细剖析了他们在近代社会变革中的角色和作用。

本书首先梳理了全国范围内近代商帮的崛起与演进，然后聚焦于近代从天津、山西、陕西、甘肃、四川、湖南、湖北、河南等地来到新疆的商人们，约于19世纪80年代形成商帮后在近代社会转型中的独特作用与深刻影响，从商帮的商业活动、商帮的地缘组织——近代会馆、商帮与近代商会、商帮对中华传统民俗文化的传承、商帮对近代社会转型的推动作用等维度，为读者展开了一幅细腻入微的历史画卷。

本书通过翔实的史料分析与生动的案例叙述，探讨了近代商帮如何通过商贸活动跨越地理界限，连接内陆与边疆，不但加速了商品流通与信息交流，还在文化观念、城市建设、社会生活、社会结构等方面引发了连锁反应，揭示了商帮在近代中国社会大变革时期的崛起历程及其对地方乃至全国经济结构的重塑力量，为研究社会转型提供了宝贵的经验样本。

一、研究内容

本书所要探讨的对象——商帮，指的是以地域为中心，以血缘、乡谊为纽带，以“相亲相助”为宗旨，以会馆为其在异乡联络、计议之所的一种既“亲密”而又松散的自发形成的商人群体。徽商、晋商、陕（秦）商、鲁商、闽商、浙商、粤商、苏商、赣商、宁波帮是中国近代商帮的典型代表，他们推动了中国经济的近代化进程，增进了中国封建社会阶层的流动性，为中国文化的近代转型注入了新的生命力，是中国社会转型的重要推动力量。

清代，伴随着新疆的统一与开发，天津、山西、陕西、甘肃、四川、湖南、湖北、河南等地的商人们来到新疆，于19世纪70年代形成了群体组织——商帮。

新疆的商帮发端于清乾隆年间统一新疆之初，形成于清光绪时期左宗棠率军收复新疆之际，19世纪90年代已有相当实力，形成以按地域划分的“八大商帮”，即燕（其中京商少，津商多）、晋、秦、陇、蜀、湘、鄂、豫。至20世纪30年代，商帮有了很大的发展。到了民国后期，特别是盛世才1942年政治转向、实行反共反苏的政策后，新疆商业几乎被破坏殆尽，商帮的经营活动也遭受了重创。

近代[①]，特别是晚清民国时期，为中国从传统社会向近代社会转型蜕变的一个重要阶段。这个时期，政治风云变幻，思想文化激荡，内忧外患迭起。国家政治、经济、文化等均发生了翻天覆地的巨大变化。新与旧、中与西、自由与专制、激进与保守、发展与停滞、侵略与反侵略，各种社会潮流在此期间汇聚碰撞，形成了变化万千的特殊历史景观。

作为中国不可分割的一部分——新疆，这一时期也是新疆社会从传统向近代转型的剧烈变迁时期。这一时期的新疆，政治腐败，社会动荡，战乱频仍，商业环境恶劣。自国门被打开后，到19世纪中叶新疆已成为俄、英帝国主义的商品市场和原料掠夺地。他们拥有雄厚的资本和免税的贸易特权，严重阻碍了新疆本地工商业的发展。可以说，受国际、国内大环境的影响，新疆近代的政治、经济小环境，也是变幻莫测，喜忧参半，对商业发展不利的因素多，有利的因素少。

1865年（清同治四年）浩罕军官阿古柏入侵新疆后，在新疆实行残暴统治，各族人民衣不蔽体，食不果腹，处于水深火热之中。为清除外患，保卫国土，左宗棠于1876年（清光绪二年）率兵入疆，驱逐阿古柏。因军需供应困难，天津杨柳青一带的200多名货郎携带生活用品和常用中成药，经陕甘随军来疆。他们一边赶路，一边销售，俗称“赶大营”。进疆“赶大营”的人，则被称作“大营客”。

从1876年7月至1878年（清光绪四年）1月，清军仅用了一年半时间，就消灭了阿古柏政权，收复了除伊犁以外的新疆所有地区。战后，新疆的社会秩

① 大陆史学界对于中国近代史的时间划分，有两种观点。传统观点（1998年以前）按领导革命的阶级划分，将1840—1919年民族资产阶级领导的旧民主主义革命时期划为近代史，1919—1949年无产阶级领导的新民主主义革命时期划为现代史。新观点（1998年以后）按社会性质划分，将1840—1949年的中国半殖民地半封建社会划为近代史，1949年新中国成立后为现代史。这个说法已被现行中学历史教材所采用，成为主流观点。本书采取主流观点。——作者注。见新华网：《史学会会长：以1949年为中国近代史和现代史分界》，http：//www.hb.xinhuanet.com/art/2009-11/20/content_18287370.htm。

序急需恢复。为此，在19世纪末，清政府通过1884年（清光绪十年）新疆建省和以“建省”为中心进行的一系列改革，以及20世纪初在新疆推行的“新政”（1901—1911），重新规范了新疆的政治、经济秩序，在政治、经济、文化方面进行了有益的整合，对新疆社会产生了深远影响，促进了新疆社会的一体化。

在经济领域，一个重要的举措就是奖励实业、鼓励贸易、复兴商业。它的实施推动了新疆境内民族资本的萌芽，使民族工商业得到了一定程度的发展。就是在这种社会大背景和经济基础之上，“赶大营”的天津小商贩在战后颇受朝廷照顾，加之经营有方，逐渐形成以迪化为中心，遍及新疆各地的规模庞大、财势雄厚的“天津商帮”，俗称“津帮”，成为新疆近代商业发展的奠基者。津商从津京等地采购货物，并将新疆的土特产羊毛、肠衣、皮革、棉花、中药材等运往关内，沟通了新疆与中原的物资交流，同时也引来了全国各地商贾对新疆的投资，逐步形成了按地域划分的“八大商帮”。

商帮人士不远千里来到新疆，把这里作为自己的第二故乡，不畏艰难，潜心经营。其具有合股经营、重视商铺字号的命名、注意人际关系培养等一些共同的经营特点。商帮中的津商执新疆商业之牛耳，其经营上的独到之处有：（1）十分注意店堂与门脸的布置点缀。（2）重视店员的形象与素质。（3）从商品结构看，他们经营的商品品种繁多、种类齐全，基本满足了社会各阶层、各民族的需要，小到土特产，大到土地、坎儿井。从经营范围看，津帮从事的百货业、食品业、蔬菜业、中药业等，都是与百姓的生活息息相关的行业。（4）从商品流通渠道看，津帮一些大商号以“迪化为中心，天津为总汇”，分号不但遍及天山南北，而且上海、北京和全国各大商埠都设有他们的代办机构。（5）较其他各商帮来看，津帮在资金周转方面更为便利。

商帮的内部社会结构具有一定的稳定性和较强的凝聚力。首先，八大商帮在生意经营运作上基本都属于家族式经营，它成为商帮创业初期进行资本原始积累的重要选择，也对商铺顺利度过艰难的创业期起到了重要的作用。其次，商帮从置货、销售到资金回笼，实行的是一条龙式的区域经营。再次，近代新疆的商帮有自己的商业行规并严格遵守，如账簿记载明晰清楚、恪守信用等。复次，在婚姻关系中，商帮大多是同乡通婚，有共同的文化背景，如生活习惯、习俗、乡音、乡情等，家庭关系较稳定。最后，商帮内部的社会分层中，发生密切社会关系的阶层，特别是处于强势地位的阶层始终持有发展良好关系的心愿，如老板对工人、经理对店员等，使得该群体内部各阶层的相处基本良好。

商业文化是能够体现商业价值观念的文化指导思想和与之相对应的规范化

制度的总称。商业经济的发展，推动着商业文化的发展。反过来，商业文化的发展又促进了商业经济的发展。两者紧密相连，互相推进，发挥着商业文化功能的作用。近代新疆的商帮在长期的商业实践中形成了各具特色的商业文化，吃苦耐劳、诚实守信、富于创新、社会责任感强是其商业文化的精髓。他们信奉的童叟无欺、言无二价、追求品质等经营理念，是克敌制胜的法宝。

新疆属于多民族聚居区，近代商帮在经商过程中，不可避免地要与少数民族商民发生接触、交往、交流。商帮与少数民族商民的交往，主要有：（1）相互学习语言、互相尊重风俗习惯、逢年过节互访祝贺。（2）团结一致，紧密合作，共同投资设厂以挽利权，并肩抵抗外国经济侵略。（3）共同合作经商及从事公益、慈善事业，推动了本地的经济发展，造福了各族人民，加强了新疆与内地的经济文化交流。这些友好往来都增进了民族团结，强化了新疆各族人民作为中华民族大家庭成员的心理认同感。

商帮通过设立同乡组织，也是地缘组织——各省会馆，在扶贫济困、调解纠纷、办理公益事业、传承民族传统、弘扬民族文化等方面，发挥了积极作用。新疆会馆产生的基础不同于内地，它不是来源于科举制度的附属组织和官场生活的余续，而是内地迁民求生存、图发展、互助共济的社会组织。尽管新疆会馆产生的时间较内地晚，然而其社会作用和历史影响却远远超过其他地区。它作为一种重要的民间团体，在补充国家管理和调节社会生活，维护行业、商业和同乡、民族利益中发挥了不可替代的巨大作用。

新疆会馆在漫长的历史时期和特定的社会环境中，尽管存在一定的封建落后性，如它的建立与封建迷信活动紧密相连；会馆既是成员会集议事之地，也是其共同祭神的场所；各个会馆无不拥有自己的保护神，每遇保护神的诞辰日，还要举行隆重的迎神赛会，以祭祀祝福；另外，会馆以同乡为结合纽带，也体现了狭隘的地域观念和封建宗法关系。但不可否认的是，新疆会馆内部的选举制度，如会首、理事均经选举产生，具有近代特征。同时会馆以其独特方式对统一多民族国家的发展和边疆开发建设、繁荣，对全面推广、传播中原社会传统文化和推动新疆经济繁荣、民族融合、国家统一，对稳定边疆民心和巩固全民内聚力，都产生了巨大的社会作用。

近代新疆商会作为新疆全体商人的业缘组织，其成立是新疆商业从传统走向近代的重要标志之一。商帮在近代新疆商会的成立、内部组织运作以及经济、社会活动中，发挥了极其重要的作用。

新疆各级商会的绝大多数会员都是商帮人士，新疆总商会及各地县商会的会长一职多由商帮人士担任，商帮人士在商会会董（议董，1929年7月）、执监委（1929年8月—1945年2月）以及理监事（1945年3月起）等决策层面所占比例极高。商帮人士认真履行议事职责，有力促成了决议案的形成，保障了商会内部组织的良性运转。在商帮人士的带领与支持、参与下，新疆商会在联络工商、调查商情、鼓励商民兴办实业、调解商事纠纷、加强市场管理、维持市场运行等方面都不同程度地发挥过重要作用。在约束或激励商人行为和商业活动中所采取的措施及形成的规章准则，对推动新疆商业制度现代化功不可没。商帮人士在商会的社会活动中也有积极作为，主要体现在协助政府推行政令、参与社会政治活动、创办福利救济事宜等方面。可以说，商帮主导下的近代新疆商会，促进了新疆社会的近代化进程，提高了新疆社会的文明程度。

伴随商帮的活动，一个重要的后发效应就是中华传统民俗文化如节日文化、工艺文化、饮食文化、戏曲文化、游艺文化等在新疆地区得到广泛传播，潜移默化地影响和改变着新疆地区的社会风貌。

同时，商帮通过实现自身的近代化[①]，对于新疆城市建设的近代化、文化建设的近代化及社会生活变迁的近代化有重要的历史推动作用。特别是在促进新疆城市建设近代化、社会生活近代化方面，可谓贡献卓著。

商帮通过自己的作为，有力地推动了新疆城市建设的近代化进程。具体表现在商帮人士独资或官商合作设立市政工程和公用设施，以及推动城市功能结构的变化。如电力照明方面，津商杨元富1932年在迪化（现乌鲁木齐，下同）创办的“德元电业公司”，使电灯这种新的照明方式首次进入了迪化大十字一带普通商户的门店。后来官商合办的“新光电灯公司”取代了“德元电业公司”。商帮人士对“新光电灯公司”的成立、良性运营发挥了重要作用。商帮人士周海东（津商）、杨元富（津商）、任栋梁、韩君璧（津商）先后担任该公司领导职务。又如民间消防组织方面，近代以降，商帮人士一直是新疆民间救火力量的主要组织者。商帮人士早在1911年（清宣统三年）就在迪化设立了民间消防组织——“清平水会”（俗称“水龙局”）。作为唯一的民众消防队，队长均由知名的商帮人士担任，如韩乐常（津商）、韩君璧（津商）、石寅甫（津商）、萧佩华。30年代后期在商帮人士的领导下，新疆其他城镇也开始筹设民间消防队。

商帮促进了近代教育、体育等新疆文化建设领域的近代化。在上述新疆文

① 一般从广泛的意义上说，近代化就是传统社会向近代社会过渡。它包括政治上的民主化、法治化；经济领域上的工业化、商品化；思想上的理性化、科学化。——作者注

化建设领域，新疆省政府起了主要作用，特别是盛世才治新的两个三年计划时期（1937—1942），在苏联和国内一些进步人士的帮助、共同努力下，这些领域有了迅猛发展，与此同时，在这些领域中仍然可以看到商帮人士积极作为的身影。在教育方面，商帮创办新式学校主要集中在杨增新、金树仁治新时期。盛世才治新时期，由于政府公办教育事业的飞速发展，商帮人士对教育的贡献就是:（1）积极为学校捐款、捐物、修建教室与校舍。（2）支持汉族文化促进会的发展。（3）推动妇女教育发展。商帮慷慨出资捐助各种近代体育活动的行为，激发了更多的人积极参与其中，促进了新疆体育事业的近代化进程。

随着政治、经济、文化、思想等领域的变革，商帮活动有力推动了新疆民众的物资消费生活、婚姻家庭生活、休闲娱乐生活、公共卫生领域等社会生活的近代化变迁，有力改变了新疆人民的物质生活与精神生活面貌。物质消费生活的变迁主要体现在衣、食、住、行等方面。婚姻家庭生活的变迁中一个重要表现就是婚姻习俗变化中婚装的西化，旧时婚俗中新娘的凤冠霞帔、新郎的长袍马褂被逐渐摈弃，随之而兴的是新娘开始穿旗袍、高跟鞋，烫发，头戴花冠，穿水红色的长纱衫（礼服），披白纱，手拿鲜花等，新郎则西服领带，穿皮鞋。商帮人士中的津商主要从事这方面的经营。休闲娱乐生活的变迁首先表现在新的娱乐方式——电影出现。电影在新疆的出现、发展与商帮人士的活动密不可分。1932年新疆历史上第一家电影院——德元电影院，由津商杨元富在迪化创办。其次，商帮人士积极资助新疆各级政府修建公园，伴随着公园的修建，公园成为公共生活的重要场所，逛公园成为人们新的娱乐方式，伴随着逛公园的活动，也使一些中华传统节日习俗得到了很好传承。新疆的第一个公园——1922年建成的迪化鉴湖公园（今人民公园），不但修建经费由新疆商帮人士集资而来，而且工程总设计师和木工也是天津的能工巧匠。公共卫生领域，政府起主导作用，但商帮在此领域仍有一定作为。主要表现为开设私立西医药店、诊所，在为民众治病的同时，还协助政府扑灭疫情。对于街道环境卫生建设，商帮人士通过出资购买卫生车的方式，表达了自己的支持态度。由于近代新疆公共浴室较少，人们清洁洗浴不方便，商帮人士遂创办了一些公共澡堂，有利于培养民众良好的卫生习惯，预防疾病，强身健体。可以说，商帮人士推动了新疆西医诊疗、疫病防控等公共卫生事业的近代化。

总之，近代商帮在中国社会转型中扮演了重要角色，既是社会转型的推动者，也是这一过程的缩影，其活动具有鲜明的进步意义。

二、研究方法

在研究方法上，主要采用传统的历史研究法，即文献学的方法。本书大量使用一手资料，如清代官修史书，清代官员的奏稿、奏议等，清末的档案，民国时期的档案、期刊、报纸、省政府公报等，中外时人的游记、考察日记、见闻录、回忆录、论著等，对文史资料、地方志、通志及统计年鉴等加以征引，甚至口述资料也着力搜集并加以利用。基于充实的史料，故论证有据，说服力较强。

由于研究内容涉及社会学、民俗学，所以尝试借鉴其他学科的理论与方法进行了多角度研究。这是本书的一个重要优长之处，就是不走传统研究经济史的老路，使研究内容过于单调，而是从兼顾社会史与经济史的研究视角出发，对这一群体进行了全面梳理和多角度研究。

三、研究意义

商帮作为中国近代社会转型进程中的重要社会力量，其历史作用具有多维度的研究价值。本书系统考察了商帮群体在近代中国社会变革中的特殊地位，不仅从商业史维度勾勒其发展轨迹，更在城市史、边疆开发史、社会生活史及文化史等多重领域揭示其深刻影响，有效拓展了近代史研究的学术疆域。

本书呈现了商帮在近代化进程中的复合型功能：在经济社会层面，他们通过资本运作、产业布局和商业网络构建，实质性地推动了市场化、工业化与城市化进程；在文化传承维度，其以商道实践为载体，创造性地转化发展传统商业伦理，维系了中华优秀传统文化的赓续脉络；在铸牢中华民族共同体意识层面，商帮跨区域的经济互动客观上强化了各民族间“经济共生、文化互鉴、情感交融”的共同体联结，为“中华民族多元一体”格局的形成注入新动力。这种兼具经济整合与文化融合的双重特质，使商帮研究成为解读近代中国社会转型机制的重要锁钥。

本书将历史研究与现实关怀进行了有机结合，彰显了历史学经世致用的当代价值。

其一，通过实证历史维度阐释各民族“经济上相互依存、文化上兼容并蓄、情感上血脉相通”的交往逻辑，为铸牢中华民族共同体意识提供历史注脚；

其二，以边疆开发史中的商帮活动为镜鉴，为新时代推进文化润疆工程、贯彻党的治疆方略贡献历史智慧；

其三，通过挖掘商帮的现代性基因，为构建社会主义市场经济提供了宝贵历史智慧。首先，近代商帮通过创新商业模式、整合跨区域资源和适应市场变化，为中国企业在全球化竞争、数字化转型和区域协同发展中提供了有益参照。其次，商帮的跨区域贸易网络促进了资源流动和区域经济一体化，为当今区域经济协调发展如“京津冀协同发展”“粤港澳大湾区”等国家战略提供了历史案例。再者，商帮的“义利兼顾”“诚信为本”核心价值观，对构建具有中国特色的社会主义市场经济伦理和企业社会责任具有启发意义。最后，商帮文化中的“和合共生”“以商兴邦”理念，为“一带一路”倡议中的文化交流与经济合作提供了本土化资源，其融合传统智慧与西方制度的经验，有助于增强中国企业在国际竞争中的文化主体性。

总之，近代商帮不仅是经济现象，更是社会转型的缩影。其历史经验既揭示了市场规律与社会结构的深层互动，也为解决当前经济转型中的制度创新、伦理重构和文化冲突提供了重要借鉴。

第一章

近代商帮的崛起与演进

商帮，是近代中国经济舞台上最为活跃、最受瞩目也最具实力的商贸活动单位，以其地域性、行业性和组织性的特点，在促进经济繁荣发展和推动社会近代化转型中占据了举足轻重的地位。从明清时期的晋商、徽商、陕（秦）商、鲁商，到近代的粤商、浙商等，商帮不仅推动了商品经济的发展，促进了区域经济的繁荣，还赋能市场化、工业化、城市化，对于中国社会的近代化转型产生了深刻影响。

第一节　近代商帮的兴起背景

近代商帮的兴起，其背后原因复杂多样，但主要可归结为国内外市场需求的增长、交通与通讯条件的显著改善，以及清政府政策与制度的积极扶持。

随着国内外市场的逐步开放和扩大，商品流通的需求日益增强，为商帮提供了广阔的发展空间。同时，交通与通讯条件的改善，使得商品运输和信息传递更为便捷，降低了交易成本，提高了商业效率。

同时，清政府为了促进经济发展，实施了一系列有利于商业的政策和制度，如放宽商业限制、鼓励民间资本投入等，为商帮的兴起提供了有力的政策保障。这些因素共同作用，推动了近代商帮的蓬勃兴起，成为中国商业史上的一段辉煌篇章。

一、国内外市场需求的增长

近代以来，随着国内外市场的不断扩大，对商品的需求也日益增长。一方面，国内城市化进程加速，人口集中，消费能力增强，为商品经济提供了广阔的发展空间；另一方面，国际贸易的拓展，使得中国商品得以走向国际市场，进一步刺激了商品生产。这种市场需求的增长，为商帮的兴起提供了契机。

商帮形成于明清时期，在鸦片战争后发展迅速，其发展变化始终伴随着中国社会的大变革、大动荡，是在西方势力强行侵入、中国传统的封建集权政治继续起作用的复杂背景下展开的。长期以来，自给自足的自然经济是中国封建社会中社会生产的主要形式。自给自足的自然经济具体表现为小农业和家庭手工业的结合，即耕与织的结合。这种耕织结合的基本经济单位是家庭，主要保障了衣、食这两种人们最基本的生活必需品的生产结合。人们生产的目的主要是为了自给，只是在自用有余的情况下，才拿去交换，由于其数量有限，国内市场也不可能有很大发展。直到鸦片战争以前，这种自给自足的经济形式，仍然在全国范围内普遍存在。虽然自给自足的自然经济占统治地位，但在社会经济比较发达的地区，商品经济和国内市场也有了一定程度的发展。随着商品生产的不断壮大，它有力地推动了交通网络的扩展和商业城市的繁荣。商品流通需求的增加促使交通设施不断完善，道路、水路等交通方式得到了显著的发展，使得商品能够更快速、更广泛地流通到各地。同时，商品生产的繁荣也促进了商业城市的兴起。这些城市成了商品交易的中心，吸引了大量的商人和资本，推动了城市经济的蓬勃发展。可以说，商品生产的发展是交通和商业城市发达的重要推动力。

商品经济的发展是资本主义产生的前提。一般认为，从明朝中叶以来，中国在一些商品经济比较发达的地区已经出现了资本主义生产关系的萌芽，到清代中叶以后，这种资本主义萌芽又有了一定程度的发展。但到了19世纪40年代，这种独立发展的进程被打断，资本主义列强用坚船利炮打开了中国的大门，西方的一切汹涌而来，中国的社会发生了质的变化，进入半殖民地半封建社会。

鸦片战争后，中国的主权丧失，西方资本主义列强凭借强加给中国的一系列不平等条约，将中国变成他们的商品市场、原料市场和劳动力市场。中国经济被纳入资本主义发展的链条之中，封建社会自给自足的自然经济解体。中国的社会制度、经济制度、思想、文化、社会主要矛盾等，都发生了鸦片战争前未曾有过的变化，与此同时，中国自身也开始向近代社会迈进。随着外国资本主义的入侵，手工业特别是手工棉纺织业的没落和改组，自然经济的解体，使中国农民从手工业品的生产者变成了消费者，而城市的手工业者则成了剩余的劳动者和商品生产者。这也为中国商品经济的进一步发展创造了客观条件。近代工业产生并发展起来，随之而来的是农产品商品化的普遍发展，农产品的商品化是整个商品经济发展的基础。

鸦片战争以后，由于外国资本主义对中国农产品原料的掠夺，促进了经济作物商品化的进一步发展，以海关统计的丝、茶、豆类、棉花、油类、烟叶的输出量为例。

表1–1　海关统计输出商品数量表[①]

单位：担

年份	丝	茶	豆类	棉花	油类	烟叶
1868	57346	1440871		38141	261	737
1894	99442	1862310	2096429	747231	196928	113886
1911	129925	1462803	21436899	877744	1582573	199048

同时，粮食商品化也有发展。农产品商品化的发展，说明了生产关系的变化。晚清时期，中国的生产形态从自然经济走向商品经济。

甲午战争以后，中国的殖民地化进一步加深。帝国主义列强加紧瓜分中国，建立自己的势力范围，力图独占市场，经济侵略活动已不只是商品输出，资本输出也不断增加。为了扩大商品和资本输出，列强攫取了在华开设工厂、修筑铁路和开采矿藏的权利，帝国主义在华资本迅速扩张。辛亥革命推翻了清王朝的统治，但并没有改变中国社会半殖民地半封建的社会性质，因此也不可能改变由外国资本控制的中国对外贸易模式。民国初期的对外贸易有了进一步的发展。这一时期，对外贸易继续增长。第一次世界大战爆发后，中国的进出口贸易发生了一定变化。由于西方列强忙于战争，无力向中国大量倾销棉纱、棉织品等消费品，进口额有所下降；而出口商品除丝、茶继续停滞外，其余商品大都增加，出口值有较大增长。甲午战争以来持续增长的贸易入超，在第一次世界大战期间降到了较低的水平。由此可见，第一次世界大战期间，在对外贸易方面，中国的出口增加了，进口则相对减少了。

民国初期，国内市场的扩大也是很明显的。造成国内市场扩大的因素主要有：进出口贸易的增加；城镇和非农业人口进一步增加，由1894年的3300万人

① 王相钦、吴太昌主编：《中国近代商业史论》，中国财政经济出版社1999年，第5页。

增至1920年的4400万人[①]，商品需求大量增加；农产品进一步商品化；手工业的进一步发展；国内近代工业的兴起和发展；交通运输业和金融信贷的近代化。生产、流通和资本运用，三者互为促进，造成了商品生产的发展和流通的扩大。这为商帮的崛起和发展创造了有利条件。

二、交通与通讯的改善

交通与通讯的改善是商帮兴起的重要条件。近代以来，随着公路、水路、铁路等交通网络的逐步完善，商品流通速度加快，物流成本降低，为商帮的跨区域经营提供了便利。同时，电报、电话等通讯工具的出现，使得商帮能够迅速获取市场信息，调整经营策略，提高市场竞争力。

明清时期，随着封建社会经济的恢复和发展，商业城市也得到了相应的发展。

明代中后期，全国交通条件得到大幅度改善，有利于大规模远距离的商品贩运，从而推动各地商帮的兴起。明代山河一统，幅员广阔，水陆畅达，为大规模的商品流通提供了极为有利的交通条件。为了巩固边防，明代又特别注意北部及边防路线的修建。尤其在永乐时期，为了对付蒙古势力，便利军队的往来与粮饷辎重的输送，修建了许多道路，使北边与内地的交通更加便捷。到明代中后期，全国各地的水陆交通较前大为发展。在这些商道上，商品流通极为频繁。伴随着道路的畅达，商品流通日益兴盛繁荣，商人需要以群体的力量，集中巨额资金，展开经营活动，以获取规模效应，增加实力。因此，交通条件的改观，大规模的商品流通，推动着商人们结成群体。

进入晚清以后，随着外国资本主义的入侵和中国民族资本主义经济的初步发展，沿海沿江通商口岸兴起，交通运输获得迅速发展。19世纪70年代后，洋务活动进入办工厂、开矿山、修铁路以及举办轮船航运、电报通讯等民用工业更为广阔的新阶段。洋务派在兴办军事工业的基础上，又进而大力创办民用企业。军事工业是国民经济综合发展的产物，没有煤、铁等原材料的充分供应和电讯运输等部门与之配套，新的防务体系难以建立起来。洋务派最初只是单纯地想将西方的军事工业移植到中国来，结果遇到了资金短缺、人才匮乏、原材料不足和交通运输落后等始料未及的一系列困难，举步维艰。在实践中他们懂得了“必先求富而后能强”的道理：“中国积弱，由于患贫。西洋方千里、数百

---

① 王相钦、吴太昌主编:《中国近代商业史论》，中国财政经济出版社1999年，第416页。

里之国，岁入财赋动以数万之计，无非取资于煤铁五金之矿、铁路、电报、信局、丁口等税。”[①]这说明民用企业在国民经济中所起的基础作用。因此19世纪70年代以后，洋务派由强调“求强”，转而强调“求富”。洋务运动重心的转移，反映了洋务派力图阻遏外国对华的经济掠夺。实际上，洋务派创办的航运、矿山、铁路、电报、纺织等企业，都发挥了与“洋商分利”的积极作用。从19世纪70年代起至1894年，洋务派创办了二十多个民用企业，涉及航运、采矿、冶炼、纺织、电讯、铁路等行业。在洋务运动的推动下，民族资本主义在交通运输业获得了显著进展。甲午战争前，除了官督商办的轮船招商局外，民族资本控制的轮船业尚无规模可言。进入20世纪后，商办轮船公司接踵而起，局面大为改观。到1911年，商办小火轮公司有561家，拥有小火轮978只[②]。一些稍具规模的轮船公司接连出现。

20世纪初，在收回利权运动中，出现了商办铁路的高潮。1903—1910年全国有15个省设立了18家商办铁路公司。到1911年，共实收股本7000多万元，修成铁路900公里[③]。

三、政策与制度的支持

政府政策与制度的支持对商帮的兴起起到了关键作用。近代以来，清政府为了筹集军费、缓解财政压力，逐渐放宽了对民间商业的限制，鼓励民间资本投入工商业。此外，一系列保护商人权益、促进商品流通的政策措施也相继出台，为商帮的发展提供了制度保障。

19世纪下半叶，面临着严重的国家民族危机，为了挽救其奄奄一息的命运，清朝政府改变了一直实行的“重农抑商”政策，开始积极实行鼓励发展商业、奖励实业的政策。清总理衙门于1898年（清光绪二十四年）颁布《振兴工艺给奖章程》12条，以世职、实官虚职、专利或匾额颁给有实绩的创厂各商[④]，奖励投资设厂法令政策的颁布，在一定程度上保证了民间私人资本投资兴办近代企业的合法性，使中国近代企业开始由官办向商办转变，打破了洋务运动时期“官为控制”一统天下的经济格局。

---

① （清）李鸿章著，吴汝纶辑：《李文忠公全书·朋僚函稿》（第16卷），线装刻本，第25页。

② 樊百川：《中国轮船航运业的兴起》，四川人民出版社1985年，第580—589页。

③ 宓汝成：《中国近代铁路史资料》，上海人民出版社1980年，第1149—1150、344页。

④ 汪敬虞：《中国近代工业史资料》（第2辑），科学出版社1957年，第638—639页。

1903年（清光绪二十九年）3月，清朝政府在中央设立商部，作为统辖全国工商各政的机关。同时期，设立的工商管理机构还有商律馆和商标局。在地方的相关领导机构为商务局（1903年）和劝业道（1908年）。这标志着清末振兴实业活动的开始，也表示了国家对工商业在经济中重要地位的正式承认。1904年（清光绪三十年），清朝政府允许商人成立自己的组织——商会，制定了《商会简明章程》26条，规定“商会总理、协理有保商、振商之责”，有代商向地方官“秉公申诉之权”①。即商会可以处理商务诉讼，还负有调查商情，处理商人破产和倒骗，受理设立公司，申请专利权，进行文契、债券的公证以及发行标准账簿等职责。所以，设立商会是中国传统商业向近代商业转化的一个重要标志。在清廷的倡导下，全国各级商会次第成立。1904年，全国有商会19处，1907年（清光绪三十三年），增为209处，1911年（清宣统三年），辛亥革命时已达678处②。1904年（清光绪三十年），商部还颁布了《商人通例》9条③和《商标注册暂拟章程》28条④。《商人通例》对商务经营做了具体规定。《商标注册暂拟章程》则体现了公平竞争的原则，对华洋商标一体保护，防止并制裁冒用他人商标的侵权行为，对侵权行为的赔偿和惩罚做了详细规定，如第21条规定“意在使用同种之商品而摹造他人注册之商标或持此贩卖者”，处“一年之内监禁及银300两以下之罚款”。这些政策条例的颁布，有利于革除经济流通领域中的混乱无序现象，促进了商业运作的组织化、规范化。

在新疆档案馆的一份1910年（清宣统二年）镇迪道转饬各属注重发展商业的档案资料，表明了清统治者发展商业的鲜明态度。内容为：“咨请各省督抚道、各府州县……”处理商务诉讼要“秉公讯结，以重商本，而维市面”，“力祛前弊”，“以恤商艰而维商政，是为至要”。⑤也就是说，清朝政府要求各级官

① 《奏定商会简明章程》，《东方杂志》第1卷第1期（光绪三十年正月二十五日，即1904年3月11日）上海商务印书馆发行，“商务”，第5页。

② 许涤新、吴承明主编：《中国资本主义发展史》（第2卷），人民出版社1990年，第1043页，表6-1。

③ 《商人通例》，《东方杂志》第1卷第1期（光绪三十年正月二十五日，即1904年3月11日），上海商务印书馆发行，“商务”，第11—12页。

④ 《商标注册暂拟章程》，《东方杂志》第1卷第5期（光绪三十年五月二十五日，即1904年7月8日），上海商务印书馆发行，“商务”，第70—73页。

⑤ 《镇迪道就饬各属注重发展商业事札吐鲁番厅文》，宣统二年一月二十五日（1910年3月6日），新疆维吾尔自治区档案馆藏，卷宗号：Q15-33-002881。

员在处理商务纠纷时，要秉公执法，以重视发展商业为根本。同时要体恤商人经商的艰难，维护商业发展，这是最重要的。

辛亥革命后，北洋政府也颁布了一系列有利于商业发展的法令和条例。主要内容有：1914年2月28日颁布新的《商人通例》73条[①]，1914年7月19日颁布《商人通例施行细则》14条[②]及《商业注册规则》9条[③]，1914年9月12日颁布《商会法》60条[④]等。

新的《商人通例》扩大了商人的内涵，即商人指一切商业主体人及各种经纪人，进一步提高了商人地位。这些法令是民国成立后的第一套仿效西方资本主义立法，内容又比较完整的商业政策法令，对整顿和发展国内商业具有一定的推动作用。

同时，北洋政府还采取了一些具体措施，主要包括以下两类。

一是对部分货物进行减税，这些商品包括煤等矿产品，土布、茶叶、自制工业品等，这些国产货物的减税，有利于商品的流通，促进商品经济发展。

二是北洋政府积极组织民族工商业企业参加国际上的商品博览会为民族工业产品打开国际市场，如1914年日本的大正博览会、1915年美国旧金山的巴拿马太平洋万国博览会，有不少中国国产商品获奖。

总之，清朝政府及北洋政府制定的一系列提倡、保护、发展商业政策、措施、法令，虽然仅仅是初步的、不完善的，并且由于财政窘迫、不平等条约的限制及法治观念淡薄等原因，许多仍停留在纸上，其内容并未得到真正的贯彻落实；但在一定程度上还是创造了商业发展的社会制度空间，不仅推动了商业的繁荣和市场的扩大，还促进了境内民族资本的产生，使民族工商业得到了一定程度的发展。

---

① 《公布商人通例》,《东方杂志》第10卷第10期（1914年4月1日），上海商务印书馆发行，“中国大事记”，第15—20页。

② 《公布商人通例施行细则》,《东方杂志》第11卷第3期（1914年9月1日），上海商务印书馆发行，“中国大事记”，第3—4页。

③ 《公布商业注册规则》,《东方杂志》第11卷第3期（1914年9月1日），上海商务印书馆发行，“中国大事记”，第5—6页。

④ 《商会法》,《东方杂志》第11卷第4期（1914年10月1日），上海商务印书馆发行，“中国大事记”，第15—19页。

第二节 近代商帮的主要类型与特点

“十大商帮”是中国近代商帮的典型代表，它们包括徽商、晋商、赣商、陕（秦）商、闽商、浙商、粤商、苏商、鲁商、宁波帮。

这些商帮大多兴起于明清时期，是中国商品经济发展的产物。它们以地缘关系为基础，由亲缘组织扩展开来，形成了拥有会馆办事机构和标志性建筑的商业集团。各个商帮都有其独特的经营领域和商业文化，如徽商以盐、粮、茶、布等为主要经营行业，注重儒家文化；晋商则以其票号生意闻名，业务遍布国内外，实现了“汇通天下”。

这些商帮在中国经济发展史上扮演了重要角色，不仅推动了商品经济的发展，还促进了区域间的经济交流和文化的传播。

一、徽商：文化与商业的融合

徽商以其独特的商业文化和经营策略，在中国近代商业史上独树一帜。他们注重商业与文化的融合，将儒家思想融入商业经营中，形成了独特的商业伦理和经营理念。徽商还善于利用地域资源和行业优势，发展特色产业，实现了产业的快速发展和区域经济的繁荣。

徽商，是明清时期徽州府籍的商人或商人集团的总称，又称“新安商人”，俗称“徽帮”。徽商是明清时期中国最强大的商帮，在商界称雄三百年，势力达到高峰时，“全国金融几可操纵”[①]，成为当时社会的一大奇观。徽商位列中国明清商帮之首，鼎盛时期的徽商曾经占有全国总资产的4/7，亦儒亦商，辛勤躬耕，赢得了“徽骆驼”的美称。徽商经营的四大支柱行业，分别是食盐、茶叶、木材和典当。徽商活动遍及海内，东抵淮南，西达滇、黔、关、陇，北至幽燕、辽东，南到闽、粤。此外，徽商的足迹还远至日本、东南亚各国以及葡萄牙等地。

在我国古代，“士农工商”的等级制度十分明显，商人地位低下，徽人经商需要强大的推动力。其中根本和直接原因是徽州人地矛盾特别突出，农耕难以维系生计。徽州人在“儒风独茂”的社会环境影响下，徽商大多“贾而好儒”。

---

① 许承尧纂:《中国地方志集成·安徽府县志辑·民国歙县志》，江苏古籍出版社1998年，第41页。

从贾是为了获利，业儒是为了求名。徽人把儒业作为最终的目的，在弃儒经商后，依然把儒家的伦理道德视为立身行事之本。因此，以儒道经商就成为徽商所奉行的商业道德。徽州人以儒家的“以诚待人”“以信接物”“以义为利”“仁心为质”作为其商业道德的根本，以“儒道”经商，在商界赢得了信誉，通过自己的聪明才智，促进了商业资本的发展。

徽州商帮的发展，经历了四个阶段。首先是从明代成化、弘治到万历中叶的一百余年是徽州商帮发展的起始阶段。明代中期，徽商崛起，在两淮盐业这一国家经济命脉中逐渐占据了优势。明代晚期徽商的发展迎来了繁荣，在明朝万历年间，徽州商帮便已称雄全国。第二阶段是万历后期到康熙初年，徽商遭遇了统治者盘剥和战祸的极大破坏。明万历后期到清初，这是徽商发展历史上的一个低潮期。第三阶段是康熙中叶到嘉庆、道光年间，徽商达到鼎盛。康乾时期，徽商发展迅速。随着社会的安定，徽商也重新趋于活跃。康雍乾时期，由于生产恢复，人口大幅度增加，盐的销售量大增，加之清政府在这一时期采取了一系列恤商优课的措施，徽州盐商生意再度红火，到乾隆年间，其实力上升到了一个新台阶。徽州盐商在两淮的垄断地位促进了徽商的繁荣。盐业的发展，带动了徽商其他行业的发展。第四阶段从道光中叶至清末，徽商不断衰落，直至消亡。盐商是徽州商帮的主体，其衰落对徽州商帮群体造成严重影响。道光年间，清政府为整肃两淮盐帮，实施票盐法，剥夺了两淮盐商的盐务垄断权，这沉重打击了徽州盐商。此后的太平天国战祸几乎摧毁了整个徽州商帮。至此，徽商损失惨重，元气大伤，不复昔日辉煌。清朝后期，内忧外患，已至尽头的封建制度最终瓦解，徽商也随之衰亡。

近代徽商经历了在劫难中衰变的发展历程。乾隆年间达到鼎盛的徽州商帮，进入嘉庆、道光之后，开始衰落，在咸丰、同治年间的战乱中更惨遭劫难，又面临着外来资本主义入侵带来的威胁，经历了残酷的考验。道光年间徽州盐商的衰败是徽商由盛转衰的一大转折，盐商是徽商的中坚力量，它的衰败，对徽商是沉重的打击。咸丰、同治年间的战争也是徽商的一大浩劫。鸦片战争后，国门被破，列强入侵，来华的各国洋商，有不平等条约作保护，其技术水平和管理经验又在徽商之上，逐渐成为徽商的可怕对手。晚清时期，盐商衰败、战乱摧残而又面临严重的外来入侵威胁，这是近代徽商所处的严酷历史环境。在劫难中的徽商走了下坡路，失去了鼎盛时期称雄全国的影响力，这是不可否认的事实。“徽商在近代衰落了，这是学术界共同的看法，但是这种衰落是否意味着解体以至退出商业舞台，需要认真分析。大量的事实证明，近代徽州商帮不仅没有消亡，相反的，无论是在徽州本土还是在经营地，徽州商帮依然存在，并在社会经济生活中发挥着相当重要的作用。”①

我们知道，近代徽商无货不居。在清晚期，徽州茶业取得了相当大的发展。在道光以前，茶业在徽商经营诸业中的地位不如盐业。这种情况在道光以后发生了巨大的改变，茶业的地位迅速上升，茶商成为徽商的中坚力量，实力也最为雄厚。这取决于道光后徽州盐商衰落以及鸦片战争后开放五口通商，徽州茶业贸易的渠道增加，发展极快，茶业取代了盐业，成为徽商的第一大行业。近代徽州茶叶销售，分“京庄”和“洋庄”两类。“京庄”为内销，“洋庄”为出口。近代徽州茶业的发展主要依赖于出口贸易，上海、汉口、九江、广州等地是徽州茶叶的主要出口地。

茶商成为近代徽商的中坚后，其发展并非一帆风顺。在复杂多变的近代社会中求生存的徽州茶商，与此前相比，呈现出特有的时代特点，即茶业成为近代徽州经济发展的龙头；茶业经营以出口为导向，茶商直接参与国际竞争；近代徽州茶业经营还受到国内局势，特别是战争与社会动乱的消极影响；金融资本逐步渗入、控制徽州茶业经营。在民国后期，徽州茶商逐步失去了对茶业的控制，上海等地的金融资本渗入和控制了徽州茶业。

二、晋商：诚信与稳健的传承

晋商以其诚信的经营理念和稳健的经营风格，在中国近代商业史上赢得了良好的声誉。他们注重商业道德和信誉建设，以诚信为本，赢得了客户的信任和支持。同时，晋商还注重商贸的稳健发展，避免盲目扩张和冒险经营，确保了经营产业的长期稳定发展。

晋商即山西商帮，指明清时期的山西商人，是明清时期崛起的一大商业集团。晋商主要经营盐业、票号、铁冶、丝绸棉布、粮食等产业。晋商的足迹遍及天下，经营活动在北京、蒙古草原、华北地区、新疆、甘宁青地区、东北地区、扬州以及海外，开拓了俄国、朝鲜、日本等国外市场。

晋商的兴起，与山西所处的地理区域、丰富的物产资源以及发达的手工业密切相关。晋帮商人凭借中央政府“兴商”的相关政策，利用山西靠近北方边镇的有利地理位置崛起于国内商界，正式形成于明朝中期。山西被称为表里山

① 冯剑辉著:《近代徽商研究》，合肥工业大学出版社 2009 年，第 40 页。

河，地质地貌奇特多样，土地贫瘠，地少人多，因生活所迫而起步经商。山西位于蒙古草原与中原腹地的接壤地，贸易往来由此发展。这些复杂的自然环境造就了山西物产资源丰富，自古以来就以盛产煤、铁、盐和丝棉而著称全国，这为山西商人的商业贸易提供了物质基础。[①]

晋商精神影响着代代山西商人，其诚信的经营理念和稳健的经营风格，在中国近代商业史上赢得了良好的声誉。晋商的主要特点有：第一，以地域和血缘为纽带的群体精神。他们在经营中很重视群体精神，以乡土为纽带，建造会馆以维系独具地方特色的商帮群体，且把尊奉关公作为他们共同的信仰。"合伙"经营可以分散、弱化经营风险，提升竞争力，扩大商业活动区域和业务范围。第二，晋商深受儒家思想影响，以诚信为本，奉行义利并重的经营理念。晋商拥有不畏艰险、勤俭刻苦的进取精神；稳重谨慎、稳中求进的创新精神；积德行善、乐善好施的奉献精神。第三，投资土地，形成商人、地主、官僚三位一体的结构。"以末致富，以本守之"的正统观念在山西商人的身上表现得特别突出，致富后大量购置土地，成为商人兼地主。晋商的成功，除了晋商精神之外，还得益于晋商的顶身股制[②]的经营激励机制，避亲用乡、唯贤是举、严格培养学徒的用人制度及贾而好儒的思想影响。

票号是晋商的一大创举，故票号被称为山西票号。票号是一种专门经营汇兑业务的金融机构，它的出现解决了运送现银的难题，加速了资金周转，促进了商业的繁荣。山西商人经营的票号，总号都设在山西省平遥、祁县和太谷三县。山西票号的兴盛为近代晋商赢得了声誉。

山西票号的产生和初步发展是清道光年间（1821—1850）。随着国内外市场的扩大以及商品经济的发展，第一家山西票号"日升昌"于1823年创立，以满足商人长途贸易资金往来的结算需求。它是中国第一家专营存款、放款、汇兑业务的私人金融机构，开中国银行业之先河。之后其他商号纷纷效仿，票号相继出现。票号的进一步发展阶段是在1860—1890年。票号把握住了太平

---

① 黄鉴晖：《晋商兴盛与境内商品经济的关系》，政协山西省委员会文史资料委员会编：《山西文史资料》1996年第2期（内部资料1996年），第26—37页。

② 顶身股制度，即身股制，是晋商经营激励机制的核心。这一制度允许商号的职员以个人劳力折成股份，即身股，并享有与银股（东家出资所占的股份）等量分红的权利，但不必承担亏损责任。身股不能转让和继承。身股制的实施，极大地调动了经营者和员工的积极性，使他们为了自身的利益而更加努力地工作。

天国运动时期清政府财政困难的机会，凭借着为官方办理捐纳业务、借垫公款等大宗业务，票号的业务范围得到进一步扩展。票号的鼎盛时期为1890—1910年。这一时期，随着国内外贸易的发展，票号在沿海口岸和西南、西北等经济发达地区相继开设业务据点。再加上与清政府掌权者慈禧太后等关系密切，票号获得了汇兑公款的权利，山西票号迅速发展到鼎盛时期。1911年之后，票号由盛转衰。1914年农历九月，在金融界活跃了90余年的日升昌票号宣告倒闭，这对当时的金融业影响巨大，也预示着显赫一时的山西票号经营业务的结束。

随着票号的倒闭，晋商逐步走向衰败。但不可否认的是，票号的兴起不仅解决了运送现银的问题，还对后世产生了深远影响。晋商通过票号这一创新的金融机构，实现了资金的快速流通和高效利用，进一步推动了商品经济的发展。同时，票号的经营理念和制度也为后世的金融机构提供了宝贵的借鉴和启示。所以，票号是晋商在金融领域的一大创新和成功实践，也是晋商精神的重要体现之一。

三、赣商：勤勉与务实的结合

赣商，又称江西商帮、江右商帮。据明末清初散文家魏禧所著的《日录杂说》上记载："江东称江左，江西称江右。盖自江北视之，江东在左，江西在右。"遂得此名。赣商是中国历史上声名显赫的商帮之一，其辉煌历史长达900多年。

赣商大兴始于北宋时期，当时江西地区人口众多，达446万，位居全国首位。同时江西素有"物华天宝，人杰地灵"之美誉。江西物产丰富，有瓷器、茶叶、纸张、夏布、大米、药材、木竹、烟草、蓝靛、煤炭、钨砂等等，这不仅为商业兴旺提供了丰富的物质基础，也增加了经商的渠道和门路。由于得天独厚的经济和文化优势，许多江西人因此放弃农业，转而投身商业，赣商逐渐崛起。历元至清，赣商一直保持在商业领域的活跃地位。鸦片战争以后，江右商帮逐渐衰落。

赣商往来于江西和各地之间，其主要的经营区域为湖广、云贵川、闽粤、长三角、京城以及扬帆出海勇闯全球。他们经营的商品种类繁多，包括瓷器、茶叶、纸张、布匹、大米、药材等。其中，景德镇的瓷器、广昌的白莲、南丰的蜜橘等特产更是驰名海内外，为赣商带来了巨额利润。

赣商以其人数之众、操业之广、实力和渗透力之强称雄中华工商业，对当时社会经济产生了巨大影响，1500多座江西会馆和万寿宫[①]遍布全国。在湖广，有“无江西商人不成市”；在云贵川“非江西商贾侨居之，则不成其地”。

在商业精神上，赣商以讲究贾德著称。他们注重诚信经营，不辞小利，更举大业；勇闯天下，开拓进取；遍布天下，抱团互助；诚实守信，童叟不欺。由于赣商以坚守商业道德著称，因此赢得了广泛的赞誉和信任。

四、陕（秦）商：坚韧与诚信的表率

陕（秦）商又称陕西商帮，形成于明初，鼎盛于清乾隆时期，衰败于清末，历经百年沧桑。明初，西北边患威胁着明王朝的统治。为了巩固边防，明王朝在沿边各地设镇，其中归陕西省布政司管辖的有榆林、宁夏、固原、甘肃四镇。这四镇边防军的大量驻扎对粮草产生了巨大的需求。需求问题促使政府在陕西等地率先实行了“食盐开中”“茶马交易”“棉布征实”和“布马交易”等一系列的特殊经济政策。这些政策对全国经济产生了深远的影响，尤其是对率先实施这一政策的陕西地区。陕西商人从中看到了商机，并紧紧抓住了这一历史机遇，充分发挥自己在地域和物产上的优势，不畏艰难险阻、勇于开拓新的市场，纳粟贩盐、远赴江南购布，控制了中国西部的边茶贸易，逐渐形成了以泾阳、三原为中心，以西北、川、黔、蒙、藏为势力范围，输茶于陇青、贩盐于川黔、鬻布于苏湖、销烟于江浙的名震全国的商业力量。

在具体的商业活动中，陕西商帮注重诚信经营，讲究商业道德。他们坚持以诚待人、以信为本的原则，赢得了广泛的赞誉和信任。这种诚信为本的经营理念，不仅为陕西商帮赢得了良好的商业声誉，也为他们带来了长久的商业利益。

总之，陕西商帮多从事大宗商品的长途贩运，从湖广到川西、滇藏，从江汉到西北，无论势力还是组织，都称得起“大”字，因此被尊为“西秦大贾”。作为中国古代著名的商帮之一，以其独特的商业文化和卓越的经营智慧而著称。他们凭借着坚韧不拔的毅力和对商业的敏锐洞察力，长途跋涉于丝绸之路等商贸要道，促进了商品流通和经济发展，在中国历史上书写了辉煌的篇章。

---

① 赣商有一个共同活动的场所——万寿宫，大多由江西商人捐款集资修建。万寿宫一般建筑在江西商人集中的街道附近，由于江右商帮在明清时期的经济实力很强，所以全国各地万寿宫遗址的规模都比较大，都建筑在古时热闹繁华的街道上。——作者注

五、闽商：冒险与拼搏的翘楚

闽商，即福建商人，是中国十大商帮之一，具有悠久的历史背景和独特的地理条件。闽商凭借福建绵长曲折的海岸线和众多港湾岛屿的得天独厚的条件，发展了海上贸易，成为其重要的经济支柱。

明清时期的福建商帮以海商为主体。明代以前，福建沿海地区的海上贸易虽然很发达，但为官方的海上贸易。明初，封建王朝推行官方朝贡贸易和海禁政策。进入明中叶后，福建各地商人从事海上贸易的人数不断增多，福建商人的活动范围日益扩大。清代，福建海商从事“台运”贸易繁盛一时，清政府对于商船的有效管理明显比明代有所加强。自清代中后期，福建海商的海外贸易渐显衰退之势。1840年鸦片战争爆发后，中国成为半殖民地半封建社会，中国海关主权受到严重破坏，外国商品开始大量涌入中国市场，这对福建海商的传统贸易业务构成了冲击。同时，由于西方发动的一系列侵略战争，国内局势动荡，福建海商在国内的经营环境也变得更加复杂和困难，故而福建海商也随之进入新阶段。

总之，闽商文化以冒险精神、团结协作、开放包容和爱拼会赢为核心，这种精神特质在商业领域取得了卓越的成就和贡献。闽商是“海上丝绸之路”的重要参与者，将商品销往世界各地，为中国近代的社会经济发展做出了重要贡献。

六、浙商：务实与灵活的化身

浙商即浙江商帮，其以务实的精神和灵活的经营策略，在中国近代商业史上独树一帜。他们善于发掘市场机会，注重产品质量和服务水平，赢得了消费者的信赖。同时，浙商还善于利用政府政策和市场环境的变化，调整经营策略，实现企业的快速发展。浙商的商业模式和经营理念，对中国近代商业的发展产生了深远影响。

浙江人以善于经商著称。早在春秋时期，越国谋士计然就提出过“农末（商）俱利”的思想。从宋朝到清末这一时期，浙商的足迹已遍布全国大小城镇，并且开始以地域为中心，以血缘宗族和地缘乡谊为纽带，在客居地建立同乡（或同乡兼同业）会馆、公所，自发形成既亲密而又松散的商人群体即商帮。作为这一时期具有一定影响力的区域商人群体，浙江商帮在促进商品经济发展和资本主义萌芽的产生、发展中发挥过重要作用。鸦片战争后，中国被迫对外开放，严格意义上的近代化由此艰难起步。浙江商帮抓住发展机遇，积极向近代商业及工矿、金融、航运等行业发展，逐渐取代徽商、晋商成为最具实力和影响力的商人群体。20世纪30年代中期，王孝通曾评论说“浙人性机警，有胆识，具敏活之手腕，特别之眼光，其经营商业也不墨守成规，而能临机应变”，他们“在南中别树一帜，其营业区域，在长江南北，且利用交通之便，进而蔓延各地。其大本营在上海、汉口二处，而南京、镇江、芜湖、九江等处，亦在势力范围之内”。[①]无疑，浙江商帮在中国经济近代化演进中具有重要的地位。

七、粤商：开放与创新的典范

粤商，又称广东商帮，其以敢为人先的创新精神、开放包容的视野、注重实效的务实态度以及灵活应变的市场策略，在中国近代商业史上留下了浓墨重彩的一笔。他们不仅在国内市场上占据重要地位，还积极开拓国际市场，将中国商品推向世界各地。粤商的商业网络遍布全球，成为连接中国与世界的桥梁。

粤商是在明清时期逐步形成、发展壮大的。在粤商较为活跃的明清时期，其经营行业涵盖了生活用品、金属制品等众多领域，生活必需品方面，如食盐（盐商）、茶叶（茶商）、木材（材商）、大米（米商）；金属制品领域，如铁、铅、陶瓷等。从地域和社会构成来看，又可细分为广州帮和潮州帮；从职业身份来看，可以分为海商、牙商和批发商。海商是指专门从事经营海外贸易的商人，在明清时期具有“亦盗亦商”的特点；牙商是替买卖双方撮合并抽取佣金的商人，相当于现代社会的经纪人；批发商，明清时期，广东商帮中的批发商主要从事长距离批发业务。

总之，粤商善于把握市场机遇，勇于尝试新的商业模式和经营理念，积极引进外来技术和经验，并结合本土实际进行创新。同时，粤商注重商业效率和利润最大化，善于根据市场变化灵活调整经营策略。这些文化特质使得粤商的经营范围广，覆盖领域全，在商业竞争中脱颖而出，海内外都十分活跃，成为中国乃至全球商界的重要力量。

八、苏商：敏锐与进取的结晶

苏商，又称江苏商帮，是中国历史上著名的商帮之一，起源于唐代，兴盛

① 王孝通：《中国商业史》，商务印书馆1936年，第221页。

于明清时期。他们以经营丝绸、茶叶、瓷器等高端商品著称，凭借精湛的工艺和卓越的商业头脑，推动了江南地区的经济发展，同时也为中国与周边国家的贸易往来做出了重要贡献。

江苏商帮注重商业信誉，以诚信为本，赢得了广泛的信任和尊重。在组织结构上，江苏商帮以“堂”“馆”为基础，形成了家族式的商帮组织，内部实行严格的管理和等级制度。

江苏商帮中的洞庭商人是苏商的代表，充分体现了苏商的经营特点和商业文化。洞庭商人，又称洞庭商帮，是明清时期在苏州洞庭西山和东山形成的一个地域性商人群体。洞庭商人在经商时家族经营特点十分明显，他们通常以家族为中心，集中在某个地域，主要经营几种商品。其活动地域为运河沿线、长江沿线。洞庭商人的经营之道为预测行情，注重市场信息；因时而变，经营不同商品；薄利多销，加速资金周转；稳中求成，经营大宗商品。

19世纪后半叶，太平天国攻占南京、苏州等地，江南震荡，洞庭商人顿失经济的地盘和依托。面对急剧变化的社会形势和经济格局，洞庭商人没有滞留在原有的经营行业和区域，而是更新观念，携带其长期积累的工商业资本，向金融中心上海转移，凭着自己的胆识和智慧，又开辟了买办、银行、钱庄等金融行业和丝绸、棉纱洋布等实业。从那时起至20世纪前半叶，由于中国社会所发生的剧变，国内的其他商帮大多衰落，而苏商中的洞庭商帮却在上海滩上实现了它的近代转型。

金融业方面，在当时半殖民地半封建社会的历史背景下，洞庭商人不断更新观念，他们认识到“得微息辄出，速输转无留货”，努力学习新的商业知识，开始从事不同于以往的行业，积极介入银行业，做起了外国银行和洋行的买办。

他们还对钱庄大量投资。在上海最早经营钱庄行业的洞庭商人，是严氏、万氏、席氏、王氏和叶氏。

商业和实业方面，鸦片战争之后，大量外国产品倾销中国市场，尤其是机器制造的棉纱棉布，使中国农村的手工纺织业遭到重创。受到洋纱洋布的影响，洞庭商人也从过去经营土布，转为经营洋纱洋布。

洞庭商人还将金融业中获得的利润投资到了实业，在近代中国工商实业中占据一席之地。后来苏商中的无锡荣氏（荣宗敬、荣德生）、南通张謇，大量兴办实业，算起历史渊源来，应该与洞庭商人的做法是有前后联系的。荣氏兄弟在无锡创办了保兴面粉厂，随着面粉厂的成功，他们逐步扩大生产，开设了多家面粉厂和纺织厂，成了名副其实的“面粉大王”和“棉纺大王”。南通张謇在南通创办了第一家近代工厂——大生纱厂，并陆续创办了多家工厂，形成了一个完整的实业体系。他们都是中国近代史上杰出的实业家，通过兴办实业，推动了地区经济的发展，为国家的繁荣富强做出了重要贡献。

总之，苏商有胆有识，具有竞合共赢的奋斗胸襟，在竞争中诚信合作，追求稳健快速发展。同时，苏商还崇文惠民、厚德载物，展现了自强不息的文化传统。

可以说，“扬长避短，稳中求胜”“更新观念，开拓进取”是其生动写照。

九、鲁商：正直与侠义的标杆

鲁商即山东商帮，是我国明清之际赫赫有名的十大商帮之一。植根于齐鲁文化沃土的鲁商在十大商帮中有着自己独特的商业文化气质：一方面，鲁商深受儒家文化的濡染，在商业活动中“以德为本，以义为先，以义致利”，诚信正直，大气厚重，在商业界树立了良好口碑；另一方面，鲁商还具有梁山好汉的豪爽侠义风范，他们社会责任感强烈，博施济众，义气当先。

鸦片战争前后，山东的对外贸易规模空前扩大，山东沿海港口与渤海湾的其他几个港口一起，成为欧洲与中国商品的巨大贸易中心。山东商帮崛起于明末清初。山东商品经济的发展吸引了四方商贾群聚于此，物流的繁盛也促使山东商人的足迹遍及山海关外、直隶、山西、天津、北京、上海、苏州、南京、芜湖、汉口、开封等地。有利的地理位置和方便的交通运输条件使得山东商帮如鱼得水。近代山东商帮发展壮大的时段是从1862年（清同治元年）起，鼎盛时期是1901年（清光绪二十七年）至民国年间。此期间，山东商帮形成了一套包括商业管理、经营谋略、商业品德和营商风格等较为完善的文化体系。各地商会纷纷成立，山东商帮在传统商业和手工业的基础上开始涉足实业、航运业和金融业，成为一时的商业翘楚。

十、宁波帮：革新与开放的魁首

宁波帮又称甬帮、宁帮，也有人称之为“宁波财阀”，是指旧宁波府所属鄞县、镇海、慈溪、奉化、象山、定海六县人，在异地经商、生活时，以乡谊为纽带，互联、互助、自发形成的商业群体。宁波帮是中国近代史上著名的商帮之一，以其强大的商业实力和深远的影响力而闻名。

宁波帮形成于明朝后期到清朝初期，主要标志是宁波商人在北京创设鄞县会馆和浙慈会馆。清乾嘉时期宁波商帮获得重要发展。19世纪40年代后，宁波商帮开始向全国各地乃至海外扩展势力。十九世纪八九十年代后，宁波商帮臻于鼎盛，近代企业家开始在宁波商帮中占据了主导地位。

宁波帮凭借敏锐的商业洞察力、坚韧不拔的创业精神和开放包容的经营理念，在金融、贸易、航运、制造等多个行业取得了卓越成就。他们以钱庄和航运起家，逐渐在金融、贸易、制造等多个行业崭露头角。宁波商帮创造了百余个中国“第一”，如：第一家商业银行、第一家日用化工厂等，确立了在近代中国的产业主导地位。他们的足迹遍布天下，对上海、天津、武汉的崛起和二战后香港的繁荣都做出了巨大贡献。

由于襟江带海的地理环境的浸润，久远历时的商业传统的延续，受到绵长的浙东文化的濡染，加之较早与西方文化接触的经历，使宁波帮具有天赋的商业敏感性。他们艰苦创业，百折不挠；他们注重乡谊，具有浓郁的乡土情结；他们擅长信用经商，这些都成为宁波帮特有的“标识”。

宁波商帮不仅具有强大的商业实力，还敢于拥抱时代变化，吸收并转化西方理念和技术，将其运用到传统产业中，展现出极高的创新意识和市场精神，是中国近代史上不可忽视的重要力量。

第三节　近代商帮的发展历程

近代商帮的演变历程涵盖了兴起阶段、随后的蓬勃发展期、面临变革的转型时期，以及最终的逐渐衰落阶段。明清时期，晋商与徽商凭借盐业崛起，成为商帮翘楚。晋商通过“开中制”[①]运送粮草换取盐引，迅速壮大；徽商则注重与官府关系，投资盐、典、茶、木等行业。随后，广东商帮凭借地理优势与开放心态，逐渐崭露头角，尤其在鸦片战争后，宁波商帮、山东商帮等也迅速发展壮大。然而，随着时代变迁，外国银行与近代银行的进入，部分传统商帮如晋商票号业逐渐衰落。但商帮文化仍深刻影响中国经济，一些商帮如浙商、苏商等继续书写商业传奇，展现了中国商业文化的韧性与活力。

① “开中制”是将原本国家专营的“盐引”（即盐的专卖权）交给商人，作为交换，商人必须运粮和其他军需物资到北方边疆以满足边防卫所驻军的粮饷需求。这是一种将盐政与边政相结合的招商代销制度。——作者注

一、兴起阶段：市场需求的推动与商帮的形成

在近代初期，随着国内外市场需求的增长和交通与通讯的改善，各地商人开始形成地域性的商业组织——商帮。这些商帮以地域为基础，以行业为纽带，通过团结协作、互利共赢的方式，共同开拓市场、拓展业务。在这一阶段，商帮的形成和发展主要受到市场需求的推动和地域资源的限制。

二、发展阶段：政策与制度的支持与商帮的壮大

随着政府政策与制度的支持，商帮逐渐壮大起来。清政府为了筹集军费、缓解财政压力，逐渐放宽了对民间商业的限制，鼓励民间资本投入工商业。同时，一系列保护商人权益、促进商品流通的政策措施也相继出台，为商帮的发展提供了有力的制度保障。在这一阶段，商帮不仅在国内市场上占据重要地位，还积极开拓国际市场，实现了跨越式发展。

三、转型阶段：国内外环境的变化与商帮的调整

进入20世纪后，国内外环境发生了巨大变化。一方面，国内政治动荡、战争频繁，对商帮的经营活动产生了严重影响；另一方面，国际市场竞争加剧，外国资本和商品凭借不平等条约大量涌入，对中国本土商业构成了严峻挑战。为了应对这些变化，商帮不得不进行调整和转型。他们开始注重技术创新和品牌建设，提高产品质量和服务水平；同时，加强与国际市场的联系和合作，拓展国际业务。在这一阶段，商帮的转型和调整成为其持续发展的关键。

四、衰落阶段：历史变迁的冲击与商帮的解体

随着历史的变迁，商帮逐渐走向衰落。其一，国内政治经济形势的变化使得商帮的经营环境日益恶化。近代以来，中国政治动荡不安，战争频繁发生。这种政治环境对商帮的经营活动产生了严重影响，使得商帮难以保持稳定的经营和发展。

其二，外国资本的冲击：由于近代中国遭受外国侵略，被迫签订了大量不平等条约，严重破坏了中国的领土、领海、国防、司法、关税等方面的主权。外国资本和商品获得了关税特权、沿海及内河航行通商权、内地税特权、租界与领事裁判权、设厂制造特权等在内的多项特权。中国本土商业面临着严峻的挑战。外国资本在资金、技术、管理等方面具有明显优势，对中国近代商帮构

成了巨大压力。

其三，现代化商业组织的兴起和市场竞争的加剧，使得商帮的传统经营模式和组织方式逐渐失去竞争力。在这一阶段，许多商帮开始解体或转型为现代化组织。虽然一些商帮仍然保持着一定的规模和影响力，但已经无法再现昔日的辉煌。

第二章

近代新疆商帮的产生与发展

第一节　商帮在新疆的发端（1759—1875）

一、1759年清朝统一新疆

有清一代是我国统一的多民族国家空前巩固和发展时期。特别是康雍乾时期，清朝先后平定了准噶尔贵族和大、小和卓的叛乱，并于1759年（清乾隆二十四年）重新统一新疆天山南北后，在政治、军事、法律、民族关系、经济、文化等方面都采取了一系列卓有成效的政策措施，使得这一时期新疆的政局相对稳定，经济发展呈现出欣欣向荣的景象，人口也有了较大增长。

第一，政治制度方面，实行军政合一的军府制度[①]。1762年（清乾隆二十七年）清政府在新疆设立伊犁将军（全称“总统伊犁等处将军”），统一行使对天山南北各地的军政管辖，是新疆最高的军事行政长官，将军府设在伊犁河北岸的“惠远城”（今霍城县惠远乡）。伊犁将军的主要职责有：统辖新疆各地驻防官兵，兼管全疆行政事务，统辖归附清朝的中亚地区及哈萨克各部。同时清政府在乌鲁木齐[②]设都统，在伊犁、塔城、喀什[③]三地设参赞大臣。

---

① 1762年（清乾隆二十七年）至1884年（清光绪十年）新疆实行军府制，1884年新疆建省后，实行行省制度。——作者注

② “乌鲁木齐”一名出现于1755年（清代乾隆二十年），至1763年（清乾隆二十八年），仅仅使用了8年。1755年，清政府在今乌鲁木齐九家湾明故城筑垒驻兵，并将此地定名为乌鲁木齐。1758年（清乾隆二十三年），清军在今南门外修筑一座土城，城“周一里五分，高一丈二尺”，此为乌鲁木齐建城之始。1763年（清乾隆二十八年），又把旧土城向北扩展，达到周长四里五分，乾隆赐名“迪化”。1945年置市，称为迪化市。直至新中国成立后的1953年才废除“迪化”一名，恢复原地名乌鲁木齐。自1763—1953年，“迪化”一名共使用了190年。——作者注

③ 喀什参赞大臣的驻地一度从喀什迁往乌什和叶尔羌。——作者注

清政府在新疆的军事指挥系统分北、南、东三路。北路的伊犁、塔城，南路的喀喇沙尔（今焉耆）、库车、阿克苏、乌什、喀什、英吉沙、叶尔羌（今莎车）、和阗，东路的吐鲁番、哈密、镇西（今巴里坤）、古城（今奇台）、库尔喀喇乌苏（今乌苏）等地，均设领队大臣、办事大臣或协办大臣，各地大臣统率各地驻防清军，监督管理各地政权。北路各级大臣受伊犁、塔城参赞大臣节制，南路各级大臣受喀什参赞大臣节制，东路各级大臣受乌鲁木齐都统节制。全疆各级大臣都受伊犁将军统辖。

军府制在新疆的设立，对于巩固西北边防，抵抗沙俄侵略，稳定社会秩序，防止分裂割据，维护国家统一，发挥了重大作用。

第二，法律制度方面，清政府在新疆强制推行全国性的法律典章——《大清律例》的同时，因天山南部地区（即南疆地区）信仰伊斯兰教的维吾尔等少数民族的历史、文化与中原有较大差异，于1814年（清嘉庆十九年）制定了专门适用于南疆地区的单行法规——《回疆则例》，并部分地认可了南疆地区原先存在的伊斯兰教法经典。《大清律例》与《回疆则例》这两部法律典章主要覆盖行政、经济、刑事、宗教、军事管理等领域，而伊斯兰教法经典主要涉及婚姻法、继承法、商业契约法等民事法规方面。

第三，民族关系方面，清政府在新疆实行了一些缓和民族矛盾的措施。尤其是在内地引起汉族人民强烈反抗的剃发令，并没有在新疆维吾尔族百姓中推行，只有三品以上的维吾尔官员与享有爵位的维吾尔王公才剃发、穿满族服装。同时，清廷还在维吾尔聚居区如喀什、叶尔羌（今莎车）、和田、阿克苏、吐鲁番、哈密等地，分别修筑新城，又称汉城，供满汉官兵和汉族居住；原有的城郭称老城，又称回城。双方居民不得随便往来。在汉城与回城的中间地带专门划出“买卖街”，供维吾尔族、汉族民众进行日常的贸易活动。

第四，经济方面，这一时期清政府在农业、畜牧业、交通运输业、财政援助、税收、货币、商业等方面采取了多种促进新疆经济发展的政策。

农业方面，清廷在新疆大力推行屯田，包括军屯、旗屯、犯屯、民屯、回屯和商屯等多种形式；对北疆的自耕农和南疆实行休养生息的政策，并兴修水利等。

畜牧业方面，清政府在伊犁、塔城、迪化（今乌鲁木齐，下同）[①]、巴里坤

---

① “迪化”一名出现于1763年，即乾隆二十八年。1945年正式置市，称为迪化市。直至新中国成立后的1953年，“迪化”一名被废除，恢复原地名乌鲁木齐。自1763—1953年，“迪化”一名共使用了190年。

等地广设官办牧厂，形成东部迪化、巴里坤和西部伊犁、塔城两大官牧区。这些牧厂的经营重点在牧马业，其次为饲养驼、牛、羊等。

交通运输业方面，清朝在新疆建立了以军台和营塘为主干的交通体系，把天山南北各地及其周边地区连接起来，从哈密东行和从古城（今奇台）北行的道路，还起着保障新疆与内地、新疆与京师联络畅达的作用。

财政援助方面，从清朝统一新疆后的第二年即1760年（清乾隆二十五年）开始，清廷每年给新疆调拨“协饷”，当时“屯田养兵、政军费用不多，全年协饷为数仅61万两”[①]；遇有重大事件，会向新疆临时拨款，称“专饷”。

商业方面，清廷重点发展官方商业，对民间商业持鼓励态度。官方商业获利甚厚，主要有两项：（1）将南疆收取的赋税折成现钱后，就地购买棉布、棉花及手工业品，运往北疆销售，主要对象是哈萨克人；（2）垄断内地茶叶在新疆的销售活动。民间贸易分国内贸易、国际贸易。国内贸易方面，为加强新疆与中原地区的经济往来，清廷一方面鼓励内地商人到新疆经商，采取低税政策；另一方面还鼓励新疆各少数民族商人到中原地区经商，取消了在关内设西域贸易点的传统做法，无须办理任何手续，商人可以在各地自由往来。国际贸易方面，国外商人（主要来自浩罕[②]、克什米尔、阿富汗、印度）到新疆经商，清廷对其实行“三十分抽一”的低关税。新疆商人去中亚经商，清廷则实行“二十分抽一”的税率。

二、第一次鸦片战争前后新疆的社会状况

作为我国历史上最后一个封建统治王朝，清王朝从1644年（清顺治元年）至1911年（清宣统三年）的268年间共历经12帝，其社会性质相较于以前的封建王朝，发生了剧烈变化。以1840年（清道光二十年）的第一次鸦片战争为界，之前中国是独立的封建社会，之后中国逐步沦为半封建半殖民地社会。1840年第一次鸦片战争的爆发，是中国历史的转折点，也是中国近代史的开端。

1840年（清道光二十年）之前的新疆，特别是由于清朝统一新疆后推行了

---

① 吴绍璘：《新疆概观》，南京仁声印书局1933年，第270页。

② 中亚古国，1710年费尔干纳盆地的乌孜别克族明哥部落建立浩罕国，浩罕国的主要臣民是乌兹别克人，其次是柯尔克孜人、塔吉克人，首都浩罕城。1876年为俄罗斯帝国灭亡。明清时期的乌兹别克人被称为“安集延人”。

卓有成效的各项举措，1759年至道光初年的政局相对稳定[①]，社会经济获得较快发展，人口也以前所未有的速度增长。但到了19世纪中叶，特别是第一次鸦片战争爆发，1842年（清道光二十二年）《中英南京条约》签订后，清政府陷入内外交困的境地：一方面是国内社会矛盾不断激化，另一方面是外国资本主义势力步步进逼。受国内外形势变化的影响，新疆政局也日渐动荡，面临着严重的边疆危机。

继嘉庆末年、道光早期新疆发生张格尔之乱[②]、玉素甫之乱[③]后，南疆又多次受到浩罕怂恿下的和卓余孽的骚扰。对浩罕的恣意挑衅，腐败虚弱的清政府拿不出有效的防范对策，一再忍让，每次善后都只求避免事态激化，咸丰帝无可奈何地说："尚需夷情允协"，"未可操之过急，别开衅端"。[④]

同时，俄、英帝国主义也对新疆展开了角逐。鸦片战争以后，沙俄先后迫使清政府签订了《中俄伊塔通商章程》（1851年）、《中俄天津条约》（1858年）和《中俄北京条约》（1860年）、《中俄勘分西北界约记》（1864年）等一系列不平等条约，攫取了在通商口岸设立领事、免税通商、片面领事裁判权和设立贸易圈（贸易圈实为沙俄的租借地）等一系列特权，并强占我国领土共计150万平方公里，仅鲸吞西北领土就达50多万平方公里。

英国殖民者在1820年（清嘉庆二十五年）以后，随着在印度统治的巩固，开始向北方扩张。它派遣间谍冒充商人，潜入新疆进行活动。从19世纪30年代起，英国通过新疆周边的土邦巴达克山、克什米尔等地的商人，向新疆贩运鸦片。19世纪40年代后，英国发动对阿富汗的战争，稳定了与阿富汗的关系，接着控制了克什米尔、拉达克等地，最终于1857年（清咸丰七年）将整个印度直接纳入其管理之下。于是英属印度和中国新疆有了共同的边界，新疆遂暴露于英国殖民扩张的前沿。英国打算北上向中亚发展，而俄国此时已征服了中亚的

---

① 从清朝统一新疆至道光初年，除了1765年（清乾隆三十年）新疆乌什地区爆发了维吾尔民众较大规模的武装斗争外，新疆政局一直比较稳定。

② 1820年（清嘉庆二十五年）至1828年（清道光八年），以前曾作乱的大和卓波罗泥都之孙张格尔在浩罕统治者的支持下，先后四次入卡作乱，延续时间达8年之久，给人民带来了深重灾难。后在新疆各族人民的支持下，清军于1828年平定张格尔之乱。

③ 玉素甫是张格尔之兄。浩罕统治者利用其和卓后裔身份，于1830年（清道光十年）7月挟持玉素甫入卡作乱。在南疆民众的支持下，清军于当年12月将浩罕侵略军击败。

④《清文宗实录》（卷267，页1135），新疆社会科学院历史研究所编：《清实录·新疆资料辑录》（道光朝卷三、咸丰朝卷），新疆大学出版社2008年版，第1221页。

大部分地区，正准备南下直叩印度的大门并从中亚向东推进，于是新疆成了俄英双方共同角逐的目标。

在外患深重的形势下，清廷不仅无力抵御外侮，对内统治也每况愈下。鸦片战争后，清朝原已困窘的财政支出更形竭蹶，新疆协饷告急，经费不支，遂变本加厉地滥派横征，从棉花税、茶税到布税、盐税、烟税、杂货税、厘金，名目无所不有。为摆脱财政困难，新疆实行了“捐输”措施，也就是卖官鬻爵，清政府颁布《回部捐输奖叙章程》予以默认，公开规定了各级官吏的卖价。本来19世纪中期以后清朝新疆官员整体素质就下降很多，清早期官员身上的那种精诚励志的责任感已经荡然无存；加之卖官鬻爵导致吏治更加腐败，各城伯克也鱼肉百姓，胡作非为，新疆社会动荡一触即发。

1863年（清同治二年），在陕、甘回民起义的影响下，伊犁绥定城（今霍城县水定镇）回族兵民率先起义。1864年（清同治三年）6月，库车爆发农民起义，起义军攻克库车城，杀死清朝官吏和伯克。不久，起义浪潮席卷天山南北，形成了库车、迪化、喀什、伊犁、和田等五个起义中心。塔城等地也被起义军攻破。清朝在新疆的统治正濒临崩溃的边缘。在起义风暴中，一些当地贵族和宗教上层乘机发展个人势力，窃取起义军的领导权，他们打出“排满反汉卫教”的旗帜，煽动各族群众相互仇杀。由于阶级和社会的局限性，轰轰烈烈的大起义蜕变为封建割据大混战。极度混乱、分裂的局面给外来侵略势力以可乘之机，1865年（清同治四年）1月，即库车起义7个月后，中亚浩罕国派遣军官阿古柏率军挟持和卓后裔——张格尔之子布素鲁克，侵入喀什噶尔。此后阿古柏施展手段，先后占领了英吉沙、叶尔羌（今莎车）、和田三地。1867年（清同治六年），阿古柏又率兵东进，占领了阿克苏和库车。在两年多的时间里，阿古柏将南疆的割据势力各个击败，自封为“毕条勒特汗”（意为幸福之王），建立分裂中国领土的所谓“哲德沙尔政权”[①]。1870年（清同治九年）阿古柏军进攻吐鲁番、迪化、古城（今奇台）、玛纳斯等地，至1872年（清同治十一年）整个南疆和天山以北的大部分地区都沦入阿古柏之手。

英、俄帝国主义的争夺日益激化，促使他们从本国利益出发，无视清政府主权，对外来入侵的阿古柏政权采取了拉拢和扶植的政策，以达到控制和分裂中国边疆领土的目的。

---

① “哲德沙尔”是维吾尔语音译，意思是“七座城池”。具体指喀什、英吉沙、叶尔羌、和田、阿克苏、乌什、库车七城。

面对新疆的危局，清政府经历了关系新疆命运的“海防”与“塞防”[①]之争后，在塞防派的支持下，清政府最终决定全力西征。1875年（清光绪元年）5月，清廷任命左宗棠为钦差大臣督办新疆军务，拉开了收复新疆的战争序幕。

三、商帮在新疆的发端及其早期活动

早在汉唐时期，新疆就是中外商旅的必经之地，途经历史上著名的“丝绸之路”。但新疆重点有计划地发展商业，则在清乾隆年间。

在清雍乾两朝对准噶尔用兵之时，曾委派部分汉族商人供办军粮。这些商人在运粮的同时，还随军经商，从事军市贸易，其活动范围在新疆的巴里坤—哈密一带，但常常受到多种限制。清廷平定准噶尔部、统一新疆后，积极提倡发展新疆地区的商业贸易，中原与新疆的贸易以官方和民间两种方式在天山南北广泛展开。

乾隆在统一新疆后表达了商贸对活跃和加快新疆经济发展的重要作用，他说：“新疆驻兵屯田，商贩流通，所关最要。”[②]1762年（清乾隆二十七年）朝廷重臣永贵[③]提出应鼓励内地商民到天山南路经商，“自回部荡平，内地商民经由驿路及回人村落，彼此相安……若晓示商民不时前来贸易，即可如哈密、吐鲁番一体于官兵亦有裨益”。乾隆帝当即欣然赞同：“新疆贸易自应流通。但须听商民自便，不可官为勒派。……有愿往者，即给以印照，毋使胥吏需索，人自乐于趋赴矣。”[④]乾隆帝虽同意内地商民进入南疆贸易，但认为“若听其随意栖止，与回人相杂，不免易滋事端”。他禁止内地商民与维吾尔民众杂居，“若仍与回人杂处，即行治罪”。于是，规定居住点要“与官兵相近”，且贸易地点也

---

① 19世纪下半叶，新疆爆发了阿古柏入侵的边疆危机后，东南海防也出现危机，这就是日本出兵侵占台湾。直隶总督李鸿章等人以“海防西征，力难兼顾”为由，主张移西征之饷银作东南海防用度，这实际上是放弃新疆的论调。以左宗棠为首的部分朝臣认为“我退寸而寇进尺”，坚持西征，主张迅速出兵，驱逐外敌，收复新疆。

② 《清高宗实录》（卷610，页856），新疆社会科学院历史研究所编：《清实录·新疆资料辑录》（乾隆朝卷三），新疆大学出版社2009年，第444页。

③ 永贵：字心斋，族姓拜都，满洲正白旗人。生年不详，乾隆四十八年（1783年）病故。在新疆历任喀什噶尔参赞大臣、乌什参赞大臣、伊犁将军等职。他是乾隆朝重臣之一，历任礼部尚书、吏部尚书。虽多次遭贬，但仍受乾隆帝器重，官至协办大学士。

④ 《谕陕甘总督杨应琚酌通新疆商贩》，乾隆二十七年三月甲午朔，（清）傅恒等撰：《平定准噶尔方略续编》（卷16），文渊阁《四库全书》史部，台湾商务印书馆影印本1986年，第715页。

有限制，“俱令赴驻兵处所贸易”[①]。

在清政府的鼓励下，中原的商民纷纷领取印照，携资出关。可以说，近代新疆商帮就发端于清朝统一新疆之际。内地商民进入新疆的路线有两条。一是山西、直隶商民多采取的路线，即从张家口、归化城[②]（今内蒙古呼和浩特境内）出发，经蒙古草原进入新疆。其中在蒙古草地的路程又可分为两条支线：北路经乌里雅苏台、科布多至古城（今奇台），南路沿草地与宁夏、甘肃的边界经巴里坤到迪化、伊犁。一是陕甘、江浙、湖广、四川等省商民主要采取的路线，即经河西走廊出嘉峪关，至哈密后分道进入天山南北。

在清政府的扶持下，新疆的商业迅速发展起来。1767年（清乾隆三十二年）迪化新城建成后，城市商业逐渐繁华起来。翰林院侍读学士纪晓岚于1768年（清乾隆三十三年）谪戍迪化，看到这座城市已是“到处歌楼到处花，塞垣此地擅繁华”[③]。内地商人们在迪化开设了一些店铺，“廛肆鳞鳞两面分，门前官柳绿如云”[④]。迪化的内地商人经营商品种类繁多，其中一项就是附茶，“附茶”又称“茯茶”，原意为“附带之茶”，即官府在制作茶叶时，允许茶商把剩下的次等茶叶加工成砖块状，与“官茶”一起附带运往各地售卖。纪晓岚诗云：“闽海迢迢道路难，西人谁识小龙团。向来只说官茶暖，消得山泉沁骨寒。”[⑤]这种茶虽比较粗糙，但呈热性，价格便宜，特别为我国北方一些食肉乳较多的少数民族所喜爱。居住于此的内地商人们身穿颜色鲜艳的紫、绿色氆氇短衣，氆氇是一种手工织成的毛呢，也叫藏毛呢，有诗为证“氆氇新裁短后衣，北人初见眼中稀。松花惨绿玫瑰紫，错认红妆出绣帷”[⑥]。

经过十多年的发展，内地商人的商贸活动已遍布南北疆。1777年（清乾隆

---

① 《议回部善后事宜》，乾隆三十年冬十月甲寅，（清）傅恒等撰：《平定准噶尔方略续编》（卷32），文渊阁《四库全书》史部，台湾商务印书馆影印本1986年，第952页。

② 归化城建于明代万历年间，称为旧城，今呼和浩特境内。

③ （清）纪昀：《乌鲁木齐杂诗·民俗》，王希隆：《新疆文献四种辑注考述》，甘肃文化出版社1995年，第170页。

④ （清）纪昀：《乌鲁木齐杂诗·风土》，王希隆：《新疆文献四种辑注考述》，甘肃文化出版社1995年，第162页。

⑤ （清）纪昀：《乌鲁木齐杂诗·民俗》，王希隆：《新疆文献四种辑注考述》，甘肃文化出版社1995年，第173页。

⑥ （清）纪昀：《乌鲁木齐杂诗·民俗》，王希隆：《新疆文献四种辑注考述》，甘肃文化出版社1995年，第173页。

四十二年），椿园在《西域闻见录》中写道：北疆的迪化“其地为四达之区，故字号店铺鳞次栉比，市衢宽敞，人民杂辏，茶寮酒肆，优伶歌童，工艺技巧之人，无一不备，繁华富庶甲于关外”[①]。南疆地区繁华的阿克苏，不乏内地商人的身影，阿克苏“地当孔道，以故内地商民，外藩贸易，鳞集星萃，街市纷纭，每逢巴扎会期，摩肩雨汗，货如雾拥”[②]。内地商人还把货物贩运到了南疆叶尔羌（今莎车），“中国商贾，山陕江浙之人，不辞险远，货贩其地。而外藩之人如安集延、退摆特（拉达克，今列城）、郭酣（今霍罕）、克什米尔等处，皆来贸易。巴扎尔街长十里，每当会期，货若云屯，人如蜂聚，奇珍异宝，往往有之。牲畜果品，尤不可枚举”[③]。其中的“山陕江浙之人”指山西、陕西、江苏、浙江等省的商人。到乾隆末年，据《总统伊犁事宜》载：“查伊犁所属九城，有眷商民三百三十四户，男女大小共一千四五十名口。”[④]这说明伊犁的内地商人也为数不少。

乾隆年间清廷对新疆的经营，明显具有重北轻南的倾向。新疆天山北路来自内地的商民人数增长较快，1772年（清乾隆三十七年）陕甘总督文绶奉命出关，一路目睹了天山北路商贸繁盛的景象，他说“年来商贾贸易，佣工艺业，民人日多一日”[⑤]。当时巴里坤“城关内外，烟户铺面比栉而居，商贾毕集，晋民尤多”，奇台一带“内地商贾、艺业民人俱前往趁食，聚集不少”，迪化则“商贾辐辏，比之巴里坤城内，更为殷繁”[⑥]。

与在北疆投入人力财力、大举移民兴屯、经商的积极姿态相比，清廷对南疆的经营从1766年（清乾隆三十一年）起实行隔离政策，不但禁止内地商人与维吾尔族杂居，还禁止内地商人携眷，这些禁令给内地商人的活动造成了种种

① （清）椿园：《西域闻见录》（卷一·新疆纪略上），嘉庆十九年（1814年）味经堂刻本，日本早稻田大学藏书，第6页。

② （清）椿园：《西域闻见录》（卷二·新疆纪略下），嘉庆十九年（1814年）味经堂刻本，日本早稻田大学藏书，第13页。

③ （清）椿园：《西域闻见录》（卷二·新疆纪略下），嘉庆十九年（1814年）味经堂刻本，日本早稻田大学藏书，第14页。

④ （清）永保：《总统伊犁事宜·抚民同知应办事宜》，马大正、牛平汉整理：《清代新疆稀见史料汇辑》，全国图书馆文献缩微复制中心出版1990年，第249页。

⑤ （清）文绶：《陈嘉峪关外情形疏》，贺长龄辑：《皇朝经世文编》（卷81·兵政十二·塞防下），清道光六年（1826年）刻本，第14页。

⑥ （清）文绶：《陈嘉峪关外情形疏》，贺长龄辑：《皇朝经世文编》（卷81·兵政十二·塞防下），清道光六年（1826年）刻本，第12页。

不便，但仍有一些内地商人来到南疆经商。清乾隆后期到嘉庆中期，天山南路各城汉人商民人数和商铺数量呈现出上升的趋势。如喀什噶尔在1767年（清乾隆三十二年）的汉人商民店铺为50处，1810年（清嘉庆十五年）则增至96处；叶尔羌（今莎车）在1763年（清乾隆二十八年）的汉人商民店铺仅有44间，汉人商民19名，1810年（清嘉庆十五年）增至180余处，汉人商民人数超过150人[①]。

19世纪初，清朝已逐渐走向衰落，对新疆的治理也日趋松弛。吏治腐败、财政虚耗、军备废弛，各种反抗力量不断增长。清朝的外藩——浩罕乘机发展强大起来，并在清嘉庆末年、道光初年多次支持逃入浩罕的新疆和卓后裔入南疆作乱，对新疆进行渗透、分裂和颠覆活动。面对外敌入侵，汉族商人勇敢地参与到抵御外敌的城市保卫战中，对反分裂斗争做出重大贡献。

1820年（清嘉庆二十五年）至1828年（清道光八年），流亡中亚浩罕的大和卓波罗泥都之孙张格尔在浩罕统治者的支持下，发动叛乱，先后四次率兵——进入哨卡作乱，攻陷喀什、叶尔羌（今莎车）、英吉沙尔、和阗四城。后在新疆各族人民的支持下，清军于1828年平定张格尔之乱，张格尔被擒，解京处死。但时隔年余，1830年（清道光十年）其兄玉素甫又在浩罕唆使下进犯新疆，南疆再次遭受战乱。张格尔、玉素甫之乱，绵延十年之久。

清道光年间清军抗击张格尔、玉素甫之乱中，发生了喀什噶尔保卫战、叶尔羌（今莎车）保卫战、巴尔楚克（今巴楚）保卫战等，来自内地的商民都踊跃参加，他们勇敢战斗、抵御外敌，或英勇战死，或城破被杀。特别是1826年（道光六年），抵抗张格尔围攻喀什噶尔汉城的战斗中，喀什噶尔参赞大臣庆祥率残部与“来自直隶、江西、贵州、山东、福建、河南、湖南、湖北、广东、广西、浙江、山西、陕西、甘肃等省的商民一千多人”[②]保卫城市，英勇战斗，首战打败3000余人的浩罕侵略军，杀敌800人，狠狠打击了敌军的嚣张气焰。后张格尔先后利用水攻、地道战等战术，对喀什噶尔汉城（时称徕宁城）展开进攻。匪军无所不用其极，猛攻了70多天，死伤无数匪众，才最终杀入汉城。

---

① 《朱批奏折·民族事务类》（简称朱批民族），嘉庆十六年一月十日、四月五日铁保折；《军机处录副奏折·民族事务类》（简称录副民族），嘉庆十六年一月十日铁保折附片及同年二月二十四日那彦宝折。

② 新疆社会科学院民族研究所编：《新疆简史》（第1册），新疆人民出版社1980年，第330页。

经过一场短兵相接的巷战，清军和内地商民全部英勇战死。在这场保卫战中，很多山西忻州商人牺牲，据山西忻州人王锡纶记述，自乾隆年间起，许多山西忻州人即来到伊犁、迪化、喀什噶尔、阿克苏、和阗、叶尔羌等处经商。他专门作诗一首以纪念死难同乡：“商人几点思乡泪，洒向刀头尽成血。当年逐利辞乡县，天山翘首程如线。白发慈亲泪满衣，红颜少妇涕成泣。闻道于阗琼玉多，又传罽宾毛衣贱。某家携归万斛装，某客手挥千金便。从此相将爰远引，故故寒邮逐奔电。赢得腰缠十万多，死上他乡不相见。”①

1830年（清道光十年），张格尔之兄玉素甫引浩罕军队再次侵扰南疆的喀什、英吉沙、叶尔羌（今莎车）等地，在进犯叶尔羌新城（汉城）时，叶尔羌办事大臣璧昌率领当地军民团结一致、英勇抵御外侮，居于此的内地商民“闻贼毁其室，愤欲出斗”，他们与官兵“各持枪刃，左右分出，过桥直扑迎杀，呼声震天，斩馘满地，无不以一当百”②，成功取得了叶尔羌保卫战的胜利。

经过张格尔、玉素甫之乱后，清政府开始反思自己的南疆政策。从巩固西北边防出发，负责筹办善后的长龄、武隆阿等提出在天山南路增驻官兵，发展屯田。武隆阿主张仿照伊犁、迪化，移眷驻防，招内地民人垦种。1831年（清道光十一年）9月的上谕宣布“将西四城③可种之闲地招民开垦，有愿携眷者听之，其回子地亩，亦不禁其租给民人耕种”④，正式采纳长龄等人的意见，表明清廷的南疆统治政策有了重要转变。

清政府道光年间南疆政策的转变，不仅推动了以粮食作物为主的农业生产，对棉花种植业的发展也有积极作用。乾隆中期至嘉庆末期，新疆的产棉区主要集中在南疆的西四城，即喀什、和田、叶尔羌（今莎车）、英吉沙。从道光朝开始，南疆东部的喀喇沙尔、吐鲁番作为重要的产棉区发展起来，这里的汉族商民栽种棉花者也越来越多。

同时自从清道光年间解除南疆西四城商民携眷的禁令后，在清朝政策的鼓

---

① （清）王锡纶:《怡青堂诗集》（卷1，页4）第4页，转引自史若民《票商兴衰史》，中国经济出版社1992年，第42页。

② （清）璧昌:《叶尔羌守城纪略》，中国西北文献丛书编辑委员会编:《中国西北文献丛书（二编）·西北史地文献（第3卷）》（总第10册），线装书局2006年，第8—9页。

③ 此处的西四城指南疆喀什、英吉沙、叶尔羌（今莎车）、和阗（今和田）四城。——作者注

④ 《清宣宗实录》（卷197，页1109—1111），新疆社会科学院历史研究所编:《清实录·新疆资料辑录》（道光朝卷二），新疆大学出版社2008年，第702页。

励下，前往南疆从事贸易的内地商人也越来越多。南疆东四城[①]的一些单身商户也纷纷呈请回籍接眷。如1835年（清道光十五年）喀喇沙尔办事大臣额勒锦[②]上奏“喀喇沙尔铺户商民，情愿自备资斧，搬接眷口”。对此，道光帝的答复是“西四城既经奏明准令携眷，东四城事同一体，实属便民，似无流弊，应如该大臣所奏办理”[③]。

此后，在维吾尔族聚居的南疆地区，来自内地的商人们日渐增多。南疆各城，几乎都有汉人开设的店铺。如1845年（清道光二十五年）林则徐赴南疆勘田，看到沿途各军台、驿站，都有汉人开的饭馆、店铺。靠近轮台的洋萨尔台（今杨霞），“此处民回杂处，汉民亦赁种回田，并有当铺一家，山西人所开也”。焉耆附近的布古尔军台，“此处有回城，汉民铺户数十家”。拜城的“回户甚众，汉民来此贸易者亦多”。哈哈里克（今叶城），“居者百余户，并有汉民在此零星贸易”。偏僻的和阗，“汉民在此贸易者，约数十家”。在交通困难的维吾尔村庄索葫芦克（今疏附县索克鲁克），“汉民在此开铺面者约二十余家”[④]。可以说，从事经商贸易的汉商的足迹遍及南疆各处。

清道光年间，在北疆的迪化、伊犁惠远城从事商贸活动的内地商人也很多，主要来自陕西、甘肃两省。林则徐初到伊犁的家书中说，“伊犁及红庙（今迪化）买卖人无非从陕、甘来的”。在伊犁惠远城，陕西“临潼县人买卖极多”。西安“恒盛顺丝线店”在迪化、伊犁均有分号，该商号在“乌鲁木齐开有一间（分店），其在伊犁亦有买卖字号，曰恒盛兴”。陕西商人在伊犁惠远城开办的商号还有“永顺公绸缎布匹海菜店”“余庆公”等[⑤]。

1843年（清道光二十三年）2月林则徐在伊犁惠远城（今霍城）作的元夕

---

① 南疆东四城指喀喇沙尔（今焉耆）、库车、阿克苏、乌什四城。——作者注

② 额勒锦（？—1849）：又名额勒津，满洲正红旗人。1827年（清道光七年），任科布多参赞大臣。1831年（清道光十一年），任喀喇沙尔办事大臣。1835年（清道光十五年）10月返回北京。——作者注

③ 《清宣宗实录》（卷267，页96），新疆社会科学院历史研究所编：《清实录·新疆资料辑录》（道光朝卷二），新疆大学出版社2008年，第828页。

④ 该自然段引号中的文字均出自（清）林则徐：《乙巳日记》，《林则徐奏稿·公牍·日记补编》，中山大学出版社1985年，第155、185、182、168、170、175页。

⑤ 该自然段引号中的文字均出自（清）林则徐：《家书（道光二十二年十二月十四日于伊犁）》（1843年1月14日），周轩、刘长明编注：《林则徐新疆资料全编》，新疆大学出版社2009年，第73页。

诗充分说明，当年惠远城的内地商人很多，诗曰："楼前夜市张灯灿，马上蛮儿傅粉娇。"[①]楼是指惠远城的钟鼓楼，可见当年惠远城元宵节时分，在内地商人的参与下，夜市张灯结彩，灿烂辉煌，十分热闹。

这一时期来自内地的商人们在新疆境内所经营的商品项目，品种繁多，十分丰富。按照经营内容划分，主要有以下几方面。

1.面向当地民众日常生活的买卖

具体有食品、日用器皿、绸布、棉花等。从事这类商业的大多为陕、甘人，他们或做饮食小吃，或出售肉类蔬菜，或经销日用杂货，有的从事旅店业或赶车运输，其商业紧密围绕民众的衣食住行。另外，由于驻扎南疆南八城的官兵需要大量蔬菜，卖菜的商户随之增多。

商户们经营的食品贸易种类繁多，有酒类、果品、水产海鲜、风味小吃等。纪晓岚谪居迪化时，发现这里的内地食品极其丰富，"不重山肴重海鲜，北商一到早相传。蟹黄虾汁银鱼鲞[②]，行箧新开不计钱"[③]。并自注云："一切海鲜皆由京贩至归化城（今内蒙古自治区呼和浩特境内），北套客转贩而至。"甚至"朱橘黄柑"之类的南国水果也能穿越万里关山来到西陲，纪晓岚诗云："朱橘黄柑荐翠盘，关山万里到来难。官曹春宴分珍果，谁怯轻冰沁齿寒。"[④]

日用器皿方面，清初，朝廷对中原地区生产的铁器进入新疆有严格禁令，且当时新疆还不具备生产熟铁制品和各种兵器的能力。乾隆中期禁令废弛，乾隆晚年，即1793年（清乾隆五十八年）则明确开禁。此后贩卖各种熟铁制品及金属日用器皿的生意很快发展起来。

绸布本是官方贸易的大宗商品，但内地商人在此领域也有所涉猎。清嘉庆中期开放对哈萨克的贸易后，绸布的民间贸易数量进一步增长。这一时期南疆的内地商人大量经销丝绸。

内地商民的贩棉贸易兴起于清嘉庆年间。新疆的主要产棉区是南疆东部的喀喇沙尔（今焉耆）和吐鲁番，种棉者除了维吾尔农民外，还有大量来自内地

① （清）林则徐：《元夕与嶰筠饮，遂出步月，口占一律》，周轩、刘长明编注：《林则徐新疆资料全编》，新疆大学出版社2009年，第398页。

② 鲞，念xiang，三声，意为剖开晾干的鱼。——作者注

③ （清）纪昀：《乌鲁木齐杂诗·物产》，王希隆：《新疆文献四种辑注考述》，甘肃文化出版社1995年，第174页。

④ （清）纪昀：《乌鲁木齐杂诗·物产》，王希隆：《新疆文献四种辑注考述》，甘肃文化出版社1995年，第175页。

的商民。他们向维民租种土地，产棉后向中原地区贩运销售，获利甚厚。

2.玉石贸易

新疆南部的叶尔羌（今莎车）、和阗以盛产玉石驰名。乾隆年间东南沿海经济繁荣，苏州等地争相收购新疆玉石，引起江浙商人远赴南疆购玉热潮。他们携带绸缎、布匹、茶叶等货物到南疆贩卖，再用货款购买玉石，转销内地，赚取巨额利润。如1778年（清乾隆四十三年），叶尔羌办事大臣高朴串通苏州商人私鬻玉石，案发后，一度玉禁甚严，但民间逐利私贩的活动仍在暗中进行。1799年（清嘉庆四年），清廷对玉石贸易开禁后，此项贸易出现了热潮，“内地商民趋利，携银踊跃而来”①，竟使叶尔羌一时钱价腾踊。

3.茶叶、药材贸易

茶叶是新疆少数民族，特别是蒙古、哈萨克等游牧民族的日用必需品，“以茶为消费之大宗”②。清政府规定，除伊犁、塔城和南疆乌什向例兵饷中搭放茶封外，其余新疆各地民间大量食用的茶叶，均由商帮人士贩运而来，行销新疆天山南北。

清廷在新疆地区的茶法分官茶与商茶。官茶的目的是储边易马，包括“搭放兵饷”之用。官茶实行茶引制度③，茶商必须向官厅领取茶引，给官厅缴纳课银，由公家分配销引地区后，才能销售。新疆官茶事务，归陕甘总督管辖，官茶皆来自甘肃所颁之额引。清乾隆年间甘肃商人运往新疆的官茶，都来自“湖南安化所产之湖茶”④，即茯砖茶。清咸丰、同治年间，陕甘回民暴动，陕西、甘肃商民流离失所、欠课累累。甘肃的茶引滞销。1872年（清同治十一年）清政府试行招募别省商人赴甘肃领茶引行销茶叶。1874年（清同治十三年）招募湖南商人从湖南采茶运往甘肃销售，称为南商。此后甘肃70%的官茶均由湖南商人承办。茶政由兰州道主持。

湖南商人采办的官茶是茯砖茶。茯砖茶以湖南黑毛茶为原料，且加工制作需以陕西泾河的水与咸阳的气候为条件。于是湖南商人领取茶引从湖南贩茶至陕西

---

① 《朱批民族》，嘉庆六年八月二十五日，富俊折。

② 慕宁：《苏联与新疆省的商业关系》，《新亚细亚》1933年第6卷第5期，新中国建设学会发行，第41页。

③ 茶引：指旧时茶商纳税后由官厅发给的运销执照，即贩卖茶叶的许可证。茶引上开运销数量及地点，准予按引上的规定从事贸易。此制始于宋代，元、明、清仍存之，清末渐废。

④ 军机处录副，道光十五年七月初九日陕甘总督瑚松额奏。

泾阳制成茯砖茶，然后装封运到甘肃，缴纳课银后，由兰州道和所属驻平番（后改永登）的茶马同知分配销引至新疆，运到新疆的茯砖茶都是从这里起运的。

商茶是私茶，由晋商在湖北羊楼洞和羊楼司制办运销，分千两、百两、三九、二四、米心、红茶等很多种类，这种茶称为晋茶。晋商在蒙古归化城向归化同知缴纳领票，把晋茶随杂货经蒙古草地运至新疆行销。晋茶中的川字、米心等茶，一直颇受新疆的蒙古人、哈萨克人的喜爱，在北疆地区销量很大。据道光初年的统计，晋商每年销入奇台的茶叶达7000多箱[①]。

药材贸易以大黄为主。大黄为常用中药，具有泻热通肠、凉血解毒、逐瘀通经的功效。18世纪60—70年代，大黄由中国和俄国传入欧洲。18世纪末，传入北美。大黄主要产于甘肃、青海等地，1840年（清道光二十年）前后在新疆的天山南北均有销售，但运入新疆的大黄，很大一部分是过境贸易，即仅从新疆过境，随后转手贩运至中亚和俄国。如1789年（清乾隆五十四年）3月，商民刘老三赴吐鲁番贩卖大黄600余斤[②]，在哈密等处经商的内地商民从肃州（今甘肃酒泉）私贩大黄5000余斤前赴迪化[③]。

4.牲畜毛皮生意

乾隆年间，漠北蒙古喀尔喀牧民常将牛、羊从游牧地赶往新疆的巴里坤、哈密、辟展（今鄯善）等地贸易。同时新疆的内地商人同哈萨克部[④]及伊犁附近的其他游牧民族也有牲畜交易。起先清廷担心因此影响官办的对哈贸易，下令取缔，但实际上禁而不绝。嘉庆以后，政策开始放宽，在塔尔巴哈台，除官方购买的官兵口食羊和办公用羊之外，准许内地商人以绸缎、布匹交换其余的牲畜及货物。在伊犁，道光时准许内地商人以绸缎、茶叶自行与哈萨克人交换，但贸易地点有严格限制，并且严禁互相赊欠，以杜绝纷争。

新疆的商业经济持续发展了100多年，在1865年（清同治四年）浩罕军官阿古柏入侵新疆后，被破坏殆尽。

---

① 《清宣宗实录》（卷60，页1054—1055），新疆社会科学院历史研究所编：《清实录·新疆资料辑录》（道光朝卷一），新疆大学出版社2008年，第66页。

② 《清高宗实录》（卷1322，页887—888），新疆社会科学院历史研究所编：《清实录·新疆资料辑录》（乾隆朝卷五），新疆大学出版社2009年，第505、509页。

③ 《清高宗实录》（卷1323，页909—910），新疆社会科学院历史研究所编：《清实录·新疆资料辑录》（乾隆朝卷五），新疆大学出版社2009年，第508页。

④ 哈萨克部生活在伊犁西部的草原地带，游牧为业。清统一新疆之前，由于准噶尔部的阻隔，没有机会东来贸易。准噶尔败亡后，哈萨克部开始与清廷开展贸易、以马匹易货的活动。

第二节　商帮在新疆的兴起（1876—1911）

自1865年（清同治四年）浩罕军官阿古柏入侵新疆后，在新疆实行残暴统治，各族人民衣不蔽体，食不果腹，处于水深火热之中。为清除外患，保卫国土，左宗棠于1876年（清光绪二年）率兵入疆，驱逐阿古柏。因军需供应困难，天津杨柳青一带的200多个货郎携带生活用品和常用中成药，经陕甘随军来疆。他们一边赶路，一边销售，俗称“赶大营”。进疆“赶大营”的人，则被称作“大营客”。

从1876年（清光绪二年）7月至1878年（清光绪四年）1月，清军仅用了一年半时间，就消灭了阿古柏政权，收复了除伊犁以外的新疆所有地区。战后，新疆的社会秩序急需恢复。19世纪末20世纪初，围绕新疆建省（1884年）和推行“新政”（20世纪初），新疆当局对新疆的政治、经济、文化方面进行有益的社会整合，这对新疆近代社会产生了深远影响。这种社会整合在经济领域的一个重要举措就是奖励实业、鼓励贸易、复兴商业。它的实施推动了新疆境内民族资本的产生，使民族工商业得到了一定程度的发展。

就是在这种社会大背景和经济基础之上，“赶大营”的天津小商贩由于在战后颇受朝廷照顾，加之经营有方，逐渐形成以迪化为中心，遍及新疆各地的规模庞大、财势雄厚的“天津商帮”，俗称“津帮”，成为新疆近代商业发展的奠基者。津商从津京等地采购货物，并将新疆的土特产羊毛、肠衣、皮革、棉花、中药材等运往关内，沟通了新疆与中原的物资交流，同时也引来了全国各地商贾对新疆的投资，逐步形成了按地域划分的“八大商帮”。商帮“运来货品，以砖茶、纸烟为最多，此外也有绸缎、布匹、靴鞋、药材以及山珍海味等货品。运回之货，除皮毛外，当首推羊肠了。业羊肠者多平津帮，各地均设行收买，以盐腌之，包以油纸，使不致风干，运津予外人，获利颇巨。此外鹿耳（即鹿茸）、葡萄、棉花等土产，交易额亦不少”①。

清光绪末年1906—1907年，来新疆考察的俄属芬兰探险家马达汉记载喀什“兵营、地方官府、汉人商店和三三两两的汉人，这些景观提醒我：现在我们是

---

① 李亦人：《新疆金融市场之一般》，《钱业月报》1934年第14卷第9期，上海钱业公会发行，第2页。

在中国人的区域”[①]。新疆省会迪化城的两条主街道“两旁聚集了城里最富有的汉人商店，商店里有趣儿地展销着俄国的上漆的铁皮等商品，日本的香烟、化妆品和其他舶来品。但中国的原产品还是占多数。城堡区域里共有8家汉人大商行，其货物是直接从北京运来的，还有约80家较小的商店”[②]。商业重镇奇台的商帮人士“在这里具有压倒的优势，……汉人商店并不像乌鲁木齐的商店那样各种商品布置得琳琅满目，但他们有非常干净并管理得很好的工业制成品仓库，（且）商品陈列得很美”[③]。

可以说，商帮对于新疆商业的重建和发展起了极为重要的作用。

一、“赶大营”与“津帮”的兴起

为驱逐阿古柏，保卫国土，左宗棠受命为督办新疆军务的钦差大臣，于1876年（清光绪二年）7月亲自坐镇肃州（今酒泉），指挥清军入疆。左宗棠命令刘锦棠率领湘军1.3万人与金顺率领的清军2.1万兵马，共为先锋主力，出甘肃进入新疆。新疆地广人稀，军队所需的生活用品很难就地采购，巨商大贾不肯效力，只有天津杨柳青的200多名小贩，愿随军西征。他们装上京、津生产的中成药、日用小百货等，肩挑小篓，“蒙霜露，冒锋镝，随大军而西”[④]。

西征清军计有湘军、陕甘军、豫军、皖军、蜀军等，以湘军人数最多。清军所到之处，在军营附近划出一块块地盘，商贩们便摆摊设点，晚间可以到“官店”住宿，有时还可以由军队的车辆捎带物品。据载，清“军中资粮充积，俘获所得，恣为汰奢，不屑较锱铢”，当时西征士兵粮饷优厚，每名士兵每月兵饷是纹银四两二钱，每天供给粮食一市斤半，因此士兵多有余款购置生活用品。从陕甘到新疆的西征路，万里荒芜，有钱没处买东西，所以随军的天津小贩，可以抬高货价，无论何货，其价均高出内地数倍甚至几十倍。故“津人之行贾

① ［芬兰］马达汉著：《马达汉西域考察日记（穿越亚洲——从里海到北京的旅行1906—1908）》，王家骥译，中国民族摄影艺术出版社2004年，第39页。

② ［芬兰］马达汉著：《马达汉西域考察日记（穿越亚洲——从里海到北京的旅行1906—1908）》，王家骥译，中国民族摄影艺术出版社2004年，第267页。

③ ［芬兰］马达汉著：《马达汉西域考察日记（穿越亚洲——从里海到北京的旅行1906—1908）》，王家骥译，中国民族摄影艺术出版社2004年，第282页。

④ （清）袁大化修，王树楠等纂：《新疆图志》（第29卷·实业二），东方学会据志局书重校正增补，1923年，第15—16页。

者，微贱居贵多用此起其家”。因利润较大，一时间“其乡之人，相顾色动，闻风靡从”。每年都有数百名天津杨柳青的小商贩，二三十人一伙，跟着军队转战天山南北，称为“赶大营”。[①]进疆“赶大营”的人，则被称作“大营客”。参加“赶大营”要经过审查，首先要到兵营报名，然后检查身体，发放“龙纹执照”为凭证后，才能“赶大营”。

需要特别指出的是，“河西走廊”[②]是内地进入新疆的主要交通路线，也是天津杨柳青商人出入新疆的一条热线，在这一带经商，习惯上也叫“赶大营”。

最初追赶部队大营进入新疆的天津杨柳青人，紧密配合清军的军事行动，历经大小战役百余次，攻克南北疆16座大城，收复了新疆广袤的土地。他们出生入死，为部队提供了坚强可靠的后勤支援，为收复祖国西北边疆立下了功勋。用近代新疆商会会长石寅甫（津商）的长孙女石丽莹[③]的话说，就是“津商是清军收复疆土的见证人”。清军收复新疆后，随军的杨柳青商贩已遍布新疆各大中小城镇，形成“三千货郎满天山”的局面。战事停止后，因援军有功，他们颇受朝廷照顾，加之经营有方，“或设商肆，或开田园，均颇有成绩。根基渐具，且图扩充，天山南北足迹遂以日密”[④]。

到民国年间，由于天津“大营客”“向之囊空如洗者，莫不满载而归，……其亲友乡里见其发财而归，中心羡慕，亦愿与偕行”。故他们“或携其妻孥，或招其亲友，再行出关”。虽“万里长途”，但其出行方式“极简单，大半骑坐骆驼，或买小驴。不携川资，仅于动身时，各置货物若干包，沿途销售。既无现金累累之苦，且获相当厚利。往往以几百元之货物，及抵新省，仍不损原本”[⑤]。后来，随着天津“大营客”们逐渐由行商转为坐商，他们的妻儿老小乘坐马

---

① 该自然段引号中的文字均出自（清）袁大化修、王树楠等纂《新疆图志》（第29卷·实业二），东方学会据志局书重校正增补，1923年，第15—16页。

② 河西走廊又称甘肃走廊，东起乌鞘岭，西至玉门关，南北介于南山（祁连山和阿尔金山）和北山（马鬃山、合黎山和龙首山）之间，长约900公里，宽数公里至近百公里不等，为西北—东南走向的狭长平地，形如走廊，因位于黄河以西，故称河西走廊。——作者注

③ 石丽莹，1940年生于新疆乌鲁木齐，天津杨柳青后裔，为近代新疆总商会会长石寅甫（天津杨柳青）的长孙女，现为新疆大学中文系退休教师。笔者于2014年12月11日对石丽莹女士进行访谈时，石丽莹女士口述。——作者注

④ 吴绍璘：《新疆概观》，南京仁声印书局1933年，第181页。

⑤ 吴绍璘：《新疆概观》，南京仁声印书局1933年，第181页。

车、驼轿，雇请保镖保护也来新疆谋生。津商进疆一直延续到1933年才停止，前后长达六七十年，影响所及延续到解放初期。这些后来者因已无“大营”可“赶”，因此又被称为“跑大营”或“上大营”。

自1759年（清乾隆二十四年）清朝统一新疆以来，大量的内地人士以封疆官吏、驻屯士兵、农民商客和流犯遣员的身份涌入新疆，中断了百年之久的西向移民的高潮再次出现，其中特别引人注意的是“赶大营”。“赶大营”发端于1876年（清光绪二年），1884年（光绪十年）进入全盛期，1937年抗战全面爆发后因交通受阻和货源断绝而迅速转向衰落。1945年抗战胜利到1949年中华人民共和国成立期间，虽陆续还有少量杨柳青人进疆谋生，但已进入尾声。可见，“赶大营”历经了兴起、发展、鼎盛和衰落的完整历史阶段，在祖国的大西北留下了一道绚丽的人文风景线。

这里必须指出的是，当年“赶大营”的津商，进入新疆农牧区，饿了只要向农牧民说一声，就会得到饱餐，借宿也很方便，当地对此俗称“打二饭”的。所以后来的津商多有这种观念：到达新疆之后，无论经营好坏，都不至于挨饿。因此，津商能够以非凡的勇气与毅力去“赶大营”，并持续了半个多世纪，谱写出史诗般的壮丽画卷，新疆各族人民的淳朴好客是其中一个不可忽视的因素。

据史料记载，“赶大营”使3000余户至少1.5万杨柳青人成功移民新疆（约占同时期杨柳青人口的1/5），改变了新疆的政治、经济、文化面貌，以一镇之微而影响中国1/6的土地达数十年之久，这在中国历史上的确很罕见。需要指出的是，天津人的“赶大营”也带动了新疆邻近诸省，特别是陕、甘两省的人民移民新疆。进入民国后，各地天灾人祸，相继发生。30年代初期，天灾人祸“尤以陕甘为最酷”。这两省的人，“凡见人赴新者，就渴羡不止，以为有大米饭吃，有太平福享，无异身入桃源。于是西行之多，犹水赴壑，每年约数万人”[①]。

总之，“赶大营”是天津人的壮举，创造了我国近代商贸史上的奇迹。当年的“大营客”们从杨柳青出发，一路向西，经过153站，共计8171华里[②]，步行

① 吴绍璘:《新疆概观》，南京仁声印书局1933年，第181页。

② 附录一:《津帮家眷车车夫范玉春记录的“赶大营”路单》(1922年9月29日)，天津市西青区政协文史资料研究委员会编:《西青文史》(第9册)，1999年（内部资料），第47—52页。另注：1华里（里）=0.5公里。

半年才能到达迪化。民国时人吴绍璘称颂道："以此种之方式，自动之精神，刻苦奋斗，拓殖边陲，……吾人对之，至为敬钦。"①

自光绪初年到抗日战争爆发前的50多年时间里，津商在新疆南北开办的店铺，先后有2000多家，号称"三千户"。津帮店铺最密集的地区是在北疆，且多集中在当年清军进兵的沿线大城。

迪化是津帮店铺最多的城市，到1894年（清光绪二十年）前后，在迪化"大十字街"（有东、西、南、北四条大街），几乎全部是津帮商户，时人把杨柳青聚居的街区称"杨柳青"，迪化城又有"小杨柳青"的别称。民国年间，迪化"街市以南大街为最佳。崇楼大厦，堂皇华丽，冠于全城。举凡各种用品，若衣饰、若消耗、若化妆，应有尽有。其中商肆多为平津人所经营"②。其中的"新老八大家"，是津帮中最负盛名的商号，这些老商号在特定的历史时期是边城商贸的象征和灵魂，具有广泛的代表性。

图 2–1　迪化商业中心大十字牌坊③

① 吴绍璘：《新疆概观》，南京仁声印书局1933年，第181页。

② 吴绍璘：《新疆概观》，南京仁声印书局1933年，第129页。

③ 照片源自刘荫楠《边城旧貌》，樊娇健主编：《往事回眸——20世纪新疆图片纪事》（第1辑），新疆美术摄影出版社1999年，第3页。

图 2–2 1910 年乌鲁木齐最繁华的大十字街道[①]

津帮“老八大家”开业于清朝年间，辛亥革命前后是其经营的黄金时代。迪化的经营地点在今乌鲁木齐大十字一带。具体为：“永裕德”“同盛和”“复泉涌”“德恒泰”“升聚永”“公聚成”“聚兴永”“忠利祥”。他们资本雄厚，品种齐全，善于经营，堪称迪化商业之冠。其中“永裕德”商号，是迪化城第一座有楼房的铺面，而“同盛和”商号，则是“津商中之佼佼者”。除“复泉涌”是酱园兼营糕点、海味食品外，其余皆经营百货业（旧称京津杂货或绸缎呢绒）。1910年（清宣统二年）迪化发生“王高升纵火案”，又称“火烧津门八大家”。“王高升纵火案”是津帮“老八大家”发展史上一个重要事件。

① 照片源自［澳大利亚］莫理循图 / 文，窦坤、海伦编译：《1910，莫理循中国西北行》（上），福建教育出版社 2008 年，第 180 页。

1910年8月10日[①]，哥老会成员王高升在迪化大十字闹市区火烧津帮八大家事件，是清末迪化乃至新疆近代史上的重大事件。清末流入迪化的陕甘流民不下万人之多，其中参加哥老会者有五六千人。这批陕甘游民除少数一部分是地方军队中的士兵外，大部分闲散在社会上。尽管哥老会是没有武装的游民，但组织严密，定期“开堂”活动，实力要比当时的地方军队大得多。为此，新疆巡抚联魁把陕甘游民大量应召入伍，以分化瓦解哥老会的力量。王高升是清末由陕西（一说甘肃）流入迪化的哥老会成员，他巧妙躲过了征兵抓丁的风潮，不但在社会上很活跃，而且和军营中的哥老会建立了密切联系，这是他以后聚众放火的实力基础。

以“八大家”为代表的燕帮中的天津商人，经济实力很强，不但在商品市场中有举足轻重的地位，而且每当地方政府协饷不济的时候，还可以拿出大量现金资助政府，加之当时河北籍人士都有正当职业，所以在地方政府的眼中，认为他们都是安分守己的良民。另外，当时新疆政界要员中，除巡抚联魁、臬台荣霈是清朝贵族外，布政使王树楠是河北人、提学使杜彤是天津人，而且在军政各界任职的中小官员中，河北人也不少。这种官商拉拢、互相利用的情况自然在所难免。

与此相反，人口众多、无正当职业者的陕甘游民，既受官吏们的鄙薄，又遭到商人的蔑视。他们成为征兵抓丁的对象，而河北人却格外受到恩惠。这种情形不但滋长了河北人骄傲自贵的情绪，而且进一步加深了河北人与陕甘游民的矛盾。1910年农历三月，在迪化西郊的萧曹庙会[②]上，河北籍人与陕甘籍人因赌场纠纷发生冲突，陆军马队第一营试署管带田熙年[③]（天津人）带兵弹压，陕甘籍人当即被全部驱逐出庙会，其中十余人在被驱赶的过程中受伤，不少人的钱财被田熙年没收。王高升一伙对这次事件耿耿于怀，串联军队内外的哥老会成员，伺机寻衅报复。时隔不久，农历四月的红山庙会来临，陕甘籍士兵相约前往报仇，结果又发生了两帮人的械斗，在械斗中7名河北籍

---

① 根据袁大化奏折，王高升纵火案时间是宣统二年七月初六，公历为1910年8月10日，见袁大化《遵筹抚恤商民请愿抽捐垫折》，（清）袁大化修，王树楠等纂：《新疆图志》（第160卷·奏议十六），东方学会据志局书重校正增补，1923年，第3页。

② 萧曹庙位于迪化西郊的蜘蛛山上，内供萧何、曹参牌位，为当时各衙署科房小吏所敬供。每年农历三月开庙会，演戏酬神，故又称萧曹会。

③ 田熙年的官职名称，《清实录·宣统政纪》（卷39），见新疆社会科学院历史研究所《清实录新疆资料辑录》（光绪朝宣统朝卷），新疆大学出版社2003年，第518页。

人被当场打死，1名陕甘籍人身受重伤。田熙年闻讯又要出兵弹压，被王树楠强令制止。由于王树楠素负众望，所以新疆巡抚联魁派王树楠出面劝解，这场械斗才告平息①。

虽然红山庙会的械斗已平息，但抱有狭隘地域观念的田熙年并未罢休。由于他所管带的一营骑兵，大多是陕甘籍人，所以他在营中严加追查，要惩办参加械斗的士兵。1910年夏，田熙年的卫兵蒋兴奎（陕甘籍人）因参加哥老会活动外出，被田熙年发现，田熙年要严加惩罚，蒋兴奎不服，“言语冲撞”，田熙年无视军法，“气忿杀毙”②了蒋兴奎。与此同时，标统李文学也将3名“私自外出”的陕甘籍士兵击毙。消息传出后，哥老会人义愤填膺，王高升于8月10日中午召集了一批大多是哥老会成员的甘肃同乡在甘肃会馆聚会，要讨还血债。这时，又有1000多名军内外的陕甘籍人，拥聚在会馆门前支援。王高升带着浩浩荡荡的人群来到巡抚衙门击鼓示威。联魁见人多势凶，派人出面斡旋。这群人要求立即拿办田熙年，联魁不得已当晚将田熙年撤职，但田本人未至巡抚衙门，这群人不允，一直僵持到当天黄昏时候。

愤于新疆地方官吏玩忽人命，又控告无门，当晚半夜时分，王高升率众将田熙年藏身处蒋松林公馆焚烧；又率众将迪化县监狱砸开，放出狱中的哥老会成员60余人。然后王高升带领数十人沿大十字放起火来，沿街专烧津商铺户。一些人往商店的门板上刷石油，一些人在后面点火。几个小时内，大十字一带烈火四起，北梁首先起火，焚烧了此处的十余家商户；接着东大街也被烧着，火势猛烈，全街荡然无存。是夜风起，火势又延及南大街晋商经营的“蔚丰厚”钱庄。

一夜大火后，迪化数十年精华地带灰飞烟灭，成为焦土，其中天津商户损失最大。时称迪化津商八大家者，仅剩南大街的“同盛和”与“公聚成”两商号未遭火灾，其余全在烈火中化为灰烬。这就是史称“火烧津商八大家”的巨案。王高升指挥放火时，在北大街被秦帮商店“元泰堂”的店员用“保险盒”

① 昝玉林：《王高升放火逸闻》，中国人民政治协商会议乌鲁木齐市委员会文史资料研究委员会编：《乌鲁木齐文史资料》（第7辑），1984年（内部资料），第129—130页。潘祖焕遗稿：《清末王高升在迪化放火的所见所闻》，中国人民政治协商会议新疆维吾尔自治区委员会文史资料研究委员会编：《新疆文史资料选辑》（第4辑），新疆人民出版社1979年，第163页。

② 《清实录·宣统政纪》（卷38），新疆社会科学院历史研究所编：《清实录新疆资料辑录》（光绪朝宣统朝卷），新疆大学出版社2003年，第518页。

（铁砂土手枪）击伤[①]。翌日，军警会同迪化县差役，捕获了纵火犯10多人。联魁等人唯恐余波再起，立即将田熙年处决。

王高升纵火案，因新疆地方当局封锁消息，故官方史料少见记载，仅在联魁、袁大化给朝廷的奏文中。在纵火案发生后新疆当局是否及时出兵救护以及受灾商户数量这两个问题上，存在官方、民间两个版本。

关于新疆当局是否及时派兵救护，新疆巡抚联魁在1910年8月18日给清廷的奏文中声称：发生纵火案后，“当即调集营兵，弹压救护，将匪首王高升枪毙，并枪毙拿获正法十余名，余匪逃匿。田熙年身为军官，逞忿擅杀，业已讯明正法”[②]。但根据发动请愿运动被清廷遣戍新疆的天津士绅温世霖1911年（清宣统三年）记载，“闻当时变起仓促，联帅顿足痛哭，束手无策，而藩臬各大宪官员皆闭门自守，莫赞一词。官兵亦作壁上观，若无其事，一任匪徒，劫狱开城，勾引帮匪，大肆抢劫。……事后密不奏报，严查邮电，以防透漏消息。时《京报》记者彭君翼仲亦遣戍在新，目睹此种情形，激于义愤，密恳新疆财政监理官梁君素文，以密码电报密呈度支部尚书（载泽），政府始得知其概，电新查问。联帅不得已，密派心腹，疏通津商，赔偿损失十四万两，而以传闻失实四字蒙蔽政府了之”[③]。另一位经历此事的潘祖焕也回忆说：“天大明后，才有军警出来维持秩序，协同津商，扑灭余火。”[④]

关于受灾商户的数量，官方声称是170户[⑤]，但温世霖记载的数量是“被害者达四五百家，尤以津商为最。迪化之精华殆尽”[⑥]。

---

① 昝玉林：《王高升放火逸闻》，中国人民政治协商会议乌鲁木齐市委员会文史资料研究委员会编：《乌鲁木齐文史资料》（第7辑），1984年（内部资料），第131页。另一说元泰堂放出的一枪，当场将王高升击毙，见潘祖焕遗稿《清末王高升在迪化放火的所见所闻》，中国人民政治协商会议新疆维吾尔自治区委员会文史资料研究委员会编：《新疆文史资料选辑》（第4辑），新疆人民出版社1979年，第165页。

② 《清实录·宣统政纪》（卷38），新疆社会科学院历史研究所《清实录新疆资料辑录》（光绪朝宣统朝卷），新疆大学出版社2003年，第519页。

③ 温世霖：《昆仑旅行日记》，天津古籍出版社2005年，第133页。

④ 潘祖焕遗稿：《清末王高升在迪化放火的所见所闻》，中国人民政治协商会议新疆维吾尔自治区委员会文史资料研究委员会编：《新疆文史资料选辑》（第4辑），新疆人民出版社1979年，第165页。

⑤ 袁大化：《遵筹抚恤商民请愿抽捐垫折》，（清）袁大化修、王树楠等纂：《新疆图志》（第160卷·奏议十六），东方学会据志局书重校正增补，1923年，第4页。

⑥ 温世霖：《昆仑旅行日记》，天津古籍出版社2005年，第133页。

面对联魁关于王高升纵火案的奏文，朝廷批示“被害商民、妥筹抚恤”。联魁、王树楠等人再度上奏，提出新疆协饷不足，“恒恃铺商腾挪周转，今因匪徒滋扰，延祸商民，全省精华，损伤大半。财政奇绌，请饬下各省关将应解新省协饷，迅速筹解”[①]。由于当时国内革命风起云涌，各省自顾不暇，联魁要钱的奏折落空。联魁遂与王树楠一道，按受灾轻重程度，先后拨发“灾商昇聚永等170户恤银384684两，又修葺被灾官房9812两，计共用银394500两。内经阖省文武各员捐助银59102两，概归此项支发抵除，计实在用银335398两”[②]。这33万多两纹银以“贷款”名义发给受灾商户，帮助商民恢复营业。但受灾商号因受灾过重，恢复旧业尚需时日，短期内无力偿还垫款。1911年4月新疆迪化总商会组建，在新任新疆巡抚袁大化[③]的策动下做出决议，除全疆货物统税外，每百两增收2.5两商税，名为“二五商税”，预计需要15年还完33万多两纹银的贷款。袁大化是这一压榨商民措施的主谋，但他在1911年8月给朝廷的奏折里却说“遵筹抚恤，欢洽边庭，商民以库币正绌，不忍偏累公家，请愿抽捐，归补恤款”[④]。不久，“二五商税”被辛亥革命的风暴摧垮。

王高升纵火案，表面上看似两帮人士的“积怨”，实际是因新疆上层统治阶级在征兵、理事等多方面偏袒一方、压制另一方，打压哥老会革命党人，以及统治阶级内部的藏奸养恶、争权夺利等多方面的原因引起的。纵火事件发生后，统治阶级初期隐瞒不报，被清廷获知后，又极力搪塞，“巡抚联魁与藩司王树楠互相讦参，均奉旨革职”[⑤]，无怪乎温世霖慨叹：“新省之政治军事腐败如是。”这场纵火案预示着腐朽的封建统治已无可救药。

王高升纵火案严重损害了津帮元气，此后津帮“老八大家”的鼎盛期过去，生意逐渐衰退。受灾严重的津帮“老八大家”得到抚恤以后，有的歇业，有的改组，有的将资金抽回内地。只有“同盛和”与“复泉涌酱园”的经营时间最

---

① 《清实录·宣统政纪》（卷39），见新疆社会科学院历史研究所：《清实录新疆资料辑录》（光绪朝宣统朝卷），新疆大学出版社2003年，第520页。

② 袁大化：《遵筹抚恤商民请愿抽捐垫折》，（清）袁大化修、王树楠等纂：《新疆图志》（第160卷·奏议十六），东方学会据志局书重校正增补，1923年，第4页。

③ 袁大化于1910年11月担任新疆巡抚。——作者注

④ 《清实录·宣统政纪》（卷57），见新疆社会科学院历史研究所：《清实录新疆资料辑录》（光绪朝宣统朝卷），新疆大学出版社2003年，第535页。

⑤ 温世霖：《昆仑旅行日记》，天津古籍出版社2005年，第152页。

长，一直坚持到1956年实现公私合营。

表2-1　迪化津帮“老八大家”一览表[①]

商号名称	开业年份	地址	创业人、经理	资本（万银圆）	经营范围	从业人员	分店所在地	附注
同盛和京货店	1885	南大街（今人民商场）	周乾义、周恒德、周恒正（玉丰）、周耀庭等投资，柳士清、李悟岗、曹余三、尚松年担任经理	2.5	京广杂货、洋货、海味，大宗贩运、批发为主，兼营葡萄园	20余人	伊犁、奇台、吐鲁番、喀什、和田、北京、天津、上海、呼和浩特、武汉、广州、香港	1956年公私合营
复泉涌酱园	1886	南大街（今大十字糖业烟酒大厦）	杨润棠、杨春华兄弟投资经营，1910年兑给周义臣，继由其次子周铸卿（保定）经营，再后周海东	2.0	自制酱菜、津式糕点，京广杂货、海味、洋货	10余人	伊犁、霍城	1956年公私合营

① 津帮“老八大家”的构成有两种说法，第一种是同盛和、复泉涌、德恒泰、永裕德、升聚永、公聚成、聚兴永、忠利祥，见王鸿魁、于焕文、谢玉明：《天津商帮在新疆》，天津市政协文史资料研究委员会、天津西青区政协文史资料研究委员会编：《津西古今采珍》，百花文艺出版社1993年，第32页。第二种是同盛和、复泉涌、德恒泰、永裕德、升聚永、公聚成、聚兴永、新盛和，见李富：《津帮“八大家”的变迁》，中国人民政治协商会议乌鲁木齐市委员会文史资料研究委员会编：《乌鲁木齐文史资料》（第6辑），新疆青年出版社1983年，第110—112页。可见两者唯一的区别是最后一家店铺不同。基于第一种说法中最后一个店铺忠利祥创办者较早来疆，曾利用协饷办货，故此处采用了第一种说法。同时，津帮“老八大家”中的德恒泰、永裕德、升聚永、公聚成、聚兴永这五家店铺开业时间也有不同说法，第一种说法是附表：《天津商帮店铺情况表》（根据历年随机调查整理），天津市西青区政协文史资料研究委员会编：《西青文史》（第9辑），1999年（内部资料），第75—76页，这五家店铺开业时间均为1887年。第二种说法是李富：《津帮“八大家”的变迁》，中国人民政治协商会议乌鲁木齐市委员会文史资料研究委员会编：《乌鲁木齐文史资料》（第6辑），新疆青年出版社1983年，第110—112页，这五家店铺开业时间则均为20世纪初，德恒泰（1900年）、永裕德（1906年）、升聚永（1908年）、公聚成（1909年）、聚兴永（1909年）。考虑到津帮“老八大家”应在1910年夏王高升纵火案之前具有一定的发展规模，所以此处采用了1887年开业时间的说法。

续表

商号名称	开业年份	地址	创业人、经理	资本（万银圆）	经营范围	从业人员	分店所在地	附注
德恒泰绸缎庄(1920年改号德昌源）	1887	东大街（今天山商场东侧，前身为寄卖行）	李汉臣及表弟王德云创办，辛亥革命后由王铸卿经营。1920年前后由崔善祥接兑，改号德昌源	1.7	百货绸缎，产地进货，批零兼营，贩售鸦片	10余人		
永裕德京货店	1887	东大街（今中山路天山商场）	郑子澄（绰号螃蟹郑）、郑永乾、郑联藻投资，杨绍周为经理，后为杨宪臣。盛世才时期败落，由石百川、杨筱舫合伙经营	2.5	货栈、百货、药材，为“老八大家”之首	10余人	伊犁、喀什、天津	
升聚永京货店	1887	东大街（今天山商场西）	周质臣创办，1912年后由李铸卿经营	2.3	津沪百货、京广杂货、绸缎布匹，批零兼营	10余人		1918年停业
公聚成京货店	1887	南大街（同盛和对面）	资方史培元，经理王锦堂	1.5	京津杂货	10余人		1923年停业
聚兴永京货店	1887	东大街（今天山商场对面）	肖连第创办，后为肖春芳经营	1.5	日用百货，京广杂货	10余人		1913年停业
忠利祥	1886		王兴芝		京广杂货			

辛亥革命后民国年间，津帮又产生八家大商号，流动资金在2万至3万两纹银之间，时人称为津帮“新八大家”。它们为“永盛西”“裕昌厚”“福泰成”“德兴和”“德聚和”“同泰兴”“宝聚丰”“庆春和”。

图 2–3　津帮“老八大家”“公聚成”经理王锦堂[①]

表 2–2　迪化津帮“新八大家”一览表[②]

商号名称	开业年份	地址	创业人、经理	资本（万银圆）	经营范围	从业人员	分店所在地	附注
永盛西点心铺	1920 年前后	南大街（今解放北路南门大银行北头一带）	刘鉴周（人称“刘三万”）	3.0	30 年代之前综合经营，自制天津风味糕点，有京广杂货、绸缎布匹、俄货布匹、酒、糖、罐头等，津帮“新八大家”之首			1940 年停业

① 照片由王锦堂（号宝荣，1854—1936）的重孙王自立提供。王自立（1934—　）为津帮“老八大家”之一“公聚成”第四代后人，1934 年出生于迪化，适逢其太爷爷王锦堂 80 岁，故小名八十子。曾于 1945—1949 年间在津帮“老八大家”之一“德昌源”商号做学徒。解放后学医，任新疆人民医院外科主任医师。笔者 2016 年 9 月 18 日与王自立、王自中（王自立弟弟）访谈时，二人口述。

② 此表根据如下资料整理而成：A. 附表：《天津商帮商铺情况表》（根据历年随机调查整理），天津市西青区政协文史资料研究委员会编：《西青文史》（第 9 辑），1999 年（内部资料），第 77—85 页。B.《津门新八大家》，刘荫楠：《乌鲁木齐掌故》（二），新疆人民出版社 2003 年，第 204 页。C.《永盛西点心铺》《德聚和绸缎庄》《庆春和绸缎布匹商店》，刘荫楠：《乌鲁木齐掌故》（一），新疆人民出版社 2001 年，第 126、141、143 页。

续表

商号名称	开业年份	地址	创业人、经理	资本（万银圆）	经营范围	从业人员	分店所在地	附注
裕昌厚京货店	1908年	南大街（今凝德堂中药店斜对面一带。后迁移西大街，今中山路西段新特药商店一带）	刘永裕创办，后由其侄儿刘云卿、其子刘筱昆继承经营		日用百货、京广杂货			
福泰成京货店	1890年以后	南大街（今凝德堂南隔壁一带）	李华甫、柳士青投资，经理石寅甫（李华甫女婿），后期经理肖奉周		日用百货、津沪广杂货、鸦片			
德兴和	民国初年	南大街（今南门大银行对面一带）	经理闫应五		绸缎布匹等			
德聚和绸缎庄	1920年以后	南大街（今大十字呢绒商店）	姚希贤创办，姚兆雯继业，经理任之山、赵昆山、杨绍全，后期经理任名武		呢绒丝绸，收购野山药材向京津贩售，经营人员熟通维、俄语言			40年代停业
同泰兴	民国初年	南大街（今明德路口南门大银行一带）	韩绍棠投资，经理韩宗耀		绸缎呢绒、日用百货、文具五金、罐头、钟表眼镜、戏服、乐器等	从业5人，管账1人		1937年停业
宝聚丰		东大街（今中山路东端人民广场附近）	经理戴宪洲（戴仙洲）①		绸缎布匹、日用百货、苏联进口的布匹、搪瓷产品、皮鞋等			1913年停业
庆春和绸缎布匹店	1920年前后	南大街（今大十字自治区中医研究所以南一带）	潘少波（名庆，字少波）创办，经理钱仁斋、后期经理梁秀岩		津沪杭所产绸缎布匹，时令商品送货上门、串乡叫卖			

① 《新疆日报》，1935年12月6日，第3版，《本市商家将通设电话，商会筹设商事公断处》，写作戴仙洲。

图 2-4　津帮“新八大家”“永盛西”创办人刘鉴周（1937 年摄于迪化）[①]

源源不断进疆的天津杨柳青人，使迪化人满为患，他们开始向南北疆的边城外县扩散，和迪化进货，仍做肩挑生意，经历一年半载或数年，待积累了一定资金后，便在外县落地改营坐商，但实力很难跟老城大户竞争，当时流传有“要想富，上南路”“要发家，上北丫（北丫，即塔城）”的说法。这些地区商业不发达，是发财的好地方。

津帮店铺在“北疆”较集中的地区有伊犁、塔城、古城（今奇台）、哈密等地。1911年，英国柏来乐少校看到绥定（今霍城县水定镇）“在筑有城墙的市内，大都是汉人，主要来自天津”。塔城、承化寺（今阿勒泰）也有“从天津来的汉人（即津商）”[②]。

1910年，天津士绅温世霖因发动请愿运动被清廷遣戍新疆，1911年他途经奇台，与他见面的津商店铺负责人就有15家，具体为“文丰泰”京货店、“成利顺”京货店、“瑞生祥”京货店、“德兴隆”烧锅坊、“德泰成”货栈、“同盛和”京货店、“兴泰和”京货店、“文义厚”京货庄、“义成厚”京货店、“德润源”京货店、“德泰裕”京货店、“义泰恒”京货店、“怡和永”京货店、“玉兴隆”京货店、“振丰恒”京货店。[③]1917年的玛纳斯县城，有“商店三四百家，

① 刘荫楠：《乌鲁木齐掌故》（二），新疆人民出版社 2003 年，第 204 页。

② ［英］柏来乐：《由蒙古和新疆到喀什噶尔》，《英国蓝皮书关于辛亥革命资料选译》，中华书局 1984 年，第 518、516、511 页。

③ 温世霖：《昆仑旅行日记》，天津古籍出版社 2005 年，第 143、145 页。

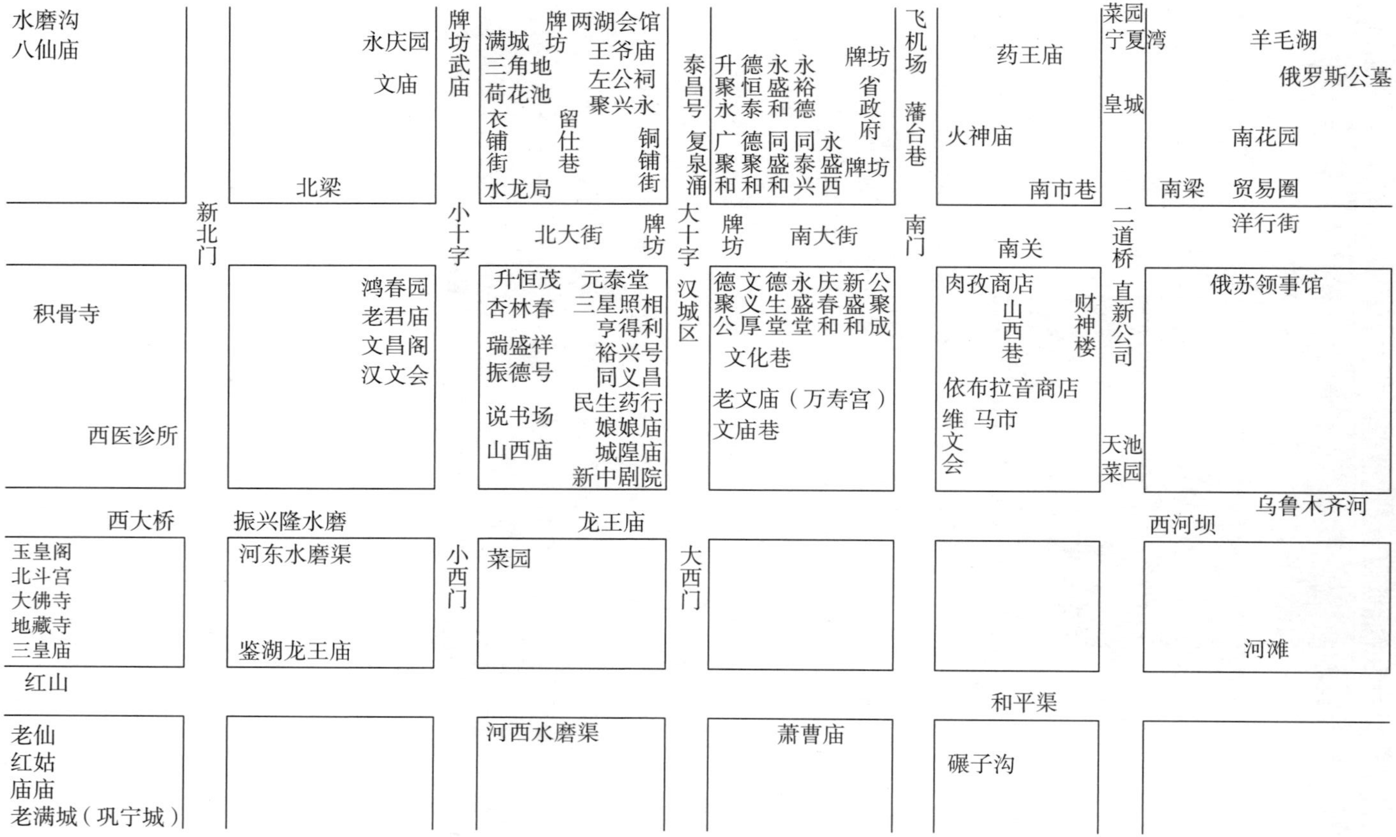

图 2-5　民国年间迪化商铺示意图[①]

① 周泓：《民国新疆社会研究》，新疆大学出版社 2001 年，第 423 页。

天津为多”[①]。霍城县，也是“城内多津商”[②]。北疆津商店铺密集的原因是依靠省城这一政治中心，各方面信息灵通，便于和家乡进行联系，易于掌握商机和行情态势；同时这些地区的清军守备力量也较强，富有安全感，满汉人口相对比较集中，消费需求强，且地近关内，有进退之便。

津帮店铺在“南疆”多集中于喀什、阿克苏、焉耆、库车、和阗等地。但受地理、交通因素的制约，不如北疆繁华。如据英国《泰晤士报》记者莫理循记载，1910年（清宣统二年）“在阿克苏，像在新疆其他城镇一样，最好的商店属于那些天津来的商人。他们必须用马车或骆驼穿过整个中国运来他们的货物”[③]。又如1912年的吐鲁番，“中国杂货在城里卖，听说全都是从天津来的”[④]。

总之，天津杨柳青人不畏艰险，潜心经营，自清光绪初年以来，在新疆逐渐形成以迪化为中心，遍及伊犁、塔城、古城（今奇台）、焉耆、阿克苏、库车、喀什、莎车、和田等地，规模庞大、财势雄厚的“天津商帮”，俗称“津帮”，成为新疆近代商业发展的奠基者。如1938年，全新疆津商经营的商店，至少有3000家，人口有3万[⑤]。津帮人数多、分布广、财力强、影响大，创造了近代新疆许多领域的无数个第一，是近代新疆不可低估的重要社会力量。近代新疆商会会长石寅甫（津商）的长孙女石丽莹评价说，“津商具有家国情怀，处理国事、家事都很有度量，文化素养较高，有一种说法称之为绅商，我非常认可”[⑥]。

二、其他商帮的兴起

由于津商在新疆获利颇丰，加之刘锦棠在收复新疆后实行“首治邮驿亭障，

---

① 谢彬著，杨镰、张颐青整理：《新疆游记》，新疆人民出版社1990年，第67页。

② 谢彬著，杨镰、张颐青整理：《新疆游记》，新疆人民出版社1990年，第79页。

③ ［澳大利亚］莫理循著：《一个澳大利亚人在中国》，窦坤译，福建教育出版社2007年，第253—254页。

④ ［日］吉川小一郎：《敦煌见闻》，大谷光瑞等著：《丝路探险记》，章莹译，新疆人民出版社1998年，第301页。

⑤ 陈纪滢：《新疆鸟瞰》，商务印书馆1941年，第230页。

⑥ 笔者于2014年12月11日对石丽莹女士进行访谈时，石丽莹女士口述。

以通商路”的举措，“于是废著鬻财之客，联袂接轨，四方之物，并至而会”[①]，内地省份的商人纷纷来新经商，“北至伊犁，南至库车、喀什，乃无不有汉商之足迹”[②]。

当时商人来新疆路线主要有两路，因当时新疆古城（今奇台）是清末至民国二十世纪三十年代全疆最重要的货物集散中心，故以古城为标的，“其东自嘉峪关趋哈密为一路，秦陇湘鄂豫蜀商人多出焉。其东北自归化（今内蒙古呼和浩特境内）趋蒙古为一路，燕晋商人多出焉”[③]。一时间塞外新疆商货如潮，自内地输入新疆的货物以绸缎、茶、纸、瓷、漆、工艺品及洋货为大宗。据《新疆图志》统计，除去私运漏货外，自秦陇输入新疆货物占输入总量的十分之三四，自归绥[④]（今呼和浩特）输入新疆的货物占输入总量的十分之六七[⑤]。

继“津帮”商户之后，近代新疆出现了以地域划分的“八大商帮”。这里的八大商帮，指的是以地域为中心，以血缘、乡谊为纽带，以“相亲相助”为宗旨，以会馆为其在异乡的联络、计议之所的一种既“亲密”又松散的自发形成的商人群体。新疆的商帮发端于清朝乾隆年间统一新疆之初，形成于清光绪时期左宗棠率军收复新疆之际，19世纪90年代已有相当实力，具体为燕（其中京商[⑥]少，津商多）、晋、湘、鄂、豫、蜀、秦、陇[⑦]。八大汉族商帮中，“津商执新疆商业之牛耳”[⑧]。直至民国末期，其他商帮均未能形成足以与津帮抗衡的财

---

① （清）袁大化修，王树枏等纂：《新疆图志》（第29卷·实业二），东方学会据志局书重校正增补，1923年，第14页。

② 李亦人：《新疆金融市场之一般》，《钱业月报》1934年第14卷第9期，上海钱业公会出版，第1页。

③ 该自然段引号中的文字均出自（清）袁大化修、王树枏等纂《新疆图志》（第29卷·实业二），东方学会据志局书重校正增补，1923年，第14—15页。

④ 1928年设立绥远省，简称绥，省会归绥（今呼和浩特市），为民国时期的塞北四省（热河省、察哈尔省、绥远省、宁夏省）之一，包括今内蒙古自治区南部地区。1954年并入内蒙古自治区。——作者注

⑤ （清）袁大化修，王树枏等纂：《新疆图志》（第29卷·实业二），东方学会据志局书重校正增补，1923年，第15页。

⑥ 京商指北平清宛人，津商指天津杨柳青人。——作者注

⑦ （清）袁大化修，王树枏等纂：《新疆图志》（第29卷·实业二），东方学会据志局书重校正增补，1923年，第16页。

⑧ 问天：《新疆迪化调查纪略》，王云五、李圣五主编：《新疆与回族》，商务印书馆1933年，第100页。

势和社会影响。下面就其他商帮在新疆的兴起进行阐述。

晋帮　晋商以善于经商驰名中外，存在“有麻雀之处都有山西人”的说法。通常意义的晋商指明清500年间的山西商人，晋商经营盐业、票号[①]等商业，尤其以票号最为出名。晋商由于种种原因在清朝后期和民国时期衰落了。

康雍乾三朝，清廷西征准噶尔，晋商范氏以皇商身份随军贸易，承担着军事物资运输，前后两次捐输银406万两，运输粮食达百余万石，节省库银600万两，为清朝胜利进军西北、清除地方割据势力立下了汗马功劳。

1759年（清乾隆二十四年）清朝统一新疆后，新疆成为全国统一市场的一部分。除以上所提范氏后人专门从事对哈萨克的官方贸易之外，许多晋商由归化城（今内蒙古呼和浩特境内）经大草地驼运茶叶和杂货来新疆贩卖。他们把内地的丝绸、布匹、茶叶、烟草、粮食、海鲜、食盐、铁器等生活、生产资料带到新疆，又把新疆的牲畜、皮毛、药材、果品等输往内地。

新疆八大商帮中，虽然晋商最早来新疆经商，但早期经营的商者只是个别晋商，即晋商范氏在康熙年间以皇商身份，从事官方贸易，对一般的商民不具有带动作用与辐射效应；而津商于清光绪初年的“赶大营”，由于获利丰厚，极大吸引、带动了周边省份的商民出关经商，逐步形成了近代新疆境内的燕、晋、秦、陇、蜀、湘、鄂、豫八大商帮。所以，我们将商帮的兴起定位于清光绪年间津商的“赶大营”。

新疆不是晋商的主商脉[②]，晋商在近代新疆主要从事驼运业、茶业、票号三业。晋商经大草地路到新疆经商，要穿越草原和茫茫戈壁，货物主要依靠骆驼运输。适应驼运业的需要，古城（今新疆奇台）、归化（今内蒙古呼和浩特境内）、包头、张家口等地出现了承揽运输的驼运店。呼和浩特则有“天盛魁”“茂盛魁”等数十家驼运店。其中“天盛魁”的势力最雄厚。最多时养有骆驼近两万匹，活动于内外蒙古和新疆迪化、奇台、伊犁、塔城、库车等地，并远赴中亚、俄国，是大草地路上最大的驼户。迪化山西巷的晋商字号“季登魁”

① 山西商人首创了中国历史上的票号。票号又叫票庄或汇兑庄，是汇兑银票的处所，中国清代的金融机构。在票号产生以前，商人外出采购和贸易全要靠现银支付，在外地赚了钱捎寄老家也得靠专门的镖局把现银运送回去，不仅开支很大，费时误事，而且经常发生差错。为了解决运现银的问题，于是以汇兑形式出现的山西票号就产生了。早期以承担汇兑业务为主，后来许多票号又增加了存、放款服务，在中国古代社会中有着类似近代银行的功能。——作者注

② 晋商在全国的主要经营地是内蒙古、长江以南。——作者注

开设“山西驼场”，当时从呼和浩特来的骆驼队到迪化都住在此处。[①]

图 2–6 汉族商人经营的从奇台到迪化的骆驼商队[②]

在晋商对新贸易中，茶叶是一大宗商品。其经销的茶叶品种主要是砖茶，砖茶根据原料和制作工艺的不同，分为茯砖茶、青砖茶、米砖茶等。

清代，新疆的茶叶有官茶与商茶之分，晋商经营的是商茶，又称晋茶。新疆北部居住的哈萨克、蒙古等游牧民族不好官茶——茯砖茶，对晋商经销的茶叶品种如青砖茶（又称川字茶）、米砖茶等茶叶口味非常喜爱，因而晋茶在北疆大行其道。在迪化经营茶叶的晋帮著名商号有“永盛生”“大顺裕”“同兴公”“双盛泉”“天元成”五家，年销砖茶1万余箱（每箱32块，每块5市斤左右）。据1920年不完全统计，该年由蒙古草地驼运到迪化的商品共29种，总重量221万余斤，其中砖茶就有132万余斤，约合33万块。[③]

票号是晋商的伟大创举。光绪后期，晋商票号在迪化设立三家分号：“蔚丰厚”“天成亨”“协同庆”，均属山西平遥帮票号。尽管这三家票号在新疆设立时

---

① 昝玉林：《乌鲁木齐往事漫记（骆驼·骆铃·山西巷）》，中国人民政治协商会议乌鲁木齐市委员会文史资料委员会编：《乌鲁木齐文史资料》（第16辑），新疆兵团印刷厂1993年（内部资料），第80—81页。

② 照片源自田卫疆、伊第利斯·阿不都热苏勒主编《彩图版中国新疆通史》，新疆美术摄影出版社2009年，第233页。

③ 尔昌：《茶叶市场漫话》，中国人民政治协商会议乌鲁木齐市委员会文史资料研究委员会编：《乌鲁木齐文史资料》（第6辑），新疆青年出版社1983年，第84页。

间较晚，但其作用不可低估，民国以前三家票号执新疆金融业牛耳。它们主要承办各省协济新疆的协饷业务，起着代理国库的作用。新疆建省后"协饷数由61万两增至260万两，汇兑一项，全操诸晋商票号"[①]。辛亥革命后，内地相继成立银行，同时新疆的协饷取消，晋帮经营的票号业务开始衰落。除了承办协饷，这三家票号还经营民间存放款和汇兑业务。根据1913年9月的统计，迪化这三家票号当月共存款113741两，放款852903两。[②]此后迪化的"天成亨""协同庆"分号逐步歇业，退出历史舞台，但"蔚丰厚"改组银行成功，在迪化、古城（今奇台）、伊犁、塔城、阿尔泰成立了分行，继续发挥作用。

此外，晋帮还经营百货业和餐饮、烧坊（酿酒）、酱醋、典当、药铺、靴鞋、皮坊、银楼等。经营百货业的著名商号有"天元成""永盛生""日星功"等；经营烧坊业的著名商号有"杏林泉""兴隆泉"等；经营酱醋业的著名商号有"恒泰源""张醋铺"等；经营餐饮业的著名商号有"三成园""鹤鸣斋""鹤鸣轩""会丰轩""同义园"等。[③]

晋商在新疆的古城、迪化、镇西（今巴里坤）、伊犁、塔尔巴哈台（今塔城）、叶尔羌（今莎车）、喀什等城镇都留下了活跃的身影。今天乌鲁木齐市仍使用的街道名称——"山西巷"，就与晋商有关。清末民初，奇台是新疆的货物集散地，生意兴隆。山西巨商大多在奇台发迹，聚在奇台的晋商也最多。如奇台最大的商号——"天元成"，就由晋商开办，1920年以后相继在南疆焉耆、北疆承化（阿勒泰）、迪化等地开设天元成分号，统归奇台掌柜[④]管理。

据载，"晋商富贾也。工会计，利析毫芒，营业资本卒至十数万，握圜府之轻重。协饷不继，犹时时资以挹注"。晋帮的经商特点是"持重矜慎，不为假借"[⑤]，即稳健、保守，执行业务墨守成规，不易随机应变，没有大风险，也没

① 王文萱：《新疆之经济状况》，《开发西北》1934年第1卷第2期，南京开发西北协会发行，第33页。

② 《1913年9月天成亨等14家票号存放实绩统计表》，史若民：《票商兴衰史》，中国经济出版社1992年，第336页。

③ 刘燕斌：《古城工商界的帮口》，奇台县政协文史资料委员会编：《奇台文史》（精编本），新疆新华印刷厂2006年（内部资料），第331页。

④ 掌柜，即今天的经理。——作者注

⑤ 该自然段引号中的文字均出自（清）袁大化修、王树楠等纂《新疆图志》（第29卷·实业二），东方学会据志局书重校正增补1923年，第16页。

有大发展，守成持久，大都殷实。1919年4月来新疆考察的林竞记载：奇台当时的晋商商号“大顺裕（玉）”“义成祥”“天元成”“永顺和”四家，每家每年贸易额都在20万两左右；晋商商号“福顺裕”“日星功”两家，每家每年贸易额在10万两左右。[①]

因晋商资本雄厚，握有新省商业大权，但“势不敌津平”[②]，为全疆第二位。以1940年的迪化为例，“城内的东大街、藩后街、南大街为繁华的商业区。南大街多山西商人，藩后街则多天津商人，东大街各种店铺杂陈，南关缠商（维吾尔族商人）汇集”[③]。

湘帮 湘人的“商业势力藉军力而扩充，故势力亦厚”[④]。清末至民国时期，“湘帮”在新疆主要从事茶叶、药品贸易。著名商号有“乾益升”“升恒茂”“聚顺泰”“天胜泰”“杏林春”等。“乾益升”“升恒茂”主营茶叶，“聚顺泰”“天胜泰”“杏林春”均为药铺。

湖南商人以西征湘军势力为后盾，清季在新疆势盛无比。据载，“湘人从征功最多，势亦称盛，朋党比周，不后于津人”。因其有政治靠山，所以清同治、光绪年间至民国建立以前，新疆的官茶——茯砖茶基本是由湖南茶商垄断的，所谓“赖茶引之权，一时颇盛”[⑤]。茯砖茶与其他砖茶最大的不同就是茯砖茶加工过程中有一道特殊的工序——发花，使得茯砖茶内长出茂盛的金黄色菌落，又称冠突散囊菌，俗称“发金花”，金花生长得越多，代表茯砖茶的品质越好。新疆的维吾尔族喜喝茯砖茶，他们把“金花”多少视为检查茯砖茶品质好坏的唯一标志。

新疆的蒙古及哈萨克族等游牧民族却不喜欢喝湖南茶商经销的官茶——茯茶，喜好晋商从湖北运来的“米心”“川字”等砖茶，时称“晋茶”。清光绪年

---

① 林竞著，杨镰、张颐青整理：《亲历西北》（原名《西北丛编》），新疆人民出版社2010年，第234页。

② 问天：《新疆迪化调查纪略》，王云五、李圣五主编：《新疆与回族》，商务印书馆1933年，第104页。

③ ［日］东亚同文会编：《新修中国通志·新疆卷（一）》，于维诚、潘喜明编译，新疆大学出版社1994年，第52页。

④ 王文萱：《新疆之经济状况》，《开发西北》1934年第1卷第2期，南京开发西北协会发行，第33页。

⑤ 王文萱：《新疆之经济状况》，《开发西北》1934年第1卷第2期，南京开发西北协会发行，第33页。

间，左宗棠改茶引为茶票[①]，让湖南茶商开设官茶商号，在天山南北销售茯茶。但由于蒙古族、哈萨克族不爱茯茶，茯茶在天山北部的销量仍不大。蒙古、哈萨克族所需的晋茶仍由晋商运销。

1884年（清光绪十年）新疆建省后，新疆巡抚刘锦棠允许官茶和晋茶同时并销，但甘肃总督坚持新疆是茯茶的引地，不允许晋茶行销，并以归化同知擅自发票，奏参撤职，严禁晋茶在新疆出售。不久户部应允，规定晋茶不能自由运销北疆。这时沙俄商人乘机在湖北汉口制办晋茶，假西伯利亚铁路运入新疆，销售给北疆的蒙古、哈萨克。这种情况当时称为茶叶倒灌。为挽回利权，伊犁将军马亮[②]，拟官办晋茶。至此湖南商人才明白不能强迫蒙、哈民众购用官茶，于是开始制运“晋茶”。从此湖南商人垄断了“晋茶”专卖，晋商的晋茶就完全停止运销进疆。《新疆图志》曰：“昔承平之时，官茶引课，咸属诸晋商，谓之晋茶。乱后流离，湘人遂专其利，擅商务大宗。”[③]当时湖南茶商中最大的茶号为“乾益升”，“乾益升”垄断了新疆天山南北的茶叶市场。[④]

民国成立后，茶票制度在无形中废止，除湘商外，其他各商帮都可兼营茶叶。据统计，1925年商帮人士通过内地运往新疆的货物总值为163万卢布，其中75%是茶叶，工业品仅占40万卢布。[⑤]

由于回族喜饮湖南的熏茶，于是湘帮中又出现了销售熏茶的“升恒茂”茶庄，由湘商周晋藩设立，经销全国各地名茶，有杭州西湖龙井、安徽黄山毛峰、福建武夷岩茶、贵州都匀毛尖、云南普洱茶等，还有茯茶、米心茶等。该店以“经营茶叶品种齐全”闻名全疆。

湘帮在清代依靠政治势力起家，民国成立后由于政治靠山消失，又缺少经营才能，据《新疆图志》记载：湘人“局度卑小，多褊衷，货殖非所长。故凭

---

① 茶票：茶引票据的简称，清后期特别是咸丰以后，茶引制度渐废，为增加税收，官府向茶商发行茶票。一票若干引，不必定以限制，唯视商人资本多寡，按票纳税。——作者注

② 马亮，1901年至1905年担任伊犁将军。

③ 该自然段引号中的文字均出自（清）袁大化修、王树楠等纂《新疆图志》（第29卷·实业二），东方学会据志局书重校正增补，1923年，第16页。

④ 潘祖焕遗稿：《新疆解放前商业概况》，中国人民政治协商会议新疆维吾尔自治区委员会文史资料研究委员会编《新疆文史资料选辑》（第1辑），新疆人民出版社1979年，第158页。

⑤ 慕宁：《苏联与新疆省的商业关系》，《新亚细亚》1933年第6卷第5期，新中国建设学会发行，第47页。

藉虽厚，而不能有所施为”[①]，所以很快衰落了。

秦帮（或称陕帮） 秦帮商人主要分布在迪化、奇台等地。秦帮商人在新疆的经营业务有三方面：首先是粮行，据《新疆图志》载，秦商中的富人“积谷完廪，奸籴贵粜，以取利”，即所谓的贱入贵出；其次是典当业，主要针对穷人，“赊货质剂，而征重息”，最高利息达五六分者[②]；最后是开行栈[③]，“辇关中百货，以应婢贩之求”[④]，批发各种百货给小商贩。如秦帮的“继丰美”商号兼营行栈，在新疆哈密和甘肃的酒泉、张掖、武威一带都有分号，势力较大，但民国初年因亏损而一蹶不振。[⑤]又如秦帮商人梁炳卿在奇台创建的“复顺玉”行栈[⑥]，主要销售香、表、茯茶、土杂、日用品等。

近代新疆交通不便，粮食储运困难，所以粮行业一般盈利不大；典当业方面，穷人的典当品本身就没有贵重的东西；小商贩多为游乡货郎，仅追逐蝇头微利，所以行栈亦不可能成为大规模的营利事业。因此，“秦帮”在新疆天山南北各城都不可能成为大富商。

此外，秦帮还从事医药、酒坊等方面的经营。如秦帮在迪化开设的药店有“凝德堂”“元泰堂”“复顺玉”“笃厚堂”等，其中“凝德堂”和“元泰堂”两家药店最著名，而“凝德堂”开业最早（1877年），声望最大。秦帮商人在奇台开设的“玉合泉酒坊”，经营管理上有独到之处，从清末开业到20世纪40年代歇业，经营了近百年。在众多酒坊中，虽是中等规模，但经济效益却居榜首，从进原料、记账、用工都有一套细致的办法。特别是在用工、付工钱、分红利、处理老板与雇工关系方面能够调动雇工的积极性。

---

① （清）袁大化修，王树楠等纂：《新疆图志》（第29卷·实业二），东方学会据志局书重校正增补，1923年，第16页。

② （清）袁大化修，王树楠等纂：《新疆图志》（第29卷·实业二），东方学会据志局书重校正增补，1923年，第16页。

③ 贸易货栈旧称行栈，是中国传统的贸易服务组织形式之一。行栈是为商品买卖双方充当交易介绍人或代购、代销，同时提供代储、代运等有关服务的居间性贸易服务组织。——作者注

④ 该自然段引号中的文字均出自（清）袁大化修、王树楠等纂《新疆图志》（第29卷·实业二），东方学会据志局书重校正增补，1923年，第16页。

⑤ 潘祖焕遗稿：《新疆解放前商业概况》，中国人民政治协商会议新疆维吾尔自治区委员会文史资料研究委员会编：《新疆文史资料选辑》（第1辑），新疆人民出版社1979年，第153页。

⑥ 刘燕斌：《古城工商界的帮口》，奇台县政协文史资料委员会编：《奇台文史》（精编本），新疆新华印刷厂2006年（内部资料），第331页。

另外，不少秦帮商人是从事手艺行业的工匠，如开木匠铺和铁匠铺、烧砖、造车、制笼箩及砖瓦泥水匠，还有从事饮食小吃业者，如卖蒸馍、花卷、包子、锅盔、醪糟（江米酒）等。

蜀帮（或称川帮） 四川素称天府之国，物产丰饶，具有开拓大规模商务的有利条件。但蜀帮商人的习俗是“尚纤啬，昧于远图，大利反归津人。津商间岁一入蜀，致丝绸、丹漆之属，盈息倍称”[①]。当时四川穿的绸缎，质量与江浙不相上下，而价格低廉。晚清时期新疆各地出售的绸缎多是四川出产的，却非贩于蜀人而由津商入蜀运来，可见川商的资金实力与经营能力，都远不及津商。

蜀帮以四川人为主，还包括云南、贵州人，也叫川云贵帮。

该帮商人大多做小生意，多为贩运药材和零星日用品的行商，每年往返一次，回货以伊犁老鹿角为主。还有一些蜀帮商人从事手工业和服务业，如理发剃头业、屠宰业、餐饮业、裁缝业。理发剃头业，在20世纪20—30年代的奇台，大多为四川人经营。当时叫“待诏铺”，主要为男性剃头、刮脸，还给掏耳、捶背，使人感到轻松舒适。

另外，一些蜀帮商人在迪化还从事制售鞭炮、弹棉絮的工作，都聚集在迪化大兴巷（今解放北路小十字）一带。

蜀帮的坐商中，以在迪化经营酒馆业的“鸿升园”和“鸿春园”最有名。1904年（清光绪三十年）四川商人王恺川、陈兴顺开办的“鸿春园”是近代新疆唯一的川菜大饭店。1929年，新疆省主席金树仁的儿子结婚，就指定“鸿春园”办酒宴。

陇帮 陇商来新疆经商较早、人数较多，但资本微薄。1928—1933年间新疆省政府主席金树仁是甘肃人，“由是秦陇商人亦有攀藉，故于商务亦占相当势力，惟气度较狭，货殖非其所长”[②]。

陇帮商人主要分布在迪化、奇台等地，从事行栈、驼运、磨坊、粉坊、擀毡、加工皮毛、做鞋、织口袋以及做木工活、铁活、泥水活等。还有一些开纸坊、做香表的，大多无字号。陇帮商人比较有名的商号，是奇台的“义盛永”

---

① （清）袁大化修，王树楠等纂:《新疆图志》（第29卷·实业二），东方学会据志局书重校正增补，1923年，第16页。

② 王文萱:《新疆之经济状况》,《开发西北》1934年第1卷第2期，南京开发西北协会发行，第33页。

栈房。该行栈主要是批发各种百货给小商贩。

据《新疆图志》记载，陇商与秦商一样，“能薄饮食，忍嗜欲，与佣保杂操作”[①]。可见，勤劳、节俭是他们显著的美德。甘肃人初来新疆，一般都是做拉长工、做短工、做泥活、拉骆驼、吆大车、收割庄稼、跑轿车等苦力活。经过辛苦劳动，自然有所积蓄，如20世纪30年代以前，奇台陇帮的驼户，一般都有几十只甚至上百只骆驼[②]。

豫帮 据《新疆图志》载，河南“工产不少蜀，而皆道远难致，故豫蜀无大贾，仅贩药材为生，或设典肆致其蓄藏”[③]。

豫帮在新疆总人数较少，主要从事首饰加工业、中医药等。豫商在首饰加工业领域，有一定作为。豫商在奇台开设的“德盛银楼”“德义银楼”，制作耳环、戒指等金银首饰并买卖金银，在20世纪30年代的新疆很有名气。

豫帮商人从事医药业的较多，坐商中有的坐堂行医，有的开药铺。豫商在奇台开设的药铺有：冯天锡的“同兴堂”、崔文治的“治安堂”、戴化廷的“隆春堂”、尤至正的“济生堂”等[④]。行商则肩挑药担，在街头摆摊卖药，如膏药、跌打损伤药及刀伤药等。

一些豫帮小商贩从事编织业，编织筐子、芦席等物，供应市场。另外一些豫帮坐商开设小押当，实力不强。

鄂帮 鄂帮是新疆八大商帮中最弱的一支。据载，“鄂人尤贫窳，无恒业，多执贱工，其力不足以自振，则依附于湘人，仰机利而食”[⑤]。民国人士王文萱曰：“鄂人无大贾，多业手艺。”[⑥]

鄂帮主要从事弹棉花、缝纫业、理发业、餐饮业。据新疆布政使王树楠说，

---

① （清）袁大化修，王树楠等纂：《新疆图志》（第29卷·实业二），东方学会据志局书重校正增补，1923年，第16页。

② 刘燕斌：《古城工商界的帮口》，奇台县政协文史资料委员会编：《奇台文史》（精编本），新疆新华印刷厂2006年（内部资料），第332页。

③ （清）袁大化修，王树楠等纂：《新疆图志》（第29卷·实业二），东方学会据志局书重校正，增补1923年，第16页。

④ 刘燕斌：《古城工商界的帮口》，奇台县政协文史资料委员会编：《奇台文史》（精编本），新疆新华印刷厂2006年（内部资料），第332页。

⑤ （清）袁大化修，王树楠等纂：《新疆图志》（第29卷·实业二），东方学会据志局书重校正，增补1923年，第16页。

⑥ 王文萱：《新疆之经济状况》，《开发西北》1934年第1卷第2期，南京开发西北协会发行，第33页。

“鄂人尤擅长轧棉，省城以弹棉花为业者，大半皆鄂籍”[①]。鄂商经营缝纫业，在迪化主要聚集在衣铺街（今人民广场以南一带），为婚丧喜庆人家做寿衣、嫁妆、缝制绫罗绸缎高级衣物等，手艺可谓首屈一指。鄂商还开设一些成衣铺，为顾客裁剪，加工缝制各种各样单、夹、棉等男装成衣。

新疆最早的剃头职业者，是随刘锦棠进疆，而后转业到地方的人，有四川人，也有湖北人。鄂商在剃头挑子上竖立一支象征皇帝诏书的“旗杆悬斗”，亦称“带诏”；其实“旗杆悬斗”根本就不是什么诏书，只是招揽生意的幌子。湖北人的带诏，由最初的沿街串巷逐步发展为剃头棚和剃头铺。

鄂商所经营的餐饮业，以湖北黄陂人段兴义于20世纪40年代在迪化开设的“湖北馄饨馆”最有名[②]。该店经营纯鸡汤、三鲜鸡丝馄饨、鸡丝面、烧饼、卤肉等。由于馄饨配料好，讲究真材实料，传统制作，味道鲜美，故该店每天早7点至晚10点顾客满堂，座无虚席，生意兴隆，远近颇负盛名。

还有个别鄂商从事木材生意，1911年英国少校柏来乐看到伊犁的特克斯河流域，“有以当工匠和木材商人为生的20名湖北移民队”，这些木材商人“把木材编成筏子漂流到伊宁”[③]。

因鄂帮所从事的行业主要靠手工操作获利，故与津帮、晋帮等富商不可同日而语。

可以说，自清康、雍、乾三朝锐意经营西域以来，商帮推动发展起来的新疆早期商业经济不仅支持了国家的统一，还对天山北部很多城市的形成起了关键性的作用。如漠北的乌里雅苏台、科布多、库伦，新疆天山北部的迪化城（今乌鲁木齐）等。商帮对推动上述地方从原始草原过渡到城市起到了强有力的作用。

19世纪90年代，商帮已经发展成熟。直至民国时期，商帮在开发西北边疆、抵制外国经济侵略、加强民族团结、举办公益事业、推动新疆城市的近代化、促进新疆日常生活近代化等方面，都有积极作为。需要特别指出的是，他们还以“百艺进疆”的壮阔气势，带来了中原的各种技艺及文化习俗，对新疆的民

---

① 王树楠:《新疆实业志》,《中国学报》1913年第8期，第7页。

② 刘荫楠:《湖北馄饨馆》，刘荫楠:《乌鲁木齐掌故》(一)，新疆人民出版社2001年，第186页。

③ ［英］柏来乐:《由蒙古和新疆到喀什噶尔》,《英国蓝皮书关于辛亥革命资料选译》，中华书局1984年，第520—521页。

俗、文化等产生了久远的影响，增进了各族人民的团结，也创造了新疆百业俱兴的局面。“百艺进疆”不但带来了先进的工业、手工业、传统技艺，还为服务业、商业、运输业输入了先进的理念。至今，近代新疆商帮在商业经营运作上的一些理念，仍然给我们以深刻的启迪。

三、近代新疆政府的商业扶持政策与新疆商业的复苏、发展

19世纪80年代初驱逐阿古柏入侵者的反侵略斗争获得胜利后，此时的新疆已是残破不堪，“旧制……荡然无存，万难再图规复”①。新疆的社会秩序亟需重建。

围绕着新疆建省和清末新政，清政府在经济领域采取了一系列复兴商业的措施，这些政策推动了新疆境内民族资本的产生，使民族工商业得到了一定程度发展。

首先，新疆建省后推行的鼓励贸易、复兴商业的政策中，一个重要举措就是减免商业税，主要体现在厘税方面。新疆早在1881年（清光绪七年）《中俄伊犁条约》签订后，就实行了减免本地商人商业税的政策，以求保护本国的商业。由于俄商从该条约获得“暂不纳税”的特权。若单方面收取本国商人的厘金，将不利于新疆商业发展。于是1882年（清光绪八年）上谕暂停新疆征厘，厘局予以取消。②1885年（清光绪十一年）新疆开征百货税，税率为3%③，较内地各省5%的税率减轻很多；且所征商税均为落地税，各税局设在省城附近的交通道路上。即只有运往省城及附近的商货才需纳税，其他各地商货起落仍无须纳税。百货商税只征大宗，零星小贩概从宽免。新疆所征商税每年仅五六万两，扣除局卡经费外，获税无多。为此，1892年（清光绪十八年）新疆巡抚陶模上奏，请求再次免征华商税银，“俟商务兴旺，照约议立税则时再复旧章。届时华商俄商一律征收，用昭平允”④。于是征收6年的商税再告免征，成为全国唯一的免税贸易省份。直至1900年（清光绪二十六年），八国联军侵华，清政府战败，

① （清）刘锦棠：《刘襄勤公奏稿》（第3卷），湖南长沙，光绪二十四年（1898年）刻本，第44页。

② （清）刘锦棠：《刘襄勤公奏稿》（第4卷），湖南长沙，光绪二十四年（1898年）刻本，第2页。

③ （清）刘锦棠：《刘襄勤公奏稿》（第14卷），湖南长沙，光绪二十四年（1898年）刻本，第36页。

④ （清）陶模：《陶勤肃公奏议遗稿》（第1卷），兰州将军公署1924年刊本，第17页。

各省分摊巨额赔款，新疆要分担40万两赔款的形势，迫使新疆结束了8年免纳百货税的岁月，重征商税。

其次，国家层面上，19世纪下半叶，面临着严重的国家民族危机，为了挽救其奄奄一息的命运，清政府改变了一直奉为圭臬的“重农抑商”政策，开始积极实行鼓励发展商业、奖励实业的政策。详情可见第一章相关内容。

其中非常重要的一个举措就是1914年颁布的《商会法》，该法明确规定“商会及商会联合会为法人”，在法律上规定了商会的合法性。该法还规定，任何人、任何部门不能任意解散商会，只有“经会员四分之三以上到会及到会者三分之二以上之议决”，并“经农商部核准”，方可解散。①

该法还明确规定了商会的8条职责，分别为：“1.研究促进工商业之方法；2.关于工商业法规之制定修改废止及与工商业有利害关系事项，得陈述其意见于行政官署；3.关于工商业事项，答复行政长官之咨询；4.调查工商业之状况及统计，随时发表；5.受工商业者之委托调查工商业事项，或证明其商品之产地及价格；6.因关系人之请求，调处工商业者之争议；7.得设立商品陈列所、工商学校，及其他关于工商之公共事业；8.关于市面恐慌等事，有设法或禀请该管地方长官维持之责任。”②简言之，商会的宗旨就是要发展商业、维持商务、议定商律、协调商务纠纷等。

新疆在全国大环境的影响下，也走上了商业发展之路。新疆布政使王树楠谈道：“要大力提倡农工商业，以求商业之发达。无非为富强之基础，为地方官所。”③1911年（清宣统三年）4月，新疆省城总商会成立，会址在迪化。以津帮“老八大家”之一的“永裕德”商号经理杨绍周（别号杨维新）为会长，入会商号有97家。

尽管受制于财政困局、治外法权与法制基础薄弱等现实因素，近代颁布的工商业法规政策在实践层面存在诸多疏漏与局限，但通过构建近代商业制度框架、调整官商互动模式，客观上仍为传统经济向近代转型提供了制度性支

---

① 《商会法》,《东方杂志》第11卷第4期（1914年10月1日），上海商务印书馆发行，“中国大事记”，第15—16页。

② 《商会法》,《东方杂志》第11卷第4期（1914年10月1日），上海商务印书馆发行，“中国大事记”，第16页。

③ 《镇迪道就饬各属注重发展商业事札吐鲁番厅文》，宣统二年一月二十五日（1910年3月6日），新疆维吾尔自治区档案馆藏，卷宗号：Q15-33-002881。

点，促进了市场要素流动与商业资本的集聚，为经济的活跃奠定了初步的制度基础。

再者，作为促进商品流通和商业发展的重要基础产业——交通、邮电方面，在19世纪末20世纪初的新疆也有较大发展，这对加强新疆与祖国内地的政治、经济联系起了重要作用，同时对于新疆省内各地县之间的商业贸易联系也有着重要意义。

交通运输业 晚清年间特别是新疆建省后，实行与内地划一的郡县体制，新疆交通运输业最大的变化有两个，一是改军府制时期的军台、营塘为驿站，由军办改为官办；二是由以伊犁为中心的交通体系改为以省会迪化为中心的交通体系的开通和改造。

清代，为配合统一新疆的军事行动，清朝在新疆广建军台（兵站）、营塘（比军台小的兵站）等军政设置。1884年（清光绪十年）新疆建省后，清政府下令将原军事系统的“军台”“营塘”裁撤，全部改为“驿站”，驿站专门从事军政公文信息的传递，即所谓“驿传”。驿站与军台、营塘的区别主要在于后者的服务范围较广，不仅担负转达政令、接待使客的任务，也担负一定的军事任务；而前者主要是军事作用。

新疆建省后，“同光军兴，还定安集，始开府置郡，而旧设之军台营塘，悉从省制改为驿站，隶于守令不归营弁管辖”[①]。也就是说，建省后的驿道是建立在过去军用台站及民间商道的基础上，列为官道，沿途设驿，使新疆的交通网络更加完善。为了完善新疆驿站交通，新疆建省后又新开辟了6条驿道。

新疆境内的新旧驿站道路加起来，全程共2万余里。[②]以此为基础，才发展起来民国时期及当今新疆的许多道路。下表为清代新疆驿道上的驿站数量及里程。

---

① （清）钟广生等著：《新疆志稿》（卷三·新疆邮传志总序），见成文出版社印行《中国方志丛书·西部地方（第二十号）》，台湾成文出版社1968年，第146—147页。

② （清）钟广生等著：《新疆志稿》（卷三·新疆邮传志总序·驿站·新疆驿程表），见成文出版社印行《中国方志丛书·西部地方（第二十号）》，台湾成文出版社1968年，第153—184页计算而得。

表2-3　新疆主干道的驿站数量及路程表[①]

驿站区间	数量（座）	总路程（里）
迪化—昌吉—呼图壁—绥来—库尔喀喇乌苏—精河—伊犁	23	1650
迪化西北—塔尔巴哈台	21	1570
迪化东北—阜康—奇台—镇西—巴里坤东—哈密	22	1730
迪化东南—吐鲁番东北—哈密	21	1710
古城东—哈密东南—安西—玉门—嘉峪关	32	2440
绥来北—阿尔泰山	8	650
古城北—科布多	4	490
伊犁西南—阿克苏	16	1235
吐鲁番西南—焉耆—轮台—库车	23	1770
焉耆南—新平—若羌	16	1190
库车西—乌什	13	1120
阿克苏西南—莎车	17	1280
巴楚—喀什噶尔东南—莎车	16	1069
莎车东—和阗	15	1296
莎车西南—蒲犁	12	870

新疆和内地的交通运输，晚清及北洋政府时期主要靠大车和驼运。当时通往内地的路线有三条。第一条是河西走廊，即经甘肃、陕西，到达北京、天津。这条路线主要通过骡马和牛车，需要至少五个月。第二条是走大、小草地之路。大草地之路，指的是自奇台出发，经外蒙古，驼运货物至绥远[②]或包头，然后经京绥铁路到天津。俄国人巴夫罗夫士基也说："新疆天津间之商品贸易，大部系藉结队客商驱驾骆驼，以事输送。每年冬季，驼运客商经戈壁沙漠陆续达古城子（今奇台），而转至归化城。"[③]但自1921年外蒙古发生独立事变后，此路逐步断绝。汉族商人们遂集资组织驼队，走小草地之路（1938年中断），即由哈密或巴里坤经内蒙古至绥远，再转运。大、小草地之路，虽经戈壁沙漠，且一

① 此表据（清）钟广生著:《新疆志稿》（卷三・新疆邮传志总序・驿站）整理而成。

② 绥远城建成于清乾隆初年，称新城，当时又称满城，今呼和浩特境内。——作者注

③ ［俄］巴夫罗夫士基:《联络新疆与内地之汽车运输计划》,《新亚细亚》1925年第10卷第3期，新中国建设学会发行，第10页。

年之内只能运两次货，但较之河西走廊稍近，且盗匪较少，比较安全，所以商贾们多选择这条路线。第三条路线是经西伯利亚到内地，路途遥远，因有火车，需时也大为缩短。

邮电业 电报和邮政是近代重要的通信方式。特别是电报，具有迅速传送信息的特点。中国的有线电报设立早于邮政，它的开设是由于受到列强的入侵刺激。1871年（清同治十年）5月，沙俄侵占伊犁，但清政府对此一无所知。7月，俄驻京使馆正式通知清总理衙门，但清政府过了3个月方从军台、驿站传来文报得到确切消息。1877年（清光绪三年），清政府试架天津至北洋大臣衙署的电报线，获得成功，以后各路电报线竞相架设。

1893年（清光绪十九年）新疆第一条电报线竣工，后又修建南北两线。南线自迪化经吐鲁番、库车、阿克苏至喀什，北线自迪化经乌苏至伊犁、塔城。后又添设迪化至古城（今奇台）、绥来（今玛纳斯）至承化寺（今阿勒泰）电报线路，至此总计电报线路达1万余里。1908年（清光绪三十四年）在迪化设电报总局，后又设立了电报分局、电报子局及电报房，分别为吐鲁番、喀什噶尔、伊犁、塔城四个分局，古城、哈密、温宿三个子局，焉耆、库车、巴楚、喀什噶尔汉城、绥来（今玛纳斯）、库尔喀喇乌苏（今乌苏）、精河、宁远（今伊宁市）八个报房。①

新疆有线电报的开设改善了新疆与祖国内地的通信联络，但由于经费紧缺，线路长期失修，再加上技术水平低下，致使电报时限性较差，有时拖延时日很长，故又被讥讽为“骆驼电报”，这种状况一直延续到民国时期，至盛世才治新时期，新疆的有线电报才获得了迅速发展。

清末时人钟广生说：“邮传之制，由军塘而驿站，由驿站而邮政，至是凡三变矣。”②鸦片战争后西方列强在中国领土上非法设立自己的邮局，称为“客邮”，这对清代中国邮政通信业由传统向近代的发展演变起了示范作用。

1909年（清宣统元年）8月，总税务司派洋人毕德森来新疆筹办邮政，是年年底迪化总局开办，新疆的东路、东南路、西北路各邮政分局同时设立。

---

① （清）袁大化修，王树楠等纂：《新疆图志》（第86卷·道路八），东方学会据志局书重校正增补，1923年，第7—12页。

② （清）钟广生等著：《新疆志稿》（卷三·新疆邮传志总序），见成文出版社印行《中国方志丛书·西部地方（第二十号）》，台湾成文出版社1968年，第148页。

1910年（清宣统二年）新疆南路各分局也相继开设。各县设分局共计16处。[①]各分局具体为：东路有古城（今奇台）、哈密、安西（今瓜州县）三个邮政分局，驿程22站，共2980里；东南路有吐鲁番、鄯善、七角井三个邮政分局，驿程22站，共1735里；西北路有库尔喀喇乌苏、塔城、精河、伊犁四个邮政分局，驿程37站，共2805里；南路有焉耆、库车、阿克苏、喀什噶尔、莎车、和阗六个邮政分局，驿程73站，共4529里。

就是在这种社会大背景和经济基础之上，新疆的内外商贸得以复苏、重建和发展起来。新疆建省后，迪化为全疆的政治中心和商业中心；奇台为汉族商帮从事内贸的必经之地——蒙古草地出入门户，时称奇台“处四塞之地，……商务于新疆为中枢，南北商货悉自此转输，廛市之盛，为边塞第一”[②]。故迪化、奇台二地“商肆林立，百货咸备，凡关内新奇日用出品，莫不应有尽有”[③]。当时南疆的棉布运往陕西、甘肃及俄属安集延销售，每年值白银100多万两；库车制作的鞍、镫，在新疆及关内销售，每年收入白银2万多两；吐鲁番的棉花、瓜果、葡萄，每年出口俄国的收入在数十万两白银。[④]1908年新疆的内外贸易额以白银计算，“约达1200万两以上，伊犁一府之贸易额约占400万，其他各地约占800万”[⑤]。

外贸方面　20世纪初新政实施后，在“振兴商务”的旗号下，新疆对外商贸规模进一步扩大。尤其是对俄贸易额迅速增长。据统计，1893年（清光绪十九年）新疆与俄国的贸易额为582.62万卢布，1895年（清光绪二十一年）即增至759.3万卢布。进入20世纪后，1907年（清光绪三十三年）飙至1986万卢布，1914年达到2525.8万卢布。[⑥]

自19世纪中期国门被打开后，通过一系列不平等条约，俄帝国主义率先获

---

① （清）袁大化修，王树枏等纂：《新疆图志》（第86卷·道路八），东方学会据志局书重校正增补，1923年，第7—12页。

② （清）袁大化修，王树枏等纂：《新疆图志》（第29卷·实业二），东方学会据志局书重校正增补，1923年，第15页。

③ 张大军：《新疆风暴七十年》（第4册），台北兰溪出版社1980年，第2280页。

④ （清）袁大化修，王树枏等纂：《新疆图志》（第29卷·实业二），东方学会据志局书重校正增补，1923年，第12—13页。

⑤ 《新疆省旅行谈》，《东方杂志》第5卷第12期（光绪三十四年十二月二十五日发行，即1909年1月16日），上海商务印书馆发行，第44页。

⑥ 厉声：《新疆对苏（俄）贸易史（1600—1990）》，新疆人民出版社1993年，第139页。

得了在新疆的领事裁判权和免税贸易的特权，这些都严重阻碍了新疆本地工商业的发展。为垄断新疆的进出口贸易，沙俄仅在迪化一地就开设了天兴、吉祥涌等多家洋行。这些洋行资本少则10多万卢布，多至100多万卢布。同时，一些德国和美国商人也先后在迪化开设了安利、顺发、壁利、华美等洋行。当时他们凭借雄厚的资本和免税（1921年以前）的贸易特权，日益扩大对新疆的商品输出规模，同时低价收购新疆的畜产品和土特产，从中牟取暴利。

毋庸置疑，新俄贸易有不平等的性质，贸易的繁荣并没有促进新疆民族工商业的发展，相反，新疆日益成为俄国的商品市场和原料供应地。尽管如此，从某种意义上说，新俄贸易也有着适应双边经济交流需要的一面，因新疆经济落后，需要得到物资和商品供应，通过与俄国贸易交换才能解燃眉之急。俄国向新疆输出了大量的工业品及各种生活必需品，在一定程度上满足了新疆各族人民的生活需要。

俄国十月革命胜利后，成立了苏维埃政府，新苏之间的贸易逐渐恢复。1920年5月27日，新苏双方签订了《临时局部通商条款》。主要内容有：双方设立商务代表机构，代表各自政府洽办商务；俄货运新后，均按照新疆统税章程向中国海关纳税；两国人民因贸易发生争论或所有民刑诉讼案件，均以住在国法律裁判执行等。[①]这个条款，废除了沙俄时代俄商享有的免税特权和领事裁判权，基本是平等进步的。1924年新苏又签订了第二个临时通商协议。并于同年10月，达成互派领事的协议。协议规定：苏方除在迪化设总领事馆外，还在伊犁、喀什、塔城、承化寺（今阿勒泰市）等地设立领事馆；新疆除在苏联的斜米（后改为塔什干）设立总领事馆外，还在阿拉木图、塔什干、安集延、斋桑等地设立领事馆。这个协议给新苏的贸易发展提供了有利条件。

1922年新苏双边贸易额仅为37.4万卢布，1924—1925年新苏双边贸易额为714.6万卢布。[②]到1926—1927年，双方贸易额激增至2052.6万卢布。[③]1929年达到3283.1万卢布。[④]新疆输出到苏联的主要有棉花、粮食、牲畜、皮毛等发展

---

① 《电呈与俄新党订定伊犁通商条件文》（1920年9月4日），杨增新：《补过斋文牍续编》（第11卷·外交编上），丙寅（1926年）二月上浣开雕（刻本），第20—21页。

② 1924—1925年新苏贸易额，根据王醒民《新疆之商业与金融》（《新亚细亚》1925年第10卷第4期，新中国建设学会发行）第21页计算而得。

③ 厉声：《新疆对苏（俄）贸易史（1600—1990）》，新疆人民出版社1993年，第324页。

④ 厉声：《新疆对苏（俄）贸易史（1600—1990）》，新疆人民出版社1993年，第371页。

工业所必需的原料和物资。新疆从苏联输入的主要有棉布、砂糖、器具、铁金属品、石油、火柴、皮制品等日常用品。在新疆与苏联的双边贸易中，苏联是贸易顺差，即出超；新疆是贸易逆差，即入超。仅以奇台为例，1929年以汉族商帮人士为主体的奇台商会给县政府上报的一份呈文中写道："查苏联输入古城货物，如白洋布及各种色布，约值票银40余万两，其洋糖、洋烛、洋火、石油、各铁器、各瓷器，约值票银20余万两。统计苏联输入货物，约值票银60余万两。而古城输往苏联之货，如老山羊皮3万张，约值银6万两，羊毛60余万斤，约值银25万至26万两。统计输往苏联货物约值票银31万至32万两之谱。以输往入之数比较，输往入之数相差过半。"[①]

当然，新疆与英属印度、阿富汗也有少量的贸易往来。关于新印贸易，杨增新于1921年3月，电令喀什道尹朱瑞墀照会英国领事（因当时印度是英国殖民地），从1921年4月1日起，所有在新英商，"应按俄商一律完纳进出口税，以昭公允，而挽力权"[②]。英商鉴于苏商已照新约缴税，不得不照章纳税。根据新疆疏勒英领馆的报告，1927年，新疆输出到印度的商品总值为281.4565万卢布，印度输入到新疆的商品总值为118.6848万卢布。[③]新疆输出到印度的有牲畜、皮毛、新疆土布、绒毡、生丝、铜、铁、硬玉等。印度输入到新疆的有西药、香料、欧产珍珠、毛织品、涂料染料等。关于新阿贸易，1923年双方签订《临时通商条件》10条。据新疆疏勒英领馆的报告，1927年，新疆输出到阿富汗的商品总值为48.0010万卢布，阿富汗输入到新疆的商品总值为87.6500万卢布。[④]新疆输入阿富汗的有牲畜、绒毯、棉花、瓷品和田丝等。阿富汗输出到新疆的有鸦片、皮毛、外国杏仁、俄国金货等。

总之，杨增新、金树仁时期，新疆对外贸易伙伴主要是沙俄（后期与苏联），约占新疆对外贸易进出口总额的80%。时人也评论说，"俄人是掌握全省商业权威的，能够稍与顽抗者，只有我国天津的商人。津商的足迹，几乎遍布全省，他们就是以近代的工业品，交换回缠的皮货。但是工业品的输入，

---

① 周海山:《古城商业史话》，奇台县政协文史资料委员会编:《奇台文史》（精编本），新疆新华印刷厂2006年（内部资料），第319页。

② 《电喀什朱道尹英商应照俄商一律纳税文》（1921年3月16日），杨增新:《补过斋文牍续编》（第11卷·外交编上），丙寅（1926年）二月上浣开雕（刻本），第29页。

③ 张大军:《新疆风暴七十年》（第4册），台北兰溪出版社1980年，第2274—2277页。

④ 张大军:《新疆风暴七十年》（第4册），台北兰溪出版社1980年，第2278页。

主要的还是来自苏俄”[1]。到盛世才统治时期，新疆与苏联的贸易达到了历史的高峰。1941年与苏联的贸易总额为9079.7万卢布[2]，创近代新苏贸易额的最高纪录。此后，随着国际形势的变化，盛世才推行反苏反共的政策，与苏贸易很快衰败。

内贸方面 “新疆与内地之贸易几全部操于汉商之手”[3]，“天津为新疆对内贸易之根据地”[4]。近代，津帮商人从津京等地采购货物，并将新疆的土特产如肠衣、羊毛、皮革、棉花、中药材等运往关内，沟通了新疆与中原的物资交流，同时也引来了全国各地商贾对新疆的投资。近代在新疆的内地商人，形成以地域划分的“八大商帮”，即燕（京商+津商）、晋、秦、陇、蜀、湘、鄂、豫。而“津帮”以其财力和社会影响翘居新疆“八大商帮”之首。八大商帮在19世纪90年代已形成相当实力，至民国年间，“计新商二百四十余家中，平津帮几占十分之六”[5]。他们将内地日用百货、茶、糖、布等贩入新疆，又将畜产品、药材等新疆土货运入关内。而在南疆和伊犁一带，则以维吾尔、乌兹别克等民族所经营的商业居多，资本也较津商和其他商帮雄厚。

新疆各族商人在特殊的环境中，虽然享受了几年的免税权，但由于运输维艰，本大利小，即使免税也无力与俄国倾销工业品相竞争。据统计1925年之前，商帮人士主营的内地与新疆贸易额，占新疆内外贸易总额的15%。[6]俄货充斥市场与日俱增。

省城迪化的变化是最明显的。据记载1884年（清光绪十年）新疆建省之初，“迪化城中疮痍满目，无百金之贾、千贯之肆。自城南望见城北，榛芜苍莽”[7]。而几十年后，迪化又重新恢复了生机。自1884年（清光绪十年）迪化成

---

① 李芳:《新疆概谈》,《复兴月刊》1933年第2卷第2期，新中国建设学会发行，第10页。

② 厉声:《新疆对苏（俄）贸易史（1600—1990）》，新疆人民出版社1993年，第479页。

③ 曾问吾:《中国经营西域史》，新疆地方志总编室据1936年商务版横排铅印，1986年，第751页。

④ 李国干:《新疆经济状况》,《东方杂志》第28卷第12号（1931年6月），上海商务印书馆发行，第26页。

⑤ 行政院新疆建设计划委员会编:《新疆建设计划大纲草案·经济·发展商务计划》（1934年），第2页。

⑥ 王醒民:《新疆之商业与金融》,《新亚细亚》1925年第10卷第4期，新中国建设学会发行，第24页。

⑦ （清）袁大化修，王树枏等纂:《新疆图志》（第29卷·实业二），东方学会据志局书重校正增补，1923年，第14页。

为全疆的政治中心和商业中心，19世纪90年代又开埠通商后，该城的经济发生巨变，内外贸易迅速发展。在新疆各地对俄贸易发展中，以迪化的贸易增长额最快，迪化贸易圈成为新疆最大的俄国商品集散地。1892年（清光绪十八年），俄商经迪化贩运出入境货物额仅25.21万两，1914年达到745.19万两[①]，增长了28.4倍，居全疆之冠。新疆对俄出口的多是畜产品、棉花、羊毛等原料，而进口的几乎都是工业品和半工业品，明显地表现为新疆依附于俄国工业市场的地位。据1910年（清宣统二年）迪化西大桥通商税卡记载，俄商的进口货物有70余种（内杂货283箱包列为一宗，如再分项单列，俄货种类当在百种以上），从生铁到机器，从麻绳到洋布，从镜子到自行车、缝纫机，从蜡烛到石油，从糖、烟、酒到鞋、帽、衣，应有尽有。[②]难怪时人评论道，新省“居民交通不便，文化停滞，性趋游惰，而欲望简单，温饱之外无他求。日用之品，皆用旧法制造，不知改良。日用所需，多惟苏俄是赖”[③]。所以，“新疆人民之生活，已渐为俄货所支配”[④]。

在商帮人士的努力下，迪化与关内的贸易同样繁盛。因“迪化不特为新疆政治之中心，亦商业之枢纽。无论京津苏俄来货，均须到此分卸转运”[⑤]。据橘瑞超的《中亚探险》中载：1910年迪化“……市场比较繁荣，中国人喜欢使用的日用品、装饰品，在这里应有尽有，一应俱全。因为是从远方运来的，所以价格相当贵。来自俄国的物品，在这里也能够买到。日本商品也相当贵，但日本商品不是日本商人运来的，多数是天津一带的中国商人运来的。……哪些日本商品呢？列举出来有很多，首先以火柴、香烟最多，其次是药品，有仁丹、清快丸等”[⑥]。迪化的南大街，民国时期“层楼大厦，接踵而起，建筑新丽，内容

① 厉声：《新疆对苏（俄）贸易史（1600—1990）》，新疆人民出版社1993年，第141页。

② 档案资料：《镇迪道宣统二年俄商贩运货物出入卡及时估值各项数目底册》，厉声：《新疆对苏（俄）贸易史（1600—1990）》，新疆人民出版社1993年，第155页。

③ 李国干：《新疆经济状况》，《东方杂志》第28卷第12号（1931年6月），上海商务印书馆发行，第23页。

④ 吴绍麟：《新疆概观》，南京仁声印书局1933年，第268页。

⑤ 问天：《新疆迪化调查纪略》，王云五、李圣五主编：《新疆与回族》，商务印书馆1933年，第100页。

⑥［日］橘瑞超：《中亚探险》，橘瑞超著：《橘瑞超西行记》，柳洪亮译，新疆人民出版社1999年，第33页。

宜人。大都经营华洋百货、绸缎、布匹等”[①]。

1924年，“迪化的商业完全集中在发展对东方的贸易，如天津、上海、哈尔滨等地”。商帮人士主营的内贸业具体交易额如下：1924年，内地运到新疆的货物价值为430万两，新疆运往内地的货物价值为140万两，贸易总值为570万两。1925年，内地运到新疆的货物价值为490万两，而新疆运往内地的货物价值为113.8万两，贸易总值为603.8万两。[②]就具体的货物种类而言，1925年，新疆运往天津的毛皮约20万张、羊肠为100万副、葡萄干为8万斤，新疆运往内地的黄金总价值为50万两。[③]

第三节　民国时期新疆商帮的发展（1912—1949）

民国以来，新疆政局动荡，战乱也较多，外部环境复杂，所以商业发展呈波浪状，有高潮也有低谷。一战时期及俄国十月革命后，新疆商业呈现出繁荣景象，但到了民国后期，特别是盛世才1942年政治转向、非生产性实行反共反苏的政策后，新疆商业几乎被破坏殆尽。

民国年间比较重要的商业重镇，天山以北有奇台、巴里坤、阜康、伊犁、塔城等；天山以南有吐鲁番、焉耆、库车、喀什、阿克苏、和田等。[④]这些城镇中都有商帮人士的身影。

内地商人来新经商，在新疆建省（1884年）前，主要有两条交通线。北路为奇台—科布多，南路为哈密—安西（今瓜州县）—兰州。新疆建省后至1921年，新疆与内地的交通线也有两条，分别为北路、东路。下面主要介绍建省后的北路和东路。

北路即大草地之路，亦称为“漠北道”[⑤]，就是商帮人士运输货物经过外蒙古大草地进出新疆，主要靠驼运。当地人称其为北套客。纪晓岚诗云：“峨岢高

---

① 吴绍麟：《新疆概观》，南京仁声印书局1933年，第263页。

② 慕宁：《苏联与新疆省的商业关系》，《新亚细亚》1933年第6卷第5期，新中国建设学会发行，第46页。

③ 李国干：《新疆经济状况》，《东方杂志》第28卷第12号（1931年6月），第26页。

④ 吴绍璘：《新疆概观》，南京仁声印书局1933年，第263页。

⑤ 曾问吾：《中国经营西域史》，新疆地方志总编室据1936年商务版横排铅印，1986年，第741页。

毂驾龙媒[①]，大贾多从北套来。省却官程三十驿，钱神能作五丁[②]开。”[③]自注云：“大贾皆自归化城来，土人谓之北套客。其路乃客赂蒙古人所开，自归化至迪化，仅两月程，但须携锅账耳。”

具体路线为：商帮人士雇用驼队从新疆奇台出发，巴里坤以北的三塘湖—老爷庙—进入外蒙古大草原—绥远或包头，然后经京绥铁路运到天津。返回时，驼队经张家口—归绥（今呼和浩特）—外蒙古大草原，此处分成两条路线：一条往西北经科布多—阿勒泰—伊犁；另一条向西，进入新疆境内的老爷庙—巴里坤以北的三塘湖—奇台。据1919年受北洋政府交通部委派来新疆勘测交通线的林竞实地测量，大草地之路自奇台至绥远（今呼和浩特境内）的距离为4533.055里（即2200多公里）[④]，在一般情况下，驼运单程一般需要3个多月。货物到奇台后，再转运至迪化，再行分散各地。每峰骆驼载货约150公斤，运价在早期纹银10两左右。一般每年春、秋两季为骆驼出场时期，千百成群络绎于途，3月发绥远，6月可至奇台；8月发奇台者，11月可抵绥远，一年只有两次，其余时间因天气关系，都不适宜。这条草原之路，长途平坦，万里无人，可免去许多厘税，是通商捷径。于是“燕晋商人多联络驼队，由归化城沿蒙古草地，以趋奇台。阿尔泰、科布多诸地，百货粮食皆仰给予奇台，驼队不绝于途”[⑤]。

东路即陕甘大道，河西走廊，俗称“官道”。此路从陕甘进疆，大多用牛、马、骡车。具体路线为：从西安出发穿越河西走廊，经兰州—酒泉—玉门—哈密。每车载货1000多公斤，运费较贵、沿途关卡又多。自西安至迪化，行程需时5个多月左右。东路至1949年新疆和平解放前是一直存在的。

由于北路比东路运费低廉、时间短，因此北路经外蒙古大草地成为内地商人首选的交通线。此路是19世纪末20世纪初，新疆与内地贸易往来最重要的通道。但1921年外蒙古发生独立事变后，在大草地沿途设税局征收重税，商贾不

---

① 龙媒是骏马之意。——作者注

② 五丁泛指力士。——作者注

③ （清）纪昀：《乌鲁木齐杂诗·民俗》，王希隆：《新疆文献四种辑注考述》，甘肃文化出版社1995年，第173页。

④ 林竞著，杨镰、张颐青整理：《亲历西北》（原名《西北丛编》），新疆人民出版社2010年，第389页。

⑤ 李国干：《新疆经济状况》，《东方杂志》第28卷第12号（1931年6月），上海商务印书馆发行，第27页。

堪重担。后外蒙古变本加厉，每遇华商，必将货物扣留。商贾们被迫改道，大草地之路遂告断绝。

商人们与内地贸易只有绕道内蒙古，走小草地。小草地之路，亦称为“漠南道”或“走甘边”。此路从归绥或包头出发，经过宁夏、甘肃，进入新疆。在新疆境内的镜泉这个地方，分成两条路线：一条向北经盐池—奎苏—巴里坤—奇台—古牧地（今米泉）—迪化。另一条向南经鸭子泉—黄龙岗—哈密—三道岭——碗泉—七角井—奇台—古牧地（今米泉）—迪化。小草地之路从迪化到绥远（今呼和浩特境内）或包头，全程长5900余里（即2900多公里）[①]，驼运单程4个月以上。

小草地之路与大草地相比，沿途水草不好，且税卡林立，故运价贵，时间慢。光绪年间小草地之路较为繁忙，民国初期一时冷落。1921年外蒙古发生独立事变后，大草地不能通行，商人们只好走此路。甚至1925年以后，驼运业还一度呈现出繁荣景象。据统计，商帮1930年以前由绥远运往新疆的货物，年约1.5万担，由新疆运往绥远的货物，不下3万担。[②]1938年日军占领了内蒙古，由内蒙古绕道到天津的路线被切断，小草地之路也被迫中断，新疆与内地的贸易全部改由东路甘肃河西走廊进入内地。于是商人们把“关内绸缎、茶、纸、瓷、漆、竹、木之器，逾陇坂而至，车马烦杂，厘税重困，商贩以为累苦，不偿其劳费”[③]。

商帮从内地运往新疆的商品种类主要有绸缎、呢绒、茶叶、烟叶、瓷器、文具纸张、中药、丸散膏丹、化妆品、丝线、书籍及陈设品等，此外还有海味。商帮从新疆运往内地的商品有皮张、棉花、羊毛、驼毛、羚羊角、鹿茸、枸杞、贝母、蘑菇、葡萄干、杏干和未经加工的玉石、硇砂等。汉族商帮的活动起到了互通有无，促进生产发展、繁荣市场，满足群众需要的作用。

一、杨增新时期（1912—1928）

杨增新督新时期，实行闭关自守、愚民政策，但还是支持发展商业，维护

---

① 行政院新疆建设计划委员会编：《新疆建设计划大纲草案·交通·交通计划》（1934年），第3页。

② 曾问吾：《中国经营西域史》，新疆地方志总编室据1936年商务版横排铅印，1986年，第744页。

③ 李国干：《新疆经济状况》，《东方杂志》第28卷第12号（1931年6月），上海商务印书馆发行，第27页。

货运畅通，保持银色稳定。这一时期新疆民族商业一度出现了蓬勃景象，商帮的商业活动很活跃。

民国初期，是新疆战乱平息，地方相对安定，城乡经济恢复和发展时期。新疆八大商帮在促进地方经济繁荣方面，做出了重要贡献。如北疆伊犁的商帮人士很多，主要是津商、晋商、陇商。据日本人佐藤回山的记述，伊犁的商帮人士以津商为主，有25户，"多从事商业，或营稻田园艺等耕作，有钱者多经营油坊"。山西商人数家，"以转运古城子（今奇台）、伊犁间之货物为业"。这里的"汉商势力可与俄商相颃抗，且常居优势地位"①。在北疆重镇奇台，八大商帮在市场上各立门户，互相竞争，各具特色，互为补充。

杨增新治新的17年，新疆商业史上发生了一个空前的大变化。就是第一次世界大战期间（1914—1918）和俄国十月革命（1917年）后，俄、英帝国主义受战争影响，无暇东顾，暂时放慢了对中国侵略的步伐。据载，"欧战酣时，各国工业停顿，洋商遂不得不闭歇他去。省内既鲜竞争，邻邦又以生产薄弱，转仰新省供给"②。特别是1917年苏联十月革命胜利后，成立苏维埃联邦政府，沙皇俄国在新疆80年来的经济侵略，从此告终，俄货停止来新。"从1915年起至1924年止，两国间（苏俄与新疆）的贸易完全陷于停顿。"③新疆人民所需的商品，开始脱销，布匹尤其缺乏。这给新疆民族商业的发展提供了一个良好的时机，新疆对内地的贸易日益活跃起来。

商帮人士从内地运来大量的商品，以代替俄货。其中陕甘帮的行商运来的布匹最多。然后再把新疆的土特产品作为回货，运往内地。迪化行栈业应运而生。当时，内地的商品和货物，不但在新疆市场上大量销售，还输出到苏联；新疆的土特产由一向销往俄国转而销往内地。在汉族商帮人士的努力下，1914—1922年，"新疆运往内地的原料品大增，仅皮毛一项，（每）年由新（疆）入内地者，约可值48万两"④。据统计1922年，商帮人士从内地运到迪化的商品有工业品、丝、饼干、甜食、衣服、烟草、颜料、火柴、日本的玩具、日用器

---

① ［日］佐藤回山著：《伊犁见闻录》，王日蔚译，《天山月刊》1934年第1卷第4期，南京天山学会天山月刊社发行，第31、36、37页。

② 吴绍璘：《新疆概观》，南京仁声印书局1933年，第263页。

③ 慕宁：《苏联与新疆省的商业关系》，《新亚细亚》1933年第6卷第5期，新中国建设学会发行，第43页。

④ 王醒民：《新疆之商业与金融》，《新亚细亚》1925年第10卷第4期，新中国建设学会发行，第21页。

皿、香水等；商帮人士从新疆迪化运到内地的皮货有狐皮、灰鼠皮、貂皮、羊皮等，仅皮货就价值48.3360万两。[①]

当时，以经营百货业为主的津帮商人业务做得灵活，比较大的商号都在京津设庄驻人，购置货物，并在南北疆设分支机构，扩展业务。由于百货业销路畅通，不仅京津商人经营百货，陕甘帮、晋帮商人也纷纷转营百货。从20世纪20年代开始，百货行业不仅有开设门市的坐商，还有摊商，以后陆续出现了一批专门从事贩运的行商。

这种变化造成了新疆商业的短暂繁荣。时人也说，“于此时期，新疆商业最为可观”[②]。但由于商人盲目运来过多商品，货物堆积如山，资金严重积压；加之20年代新疆与苏联签订通商条款，1924年至1925年新苏贸易开始慢慢恢复起来。1925年，苏联与新疆的贸易额为714.6万卢布，“与欧战前的贸易额比较，相差已不多了”[③]。1926年，苏联与新疆的贸易额则增至1642.3万卢布。[④]

尽管新疆与苏联的外贸逐渐恢复，但商帮人士主营的内贸业仍然有一定的交易额。据英国驻喀什领事馆的报告：1927—1928年间，新疆运到内地的货物主要有狐狸皮、兔猕皮、熊皮、猞猁皮、灰鼠皮、山羊皮、绵羊皮、狼皮、犬皮、牛皮、马尾、羚羊角、萍角、苁蓉、枸杞、贝母、葡萄干、杏干、哈密瓜干、沙金、驼绒、羊毛等物，总价值为73万卢布；内地运到新疆的货物主要有茶叶（两湖所产之米茶、砖茶、大茶、红茶）、芋草（山西魁生芋草、祥生芋草、日本芋草、天生芋草）、曲绸（绸缎之一种，有河南产，山东省周村、王村、长邑等处之产者）、斜纹布（为云斋织，有三兔牌、猫鹰牌）、粗样布、土布（山东寨子产，正定大布）、纸、火柴、砂糖、瓷器、铜铁器及各种杂货等，价值约为190万卢布。[⑤]经计算可知，双方贸易总值为263余万卢布。

第一次世界大战及俄国十月革命造成新疆的商业繁荣，没有维持多久，“惟

① 慕宁：《苏联与新疆省的商业关系》，《新亚细亚》1933年第6卷第5期，新中国建设学会发行，第46页。

② 吴绍璘：《新疆概观》，南京印书局1933年，第263页。

③ 慕宁：《苏联与新疆省的商业关系》，《新亚细亚》1933年第6卷第5期，新中国建设学会发行，第46页。

④ 慕宁：《苏联与新疆省的商业关系》，《新亚细亚》1933年第6卷第5期，新中国建设学会发行，第48页。

⑤ 曾问吾：《中国经营西域史》，新疆地方志总编室据1936年商务版横排铅印，1986年，第751页。

昙花一现，不久即失，是为憾耳”[①]。民族商业又趋于低落。连杨增新自己也承认，“新疆商业尚未十分发展”[②]。

二、金树仁时期（1928—1933）

金树仁治新时间不长，只有短短5年。但商帮人士面临的新疆政治格局、商业环境却都在1931年以后发生了重大变化。

新疆近代对内地的贸易也以1931年为界。1931年以前，在商帮人士的活动下，新疆每年与内地的贸易总值在国币900万～1200万元，进出口大体上各占半数（新疆运往内地的货物中，包括50万～100万元的金银及玉石）。当时，与天津的贸易额最多，新疆运往天津的货物以皮毛、生皮、羊肠、羊毛、棉花为大宗，一般每年在国币150万～250万元之间。[③]由此可见津帮对新疆商业的作用。新疆对甘肃输出每年仅国币50万元，输出货物包括干果、皮毛、毛褐、毛毡等。由内地输入新疆的货物，多系布匹、日用品等。

此后，新疆与内地的贸易逐渐衰落，商帮人士从内地运往新疆的货物大大减少。新绥长途汽车公司（1933年1月成立）对1930—1932年新疆商帮与内地贸易进行了调查，该公司根据自己的需要将此期间的贸易情况进行了分类，分为适于汽车运输和适于驼运两大类。根据其调查显示，1930—1932年商帮由适于汽车转运和适于驼运两种方式运往天津的货物总值为（461.67万元+85.24万元）546.91万元，货物种类有羊肠、各种牲畜皮张、羊毛、驼毛、鹿茸、羚羊角、葡萄干、贝母、枸杞等土特产品，其中以羊肠为首，约占总输出额的45%。

商帮从内地由适于汽车运输和驼运输入新疆的货物总值仅为（172.4130万元+102.2432万元）274.6562万元[④]，货物种类有卷烟、呢绒、绸缎、西药、中药、文具、鞋帽、化妆品、书籍、茶叶、五金、海味、瓷器、笔墨等日常生活用品。兹列表如下：

---

① 吴绍璘:《新疆概观》，南京印书局1933年，第263页。

② 《指令奇台县知事郑有叙呈转古城商会拟组设商团文》(1918年5月15日)，杨增新:《补过斋文牍》(辛集三·令文汇编三)，辛酉（1921年）三月新疆驻京公寓初版（刻本），第14页。

③ 张之毅:《新疆之经济》，中华书局1945年，第70—71页。

④ 该数据根据行政院新疆建设计划委员会编《新疆建设计划大纲草案·经济·发展商务计划》(1934年)，第3—8页表格《新疆主要产物每年中运至绥远转天津出口数额（适用于汽车转运者）》《新疆主要产物每年中用骆驼运至绥远转天津出口之数量》《由内地运往新疆之主要货物适于汽车输运货物之数额》《由内地运往新疆之主要货物适于驼运货物之数额》计算而得。

表2-4 1930—1932年新疆运往内地之物产

表2-4-1 1930—1932年新疆运至绥远转天津出口货物数额表[①]（适于汽车转运者）

产物名称	数量	单价（元）	总价（万元）	总重量（华斤）
羊肠子	300 万根	0.80	240	360000
羊荏皮	15 万张	5.00	75	13000
库车黑羔皮	6.4 万张	3.50	22.4	38000
古城黑羔皮	2 万张	1.30	2.6	13000
油旱獭皮	45 万张	0.90	40.5	110000
狐皮	3 万张	9.00	27	12000
狼皮	0.4 万张	12.00	4.8	6000
貂皮	300 张	45.00	1.35	280
扫雪皮	700 张	40.00	2.8	470
灰鼠皮	3 万张	0.80	2.4	3300
猞猁皮	0.12 万张	18.00	2.16	980
野狸子皮	2.5 万张	1.50	3.75	900
野猴子皮	0.3 万张	0.50	0.15	920
狐腿子	2.2 万张	0.80	1.76	1000
鹿茸	4000 斤	20.00	8	4000
羚羊角	450 斤	600.00	27	450
总计十六种			461.67	564300

表2-4-2 1930—1932年新疆运至绥远转天津出口货物数额表[②]（适于驼运者）

产物名称	数量	单价（元）	总价（万元）	总重量（华斤）
马鬃马尾	12 万斤	0.70	8.4	120000

① 该表见行政院新疆建设计划委员会编:《新疆建设计划大纲草案·经济·发展商务计划》（1934 年），第 3—4 页。

② 该表见行政院新疆建设计划委员会编:《新疆建设计划大纲草案·经济·发展商务计划》（1934 年），第 4—5 页。

续表

产物名称	数量	单价（元）	总价（万元）	总重量（华斤）
巴哈白羊皮	4.5 万张	0.90	4.05	35000
库车白羔皮	3 万张	0.80	2.4	28500
古城白羔皮	2.2 万张	0.60	1.32	31000
哈萨红羔皮	6.4 万张	0.40	2.56	43000
青山羊皮	0.25 万张	1.00	0.25	7000
山羊板皮	1.4 万张	0.30	0.42	30000
狗皮	0.3 万张	1.70	0.51	7200
驼毛	25 万斤	0.50	12.5	250000
美种棉花	22 万斤	0.30	6.6	220000
白羊毛	82 万斤	0.20	16.4	820000
杂羊毛	115 万斤	0.15	17.25	1150000
干鹿角	0.4 万斤	0.50	0.2	4000
葡萄干	18 万斤	0.30	5.4	180000
贝母	6.5 万斤	0.20	1.3	65000
枸杞	1.3 万斤	0.40	0.52	13000
蘑菇	2 万张	0.90	1.8	20000
白宰羊皮	2.4 万张	1.40	3.36	65500
总计			85.24	3089200

据调查，商帮从新疆运往内地的贝母、枸杞、蘑菇三项物产，在1930—1932年的输出额，约是1927—1928年间商贸繁盛时期的十分之一。其他如皮毛、棉花、葡萄干等物产对内地的输出额也比以前减少了80%以上。[①]

① 新疆建设计划委员会编：《新疆建设计划大纲草案·经济·发展商务计划》（1934年），第6页。

表2-5 1930—1932年由内地运往新疆的货物

表2-5-1 1930—1932年内地运往新疆主要货物数额表[①]（适于汽车运输者）

产物名称	数量	（加税运费在内）单价（元）	总价（万元）	总重量（华斤）
卷烟	2000箱	380	76	264000
上等呢绒	80件	860	6.88	10400
中等呢绒	65件	550	3.5750	8450
普通绸缎	120件	1050	12.6	15600
次种绸缎	160件	610	9.76	20800
麻丝匹头	620件	460	28.52	80600
棉料呢绒	300件	310	9.3	39000
中等西药成品	40件	790	3.16	5200
国产丸散	52件	540	2.8080	6760
普通文具	10件	300	0.3	1300
皮件成品	20件	340	0.68	2600
鞋帽服饰品	220件	450	9.9	28600
中等化妆品	30件	470	1.41	3900
书籍印刷品	400箱	150	6	52000
毛线及成品	20箱	520	1.04	2600
丝线及成品	12箱	400	0.48	1560
总计	4149件（箱）		172.4130	543370

① 该表见行政院新疆建设计划委员会编:《新疆建设计划大纲草案·经济·发展商务计划》（1934年），第6—7页。

表2-5-2 1930—1932年内地运往新疆主要货物数额表[①]（适于驼运者）

产物名称	数量	（加税运费在内）单价（元）	总价（万元）	总重量（华斤）
米心茶	4000件	115	46	495000
红茶	1600件	130	20.8	275500
三九大茶	2500件	78	19.5	325000
龙井香片茶	20件	160	0.32	2600
普洱茶	13件	204	0.2652	1690
汉烟	120件	56	0.6720	15600
次等卷烟	200件	210	4.2	26000
青蓝市布	60件	200	1.2	7800
粗细药材	250件	110	2.75	29250
次等丸散	30件	260	0.78	3900
次等西药成品	70件	305	2.135	9100
次等化妆品	50件	285	1.425	6500
油墨颜料	10件	120	0.12	1300
各种粗细五金	12件	180	0.2160	1560
各种海味	20件	205	0.41	2600
细纸张	32件	100	0.32	4160
国产细瓷	12件	130	0.1560	1560
国产笔墨	20件	225	0.45	2600
国产陈设品	16件	140	0.2240	2080
其他	30件	100	0.3	3900
总计	9065件		102.2432	1217700

据调查，新疆八大商帮在1930—1932年从内地输入新疆的货物中，卷烟、茶叶、呢绒、绸缎、书籍、国产药品等物品，因受到苏俄货物的排挤，比

① 该表见行政院新疆建设计划委员会编：《新疆建设计划大纲草案·经济·发展商务计划》（1934年），第7—8页。

1927—1928年间商贸繁盛时期减少了70%以上。

根据相关统计，在1933年新疆“四·一二”政变之前，新疆对苏联、印度和内地的贸易总额为国币8000万元，其中对苏贸易占82.5%，对印贸易占5%，对内地贸易仅占12.5%。[①]

出现这种情况有内、外两方面的原因，内部原因是：从1931年起，统治新疆的金树仁实行残暴统治，激起哈密农民暴动，接着河西走廊的马仲英部率兵进入新疆，与金树仁争夺地盘，从此新疆大乱，兵连祸结，战火遍及全疆，新疆与内地的交通线受到严重破坏。由于社会动荡，战乱频仍，匪患较多，汉族商帮往来于新绥与天津间的货物，“两次被外蒙没收，两次被新边土匪抢劫，损失总数在500余万元”[②]。1932年津帮商人前往天津的驼队，曾在哈密被尧乐博斯抢劫2万两黄金。[③]

外部原因有二。其一，1930年，苏联土西铁路接轨，其中有一半以上是绕新疆沿边而行，土西铁路与新疆距离不过四五日路程，其间有汽车一日可达，与内地交通需用驼马相比不可同日而语。这为苏联对新贸易提供了极为便利的运输条件，运费也相应降低了几成。内地运往新疆的货物因受苏联同类货物的排挤，输出大为减少，大宗贸易完全由苏联货取代。进口方面，1929—1930年，新疆从苏联进口的纺织品达900万金卢布，而从平津输入的呢绒、丝绵织品不过60.8万元。出口方面，1929—1930年，新疆运往苏联的羊毛价值达800万金卢布，而运往天津的只有230万元（包括其他皮毛）。1929—1930年，新疆出口到苏联的棉花价值190余万金卢布，而运往平津的仅有3.6万元。[④]这还是土西铁路未建成以前的情形。土西铁路建成后，新苏的关系“又进了一步”。如1932年，新疆从苏联进口的纺织品达到1143.3万卢布。[⑤]

其二，外蒙古1921年发生独立事变后，大草地之路断绝，驼队遂绕道内蒙古，走小草地。因小草地的运价比大草地贵、时间慢，故内地输入新疆的货物

---

① 张之毅：《新疆之经济》，中华书局1945年，第60页。

② 行政院新疆建设计划委员会编：《新疆建设计划大纲草案·经济·发展商务计划》（1934年），第20页。

③ 王鸿魁、于焕文、谢玉明：《天津商帮在新疆》，天津市政协文史资料研究委员会、天津西青区政协文史资料研究委员会编：《津西古今采珍》，百花文艺出版社1993年，第81页。

④ 蒋君章：《新疆经营论》，中正书局1936年，第72页。

⑤ 该数据根据厉声《新疆对苏俄贸易史（1600—1990）》（新疆人民出版社1993年）第409页表格计算而得。

成本加重，价格上升数倍，流通困难。紧接着1937年全面抗战的爆发，小草地之路也被迫中断，新疆与内地的贸易一落千丈。

由于上述内、外两方面的原因，所以，1931年以后新疆与内地的交通逐步中断，随之“新疆与内地之商业，乃完全停顿”①，为解决新疆人民日用必需品的供应需求，苏联成为新疆的主要贸易对象。1931—1932年，新苏双方贸易额达2800万卢布。甚至到了30年代中期，新疆与内地的贸易几乎完全断绝，完全为苏货所垄断。

由于“货运不通”，商帮人士“纯赖存货维持。本地货物产额锐减，价格上涨，与内地不相上下，贩售已无余利可图。即使收买少许，以图收回成本，然又无法回运，以是无不日在风雨飘摇之中，勉强挣扎”②。

时人评论道：“假使苏联一朝把新疆封锁起来，那么新疆人的生活就要感到极度的恐慌。易言之，即新疆的经济情形，已经不是独立的，而是依赖苏联的。”③这种经济上的关系必然反映在新疆对苏政治等方面的关系之中，成为制约、影响新疆情势发展的重要因素。

三、盛世才时期（1933—1944）

盛世才治新初期，由于盛马大战的原因，暂时“封锁了东路”，商帮人士的经商环境变得恶劣，无法做内贸生意，其“各地支店，均宣告破产。此时以无货物故，当然无法维持”。一些“资本较小之商家，不得不倒闭，此所以有大批商人弃其财产，逃返内地也”。当时“新疆商业已完全为俄人所操纵，……内地商人竟莫能与争，因之市面俄货充斥”。盛世才为此对商帮人士曰：“内地货物既不能运，应将眼光放大，就近贩售俄货。本督办为维持商业计，已与俄领交涉，俄领愿尽力维持。如各商需用何项货物，可开单呈报，本督办当向俄订购。即使需要内地货物，亦可交由我国代运，处今日之势，须放大眼光，无谓东路不通，商业即无法维持。”④

① 新疆建设计划委员会编：《新疆建设计划大纲草案·经济·发展商务计划》（1934年），第20页。

② 李亦人：《新疆金融市场之一般》，《钱业月报》1934年第14卷第9期，第2页。

③ 蒋君章：《新疆经营论》，中正书局1936年，第70页。

④ 该自然段引号中的文字均出自云飞《汉商口中之新疆现状（绥远通信）》，《天山月刊》1934年第1卷第5期，南京天山学会天山月刊社发行，第7—8页。

盛世才政权稳固后，1935年在共产党人的帮助下，他正式提出“反帝、亲苏、民平、清廉、和平、建设”六大政策，采取了一些进步措施。1938年，毛泽民（化名周彬）任新疆财政厅厅长期间，针对新疆财政弊病，又采取了改组银行、改革币制、健全预算制度，整顿税务、增加收入，大力扶持各项建设，发行建设公债等诸多措施，使新疆财政状况迅速好转，财政赤字由原先的40%下降到25%，开创了民国以来新疆财政最好的一个时期。这些因素都为汉族商帮人士的商业活动创造了较好的政治、经济环境。

同时，汽车货运方式在新疆开启。1933年10月，绥新长途运输汽车公司通车，路线为：包头—五原—皋兰—哈密—迪化。外线为：归绥—大青山—百灵庙—内蒙古达尔罕旗、中公旗—经戈壁至哈密—迪化。这样，汉族商帮人士就多了一条出入新疆的运输方式。

因此30年代中后期新疆商帮从事的百货业，有一定发展。以迪化为例，当时以商帮人士为主体的百货商店发展到200多户，全行业从业人员500人左右，是全市工商界最大的行业。商帮人士通过驼运或汽车运输的方式，从内地运来货物，如1936年1月，迪化城的“福□祥、德厚堂、义善长”等商帮商号，“由内地驼运到省会（迪化）京津杂货17件，米茶16416块，红枣2140斤。并由邮局随新绥汽车运到杂货布匹共170袋”①。一些商帮人士的百货商店还扩大经营规模，如津商崔善祥的“德昌源呢绒绸缎百货庄”，在原址上兴建了两层四合院的楼房，临街是新建的“德昌源”商铺（带地下室），后面是家眷的住宅。②

但其间不乏盛世才残酷迫害商帮人士、重创新疆商业发展的事件。1937年，盛世才疯狂制造冤案，他以“托派”的帽子在新疆进行大规模的政治清洗，不但驱逐了苏联的控制势力和联共党员，还无端查封商帮人士的著名商号，给工商界造成了严重的恐怖气氛。1937年9月，盛世才下令查封了津帮的“同泰兴”（韩宗耀）、“同盛和”（曹余三）、“德兴和”（闫应五）三家商号，这三家商号在新疆历史悠久、信誉卓著，是迪化津帮“新八大家”的名号，它们在抗战期间，积极捐款支前，对地方各项公益事业都曾做过贡献。这三家津帮商号横遭查封后，其经理人有的遭受严刑拷打，遍体鳞伤，被无辜定为“通敌罪”，如“同泰

---

① 《新疆日报》1936年2月11日第3版，《大批京津杂货到迪，第二批尚在输运中》。

② 笔者于2016年9月18日与崔善祥的孙子崔庆吉访谈时，崔庆吉口述。崔庆吉（1943—），为津帮著名商号“德昌源”第三代后人，曾担任乌鲁木齐县委副书记、乌鲁木齐市沙区区委书记、乌鲁木齐市文化局书记等职。

兴”商号的韩宗耀[①]；有的被莫须有的罪名关进监狱，折磨致死，如“德兴和”商号的闫应五，因当年拒绝盛世才的赊账，被扣上长枷、戴上死镣，打入死牢折磨而死[②]，闫的家属被定为“叛逆家属”，被驱出城市、谪居农村，含冤泯灭。

同时1937年抗日战争正式爆发，内蒙古绕路被断绝，新疆与内地的贸易全部改由甘肃河西走廊进入内地或由苏联转口内地，与内地的贸易主要改为官办。商帮因此“损失至巨，囤积货物，输入输出两项，总计达1500万元。商人遭此意外之损失，金融更难周转”[③]，小本商号，多数倒闭，少数商家，仅苟延残喘而已。新疆对外贸易，则“几全属对苏”[④]。可见，“苏联之所以能垄断其间者，主要因为中国本部与新疆之交通隔绝之故。所以，中国如要发展对新疆之贸易，最急迫之设施，不外乎交通线路至修筑”[⑤]。

抗战爆发后至40年代初期，新疆商业流通受阻，导致了物资匮乏，新疆省政府倡导兴办实业。在政府的号召下，商帮人士积极投入实业建设。如津帮著名商号“德昌源”的创办人暨新疆总商会会长崔善祥，于40年代初在迪化和田街创办了“大业工厂”，主要生产毛巾、头巾、线毯等针织品等。又在迪化东大街“德昌源”东侧开设了“东立德”商号，经营百货等商品。[⑥]

20世纪40年代初德国法西斯兴起，把矛头指向苏联，并且发动了苏德战争，盛世才误判了国际形势的发展，想借机摆脱苏联的操控。另外，在重庆建立陪都的国民政府加紧了对盛世才的笼络。盛世才权衡利弊，决定反苏反共，投靠蒋介石。他推行一系列残暴的政策，对共产党人和进步人士发动大清洗，不但大肆逮捕、杀害支援新疆建设的中国共产党人、进步人士，还残酷迫害工商界人士。他先后捏造罪名逮捕迪化总商会会长津商石寅甫、韩君璧，并把二人杀害在狱中，还逮捕一批津帮知名人士，如董树棠、董耀三（跃珊）、王子卿、戴

① 杨梦九:《盛世才查封同泰兴等三家商号经过》，中国人民政治协商会议乌鲁木齐市委员会文史资料研究委员会编:《乌鲁木齐文史资料》（第6辑），新疆青年出版社1983年，第95—96页。

② 王鸿逵、于焕文、谢玉明:《天津商帮在新疆》，天津市政协文史资料研究委员会、天津西青区政协文史资料研究委员会编:《津西古今采珍》，百花文艺出版社1993年，第88页。

③ 新疆建设计划委员会编:《新疆建设计划大纲草案·经济·发展商务计划》（1934年），第20页。

④ 张之毅:《新疆之经济》，中华书局1945年，第61页。

⑤ 槐三译:《新疆对苏联贸易之趋势（续完）》，《拓荒》1934年第2卷第6期，南京《拓荒》杂志社编辑部发行，第27页。

⑥ 笔者于2016年9月18日与崔善祥的孙子崔庆吉访谈时，崔庆吉口述。

敬泉、尚聘卿、任名武、蔡鑫铎、曹余三、崔善祥（新疆总商会会长）、周海东[①]等人，无故被关押多年。除了董树棠不久被保释外，余者多被害死、病死，或一直关押到盛世才下台才得释放，如曹余三、崔善祥、周海东。

40年代，新疆与内地的货运交通断绝，同时苏联因苏德战争，也“元气大伤，苏新贸易关系暂归停顿”[②]。所以，新疆商业遭到毁灭性的厄运，经营业务日渐萧条。一些汉族商帮的商号由于连年亏损，接连停业，有些经营少量苏联货以维持门面，或是转业他就以谋生计。

四、国民党统治时期（1944—1949）

抗战胜利后，新疆的商帮人士满怀喜悦，祈求有个好转机，但事与愿违，美好的憧憬化为泡影。

代表大地主、大资产阶级利益的国民党从1944年起在军事上基本控制了新疆的局面，但政治上却不能驾驭时局。三区革命爆发后，国民党军队不断调入新疆，致使军费浩繁，财政收支赤字巨大。同时，由于战争致使社会动荡，严重影响了生产，粮食、肉类等生活物资大量减产。为解决财政极端困难的情况，国民党执政当局一方面变本加厉地对各族人民进行盘剥，商界首当其冲，这一时期的苛捐杂税名目繁多，有增无减，包括商帮在内的商界业户负担日益加重，不堪忍受；另一方面，国民党新疆当局从1945年起开始发行大面额地方纸币，百万元、千万元、亿元。[③]1949年2月，新疆省财政厅发行了3000万元及6000万元的省币。[④]甚至在1949年5月10日，新疆国民党方面发行了中国最大面值的纸币——60亿元券，可谓举世罕见，但这张省币只能买14.7粒大米。[⑤]

---

① 王鸿逵、于焕文、谢玉明：《天津商帮在新疆》，天津市政协文史资料研究委员会、天津西青区政协文史资料研究委员会编：《津西古今采珍》，百花文艺出版社1993年，第88页。

② 张之毅：《新疆之经济》，中华书局1945年，第61页。

③ 自清末以来，货币发行权极为分散，各省官钱局（民国后为各省银行）拥有纸币发行权，已形成风气。发行纸币的准备金由各发行机构自行保管，准备金不足的现象十分普遍。针对这种状况，1935年国民党政府实行币制改革，统一了货币发行权，规定以中国、中央、交通三家银行所发行钞票为法币。而新疆由于政局不稳，情况复杂，至1949年10月1日全国解放以前，一直未能实现与内地币制统一。新疆省币对法币的比率为1∶5。——作者注

④ 新疆维吾尔自治区档案馆档案：《财政厅为报新发叁仟万元及陆千万元省币印制尺码情形并发行日期事给省政府的呈》（1949年4月9日），《新疆通史》项目资料丛书，童鹿主编：《民国时期新疆金融档案史料》（下），凤凰出版社2013年，第428—429页。

⑤ 《南京博物馆举行的“中国货币展览”》，《新民晚报》1983年6月12日。

如果说1948年12月尚可用7000多万元买100斤面粉[①]，那么到了1949年1月，理一次头发就得花1亿元。当时报纸上对此事有报道，标题是《理发店生意恶，一个头要1亿》[②]。到1949年5月底，1斤白糖的零售价就达600亿元[③]，1斤羊肉2400亿元[④]。可见，滥发纸币无异于饮鸩止渴，这对当时的新疆财政可谓雪上加霜。新疆的社会经济已濒临崩溃边缘。

商帮人士面临着纸币毛荒、物价飞涨、民不聊生的社会经济环境，无法进行正常的内贸活动。当时的新疆土特产品没有销路，出现羊肠喂狗的现象。市场上的纸烟、八字茶或者布匹被当作交换的媒介。市场上投机倒把盛行，没有正常商业。不少人专搞倒卖黄金、银圆的勾当，黑市猖獗，金融市场一片混乱。更有一些国民党军政人员亦官亦商，他们凭借官职，利用军车、飞机私运货物，投机牟利。

雪上加霜的是，1949年夏，大批在兰州做官、经商的新疆人乘军用飞机带回大量国统区的金圆券进入新疆迪化和南疆各城，抢购物资，致使这些地方出现了抢购风潮，一些“迪化市民疯狂抢购物资，竟有拿六根棍载钞票沿门收买各种货物者”[⑤]。以商帮人士为基础的迪化市商会及时采取措施，于8月3日掀起拒用金圆券运动，在市商会魏岐山理事长的带领下，市商会以自己的名义，在大十字、南门市场张贴大张布告：“从今日起，金圆券不得在本市流通，倘有强迫使用者，咎由自取，后果自负……”[⑥]以求稳定本地的金融市场。但迪化工商界仍遭到抢购风的袭击，旧日商帮人士的各大商号，十之八九停闭，勉强支撑门面的商户也日趋陷入走投无路的境地。到解放前夕，新疆民族商业已被摧残得奄奄一息。

新疆和平解放前夕，迪化的社会秩序非常混乱，地痞流氓横行霸道，国民党兵痞匪徒无恶不作，无序的社会治安环境严重破坏了商帮人士的商业活动，一些商帮的商号因此遭到抢劫。如津帮著名店铺“德昌源”是解放前夕迪化市

---

① 《新疆日报》1948年12月13日第4版，《本月平粜面价格为一千二百万元》。

② 《新疆日报》1949年1月23日第4版，《乌城小景——理发店生意恶，一个头要1亿》。

③ 《新疆日报》1949年5月30日第2版，《糖业自动规定价格——每斤发价五百亿零售六百亿》。

④ 《新疆日报》1949年5月31日第2版，《本报特写：今天的市场及其他》。

⑤ 《新疆日报》1948年3月17日第3版，《央行停止商汇后，物价一度波动》。

⑥ 昝玉林：《迪化总商会的成立与活动》，中国人民政治协商会议乌鲁木齐市委员会文史资料研究委员会编印：《乌鲁木齐文史资料》（第6辑），新疆青年出版社1983年，第78页。

门面最漂亮的一家大商店，当时在迪化和新疆都颇有名气和影响力，却于1949年9月下旬的一天遭遇抢劫的灭顶之灾。据“德昌源”创办人崔善祥的第三代后人崔庆吉回忆：

匪徒从二楼伸出来的弧形凉台上爬进去，当时我祖父（崔善祥）带着家眷从后门撤走了。我父亲和几个伯父以及店员们在店里坚守。我们家当时有持枪证（两支左轮手枪、一支来福猎枪）。眼看着匪徒们肆无忌惮地进行抢劫，家人们要开枪，仁慈的父亲并没有让家人们开枪射击这些匪徒。匪徒们把商店里经营的绸缎、呢绒等珍贵的商品以及香水等化妆品和家人们自用的香水和金银珠宝等几乎抢劫一空，就在匪徒撤走时又有一些不法市民跟着进行哄抢。父亲在柜台上拍着手大声痛哭说，多年来的心血就这样没有了。抢劫后的“德昌源”满地都是匪徒穿的皮靴子和烂衣服以及商店里被他们打烂的商品。由于香水等化妆品都是玻璃制品，被仓皇逃走的匪徒打烂了不少，弄得大十字东大街的半条街都是香水味道。

这一突如其来的灭顶之灾使我们家遭到了惨重的损失和打击。第二天时任新疆警备总司令部的国民党中将陶峙岳将军，来到了‘德昌源’商号，慰问了我们全家，并且在“德昌源”商号的门前发表了重要的讲话，他严厉痛斥了匪徒的抢劫行为，警告了那些扰乱社会秩序的匪徒和地痞流氓。陶峙岳将军的到来和讲话极大地鼓舞和激励了我祖父、父亲以及全家人。[①]

① 崔庆吉:《缅怀我的祖父崔善祥》，笔者于2016年9月18日与崔善祥的孙子崔庆吉访谈后，崔庆吉将其撰写的从未发表的回忆录交给了笔者。

第三章

商帮的商业活动

第一节 商业活动

一、八大商帮的经营情况

这里从商帮的经营范围、运营资本、经营网络、经营利润四个方面进行归纳和分析。

首先，八大商帮的经营范围各有特色。燕帮主营百货、绸缎，燕帮中的津帮，“根基最厚，手段最灵，商品最富，营业最盛，势力遍于南北两路”[①]。晋帮主要经营金融业，即钱庄和汇兑（票号十余家）。湘帮有军政界之关系，根基比较厚，所以湘茶之利及官邮归其所有。据1910年（清宣统二年）来新疆考察的英国《泰晤士报》记者莫理循记载，因“在征战新疆起了重要作用的两位将军（左宗棠、刘锦棠）都是湖南人，其中一位是新疆重新回到中国后的第一位巡抚，他们的部队也主要由湘勇组成，皇帝为表示感激，给予湖南人以前所未有的慷慨赐予，……给予他们茶叶贸易和邮驿的独占权，使得他们占有官邮在新疆80%的份额”[②]。鄂帮主要从事弹棉花、缝纫。民国后，两湖人虽政治上尚未绝迹，但已式微不堪。一部分人仍以经商务农为生，如茶叶商、制腐豆商、养猪种菜等。秦帮与陇帮商人以典当和粮行为主。蜀帮与豫帮商人主要从事医药贸易。

以新疆的商业重镇奇台为例，清光绪年间以商帮经营的商铺为主体的各类

---

① （清）袁大化修，王树楠等纂:《新疆图志》（第29卷·实业二），东方学会据志局书重校正增补，1923年，第16页。

② ［澳大利亚］莫理循著:《一个澳大利亚人在中国》，窦坤译，福建教育出版社2007年，第256页。

商铺多达690余家，经商人员有4300多人[①]，经营商品有上千种。到20世纪30年代，奇台“真正是个西北的大都会，街上有许多大商店，橱窗内陈列着各种物品，以及好些璀璨夺目的商品——如碗、茶杯和茶匙、香料、香皂、各种丝织品和棉织品、钟表，以及妇女用的头发扣针等”。[②]据档案资料统计，1936年奇台共有商号305家，到1939年增至525家[③]。虽然30年代奇台的众多商号从表面看起来五花八门，庞杂纷乱，但它是有辖属的，就是以行业划分的话，分别归属八大商帮，这从1938年奇台的商帮的职业统计表就可表明，详见表3-1。

表3-1 1938年奇台的商帮职业统计表[④]

帮派	所属行类
燕帮（河北）	布匹、杂货、干货、洋铁、澡塘、经济、酱醋、菜蔬、点心、摊贩
陇帮（甘肃）	布匹、面粉、纸坊、油坊、煤炭、粮行、黑皮坊、毡坊、白皮坊、靴鞋、木匠、车木行、理发、铁匠、裁缝、草料
晋帮（山西）	布匹、杂货、药材、面粉、烧酒、油坊、煤炭、麻绳、饭庄、黑皮坊、毡坊、白皮坊、木匠、酱醋、铁匠、靴鞋、篓铺
豫帮（河南）	药材、金银匠
山东帮	饭庄、菜蔬
陕帮（陕西）	木行
蜀帮（四川）	理发
鄂帮（湖北）	猪肉、裁缝
湘帮（湖南）	裁缝

当然，商帮的经营范围虽有分工，但并不是单一、绝对的。经营范围的划分是以某一商帮中大多数人主要经营某种行业为标准，但不排除该商帮中的小部分人从事其他行业。以津商为例，该帮主营百货业，但也有少部分人从事餐饮业、蔬菜种植业、中药业等。清末，天津士绅温世霖因发动请愿运动被清廷

① 奇台县史志编纂委员会编：《奇台县志》，新疆大学出版社1994年，第216页。

② 天涯游子：《人在天涯》，新疆人民出版社2000年，第127页。

③ 周海山：《古城商业史话》，奇台县政协文史资料委员会编：《奇台文史》（精编本），新疆新华印刷厂2006年（内部资料），第317页表格。

④ 周海山：《古城商业史话》，奇台县政协文史资料委员会编：《奇台文史》（精编本），新疆新华印刷厂2006年（内部资料），第316页表格。

遣戍新疆，他于1911年（清宣统三年）3月途经哈密时，看到哈密“附郭（城墙）多菜园，种植者多客籍人，闻直隶人（这里指天津人）颇多”[①]。20世纪30年代的哈密，“所有市场卖菜的都是河北人，大半讲着天津话；……铜匠和旅行小贩大都是湖南人；至于钉补瓷器的则完全是四川人，他们往往喜欢同你谈到那遥远的四川家乡”[②]。

必须指出的是，在近代新疆八大商帮庞杂的经营范围中，经营高利贷（又称支放）、押当业（典当业）、贩卖黄金、贩卖鸦片这四种行为，部分商帮人士在一定范围、一定程度上也有所涉足。特别是某些商帮人士为了谋取利益不择手段，经营放贷利息奇高的高利贷及不法典当的行为，不但造成借贷者、典当者家破人散、远离他乡、无家可归的现象数不胜数，还严重破坏社会经济秩序、引发仇杀等刑事案件，显示了这一群体的历史局限性与不足。清光绪中期曾任新疆巡抚的陶模认为“放债者皆系刁横无赖之辈”，建议“请照内地民人与土司交往借债例，一律治罪，以苏民困而除积弊”。[③]

高利贷　高利贷是指索取特别高额利息的贷款，它产生于原始社会末期，在奴隶社会和封建社会，它是信用的基本形式。在资本主义社会出现之前，在现代银行制度建立之前，民间放贷都是利息很高的。高利贷最突出的特点就是“高利率”，正是高利贷惊人的利息成本，决定了它长期以来的“非生产性”特点，即借高利贷不是为了扩大再生产或投资，而是为了保证生存。

据载，清末“农家称贷，视商家尤重。如吐鲁番、昌吉、绥来等处，农户当春耕时无资，辄指耕地为质。不问丰歉，俟秋成后，悉刈所获，畀[④]诸债家，以为偿”。这种高利贷之风“沿袭已久，至今尤盛”[⑤]。

近代新疆商帮经营的高利贷有三种情况：其一，放贷对象是牧民的实物贷，在北疆的阿勒泰、额敏地区，一些商铺以日用商品贷给当地牧民，半年后牧民

---

① 温世霖：《昆仑旅行日记》，天津古籍出版社2005年，第125页。

② 天涯游子：《人在天涯》，新疆人民出版社2000年，第106页。

③ 陶模：《禁止汉人重利放债折》，见《陶勤肃公奏议遗稿》，中国西北文献丛书编辑委员会编：《中国西北文献丛书·西北史地文献·第28卷》（第103册），兰州古籍书店影印1990年，第421页。

④ 畀，念bi，四声，给予之意。——作者注

⑤ 该自然段引号中的文字均出自（清）袁大化修、王树枏等纂《新疆图志》（第29卷·实业二），东方学会据志局书重校正增补，1923年，第17页。

以牛羊等畜产品抵债。阿勒泰、额敏地区有30多家津商经营此业[①]，这些津商都兼营放养牛羊、骆驼，大户每年可向沙俄出口活羊30万只及羊毛等物，换回花标布、蜡烛、方糖、毛毯、铜铁炊具等，运至迪化等城销售，再由迪化运回茶叶、布匹，放贷给牧民。如此循环经营，一年每只羊可增利四倍。其二，放贷对象是农民的实物贷，分两种，第一种在南疆的喀什、和阗、库车、阿克苏、焉耆等地，一些商铺向当地农民赊出日用商品后，以半年为期，到期农民偿还其他实物。如购赊一套马鞍镫，秋后还马一匹；赊两块砖茶到秋后还棉花100斤；等等[②]，利润比例高出数倍。据英国驻喀什领事马继业的夫人记载，喀什噶尔的津商"除了做贸易买卖和经营店铺外，他们还开钱庄、放债"[③]。具体经营此业的津商商铺有喀什的"同义兴"、库车的"宝胜号"、轮台的"吉合成"、焉耆的"宝聚成"等。南疆还有"同盛和""德聚公"这两家津帮大商号兼营此业（迪化"同盛和"总店在喀什，和阗设立了分店，主持人是津商李迪生；津商董树棠在迪化创办的"德聚公"总店在阿克苏设立了分店）。第二种是一些商铺向当地农民放贷粮食种子，秋收后按比例归还粮食。如晋商在奇台著名的"四大家"[④]之一的"公和泉"（又名中和永）商号，资本七八千元，表面以经营小百货、中医药、油坊为主，实际收入以收高利贷为主要来源。一般每年春荒时放账1石，秋后归还加2（即借1石还1.2石）的利息。遇到物价飞涨的年景，利息就提高到加5（即借1石还1.5石），其放账对象多为农民。[⑤]其三，纯粹金钱性质的高利贷。据载清末"省城赊贷平时取息一分四五厘，有急需时则加至二三分，南疆又倍之"[⑥]。高利贷通常按月计息，一分四五厘指月利息为1.45%，如果

---

① 天津市口述史研究会、天津市西青区政协合编：《丝路津商——赶大营资料汇编》，天津人民出版社2014年，第22页。

② 王鸿逵、于焕文、谢玉明：《天津商帮"赶大营"始末》，天津市政协文史资料研究委员会、天津西青区政协文史资料研究委员会编：《津西古今采珍》，百花文艺出版社1993年，第20页。

③ ［英］凯瑟琳·马嘎特尼著：《外交官夫人的回忆》，王卫平译，新疆人民出版社1997年，第64页。

④ 近代奇台著名的商业四大家分别为：公和泉（又名中和永）、三和涌（又名茂林堂）、协和泉、万泉涌（又名大生泉）。——作者注

⑤ 刘忠信：《老奇台的几家商号》，中国人民政治协商会议新疆维吾尔自治区奇台县委员会文史资料委员会编：《奇台文史》（第1辑），奇台县印刷厂1991年（内部资料），第138页。

⑥ （清）袁大化修，王树楠等纂：《新疆图志》（第29卷·实业二），东方学会据志局书重校正增补，1923年，第17页。

1万元借款，1个月的利息是145元。二三分指月利息是2%或3%，如果1万元借款，1个月的利息是200元或300元。与一般正常借贷的单利计算不同，高利贷多数是复利计算，利转为本，本利翻转，越滚越大，所以本金加上利滚利，偿还金额非常可怕。

除了经营当地农牧民的上述高利贷外，还存在商号之间的、为了资金周转的高利贷现象。据载，“新疆社会习俗，利率甚厚，起码二分以上，多至三分、四分不等。个人商号之借贷，更非具有相当之保证或抵押品不可”[①]。

押当业（典当业） 有些商帮人士经营典当业务，南北疆都有这种业务。北疆的当铺业在清末民初的时候，业务较盛。据1910年（清宣统二年）来新疆考察的英国《泰晤士报》记者莫理循记载，在新疆，“湖南人拥有绝大部分的当铺”[②]。

清末民初的省城迪化，当铺有30多家。据老人回忆，在迪化最早开设当铺的是湘军转业人员董宝祥[③]，在定湘王庙街（今天山大厦对面）开设了“兴隆当”，接着另外一个湘军退伍军官王某在荷花池巷（今人民广场南端）开设“复兴当”。津商在迪化开设的当铺有两家，“周记当铺”（周宝光、周宝和创办）、“翟记当铺”（翟庭顺、翟庭光创办）。[④]

毛泽民于1938年来到新疆迪化，发现当时全城有八九家当铺，不少穷苦劳动人民因为挣不到吃饭钱，只好把自己脚上的靴子、身上的旧衣服，甚至赖以为生的工具拿到当铺，当点钱去吃一顿饭。当时的当铺有统一规定，“能值1元的物品只当2角，每月利息为10%，当一天就收一月利息，当31天就收两月利息。当满3个月不赎回，即为‘死当’，当主再无赎回权利，物品可由当铺标价

---

① 吴绍璘：《新疆概观》，南京仁声印书局1933年，第275页。

② ［澳大利亚］莫理循著：《一个澳大利亚人在中国》，窦坤译，福建教育出版社2007年，第256页。

③ 昝玉林：《乌鲁木齐往事漫记·石家当铺与“观人观我”》，中国人民政治协商会议乌鲁木齐市委员会文史资料委员会编：《乌鲁木齐文史资料》（第16辑），新疆兵团印刷厂1993年（内部资料），第81页。但刘荫楠《董宝祥的当铺》［《乌鲁木齐掌故》（一），新疆人民出版社2001年］第196页记载，董宝祥为陕西人。此处存疑。

④ 《天津商帮店铺情况表》（根据历年随机调查整理），天津市西青区政协文史资料研究委员会编：《西青文史》（第9辑），1999年（内部资料），第88页。

拍卖”[①]。

来当铺典当物品的人，多是处于社会中下层的贫困者，由于家庭和社会的各种原因，而其中最直接的原因是由婚丧嫁娶所造成的临时接济不支，既不好向亲友富户借贷，又不愿卖掉衣物用具、房屋田产等，因而走可解一时之困的典当物品之路。另一部分典当人是二毒（鸦片烟、赌博）俱全的败家子，挥霍家财，只当不取。此外，还有因还债而典当，因谋生意而典当，因天灾人祸而典当临时谋生，因打官司用钱而典当……总之，典当者都是急于用钱的人，所以有的当铺门口贴上了“解贫济困、救危扶倾”的对联。典当业主要针对贫困者，但一些小押当，也充当了一定程度的融资角色。如奇台在商业鼎盛时期，商帮人士经营的当铺有20多家。此外还有数家小押当，只有百货业号名，不挂典当号名。这些小押当，只面向亲朋好友和有头面的人物，有紧急用款时不好借贷，相邀一两位当事人，做证明人或保人，以金银、地产契约等贵重物品作抵押，讲明利率和赎取日期，取得所需钱款，而不必进那种贫困人所进的当铺。[②]

近代新疆吏治腐败，赋税沉重，广大农牧民在封建领主和官府的层层剥削压迫之下，只能维持最低的生产生活水平，一旦遇有灾害或事故，缺乏应变能力，这就为高利贷、典当业的存在提供了一定的土壤。如1864年（清同治三年）库车农民起义前夕，卖官鬻爵现象猖獗，花钱买官者“他们想都没有想到怜悯百姓，忠心报国，只有钱，那些为买官而花掉的钱才是他们最关心的东西……他们像挖树根一样暗暗毁坏着伟大可汗（指清朝皇帝）的天下”[③]。

贩卖黄金 由于近代新疆币制紊乱，折兑不稳定，且与内地不通用，所以商帮人士都有积存和使用黄金的习惯，辅以银圆，以便保值。收售黄金成为一种交易形式，并可运回内地采购货物。

贩售黄金是津帮商户的普遍行为。津商店铺在金店、银楼公开贩售黄金，具体为津商创办的四大金店与五大银楼，四大金店——泰昌金店（于岐山1920年创办，于仲麟继业）、聚兴金店（肖少堂1915年创办）、裕兴金店（宋振福、

---

① 尔昌等著：《毛泽民在迪化的点滴事迹》，余骏升主编：《新疆文史资料精选》（第4辑），新疆人民出版社1998年，第109页。

② 李长荣：《奇台的典当业》，奇台县政协文史资料委员会编：《奇台文史》（精编本），新疆新华印刷厂2006年（内部资料），第184页。

③ 毛拉木沙·赛拉米：《伊米德史》（汉文），1960年新疆少数民族社会历史调查组译稿（油印本），第82页。

宋振禄1930年创办）、华祥金店（张同礼创办）；五大银楼——振德银楼［1895年创办，陈振山、陈作霖（其儿）、陈宝恒（其孙）三代经营］、福顺银楼（民国初年闫福成创办）、永和银楼（民国初年杨永凯创办）、聚盛银楼（民国初年李恩经营）、同兴银楼（民国初年孙子坤经营）。[①]此外，津商还进行了大量的秘密交易。奇台一带货栈是货物出入新疆的必经之地，一般货栈商户每年仅零星收购散碎黄金就达千两以上。津帮在迪化、伊犁的富商，每年黄金流量都在万两左右。新疆的权贵官员也把搜刮的黄金，寄存在有交往的津商那里，代为保存或运回津京，一切都是秘密进行。如新疆都督杨增新与津帮商号“同盛和”的少掌柜周恒正关系密切，杨增新把私吞的财物全兑成黄金交给“同盛和”夹运内地，并在天津、北京、大连购置了房产。[②]金树仁上台后，也把搜刮来的金银寄存在“同盛和”，中饱私囊。[③]

最早夹带黄金作为回货[④]的是津帮商号“同盛和”。该商号将黄金装在棉花捆包中，运回天津销售。新疆所产黄金成色不一，有沙金、麸金、原块金等。“同盛和”在收购中还多了一种成品金，如金条、首饰、器皿等。该商号每年把收购的黄金，先运往奇台分号“祥记京货店”轧成棉花捆包，在捆包的标签上不写顺序号，却暗地把夹有原块黄金与成品金的写成“庚”字多少号，如“庚”字135号，意即“内有黄金135两”；其他沙金、麸金则写成“辛”字若干号。这些夹有黄金的“棉包”运到归化（今呼和浩特境内）中转时，由“同盛和”的驻派人员王赞亭[⑤]仔细验收，检查无误后再转运天津交货。“同盛和”商号采用这种方法贩运黄金达30年之久，从未发生差错。

以后津帮各商号都学习、采用这种办法。直到1932年津帮最大的一批黄金被劫，才告停止。1932年9月，曹万子的骆驼队拉着津帮“祥记”“裕昌源”“复

---

① 《天津商帮店铺情况表》（根据历年随机调查整理），天津市西青区政协文史资料研究委员会编:《西青文史》（第9辑），1999年（内部资料），第82—83页。

② 王鸿逵、于焕文、谢玉明:《天津商帮在新疆》，天津市政协文史资料研究委员会、天津西青区政协文史资料研究委员会编:《津西古今采珍》，百花文艺出版社1993年，第72、76页。

③ 王鸿逵、于焕文、谢玉明:《天津商帮在新疆》，天津市政协文史资料研究委员会、天津西青区政协文史资料研究委员会编:《津西古今采珍》，百花文艺出版社1993年，第82页。

④ 商帮人士在新疆购置土特产品运回内地如天津、北京等地销售，称回货。

⑤ 王鸿逵、于焕文、谢玉明:《天津商帮“赶大营”始末》，天津市政协文史资料研究委员会、天津西青区政协文史资料研究委员会编:《津西古今采珍》，百花文艺出版社1993年，第29页。

昌隆”“福泰成”“德聚公”等商号的回津物品途经哈密，这批货物有上千驮，有棉花、肠衣、羊毛等，其中棉花里都夹带了大量黄金。1931年哈密事变发生后，津帮很多回货未能及时运走，直至1932年哈密一带已为省军黎海如部所控，地面恢复了平静后，才开始起运回货，不料这批回货却遇上了尧乐博斯的队伍。哈密事变后，和加尼牙孜联合甘肃的马仲英，引其入玉门关，二者联合与省军作战。马仲英暗地收买了和加尼牙孜的同伙尧乐博斯，并怂恿尧扩充实力，以便取而代之。当时尧乐博斯的队伍没有棉衣，伺机打劫。适逢津商的骆驼队，他见运有棉花，即令卸下20包放行，此后打开一看，里面有黄金，便叫队伍追到星星峡附近，再次劫持大批回货。津商的驼队到了归化城清点，发现损失骆驼300峰。据津帮商号“祥记”经理王芷洲后来说，这次损失黄金2万两。[①] 当时新疆局势已开始动荡混乱，无法挽回，只能作罢。不久迪化城被马仲英队伍所围，南北疆的战乱引起了社会动荡，百姓流离失所。此后，津帮元气大伤，由盛转衰。

贩卖鸦片 19世纪初，资本主义列强向中国大量输入鸦片，地处祖国西部边陲的新疆也未能幸免。新疆最初鸦片的来源有两种，一是道光年间，内地来新疆的流民带入并种植的罂粟；二是英、俄等国商人通过边境向新疆输入的鸦片。英商“东印度公司”每年都有大量鸦片通过西藏、新疆流入内地。

清末新疆地方当局对鸦片采取了较为严厉的禁烟政策，但成效不大，“清宣统之奏折，言新疆阿片（鸦片）久已禁净，呜呼，欺君罔上未有过于此者”。据宣统年间被聘为新疆实业教员讲习所农学教员的贾树模目睹“新疆之官界、军界、警界、商界、工界、农界、男界、女界、娼界、剧界、乞丐界等，不吃阿片者绝少”[②]。

清王朝覆灭后，烟毒仍然泛滥。民国初期杨增新治新时期，采取了“禁种不禁吸”的禁烟政策，虽然取得了一定的成效，但由于对禁运、禁吸和禁贩并未采取有效的对策，所以吸鸦片的人很多。直到1933年盛世才执掌新疆政权后，响应南京国民政府的号召，开展了较大规模的禁烟运动，有禁种、禁吸、禁运、禁售等诸方面的具体举措，才取得了一定成效。

在近代新疆地方政府大力禁烟的高压环境下，大多数商帮人士都不敢接触

---

① 王鸿逵、于焕文、谢玉明：《天津商帮在新疆》，天津市政协文史资料研究委员会、天津西青区政协文史资料研究委员会编：《津西古今采珍》，百花文艺出版社1993年，第81页。

② 贾树模：《新疆杂记（未完）》，《地学杂志》1917年第1期，中国地学会发行，第204页。

此业。唯有少数津商，经营此业。如1887年（清光绪十三年）创办于迪化的津帮“老八大家”之一的“德恒泰”，是最早以“鸦片”作为回货的商铺。[①]该店铺创办人津商李汉臣与其表弟王德云合作，从南疆采购鸦片运往归化，卖给蒙古封建王公；又把甘肃地产的鸦片运到北京的“合义店”代销。清末新疆地方政府的政策是禁种不禁吸，所以长途贩运鸦片者只要支付少许的印花税，即可公开买卖，为了运输安全，该店采取把鸦片打入羊毛捆包中的方法，以避人耳目。

津商贾绍山与其内弟高振升于1894年（清光绪二十年）在伊宁创办“振丰恒京货店”，该店于民国初年通过官商勾结的方式贩卖鸦片。[②]1912年1月新疆伊犁辛亥革命爆发后，北京政府派牛时等8人来伊犁，当伊犁革命军与新疆省军停战后，牛时担任伊犁行政长。当时有维吾尔族巴依从阿富汗边境运鸦片入南疆，再从山中小路转伊犁，由绥定（今霍城县水定镇）军官押运至蒙古绥远销售，可得厚利。巴依托人与牛时联系，请他帮忙。牛时最初不敢答应，后暗中应允与商号洽办，因贾绍山通晓维语，于是跟贾绍山搭上了伙，将鸦片运到绥远销售，得利四成与牛时平分，牛时自然也就暗加保护。贾绍山又将所售鸦片得利挪入营业资本，从京津采办回货。如此数年，独创一派经营门路。牛时坐享其成的数万元，便存于“振丰恒”生息。

另一家贩卖鸦片有名的店铺是津商杨某于光绪末年在迪化创办的“春茂和京货店”（创办人姓杨，人称杨花盆[③]），该店结交了前清翰林潘龄皋，而潘龄皋在民国初年做了一任甘肃省长。当时在新疆南路从阿富汗、印度运进的鸦片质量虽好，但价钱昂贵，因此毗邻新疆的甘肃地产鸦片就有了市场。在甘肃省长潘龄皋的暗中支持下，“春茂和京货店”在甘肃、新疆一带贩售鸦片，猖獗一时。“春茂和”在新疆迪化、甘肃酒泉、归化（今内蒙古呼和浩特境内）等地设立分号，在天津设立货庄，使鸦片流入内地，覆盖新疆、内蒙古、陕甘和内地市场，1920年以后渐衰。当时的“德恒泰”“广兴和”“振丰恒”“义善长”“福泰成”等津帮商号，都从“春茂和”购进鸦片，作为回货运往绥远、北京、天津销售。

---

① 王鸿逵、于焕文、谢玉明:《天津商帮“赶大营”始末》，天津市政协文史资料研究委员会、天津西青区政协文史资料研究委员会编:《津西古今采珍》，百花文艺出版社1993年，第28页。

② 王鸿逵、于焕文、谢玉明:《天津商帮在新疆》，天津市政协文史资料研究委员会、天津西青区政协文史资料研究委员会编:《津西古今采珍》，百花文艺出版社1993年，第70页。

③《天津商帮店铺情况表》(根据历年随机调查整理)，天津市西青区政协文史资料研究委员会编:《西青文史》(第9辑)，1999年（内部资料），第77页。

其次，关于八大商帮的运营资本，在清朝的协饷时代，以晋商资本最雄厚。晋商在新疆虽有悠久历史，能博得厚利，但“不能打破乡土观念，缺乏冒险精神，均抱发财还家主义，自觉可以温饱，即回家纳福，遂将商业收束，此亦日趋衰落之一大原因也”[①]。加之民国年间协饷断绝，新疆纸币不流通于内地，晋商经营的汇兑行业，多数被迫改营百货业（广货为主），但其经营方式远不如津商灵活，故竞争不过擅长经营百货业的津商，京津商人逐渐兴起。

两湖商人虽然政治上有优势，特别是自左宗棠出关至清末，新疆政治上实以两湖人，特别是湖南人最有势力，湖南人“是收取厘金的官员、地方海关监督和收税官。他们占全省候补官员的绝大多数名额，也就是说，他们花钱买了爵位和官职，等待某职位空缺，以期上任敛财”[②]。民国时人吴绍璘说，两湖人“概为经营新省之急先锋”[③]。虽“两湖人之风俗习常，堪称敦厚笃实”，但“生活几近缺乏进取精神，致事业遂落人后”。[④]

到了民国时期，各商帮的资本规模变为“燕商为最，晋商次之，秦陇又次之，蜀豫其末也，鄂则微矣”[⑤]。在燕商中，资本最为雄厚的是津商。“至于晋、湘、四川诸帮则瞠乎其后，有望尘莫及之叹！”[⑥]可见，秦、陇、湘、鄂、蜀、豫诸帮商人的资本微薄，在新疆商业中起不了举足轻重的作用。

实力最强的津商，从天津置货主要依靠驼运，经数千里路程需时4个多月才能运抵乌鲁木齐，一年也只能办货一趟，资金周转虽慢，但有些紧俏商品可获一倍以上的毛利，因而来货的商号资金积累很快。如1906年（清光绪三十二年）以2.5万银圆设立于迪化的津帮“老八大家”之一的“永裕德”商号，1916年结算，本利及存货、房产共值纹银50万两。[⑦]又如北疆重镇奇台，是近代新

① 新疆建设计划委员会编：《新疆建设计划大纲草案·经济·发展商务计划》（1934年），第2页。

② ［澳大利亚］莫理循著：《一个澳大利亚人在中国》，窦坤译，福建教育出版社2007年，第256页。

③ 吴绍璘：《新疆概观》，南京仁声印书局1933年，第182页。

④ 吴绍璘：《新疆概观》，南京仁声印书局1933年，第182页。

⑤ 杨缵绪：《整理新疆实业情形折》，载张灏、张忠修编《中国近代开发西北文论选》（下），兰州大学出版社1987年，第110页。

⑥ 问天：《新疆迪化调查纪略》，王云五、李圣五主编：《新疆与回族》，商务印书馆1933年，第100页。

⑦ 郑体方：《关于“八大家”补遗》，中国人民政治协商会议乌鲁木齐市委员会文史资料研究委员会编：《乌鲁木齐文史资料》（第9辑），七二二零工厂印刷，1985年（内部资料），第146页。

疆的商务枢纽与货物集散码头，此地是津商活动的另一重要场所。据民国初年（1919年）福建人林竞所作《西北丛编》记载，当时奇台津商商号和营业情况为："文义厚""春义和""义顺长（和）"3家（以上为大津商），各家每年贸易额在20万两左右；"文丰泰""同盛和""义合永""德泰裕""瑞生津"4家（小津商），各家每年贸易额在10万两左右。[①]

再者，商帮的经营网络遍布全疆各地。近代八大商帮广布南北疆。以1933年为例，奇台的"津、晋帮最具势力"。伊犁"城内以平津商人居多，……津商多在南大街一带"。承化寺（今阿勒泰市）"中正街与南横街汉商居多，约50余家"。阿克苏的"汉商均在城内"。焉耆的"汉商大小50余家，平津占多数"。莎车的"商务多在新城东关，街市整齐，市肆栉比。甘、陕、川、晋等商贾，不辞险远，货贩其地"。和田"汉商80余家，均在城内"。在喀什噶尔"津平商人在此[②]贸易者颇多"[③]。

不仅如此，具体如津商或晋商，其经济实力较强的商号除了设立总店外，还在新疆其他地县设立连锁店。如1911年天津士绅温世霖遣戍新疆途经古城奇台时，拜访了当地19家商号的头领，其中就不乏津商著名商号的连锁店，据记载与温世霖会面聚餐的津商商号有"文丰泰[④]张润田、同盛和[⑤]李祥圃、怡和永[⑥]韩瑞堂、文义厚[⑦]曹仲三"等[⑧]。"文丰泰"总店在伊犁，"同盛和""怡和永""文义厚"的总店都在迪化。

又如晋商著名中药店"永盛堂"，主要经营生熟中药、各种丸散膏丹、中成药，这些药品全系该店自制，药品中以脾肾两助丸、还少丹等20多种山西药最为珍贵，"永盛堂"除在迪化东大街设总店外，还在新疆的吐鲁番、哈密、阿勒

---

① 林竞著，杨镰、张颐青整理：《亲历西北》（原名《西北丛编》），新疆人民出版社2010年，第234页。

② 指的是喀什噶尔的汉城，即疏勒县。——作者注

③ 此处有关1933年新疆7个地方的汉商情况，分别见吴绍璘《新疆概观》，南京仁声印书局1933年，第134、137、138、141、144、148、149页。

④ 文丰泰是"赶大营"首创者安文忠在伊犁设立。——作者注

⑤ 津商"老八大家"之一，总店在迪化。——作者注

⑥ 怡和永百货商店为民国年间任新疆总商会副会长韩乐常所设，总店在迪化。——作者注

⑦ 文义厚京货店，在迪化有总店，由津商穆仲田创办。——作者注

⑧ （清）温世霖：《昆仑旅行日记》，天津古籍出版社2005年，第143—145页。

泰、伊犁、奇台、焉耆等地设有分店。[①]

商帮商号还与相关的脚夫——运输商、钱庄等诸领域的合作伙伴，也保持友好协作。[②]如津帮“新八大家”之一的“同泰兴”，与天津的银行、钱庄往来频繁，可以得到优厚的“透支”贷款。同时还与一些商号建立了购销关系，赊进的货物可以延长至三节（即五月端午节、八月中秋节、春节）清账。清末俄国驻塔城、伊犁等地领事尼·维·鲍戈亚夫连斯基说：“当前在中国西部地区[③]活动的主要是山西和天津的商行，他们之间毫无疑问是相互协商行事的。”[④]

最后，商帮的经营利润颇丰。新疆建省后，有“关内协饷之解新，市面活泼，莫可言状”[⑤]。当时协饷数目为“290余万两”，后由于清政府“外交失败，赔款数巨，减至260万两”[⑥]。新疆的社会政治状况“以承平稍久，财力有余，踵事增华，惟恐或后。故偶有新奇事物，无论衣食玩好，均所欢迎，虽出重价，亦所不惜”[⑦]。据一般商人言，当时白银充斥，随处皆是，银圆尾数至于钱，均不介意，“竟有顾客不烦店肆找出，亦有店肆不必顾客另补”[⑧]，年终结算，莫不获巨利，利润十分丰厚，故都视新疆为一最易发财之地。

当时新疆的“伊犁有小北京之称，迪化有小南京之目”[⑨]。据时人分析人们的心理，“酷慕繁华，争趋时尚。每遇新奇出品，时髦装饰，均愿起而效尤。不让内地专美于先，小南京之遗风，犹未泯灭”[⑩]。如在迪化，“日用之品，陈肆列市，虽在边僻，但以政客宦归，均集于此，购买力极强，价昂亦不惜”。甚至“举凡新奇华丽炫目动人之物，到此各受欢迎，业此者莫不利市三

---

① 韩士元：《我的行医经历与见闻》，乌鲁木齐市政协学习文史委员会编：《民国旧事札记 感悟乌鲁木齐》，新疆人民出版社 2007 年，第 232 页。

② 许崇灏：《新疆志略》，正中书局 1948 年，第 120 页。

③ 即新疆。——作者注

④ ［俄］尼·维·鲍戈亚夫连斯基著：《长城外的中国西部地区》，新疆大学俄语系俄语教研室译，商务印书馆 1980 年，第 159 页。

⑤ 张大军：《新疆风暴七十年》（第 4 册），台北兰溪出版社 1980 年，第 2279 页。

⑥ 吴绍璘：《新疆概观》，南京仁声印书局 1933 年，第 270 页。

⑦ 吴绍璘：《新疆概观》，南京仁声印书局 1933 年，第 264 页。

⑧ 张大军：《新疆风暴七十年》（第 4 册），台北兰溪出版社 1980 年，第 2279 页。

⑨ 吴绍璘：《新疆概观》，南京仁声印书局 1933 年，第 270 页。

⑩ 吴绍璘：《新疆概观》，南京仁声印书局 1933 年，第 183 页。

倍。……凡平津来品，取价约昂一半至一倍半不等”[①]。如“一只方手表初见于新疆时，以内地三四元的劣质货，在新省竟能售得十余元，且视为珍异，尚难购得”[②]。

以实力最强的津商为例，说明商帮在经营利润方面的情况。津帮的商号规模较大，盈利也很可观，如津帮“新八大家”之一的“同泰兴”，该商号1937年9月30日被盛世才无故查封时的营业情况为：“自民国26年1月1日至8月26日，卖货银9.66亿两，存货估价银5.1亿两（系估计外县存货物2998万两，及迪号存货4.8亿两），共买货价银8792万两，计得利银（毛利）5.68亿两。查该号8个月营业开销1855万两，银行存款得利67万两。”[③]而同泰兴1939年8月复业后，第一天营业额就达一千几百万两[④]，折合关内银圆1万余元[⑤]。

二、经营特点

其一，商帮在经营特点上，最重要的一个共同点，就是运作方式，商帮的商号多为合股经营（小本生意除外）。股份制企业作为企业财产的一种经济形式，可以发挥出其他企业形态所不能发挥的功能。首先，它通过集中个别资本而形成社会资本，在法律上对出资者人数没有限制，有利于动员社会资金，使公司经营规模不断扩大，推动生产力发展。其次，它使资本的所有权与管理权分离，促进管理的专业化，提高了企业的经济效益。最后，由于股票的不可兑性，使股票不管易手何人，股份资金都会永久地存在于企业之中，对公司的连续性和生产的稳定性发挥作用。

据清末俄国驻塔城、伊犁等地领事尼·维·鲍戈亚夫连斯基观察，他认为汉人“喜欢联合行事，特别喜欢各种形式的合股”。因为“他们都很理智，深知联合的力量。……在贸易方面也是如此，……一些单个的企业大都合伙经营”。

---

① 问天：《新疆迪化调查纪略》，王云五、李圣五主编：《新疆与回族》，商务印书馆1933年，第100页。

② 吴绍璘：《新疆概观》，南京仁声印书局1933年，第265页。

③ 档案资料：《同泰兴查封卷》（天字5号），见《新疆商业外贸史料辑要》（第1辑）（内部资料），新疆通志·商业志编纂委员会、新疆通志·外贸志编纂委员会、新疆维吾尔自治区档案馆合编，1990年，第212页。

④ 此自然段中的货币单位两，均为新疆地方货币——省票银。

⑤ 杨梦九：《盛世才查封同泰兴等三家商号经过》，中国人民政治协商会议乌鲁木齐市委员会文史资料研究委员会编：《乌鲁木齐文史资料》（第6辑），新疆青年出版社1983年，第96页。

一个商行的职员、店员，“都是企业的一分子，从企业利润中分到一定的红利。因此，每一个店员同时感到自己是企业的主人，办好企业于他本人有利”[①]。在这种运作制度下，几乎所有的职员都与所在企业的盈利有切身利害关系，事情当然总是会办好的。

以商帮中的津帮为例，据现有资料，津帮“老八大家”中只有“复泉涌”是独资经营，其余均是合股经营。如津商“老八大家”之一的“永裕德”商号，其投资人与经理人是分开的，投资方是郑永乾等人，管理方面聘请杨绍周为经理。杨绍周为人精干，足智多谋，使永裕德的生意很兴旺。又如津商“老八大家”之一的“公聚成”商号，是由天津杨柳青商人郑永乾与一起“赶大营”的十余个亲友集资开设，股东共有十几个人。在王高升纵火案后，玛纳斯巨富史培元也出资做了该商号的股东。

津帮“新八大家”也大都采取合股的经营方式。如津帮“新八大家”之一的“德聚和绸缎庄”，与“德聚堂中药铺”是兄弟店，这两座店铺由天津杨柳青人姚希贤、任之山、赵昆山、杨绍全四人合伙创办，是典型的股份制合作模式，每人投资2000两纹银为一股，共有资金8000两纹银，订有合同。[②]又如成立于民国初年的津帮“新八大家”之一的“同泰兴”，在1936年改组后，股东为孝义堂与春发堂，两家投资并立有合同，津、迪两号。天津商号经理人是韩祥徽，迪化商号经理人仍为韩宗耀。“该号股本大洋2万元，孝义堂股本大洋2500元，春发堂股本大洋1.75万元。财股人[③]股按10成分配，股东六成，津迪经理人二成，公积金2成。”[④]可见，利润虽然丰厚，但不是所有的盈利都按股分红，一般留两成作为公积金。该商号80%的利润是按股分红，还有20%属于公积金项目，用于公共杂支，如礼仪往来的应酬、行业公益摊派等。

其二，八大商帮十分重视商铺字号的起名，商帮的字号一般都由三个字构成，且选取三个美好、吉利的字眼儿。一方面，有美好含义又起得顺口的好名称能够叫得响，给店铺带来滚滚财源；另一方面，字号名称也代表了其经营内容。

---

① ［俄］尼·维·鲍戈亚夫连斯基著:《长城外的中国西部地区》，新疆大学俄语系俄语教研室译，商务印书馆1980年，第160页。

② 刘荫楠:《德聚和绸缎庄》,《乌鲁木齐掌故》(一)，新疆人民出版社2001年，第141页。

③ 财股人指财力入股的人。——作者注

④ 档案资料:《同泰兴查封卷》(天字5号)，见《新疆商业外贸史料辑要》(第1辑)(内部资料)，新疆通志·商业志编纂委员会、新疆通志·外贸志编纂委员会、新疆维吾尔自治区档案馆合编，1990年，第212页。

一般我们从商帮的字号名称上大致可以分辨出其经营内容，如字号名称带“源”“泉”“水”的，一般都是烧坊（即酒坊）、醋酱坊、油坊。如“恒泰源”字号，是近代晋商经营酱醋的店铺；“杏林泉”，是晋商经营烧坊的店铺；“复泉涌”，则是津商著名“老八大家”之一的经营酱园的店铺。

字号名称带“馆”的，大多是饭馆或饭店。如鄂商于20世纪40年代在迪化开设的湖北馄饨馆，就很有名。

字号名称带“堂”的，大多是中药店。比如流传至今的老字号“凝德堂”，就是陕西商人于清末创办的著名中药铺。

字号名称带“楼”的，起码有个二层楼，大多经营金银首饰和酒茶。如“德盛银楼”“德义银楼”，就是豫商经营的首饰加工业店铺。

其余字号名称带“昌”“兴”“公”“成”“义”“利”“和”“泰”“聚”等吉利字眼儿的，大多是经营布匹绸缎、杂货土产的。如“裕昌厚”是津商“新八大家”之一的京货店，“聚兴永”是津商“老八大家”之一的京货店，“同泰兴”是津商“新八大家”之一的百货店，“公聚成”是津商“老八大家”之一的京货店，“天元成”是晋商经营百货业的著名店铺。

其三，商号无论经营的商铺大小，都注意人际关系的培养。他们既和商界同人打交道，还广泛地开拓社会交际圈，如政界、军界等，以求更好生存，发展事业。商号在处理与自己有经济交往商号的人际关系时，对于规模不等的商铺采取不同的对策。如在奇台，由陕西商人创办的“玉合泉烧酒坊”，和它有经济交往的20多家商号，既有富商大户，也有中小商号。与富商交往时，玉合泉很谨慎，往来金额不大，以防被大户所欺。但“玉合泉”乐于跟中小商号交往，如药铺、餐馆、斗行、水磨坊等，目的有三：一可推销自己的酒；二可互通资金；三可团结他们，巩固自己在奇台的经济地位。

20世纪40年代的新疆，动荡不安，“玉合泉”为求得生存，不得不寻找有实力的靠山。逢年过节，该商号都给县政府送礼，给财政局送礼，还给军队送礼。如1944年端午节的前一天，该商号花1400元买了两头猪，送给奇台驻军司令部。[①]又如一个姓何的乡约请客，“玉合泉”商号也送礼。可见，但凡有点社会地位的人，该商号都愿意与之交往。

---

① 魏大林：《玉合泉烧坊的经营方式》，中国人民政治协商会议、新疆维吾尔自治区奇台县委员会文史资料委员会编：《奇台文史》（第6辑），奇台县印刷厂1997年（内部资料），第58页。

在近代新疆的八大商帮中，“其著者为天津商人，其贸易额颇大”[①]。“津商执新疆商业之牛耳”[②]，是不争的事实。津帮在清末至民国时期，无论数量、实力，还是经营的范围与规模，天津商人均占绝对优势，其他商帮均未能形成足以与津帮抗衡的财势和社会影响。津帮能够远迈于其他各帮之上，其中一个原因就是运货成本低，“秦、陇、湘、鄂、豫、蜀商人之贩运，多西出嘉峪关，经哈密而趋古城子。燕、晋各商则由绥远、包头，经蒙古草地而至古城子。前者运货赖车马，时受盗匪之扰，兼有苛税之阻；后者则长途平坦，运货以驼，脚价尤轻，且可绕免税厘，是以营业为各帮之冠。平津各商资本雄厚，商人之知识较高，实执新省商业之牛耳”[③]。另外一个更重要的原因就是津帮积极的精神气质与独特的经营特点。

津帮能够脱颖而出，离不开其积极向上的精神气质。30年代一位来过迪化笔名问天的人认为，商人中“以津平帮为最有精神，最有希望”[④]。民国时人吴绍璘也特别指出，“天津之杨柳青人，善经营，有精神，殊非萎颓之湘人[⑤]所能及”[⑥]。

同时，津帮善于经营，也受到多位时人的一致认同。问天说，“津商机警有手腕，……善经营”[⑦]。吴绍璘也认为，“商界中以津平帮最有魄力。……其手段与经营亦最有方法。……（他们）做事勤敏，脑筋清楚。……人则富于朝气，勤勤恳恳，努力不懈。资本殷实，尤长于与各方交际。……凡天山南北各城，莫不有其商号”[⑧]。茅盾先生在《新疆风土杂记》中写道：“新疆汉族商人，以天津帮为巨擘。数百万资本（抗战前货币之购买力水准）者，比比皆是。除迪化

---

① 《新疆省旅行谈》,《东方杂志》第5卷第12期（光绪三十四年十二月二十五日发行，即1909年1月16日），上海商务印书馆发行，第44页。

② 问天:《新疆迪化调查纪略》，王云五、李圣五主编:《新疆与回族》，商务印书馆1933年，第100页。

③ 李亦人:《新疆金融市场之一般》,《钱业月报》1934年第14卷第9期，第1页。

④ 问天:《新疆迪化调查纪略》，王云五、李圣五主编:《新疆与回族》，商务印书馆1933年，第104页。

⑤ 1876年左宗棠出关西征时，很多三湘七泽间子弟跟随。战事平定后，湖南人遂多留居于此。——作者注

⑥ 吴绍璘:《新疆概观》，南京仁声印书局1933年，第129页。

⑦ 问天:《新疆迪化调查纪略》，王云五、李圣五主编:《新疆与回族》，商务印书馆1933年，第100、104页。

⑧ 吴绍璘:《新疆概观》，南京仁声印书局1933年，第263、181页。

有总店、天津有分庄而外，南北疆之大城市又有分号。新疆之土产经由彼等之手而运销于内地，复经由彼等之手，内地工业品乃流入于新疆。据言此辈天津帮商人，多杨柳青人。”[①]张大军在《新疆风暴七十年》一书中总结道：“商界中以天津帮为最有魄力，根基既固，其手段与经营亦最有办法，人富朝气，资本殷实。多经营百货绸缎，省内各大道均有分号，并兼营运销内地，故获利甚厚。”[②]

那么津帮到底是如何进行经营的?

第一，津帮店铺十分注意门脸与店堂的布置点缀。“八大商帮”中的晋商来新疆较早且资本雄厚，但他们墨守成规，不善随机应变。虽“内部充实”，但“不重门面，外表不如平津帮商号之华丽”[③]。其实，商号门脸与内部店堂布置很重要，它既能招徕顾客，又能为顾客营造舒适的购物环境。

津帮对于店铺门脸点缀很讲究。首先，津帮店铺喜用旗幌，这可以算作一种形象、朴素而又应用广泛的实物广告形式。即通过幌子就能了解商号经营的商品类别。津帮店铺幌子的形状、色彩、质地多种多样，有强烈的广告色彩和行业特点。如津商赵荫堂（人称赵大袜子）的“赵记袜子铺”，店前就吊着一只长约70厘米、宽约30厘米用布做的黑色老式棉袜子作幌子。[④]又如津帮“新八大家”之一的“永盛西点心铺”，一到中秋节，就在一块大木板上贴一幅水彩画，画面为一位年轻漂亮的女子用手托着一盘月饼。到了正月十五元宵节时，又换了一幅全家老少围桌吃元宵的水彩画。这种图画广告非常形象生动。其次，津帮对店铺的牌匾也非常重视，讲究请著名书法家、作家、政界人士等书写匾牌。如津帮“老八大家”的匾牌，个个都装饰得非常漂亮，匾上的书法字体遒劲有力，气势雄伟。还有些津商店铺门外的明柱上悬挂着“抱柱联”。这些都在浓厚的商业氛围中平添了许多文化气息。

津帮店铺内部的店堂布置，十分舒适宜人。除有栏门柜、账桌、货架等陈设外，还摆放茶几和座位，或设春凳，以备顾客暂时休息。如津商在迪化创办

---

① 茅盾:《新疆风土杂记》，见陆维天编《茅盾在新疆》，新疆人民出版社 1986 年，第 152—153 页。

② 张大军:《新疆风暴七十年》(第 4 册)，台北兰溪出版社 1980 年，第 2280 页。

③ 张大军:《新疆风暴七十年》(第 4 册)，台北兰溪出版社 1980 年，第 2280 页。

④ 刘荫楠:《赵荫堂的袜子铺》,《乌鲁木齐掌故》(一)，新疆人民出版社 2001 年，第 200 页。

的著名四大首饰加工买卖商店——“泰昌金店”“聚兴金店”“裕兴金店”“振德银楼”，主要从事金银首饰加工销售，买卖金、银、银圆，加工金条和熔铸金银元宝，还能制作各种奖章、徽章、广告牌等。“振德银楼”制作广告牌的技术精湛，1936年10月，迪化市政府决定在市内各街巷口设立广告牌，就委托北大街振德楼承做。[①]这四大著名的首饰加工买卖商店内都有宽敞的店堂，店内陈设古色古香，并悬挂名人字画、书法条幅，黑色的柜台上摆放着老式天平。店堂里摆着茶桌和几把木制古式太师椅，专供顾客休息，顾客进店可边品茶、边看样品、边谈生意。[②]

第二，津商十分重视店员的形象与素质。这一点与晋商截然不同。晋商由于深受孔孟文化的熏陶，经营方式过于死板，迎客往往板着脸孔。津商崇尚和气生财，待客十分礼貌。据英国驻喀什领事马继业的夫人——凯瑟琳·马嘎特尼记载，“喀什噶尔的汉族商人来自天津，……他们不管和谁做买卖，都会全力以赴地讨价还价，一会儿他们待你如至亲好友，而另一会儿又会使出浑身解数引你上钩，又总是满脸笑容，让你感到十分友好”[③]。

津商要求自己的店员仪表端庄大方，衣着整齐干净。具体如不得蓬头垢面、酒气熏人、袒胸露背、嬉笑失态等。光绪年间，津商店铺要求店员必须穿长衫，洁白内衣反折袖口，不论少长皆蓄长辫。进入民国，长者剪掉半截辫子，前额剃光，后面保留长发至领，称为“马盖头”；青少年店员则盛行“推平头”。

在激烈的商业竞争中，津商认为，必须提高从业人员自身的专业知识与素质。首先，店员捆扎包装货物得十分讲究技巧，处处从方便顾客角度着想。其次，钱款坚持唱收唱付，一手钱一手货，防止意外差错。再者，一些较大的津帮店铺明确规定：店员进店学徒三年，必学课为珠算和相关商品知识。珠算包括加减乘除法。在此基础上，再学习计算简便快速的《斤秤流法》。乘除法中就有有趣的“狮子滚绣球”“金香炉”“凤凰双层翅”等算例，中国古老的珠算文

---

① 《新疆日报》1936年10月16日第2版，《市政府制本市广告牌，车牌亦决定制一千个》。

② 刘荫楠：《四大银楼》，《乌鲁木齐掌故》（一），新疆人民出版社2001年，第117页。

③ ［英］凯瑟琳·马嘎特尼著：《外交官夫人的回忆》，王卫平译，新疆人民出版社1997年，第64页。

化在这里体现无遗。津帮“新八大家”之一“永盛西”商号的头柜先生[①]李子阳就是有名的“铁算盘”，数百笔流水账只打一遍，又快又准[②]。当时，其他商号的掌柜、店员，经常来该店观摩学习，李子阳还亲自带了不少徒弟。有些店铺的头柜先生还懂维吾尔语和俄语，其较高的个人素质也促进了商号生意的兴隆。如“德聚公”百货店专门抽出店员学习维吾尔语和俄语[③]，这样做既方便了民族顾客，又增加了销售额。最后，一些店铺还要求店员练习书法。如“同泰兴”商号，就要求店员业余时间不但要练习珠算，还要练习书法。[④]

第三，从商品结构看，他们经营的商品品种繁多，种类齐全，基本满足了社会各阶层、各民族的需要，小到土特产，大到土地、坎儿井。从经营范围看，津帮从事的有百货业、食品业、蔬菜业、中药业等，都是与百姓的生活息息相关的行业。其中，尤以百货业为主。“上至绸缎下至葱蒜”，这句话是对百货业的形象描述。如津商姚同善经营的“同义昌杂货店”是迪化最大的杂货店，不但经营京广杂货、海味、调料，还广泛经销新疆本地产品，如大布、地产丝绸、库车桑皮纸、拜城冻油鸡、焉耆的蘑菇和大头鱼、五道黑鱼、塔城的毡筒等。此外还有石油、蜡烛、器皿等，该店是名副其实的百货杂店，无货不包，生意红火，长盛不衰。[⑤]位于迪化东大街42号的“德昌源呢绒绸缎百货庄”（前身是德恒泰）作为津帮“老八大家”之一，经营商品的广泛性也是名不虚传，包括花素绸缎、呢绒布匹、鞋袜服装、花瓣栏杆、中西各药、化妆用品、文具玩具、怀表手表、五金油漆、洋盐红土、镶牙材料等。[⑥]

津帮“新老八大家”中，除了复泉涌是酱园兼营糕点、海味食品外，其余各家都是经营百货。大到贵重的珠宝首饰、呢绒绸缎，小至针线、香烛、膏丹丸散，无所不包，应有尽有。既营批发，又兼零售。“铺面白天是全部敞开的，迎面货架上放着包装得很好的一匹匹的丝绸。外国的棉纺织品堆在地上用张纸

① 头柜，即店员的领班，由业务熟练、有一定经验、工作时间长、掌柜信任的人担任。——作者注

② 刘荫楠：《商界老字号的珠算技术》，《乌鲁木齐掌故》（一），新疆人民出版社2001年，第210页。

③ 刘荫楠：《德聚公商号》，《乌鲁木齐掌故》（一），新疆人民出版社2001年，第132页。

④ 杨梦九：《同泰兴商号的经营管理》，中国人民政治协商会议乌鲁木齐市天山区委员会编：《天山区文史资料》（第2辑），1995年（内部资料），第24页。

⑤ 《新疆通志》编撰委员会：《新疆通志·商业志》，新疆人民出版社1998年，第78页。

⑥ 《新疆日报》1945年3月28日第1版，《德昌源百货店特备》。

盖着。在一边的货架上放着许多瓷器：碗、茶壶、花瓶等。对面的玻璃柜里摆满了妇女的装饰品：花、梳子、项链，以及各种化妆品；还有烟斗、烟嘴、鸦片烟具、男人的礼帽和便帽等。在紧靠入口处，几乎就在街上摆着食品，这都是些中国人很喜欢的精美食物。贵贱不一的各式各样的美味食品，使来往行人见了嘴馋。”①

在所从事的百货业中，津商不但经营国货，还销行洋货，如俄国和日本的商品，并注重经营时兴商品。俄国商品有棉织品、砂糖、金属制品等。日本商品“如磷寸（火柴）、烟草（香烟）之类”②为最多，其次是药品，有人丹、清快丸等。如1912年的吐鲁番，汉族商铺“哪个店里都有日本的仁丹”③。

此外，津商还根据购物对象的不同，来采购商品。新疆建省初期，售货对象主要是满、汉族，满、汉族中主要顾客又是官吏、地主。于是他们运来官场所需的公文、纸张、笔墨、朝服、靴鞋及宴客所需的各种海味。后来，不断总结销售经验，他们从内地进货时，不仅有津广百货、时兴商品，还注意运销少数民族需要的各种商品，如茯茶、米心茶、黑砖茶、红茶等。置办少数民族喜爱的各色绫罗绸缎，还订购民族形式的各种瓷器，如盛抓饭的大型花瓷盘，烧茶用的大小铜壶等，甚至连蒙古人用作礼品的“哈达”，哈萨克族牧民所喜爱的铜纽扣都注意进货，因此，颇受兄弟民族的欢迎和称赞。

第四，从商品流通渠道看，津帮一些大商号以“迪化为中心，天津为总汇”，分号不仅遍及天山南北，如伊犁、塔城、焉耆、阿克苏、库车、喀什、莎车、和田等地都有其分号；而且上海、北京和全国各大商埠都设有他们的代办机构。所以，他们既可从内地进货，又可将新疆地产的羊毛、驼毛、皮张、革皮、肠衣、棉花、中药材及其他土特产品运至口内天津等地销售，又换回来货，极大地沟通了新疆与内地的物资交流，活跃了当地的市场经济。如新疆津帮“老八大家”之一的“同盛和”，在北疆的奇台、伊犁、吐鲁番设有分号，并在吐鲁番有一道坎儿井、几百亩土地和一个葡萄园，在南疆各地建有推销站。“同

① ［俄］尼·维·鲍戈亚夫连斯基著：《长城外的中国西部地区》，新疆大学俄语系俄语教研室译，商务印书馆1980年，第170页。

② 《新疆省旅行谈》，《东方杂志》第5卷第12期（光绪三十四年十二月二十五日发行，即1909年1月16日），上海商务印书馆发行，第44页。

③ ［日］吉川小一郎：《敦煌见闻》，大谷光瑞等著：《丝路探险记》，章莹译，新疆人民出版社1998年，第301页。

盛和”还在天津、北京、上海等地设有分店[①]，对新疆的经济发展，发挥了积极的历史作用。又如新疆津帮“新八大家”之一的“同泰兴”，在天津设有天迪商行。1937年5月14日至9月30日，同泰兴“共购买驼毛7304斤（毛重）计50包，又购买羊毛3.1万斤（毛重）计210包，业经驼户起运天津”[②]。

5.较其他各商帮来看，津帮在资金周转方面非常便利。这与他们受时代的局限性，所具有的封建色彩密不可分。据《新疆图志》载：“其俗（即津商）急功利、喜夸诈，所至结纳长吏，游媚贵人，以矜光宠。”[③]民国时人吴绍璘也指出，津商“尤喜与机关官厅结交”[④]。

在封建时代，商人横遭鄙视与凌辱，地位卑贱，在封建势力和传统陋习的沉重压抑下抬不起头，不能与官吏平起平坐，结交不易。但清朝晚期在财源日渐枯竭的情况下，有捐功名之例，即科举之外，可以出钱买官做，抑或买五品以下的功牌，取得空头衔。这就给商人提高自己的社会地位提供了一个良好的契机。于是，一些殷实的津商为提高自己的社会地位，能够与达官显贵交际酬酢，便想方设法托人花钱在京买功牌，然后按功牌品级在红缨帽上加个顶子。他们穿上马蹄袖的袍褂，戴上七品的金顶或五品的水晶顶，出入衙署与官场中。逢年过节，不但大设酒宴，还赠送礼物给重要官吏，甚至把一些官家仕子请到商号来，可以说是极力应酬。这样一方面以示显赫，另一方面可以得到地方官员的特殊照顾。因此，在商场上就得到了当时官场的特别照顾。同时，他们代办省外在任官员在省城向省库解交或领取公款的业务，并吸收交卸后的官僚私款，存入商号中扩大他们的运营资金。

近代新疆金融机构薄弱，没有本国银行，汇兑业务主要通过“类似于银行”的官钱局和晋商的“蔚丰厚”等票号。汇往内地的货款一般长达一年，时间缓慢，极大地影响了资金周转速度，损失很大。票号虽有汇兑之名，但经营内地汇款仍要借助于华俄道胜银行。而华俄道胜银行则乘机一面提高汇率，一面利用汇兑必须将新疆纸币兑换成卢布的规定，肆意地提高卢布价格，残酷剥削新

---

① 刘荫楠：《同盛和商号》，《乌鲁木齐掌故》（一），新疆人民出版社2001年，第122页。

② 档案资料：《同泰兴查封卷》（天字5号），见《新疆商业外贸史料辑要》（第1辑）（内部资料），新疆通志·商业志编纂委员会、新疆通志·外贸志编纂委员会、新疆维吾尔自治区档案馆合编，1990年，第211页。

③ （清）袁大化修，王树楠等纂：《新疆图志》（第29卷·实业二），东方学会据志局书重校正增补，1923年，第16页。

④ 吴绍璘：《新疆概观》，南京仁声印书局1933年，第181页。

疆商民。所以，资金周转不灵，严重阻碍新疆的商业发展。但津商基于和官吏的这种密切关系，获得了代办协饷、主持迪化官钱局、承包进疆货税征收等业务，相对而言津商在资金周转方面就有了“近水楼台先得月”的优势。

代办协饷 协饷是清政府指派关内省份每年援助新疆的银两，有国家库银的性质。1884年（清光绪十年）新疆建省后，实行郡县制，迪化成为新疆省会，但新疆的一切行政官署很不健全，清政府决定每年拨给新疆库银48万两[①]，作为省、道、府、县的经费开支。这笔巨大的协饷银，再加上“镖箱”总共重达4万市斤，领取一次需用镖车40辆、马80匹；帐篷、行李、粮秣大车20辆，马40匹；还需护送马步军卒500人及押运官、随员等数十人，往返时间需一年，全部护送费用需万两白银。为此，新疆巡抚魏光焘[②]提议，请准户部将这笔款项交津帮的殷实富户到北京户部国库代为领取，并利用该款项就地采购货物，运往新疆，限期归交新疆省库。又因户部国库的饷银需由其他各省抽调，且各省也有不济之时，津商可凭户部执照，分别向有关省份直接催讨领取。

但津帮代办协饷业务者，要实行“联保”。所谓联保就是利用协饷的商户必须先交给省库一大笔保证金，并具有殷实商户的“托保”，经过验证才能拨发。即由领用此款的几家商号先行联保，然后再由商总具保，经省派出库员一人到京领款、监督办货，直到货齐之后，由库员随货返回新疆，俟货物销售完毕，将全部饷银交归省库。

虽然“联保”具有一定的风险性，但津帮代办协饷者，在解决清政府运输困难的同时，也能用国库资金进行自我经营，这无疑为津帮的快速发展提供了资金。1892年（清光绪十八年）迪化的津帮商号“同盛和”“复泉涌”“永裕德”“德恒泰”“公聚成”“忠利祥”“升聚永”“聚兴永”这8家，正式办妥了代办协饷手续[③]，到京城领到库银，利用“协饷”增强了采购能力，迅速发展为津帮八大家，成为津帮全盛的标志。饶应祺[④]在担任新疆巡抚期间的1896年（清

---

① 王鸿逵、于焕文、谢玉明：《天津商帮“赶大营”始末》，天津市政协文史资料研究委员会、天津西青区政协文史资料研究委员会编：《津西古今采珍》，百花文艺出版社1993年，第31页。

② 魏光焘于1889年至1891年担任新疆巡抚。——作者注

③ 王鸿逵、于焕文、谢玉明：《天津商帮“赶大营”始末》，天津市政协文史资料研究委员会、天津西青区政协文史资料研究委员会编：《津西古今采珍》，百花文艺出版社1993年，第32页。

④ 饶应祺于1895年至1902年担任新疆巡抚。——作者注

光绪二十二年）修改了代办协饷的部分规则，要求每户认领的若干万两，先向省库预交半数，俟货物运抵现金，限期一个月办理结算归库，一时不能交库的欠款额，要收取滞纳期间的利息。

上述津帮八大家中，代办协饷得利最多的是“同盛和”。“同盛和”的创办人周恒正跟随省库人员办理协饷，并将自存数百两黄金带去，一并置办货物，回疆之后率先归还库银，取得官府信任。凡有饷银，他可以优先使用，有些官员的私囊，竟都寄存在“同盛和”，或托购黄金或汇往内地。到光绪末年，“同盛和”的财力猛增，与首屈一指的伊犁的“文丰泰”齐名，成为迪化首富。

1884年（清光绪十年）新疆建省后，新疆巡抚成为全疆最高军政长官，但伊犁将军被保留，管辖伊犁、塔城两地，伊、塔两地长期半独立于新疆巡抚管辖之外。新疆“岁受各省关协饷292万两（伊犁34万两，塔城16万两），嗣经新巡抚潘效苏[①]奏减一成，犹有260万余”[②]。对于每年各省调拨给伊犁地区的34万两协饷银，1891年（清光绪十七年）长庚为伊犁将军时，将这批协饷银交给“赶大营”首倡者——津商安文忠在伊犁创办的“文丰泰”京货店[③]独家代办，并授予他伊犁银钱局总办的头衔，以便到各省催办协饷、就地购货[④]。安文忠遂很快成为津帮首富。1901年（清光绪二十七年）长庚调回北京任兵部尚书，马亮接任伊犁将军一职，鉴于安文忠代办协饷得力，遂正式任命安文忠为伊犁官钱局总办，并兼办官茶局税事。[⑤]1905年（清光绪三十一年）长庚复为伊犁将军，对安文忠更加器重，保荐他为花翎甘肃同知、候选知府，安文忠自知胸无点墨，只领了虚衔。但从此津帮已在政界出了显赫人物，更添气势。1909年（清宣统元年）长庚离任后，安文忠认为已家资百万，名利双收，辞去伊犁官钱局总办一职，将伊犁商号交给三弟安文玺维持，自己先行回乡，不思复出。

---

① 潘效苏于1902年至1905年担任新疆巡抚。——作者注

② 谢彬著，杨镰、张颐青整理:《新疆游记》，新疆人民出版社1990年，第56页。

③ 文丰泰商号是安文忠于1884年在伊犁地区的绥定县（今霍城县水定镇）设立，不久又进入惠远（今霍城县惠远镇）、宁远（今伊宁市），并在宁远城设立总店。——作者注

④ 王鸿逵、于焕文、谢玉明:《天津商帮“赶大营”始末》，政协新疆维吾尔自治区文史资料和学习委员会编:《新编新疆文史资料》（第2集），内刊（2005年），第261页。

⑤ 王鸿逵、于焕文、谢玉明:《天津商帮“赶大营”始末》，天津市政协文史资料研究委员会、天津西青区政协文史资料研究委员会编:《津西古今采珍》，百花文艺出版社1993年，第34页。

图 3-1 “赶大营”首倡者——津商安文忠[①]

图 3-2 伊宁市文丰泰老店今貌[②]

① 照片源自新浪天津《一宫片区历史风貌建筑——安文忠旧居》，网址 http：//tj.sina.com.cn/travel/message/2012-10-30/09475271.html。

② 照片源自天津市西青区政协文化文史委员会编《西青文史》（第 11 册·赶大营专辑），2010 年（内部资料），第 9 页。安文忠于 1896 年在伊宁设立“文丰泰”分号（今伊宁市人民广场南侧），该商号历经 100 多年的风雨仍保存完好，这里现在是一所幼儿园。

图 3-3　津商文丰泰老店旧址一角[①]

图 3-4　文丰泰印章[②]

津商主持迪化官钱局业务　1908年（清光绪三十四年），新疆布政使王树楠发行纸币，并整顿迪化官钱局。在阿克苏、喀什、伊犁三道各设大局一处；各府、州、厅、县除蒲犁（塔什库尔干）、若羌、新平（尉犁）、霍尔果斯外，都设分局，办理放款和汇兑业务。津帮"老八大家"中的"公聚成"经理王锦堂和"永裕德"经理杨绍周曾先后被官府任命主持迪化官钱局业务，津帮各商号

① 照片源自天津市西青区政协文化文史委员会编《西青文史》（第 11 册 · 赶大营专辑），2010 年（内部资料），第 9 页。

② 图片来源网易新闻《访文丰泰百年老店　觅安文忠曾用印章》，网址 http：//news.163.com/14/1107/08/AAEDBM8100014AED.html。

资金周转因此得到便利，业务大振。

承包进疆货税征收 民国初年（1912年）新疆都督杨增新改革征税办法前，津帮每年进疆货物约在万驮以上，进货总值达500万～600万元，仅此一项即应收税款30万元，其他各省商帮的进疆货物总值约700万元。但每年实收所有的进疆货物税款仅20多万元，如1914年进疆货物税只收了24.5672万元，可见偷漏税现象十分严重。为堵塞偷漏税渠道，杨增新召集新疆总商会成员在津帮创办的“水龙局”开会讨论由商家包办货税的议案，确定每年承包货税额度为30万元，春秋二季预先缴库，如有超收，由承包商分享，并订立了收税章程。当时有十多户津商做出承诺，规定了分摊预交税款的数额及年终结算办法，各家平均出资1.5万元，由津帮商号“同盛和”“复泉涌”“广兴和”“德聚公”“振丰恒”“义善长”“中和成”“聚兴德”“明德号”“利顺成”“文丰泰”共11家联合组成“进疆货税稽征所”[①]，因奇台是进疆货物的主要集散地，遂把稽征所设于此处，委派津帮商号“德泰成”北栈的张玉生、乔如山兼任稽征员。另在天山南路的喀什、和田，天山北路的塔城、霍城、哈密、迪化等设立了代办处。公推陇商钱仁斋（庆春和经理，与津商合作经营）为主管，负责汇集税款与结算，并应酬省政府官员事宜。

另外在金融领域，津帮“老八大家”还有一项发行商号本票的特殊权力。1901年（清光绪二十七年）津帮中的“永裕德”“同盛和”两家商号，经官方允许，发行商号本票。这种本票有两种：一种叫庄票，专作汇兑业务之用；一种叫钱票，用木板印制而成，面额红钱400文，可在市面流通，也可到商号兑现。如果在本店买东西，还可以享受八折优待。存有100两现钱，可发行1000两至2000两油布本票，等于扩大一二十倍资本，得利极丰厚。不久，“公聚成”“德恒泰”“忠利祥”“聚兴永”“复泉涌”“升聚永”6家津帮商号，也获得了这种发行本票的特权。据1910年（清宣统二年）5月来新疆考察的英国《泰晤士报》记者莫理循记载，当年迪化的金融市场上有新疆布政使司发行的特定价值一两银子的银票，固定兑换率为红钱400文，此地“八大天津商号也发行了同样的银票，得到八个公司的联合担保，并被认为有承兑能力。另外，许多商店也发行了自己的一两银票，但其承兑能力受到怀疑”[②]。

---

① 王鸿魁、于焕文、谢玉明：《天津商帮在新疆》，天津市政协文史资料研究委员会、天津西青区政协文史资料研究委员会编：《津西古今采珍》，百花文艺出版社1993年，第35页。

② ［澳大利亚］莫理循著：《一个澳大利亚人在中国》，窦坤译，福建教育出版社2007年，第231页。

图 3–5　津帮“老八大家”之一“公聚成”发行的本票[①]

津帮“老八大家”发行本票的特权直到1910年（清宣统二年）底才被禁止。从短期看，这种方式对商号的经营确有好处，既可融资，又可以增强顾客对其商品的购买欲；但从长期看，这种方式不利于津帮“老八大家”的发展壮大。其一，这种商号本票可以当作货币在市面流通，对本来就十分紊乱的近代新疆币制来说，无异于雪上加霜。其二，它破坏了公平竞争的原则。所以，封建特权的取消，也是市场发展的必然趋势。

津帮商人的勤奋努力，再加上与官府的密切联系，所以短短十余年间，津帮迅速崛起，成为新疆商业的佼佼者。

三、经营中遇到的困难

近代新疆商帮在经营活动中并不是一帆风顺的，也会遇到劫匪横行、官府强制摊派、税负沉重、币制紊乱、钞票财政等方面的困扰。

（一）中外劫匪横行

杨增新时期，特别是1917年俄国十月革命后，大批白俄官兵窜扰新疆。商

① 照片由“公聚成”商号经理王锦堂的第四代后人王自中提供。

帮在商业活动中，不可避免地会遇到白俄劫匪。如1921年6月12日，奇台的商号“天元成”（晋商）等19家商号运送大宗杂货[①]去阿勒泰销售，载货骆驼达300匹。当晚行至一个叫小海沿的地方，货物全部被多名持枪的俄国白匪抢劫一空，货物损失估计市银为4130余两。[②]

除了外国劫匪，本国劫匪在30—40年代也四处横行。如30年代初期，马仲英扰新，新疆的治安环境恶劣，所以商人们在运货过程中经常会遇到本国歹徒的抢劫。1932年11月，奇台的“魁兴合”等20家汉族商号，由归化城（今内蒙古自治区呼和浩特市内）雇三义店等7家驼户载运货物981担和财政厅官纸375担，行至哈密一个叫二家梧桐的地方，突然来了一帮身着武装的歹徒，扬言自己已被公家收抚，有巡查劫匪及护送行旅之责，要送这些驼户取道土葫芦赴奇台。迨至土葫芦，这帮歹徒将货物全部抢劫而去。幸亏哈密的黎如海司令得知此事后，马上派马占鳌、吴永年两名委员进行调解，嘱咐驼户们先到奇台去，所有损失等以后返回哈密再作计议。[③]

（二）官方的强制摊派

这里官方的强制摊派包括强捐、差役、挪垫三项。

强捐 捐款本是商帮人士自愿接受的一种义务行为，旨在为社会、民众谋福祉，是公认的一种善举。然而官方却将此作为一种搜刮民脂民膏的手段，竟无时无事不以强加，以致愈演愈烈。1933年5月20日，盛世才的老太翁夫人路过奇台，奇台县长发起各界招待，但政府拿不出钱，就转嫁给当地占主体的商帮人士，决定：一等商号每家捐1.4万两，二等8000两，三等5000两。[④]1934年9月2日，新疆蒙部亲王察克得尔车楞鄂罗勒未扎布、汗王满楚克扎布、哈萨克郡王艾林、贝子寒大庇雅，辅国公沙塔尔汗，回部亲王买甫思、拉承恩密函中央：“……新省地方粮税增加之款，现已超过金前主席任内十倍以上，至数月

---

① 这里的杂货有洋布、毛毡、绳子、药材、大米、白酒、米茶、清油、洋火柴、布袜子、大小秤、洋蜡烛。——作者注

② 周海山:《古城商业史话》，奇台县政协文史资料委员会编:《奇台文史》（精编本），新疆新华印刷厂2006年（内部资料），第322页。

③ 周海山:《古城商业史话》，奇台县政协文史资料委员会编:《奇台文史》（精编本），新疆新华印刷厂2006年（内部资料），第322—323页。

④ 周海山:《古城商业史话》，奇台县政协文史资料委员会编:《奇台文史》（精编本），新疆新华印刷厂2006年（内部资料），第323页。另外此处货币单位，为新疆省银票。——作者注

前迪化商会曾（被）索，一度捐款四千七百万两。”[①]迪化总商会以商帮人士为主，可见商帮人士成为被强捐对象。

1937年10月5日，奇台县长李观柱致函奇台商会：“本县建筑第一公园所欠经费银分配如下：商会25万两。”商会会长通知本县各商号募捐[②]，奇台商会也以商帮人士为主体，故商号只能认捐了县政府分配的绝大部分公园修建款。

1945年初，为实施强制捐款，新疆省政府还打着公益的名义，为各等级的商号制定了分级捐款表。

表3–2　增加公益捐收的商号等级数目表[③]

商号等级	捐款数额（元）
甲	60000
乙	40000
丙	28500
丁	16500

差役　1920年冬，科布多发生匪患，中蒙军队云集，新疆一些地方政府为筹办军需、运送粮草等物，随意将商帮运货的骆驼拦截以供公家使用。商民运货靠信用，如此差役，就等于将本钱抛弃于中途，使得商民遭受巨大损失，进而酿成倒闭。如1921年5月，奇台的“永顺合”等36家商号由内地运货至巴里坤三塘湖，驮夫因惧怕供差，不敢前进，将2000余担货物全部卸至此处。

后来，当时新疆省政府要求各地方官，运货驼只车辆不得中途扣留，有骆驼的人家按户抽拔轮流供差，剩下的才能被商民雇佣。但实际推行效果并不理想，随意抽拔供差现象，仍很严重。如1932年9月5日，奇台的“元生和”等两家商号雇用“三义店”的驼户去三道沟接货，到哈密后却因差役所阻不能来奇台，而此前“三义店”已被支差了三次。[④]

① 蔡锦松：《新疆近代史事记》，载新疆维吾尔自治区《新疆烈士传》编纂委员会、新疆维吾尔自治区《新疆烈士传》编辑部编《新疆烈士传通讯》1992年第2期，第48页。

② 周海山：《古城商业史话》，奇台县政协文史资料委员会编：《奇台文史》（精编本），新疆新华印刷厂2006年（内部资料），第323页。

③ 《新疆日报》，1945年2月1日，第4版，《省会各镇联合办事处通告》。

④ 周海山：《古城商业史话》，奇台县政协文史资料委员会编：《奇台文史》（精编本），新疆新华印刷厂2006年（内部资料），第323页。

除了征用骆驼支差，30年代还出现了军队随意抓人当兵的现象。1933年6月，驻扎在奇台县西安会馆的新疆军队，从商号“太和盛”抓了伙计赵栓娃等9人，又从商号“德和兴”抓了伙计刘相1人，共计10人当兵。

挪垫 民国年间，中央在新疆的驻军（阿尔泰区域驻军，1919年6月1日前直属北京政府国务院管辖）或新疆地方当局以各种名义命令商帮人士垫款，暂解燃眉之急，但经常挪垫不还，不了了之，致使遭受损失的商帮人士不计其数。

1919年中央驻阿尔泰区域长官——新任阿尔泰办事长官张庆桐，不但克扣该地官兵军饷，还向阿山商会借款2.96万元（大洋）发饷，阿山商会以商帮人士为主，张长官“面谕商会，每借1元，只能以俄卢布4元折还。而俄卢布1元只抵现金数分，商民受亏太巨，不肯接受”。1919年6月1日阿尔泰改为阿山道并入新疆后，新疆都督杨增新向中央请求把张长官未领的兵饷“全数截留”，归还阿山商会借垫之款。①

1933年3月马仲英二次扰新期间，金树仁召集以商帮人士为主体的迪化总商会开会，声称为了平定战乱，省库开支过大，特向各商号每户借金5两，以资维持，俟战乱平息，立即归还。当时津商暨迪化总商会会长董光錞、陇商暨迪化总商会副会长贺德元勉强应付，每日奔走各商帮商户收敛。由于时局动荡、生意不佳，商帮人士忍怨舍财，待商会会长将商户们好不容易凑的30多两黄金送到省府三堂之内，金树仁还没来得及查收，便枪声四起，归化的白俄军打死一些官军卫队，冲进省府，劫走了黄金和印信，金树仁仓皇出逃，商户们被劫去的黄金遂成了牺牲品。②

1933年盛马大战发生后，省军与马仲英在奇台发生了激烈战事，该地交通阻断、商业凋敝，当局还以各种名义命令商帮人士垫款，且为数不少。据1933年7月奇台商会的统计，以商帮为主体的奇台商会在马仲英攻占奇台前后所负担的垫款额共计省票银196.67万两。③具体清单如下：（1）前黎如海师长借款250万两票银；（2）前张治贤师长借款12.3万两票银；（3）马仲英索借票银

① 中国第二历史档案馆档案：《杨增新关于阿商会提议让阿尔泰张长官解决借款事致大总统电》（1919年6月8日），中国第二历史档案馆编：《民国时期新疆档案汇编（1912—1927）》（第23册），凤凰出版社2015年，第34—42页。

② 王鸿魁、于焕文、谢玉明：《天津商帮在新疆》，天津市政协文史资料研究委员会、天津西青区政协文史资料研究委员会编：《津西古今采珍》，百花文艺出版社1993年，第82页。

③ 奇台县档案馆档案资料，见周海山《古城商业史话》，奇台县政协文史资料委员会编：《奇台文史》（精编本），新疆新华印刷厂2006年（内部资料），第323—324页。

71.8万两；（4）马仲英用货欠款票银58.49万两；（5）马仲英用粮料欠款票银3.36万两（以上3、4、5三项，本年12月又统计为流通券银10万两）；（6）奉督办谕令拨借张毓秀指挥20万两票银；（7）承督办军令，做军衣1500套，共计工料票银5.42万两；（8）承做袖章581个，共计工料票银482两（以上7、8两项，本年10月正式统计为5.68万两）；（9）承做爱民卫国图章1个，工料票银12两整；（10）承做督察处令旗，工料票银287.5两整；（11）承买犒赏归化军羊30只，共计1800两票银。

（三）税收方面

首先，商帮人士承担的税收种类繁多，税负沉重。具体可分为直接税、间接税、苛捐杂税三大类。直接税又分为收益税（营业税、营业牌照税、房捐）、行为税（印花税）和所得税这三大类。间接税分为消费税（烟酒税）、货物税（即厘金或称统税、落地税）和关税等。苛捐杂税则多如牛毛，无等级、无定额，因地而异。据谢彬说，清末民初新疆的苛捐杂税有除契税、牙税、当税、斗秤税外，还有牲税、牧税、年租金、皮毛租、火印税、孳生税、过境税、洗羊毛捐、皮张变价、水磨课、水碓课、旱磨课、油磨课、葡棉秤税、蚕茧税、蚕茧行佣、油税、油籽税、门市捐、山价捐、地摊捐、肉价捐及其他种种名目，不下数十种。[①]

1905年（清光绪三十一年）伊犁马亮[②]致新疆巡抚的信函中说，伊犁一个叫佘鹤年的税卒平日对“一驮破果子、数斤油，一切零星小货均有令其完税之事”。商帮人士对此“腹诽已久，意谓此时此地不应涸泽而渔”[③]。

民国年间，一家在新疆塔城经营茶叶的商帮商号“乾丰厚”，有3272箱米茶、砖茶、青茶等困在汉口栈、天津栈、绥远栈，“据汉口、天津、张家口、绥远、甘边、古城各地报告，均谓目下各省区政府对于经过茶捐均极奇重，商本所关，咸主缓运”。为此，该商号驻北平经理处经理张瀚1928年12月专门给国民

---

① 谢彬著，杨镰、张颐青整理：《新疆游记》，新疆人民出版社1990年，第289—290页。

② 马亮：字铭山，1901—1905年任伊犁将军。其间主要作为有：派官兵在今巩留开垦荒地，设皮毛公司于伊犁，办养正学堂，派人赴俄国学习，整修果子沟道路。——作者注

③ 燕京大学图书馆藏：《昨据各帮商首以私税扰害事具禀伊犁税局员司一案业已另备公牍，光绪乙巳（1905年）正月至六月致各处叙事函稿（十）致新疆潘抚帅、吴方伯函》，见《伊犁将军马明山致复各处函稿（稿本）》手写稿。

政府主席写信曰："为补助筹边政策，恳请宽免税厘，奖励茶商远赴新疆，以示提倡。"要求"凡遇乾丰厚运往新疆销售的茶叶……无论各地应征之铁路货捐、出入口关常税、茶厘、统税、落地税及各项杂捐、杂税，一律免于完纳"[①]。

民国年间新疆商业重镇奇台的商帮人士要缴纳的税种有：晋茶税、统税、所得税、印花税、营业牌照税、邮包税、关税。这里重点谈谈晋茶税和营业牌照税。晋茶税是商帮人士运销晋茶应纳的税金，税率较重，从清晚期直至1919年都未曾改变。后经商会与众商号协商，所拟新税率分为两种办法，凡在甘肃领票曾经缴纳课厘者，新疆仍遵循旧规收统税一道，即每担应完银13.14两；凡未在甘肃领票者，则课、厘两项，即每担应完银18.838两，包商一年，期满再改。营业牌照税是按照资本额等级征收。到了1937年5月，奇台地方税局贴出布告，通知要增加营业牌照税[②]，"甲区六等以上，一律增加四倍"[③]。由于奇台商业萧条，遭到商帮人士的激烈反对，最后没有推行。

图 3–6　1910 年奇台的商业大街[④]

① 中国第二历史档案馆：《新疆塔城乾丰厚茶号驻北平经理处经理张瀚请求宽免税厘以奖励茶商远赴新疆致国民政府呈及各方办理该案有关文书》（1928 年 12 月 10 日），中国第二历史档案馆编：《民国时期新疆档案汇编（1928—1949）》（第 3 册），凤凰出版社 2015 年，第 263—270 页。

② 周海山：《古城商业史话》，奇台县政协文史资料委员会编：《奇台文史》（精编本），新疆新华印刷厂 2006 年（内部资料），第 322 页。

③ 这里的"区"是按照商业繁荣程度划分的，"等"是按照商号资本额划分的。——作者注

④ 照片源自［澳大利亚］莫理循图 / 文，窦坤、海伦编译《1910，莫理循中国西北行》（上），福建教育出版社 2008 年，第 152 页。

商帮人士商品经营的范围不同，所纳税种也不一样。以1944年奇台白酒行业中陕西商人创办的集生产、销售于一体的玉合泉烧酒坊为例，该商号为合股经营，股东有三人，分别是金荣珍（陕西西安人）、康先生、马先生。[①]该酒坊一年的红利达10万元左右，老板一年可得利六七万元，约占总利润的60%。当时1斤羊肉4元，1石高粱200元，玉合泉老板1年的红利相当于17000斤羊肉，或是350石高粱，这在奇台的富商大贾中，只能算是中下等的小业主。该商号要缴纳的税捐有：酒税（时称特税，是最高的税率。该商号仅特税1944年4月交670元，5月交1215元，6月交2430元）、流水捐（相当于营业税）、账本贴花税、草头税、斗税、抗战捐款、会馆捐款、同业公会捐款、修公路桥梁、城市卫生、社会福利等，这些税捐虽款项不大，但名目不少，约占总利润的25%。[②]

其次，1920年5月以前中外商人在税收方面，面临不平等的待遇，外商免税，包括商帮人士在内的华商要交税。自19世纪国门被打开后，通过一系列不平等条约，俄国率先获得了在新疆的领事裁判权和免税贸易的特权，英、德、美等国援引最惠国待遇，也获得了免税特权，这些都严重阻碍了新疆本地工商业的发展。为保护本地商业，新疆自1892年（清光绪十八年）至1900年（清光绪二十六年）免征了8年的百货税。后由于要分担庚子赔款，不得不重征商税。由于拥有外籍身份的商人免税，一些不法华商纷纷购买英、俄领事馆签发的商票与小条，以抗税。英、俄领事馆由滥发商票，发展到手持他们任意签发的小条就可以免税，这样的小条大量卖给华商；一些华商持此也拒不向政府纳税，买到小条即成为拥有英、俄国国籍的凭证，导致他们与新疆官吏的冲突不断发生。如1917年9月，和田商人胡大拜提由英国贩货入境，持英商小票抗税案；1918年，英国商人沙尾在新疆境内倒卖地方土货抗税案；1919年7月，莎车英国商总提拉汗引诱中国居民克什米等请领英票案等。[③]

这些不法行为不但扰乱了新疆的税收管理秩序，还严重侵害中国主权。直至1920年5月28日，新苏双方签订《伊宁会议定案》（又称《伊犁临时通商协定》）10条，杨增新通过废除沙俄旧约，建立新苏关系，提出俄商与华商平等

---

① 魏大林：《玉合泉烧坊的经营方式》，中国人民政治协商会议、新疆维吾尔自治区奇台县委员会文史资料委员会编：《奇台文史》（第6辑），奇台县印刷厂1997年（内部资料），第52页。

② 魏大林：《玉合泉烧坊的经营方式》，中国人民政治协商会议、新疆维吾尔自治区奇台县委员会文史资料委员会编：《奇台文史》（第6辑），奇台县印刷厂1997年（内部资料），第56页。

③ 张大军：《新疆风暴七十年》（第3册），台北兰溪出版社1980年，第1225页。

纳税，外商在新疆享有70多年的免税商权、领事裁判权才得以废止。这是中苏两国之间签订的第一个平等协定。杨增新此前曾呈报中央政府："现俄旧党政府既已消灭，新党屡向新疆以通商为请。拟趁此时机，遴派妥员前往俄属塔什干、七河、斜米等省，与公民会接洽，将免税之例磋商废弃，另议俄货进口税。如能达此目的，则挽回利权、裨益新疆，诚非浅鲜。"[①]《伊犁临时通商协定》签署后，杨增新相继发布《电喀什朱道尹英商应照俄商一律纳税文》《电呈政府废止英商在新疆贸易免税之例文》[②]等一系列政策条文，以取消新疆境内外商的特权。但新疆政府这一寻求平等纳税地位的过程，并不那么顺利。俄、英商人虽然被取消了贸易免税权，但继续坚持斗争并享有原来的领事裁判权。同时，俄、英商约抗税现象在南疆一些地方仍然继续。杨增新为此发布了诸如《咨外部请向英使交涉取消南疆英约文》[③]等一系列命令，通过顽强斗争，终于建立起平等互惠的贸易关系。

最后，新疆一些地方税局的人员行为不端，严重损害商帮人士的利益。他们的不良行为主要有：私出税条，隐瞒税票，收受贿赂，截留货物。如1905年（清光绪三十一年），伊犁的商帮首领就因税局人员"私出税条"，于是具禀伊犁税局"呈验"。同时，商帮的来货照票完税后，因"局丁隐瞒税票"，此事遂"维局送县讯实"，但税局工作人员"仍令商号认罚"。[④]又如1949年的阿克苏、温宿税局的工作人员"营私舞弊、浮收税款，以致民众纷纷控告"。为此，省府令财政厅"今后任用税务人员，务须审慎考核，对既任人员尤应严密资查，倘有营私违纪苛扰情事，一经举发经查实后，定予严办绝不宽贷"[⑤]。

清末俄国驻塔城、伊犁等地领事尼·维·鲍戈亚夫连斯基说："中国官吏们

---

① 《电呈拟派员赴俄磋商废弃俄货免税条约文》（1920年4月10日），杨增新：《补过斋文牍续编》（第11卷·外交编上），丙寅（1926年）二月上浣开雕（刻本），第8—9页。

② 《电喀什朱道尹英商应照俄商一律纳税文》（1921年3月16日）、《电呈政府废止英商在新疆贸易免税之例文》（1921年3月28日），杨增新：《补过斋文牍续编》（第11卷·外交编上），丙寅（1926年）二月上浣开雕（刻本），第29—30页。

③ 《咨外部请向英使交涉取消南疆英约文》（1922年3月13日），杨增新：《补过斋文牍续编》（第11卷·外交编上），丙寅（1926年）二月上浣开雕（刻本），第33—35页。

④ 燕京大学图书馆藏：《昨据各帮商首以私税扰害事具禀伊犁税局员司一案业已另备公牍，光绪乙巳（1905年）正月至六月致各处叙事函稿（十）致新疆潘抚帅、吴方伯函》，见《伊犁将军马明山致覆各处函稿（稿本）》手写稿。

⑤ 《新疆日报》，1949年8月17日，第2版，《省府令财厅慎用税务人员》。

收了贿赂便允许许多货物不纳税，也不予登记。以这种手段隐而不报的货物究竟有多少，是无法查清的。”[①]

税卡工作人员随意截留货物的行为，令商帮人士深恶痛绝。如津帮“新八大家”之一的“同泰兴”商号，1937年往天津驼运羊毛等土产，经绥远驼户安若天、富亨元、张宽等包运，但所雇脚力富亨元“驼运羊毛5包，老羊皮2013张，经过哈密时老羊皮被地方税局截留”[②]。

（四）币制紊乱、汇兑不便

1840—1939年的新疆，“货币制度，至为紊乱，实为商业发达之大障碍”[③]。新省钱币种类繁多，既有纸币（如伊帖、阿尔泰通用银券、喀票、省票），也有金属货币（如天罡、红钱、银圆、银两、铜圆等）。不同地区的币值兑换比例不一样，且南北疆使用的钱币不同，还互不通用。这给汉族商帮的商业贸易和人们的日常生活带来极大不便。这种紊乱的币制造成的具体弊端有：（1）在新疆本省内，省票、喀票同时存在，分区流通。两者比值不同，南北疆互用时，必先进行折算，十分麻烦，严重影响了商帮人士从事的南北疆贸易往来。同时农村和牧区，仍有使用天罡、大洋、铜圆、红钱等金属货币的情况，非常混乱。（2）新疆的货币单位长期与内地不一致，汇兑不便。自清末起，内地货币均以“元”为单位，而新疆始终以“两”为单位，导致商帮与内地进行的贸易，大为不便。1933年新疆省票与内地大洋的兑换比例是70两省票折合银圆1元，到1936年是1450两省票折合银圆1元，1938年为4000两省票折合银圆1元。[④]

1939年7月1日，新疆开始实行币制改革，将以“两”为单位的旧省币改为以“元”为单位的新省币，收兑旧的省票与喀票，停止使用银圆、银块、红钱、

---

① ［俄］尼·维·鲍戈亚夫连斯基著：《长城外的中国西部地区》，新疆大学俄语系俄语教研室译，商务印书馆1980年，第173页。

② 档案资料：《同泰兴查封卷》（天字5号），见《新疆商业外贸史料辑要》（第1辑）（内部资料），新疆通志·商业志编纂委员会、新疆通志·外贸志编纂委员会、新疆维吾尔自治区档案馆合编，1990年，第212页。

③ 王醒民：《新疆之商业与金融》，《新亚细亚》1925年第10卷第4期，新中国建设学会发行，第18页。

④ 档案资料：《财政厅呈请重新修改取缔隐匿契税办法·附取缔隐匿契税修改办法》（1940年5月29日），新疆党史工作委员会、自治区财政厅编：《抗日战争时期在新疆财经战线上的中国共产党人》，新疆人民出版社1993年，第58页。

铜圆等金属货币，以统一全省币制。新省币1元与现大洋1元等值，美金1元折合省币3元2角（这是新疆货币第一次与美元挂钩），规定旧省票、喀票与新省币的兑换比例为4000∶1和160∶1。[①]由于准备金充足，新币发行后，“货价平稳，金融巩固，……人民行使莫不称便”[②]。如1939年在莎车，新币1元可以买20个大馕。[③]至1939年底，旧币已全部收回。从此，新疆的地方币制开始真正统一。

从1942年起随着国民党势力陆续进入新疆，法币、关金券也随之大量流入新疆，新疆财政每况愈下。法币是1935年中华民国政府币制改革后的法定货币，流通全国。关金券是中华民国政府发行的“海关金单位兑换券”，简称关金券，与法币同时在全国流通。1939年新疆币制改革后，省政府规定省币1元折合法币1元。1942年11月，中华民国政府财政部公告：法币5元折合新疆省币1元，关金券0.25元折合新疆省币1元。1948年8月19日，中央政府发行了金圆券，限期收兑法币，金圆券1元兑换法币300万。迪化中央银行很快于同年8月23日发行了金圆券，至1949年5月，这期间新疆省币1元兑换金圆券60万。

1949年5月20日，新疆又实行币制改革，发行银圆票，改以银圆为本位，每圆重量库平银七钱二分（内含纯银90%）。为便利携带及市场交易，由新疆省银行发行与银圆等值的银圆票壹元、伍元、拾元三种，并发行银圆辅币一分、五分及一角、二角、五角五种，流通行使全省。[④]同时规定从1949年7月1日起，按银圆票1元折合省币6000亿元的比率兑换[⑤]，在3个月内将省币收回。

当年《新疆日报》吹嘘此次币制改革“准备充实，十足兑现，在我新疆财政史上确为破天荒之豪举”[⑥]。为表示诚挚拥护此项币制改革，以商帮人士为主体的迪化市商会还制定了三条庆祝办法：（1）本市各商店自今日起一律照本月

---

① 《新疆日报》，1939年1月23日，第2版，《新疆省政府新疆边防督办公署布告》。

② 新疆维吾尔自治区档案馆档案：《省政府就统一币制的训令》（1939年7月1日），《新疆通史》项目资料丛书，童鹿主编：《民国时期新疆金融档案史料》（上），凤凰出版社2013年，第322页。

③ （满族）刘德贺：《毛泽民主管新疆财政时的措施和贡献》，新疆党史工作委员会、自治区财政厅编：《抗日战争时期在新疆财经战线上的中国共产党人》，新疆人民出版社1993年，第190页。

④ 新疆维吾尔自治区档案馆档案：《省政府就进行币制改革的代电并新疆省银币发行办法》（1949年5月19日），《新疆通史》项目资料丛书，童鹿主编：《民国时期新疆金融档案史料》（下），凤凰出版社2013年，第525—526页。

⑤ 《新疆日报》，1949年5月20日，第2版，《稳定金融改善经济，本省今起发行银币》。

⑥ 《新疆日报》，1949年5月20日，第2版，白文昱：《本省改革币制与财政前途》。

十四日物价，九折出售三天；（2）各商店一律悬旗；（3）由商会拟定庆祝标语，各商店自行制造张贴。[①]但实际新疆省政府并没有足够的金银储备，无法实现“十足兑现”的承诺，加之新疆财政赤字须靠发银圆票来弥补，通货膨胀无法消弭，于是市面表现为各种商品匮乏，物价高涨。凡此种种，使得银圆票发行不久，就开始不断贬值。

（五）钞票财政、投机盛行

新疆自民国以来，不管是实行封建军阀专制统治的杨增新、金树仁、盛世才，还是代表大地主、大资产阶级利益的国民党，都推行“钞票财政”，即纸币发行无度，缺乏信用。

在杨增新主政新疆的17年中，除1916年以外，几乎“无岁不亏”。到1927年，“共积欠4963.9万元，此项不敷之款，均以纸币抵补”[②]。结果，新疆变成了一个花花绿绿的“纸币世界”。随印随发，财政全赖纸币以维持现状，是杨增新财政金融的一大特色。当时流传着这样一种说法，杨所印之纸币，墨迹未干，即流通市面。

滥发纸币并不能挽救杨增新政权的财政危机，收支依然不能平衡，反而引起了纸币贬值，通货膨胀，直接影响商帮人士的商贸活动，更使新疆各族人民群众深受其苦。其后的金树仁、盛世才以及国民党治新时期，“钞票财政”愈演愈烈，纸币贬值至不可收拾的地步。当时官署的一般心理已经到了这种荒唐程度，天大的事无关紧要，只要印刷钞票，就能解决一切问题。

金树仁时期因滥发纸币，造成纸张缺乏，连春联红纸都成了印刷钞票的珍宝。甚至规定：“凡票面有四百文三字，并非伪造者”的破烂纸币“无论票张是否完全，概准流通”。结果“一些奸滑之徒，竟将发行之新官票任意损毁或剪为两段或挖去四百文三字，互为粘凑，希图混用”[③]。最后省政府不得不发文，明令禁止此种不法行为。1935年《申报》对新疆财政评价道：“新疆过去的财政

---

① 《新疆日报》，1949年5月20日，第2版，《商界拥护改币，减价三天以示庆祝，并提改币成功意见》。

② 曾问吾：《中国经营西域史》，新疆地方志总编室据1936年商务版横排铅印，1986年，第693页。

③ 本省政令布告类：《新疆省政府布仰各界护惜纸币以维信用仰一体遵照由》，新疆省政府公报委员会主编：《新疆省政府公报》1930年12月第9期，省政府秘书处印行，第106页。

是建筑在发行纸币上，要用就印，印了就发。”[①]

盛世才治新时期，据陈潭秋[②]1941年报告说，“新疆的财政金融情形，愈趋日下，新币发行额已达3200万以上，……法币输入无法禁止。捐税虽不断地增加（最近增加了屠宰税与研究税），但政府财政仍是入不敷出（新币3.2元合美金1元，但实际银根已大跌特跌）”[③]。到国民党治新时期，大面额纸币比比皆是，纸币泛滥，物价飞涨。1948年11月底到1949年5月的半年时间里，物价上涨了数千倍甚至上万倍。1949年3月6日的《新疆日报》说，迪化的天气“和煦宜人，不论贫富老幼，似都有阳春发动之心，但听听市场上的物价，人们不禁又打了一个寒颤”[④]。

可见由于滥发纸币，货币已失去其固有的价值职能、流通职能、支付职能和贮藏职能，形同废纸，昏庸腐朽的统治致使社会经济濒临崩溃破产的边缘，商帮人士的商贸活动受此影响，日趋衰落。

清末民国时期的新疆，社会经济混乱，通货膨胀严重，物价不稳，市场上投机生意盛行。投机生意是指利用市场出现的价差进行商品买卖，从中获得利润的交易行为。投机者一般在涨价的时候大量囤积商品，想在高位抛出；跌价时又想尽快出货，期待减少亏损。他们一般热衷于谋求暴利，企图一夜暴富。投机者的这种行为一方面导致物价大起大落，破坏了市场的正常供应；另一方面做投机生意，不一定稳赚，遇到市场波动及政府调控，倒闭赔本者也不计其数。所以说投机生意严重干扰了市场的正常经济秩序，不利于人民的生产生活，破坏社会经济发展。

20世纪30年代，新疆市场上投机盛行，不但包括个别商帮人士，甚至退职官宦也参与其中。“盖以外界之交通极为困难，内部之贸易市场有限，货物之来源既无把握，而积存之数量极便明瞭，非如内地之朝发夕至者可比。”所以“稍有财资之人，于货物初到时，……广为搜罗，贮而藏之。及后市场上渐见货缺，价格腾涨，乃待善价而沽之”。如此，“可获巨利，此种政策，并不限

---

① 毛泽民：《为完成民国卅年新预算任务而斗争》，见新疆维吾尔自治区党史研究室编《永远的怀念——回忆陈潭秋、毛泽民、杜重远、林基路烈士》，新疆人民出版社2013年，第227页。

② 陈潭秋（1896—1943）：1939年任中共驻新疆代表和八路军驻新疆办事处主任，化名徐杰。1942年9月，被盛世才逮捕。1943年9月27日，在迪化被秘密杀害。——作者注

③ 陈潭秋：《对新疆形势的分析和治理意见》（1941年11月6日），见中国共产党先驱领袖文库《陈潭秋文集》，人民出版社2013年，第290页。

④ 《新疆日报》，1949年3月7日，第2版，《乌城小景》。

商人，退职之官绅，亦多乐而为之”[①]。省城迪化商帮中的“黠者施其垄断之计，廉时搜而存之，货缺昂其值而售之。……凡丰于财资之仕宦，亦群喜于商人逐什一焉”[②]。

到40年代初，新疆经济情况更加恶化，物价飞涨，一些日用品涨了四五倍，奸商乘机囤积居奇。为此，从1940年冬开始，新疆省政府“通令全疆各地组织平价委员会，平抑物价，彻底检举囤积居奇之奸商”[③]，截至当年11月21日，绥定（今霍城县水定镇）、阜康、哈密等地已纷纷成立了当地工商会的附属机构——平委会。

在商帮人士的支持下，各地平委会积极开展处罚奸商工作。1942年7月，霍城县平委会对当地囤积居奇的奸商徐庆荣、王华堂等进行了罚款。[④]1944年，维吾尔族商人买买提·木沙从南疆“运来大布、褡裢来迪化售卖，以求余利，……售给商人每匹90元，共计得洋51.09万元”。新疆警务处以触犯平价工作为由，将其货款全部收缴。[⑤]

各地平委会成立后，虽然一时物价有所下降，但“以后则推行不动，或者是囤货不卖，或走私卖黑货，使市场陷于非常紊乱”[⑥]。难以遏制囤积居奇行为的根本原因在于，某些政府要员及官员亲戚都兼做商人，所以平价工作宣告失败。

第二节 商帮的内部社会结构

社会结构是一个在社会学中广泛应用的术语，但很少有明确的定义。广义

---

① 吴绍璘：《新疆概观》，南京仁声印书局1933年，第265页。

② 问天：《新疆迪化调查纪略》，王云五、李圣五主编：《新疆与回族》，商务印书馆1933年，第100页。

③ 《新疆日报》，1940年11月21日，第3版，《各地继续组织平价委员会，发动民众检举投机奸商》。

④ 《新疆日报》，1942年7月3日，第3版，《霍城平委会处罚奸商》。

⑤ 档案资料：《民商买买提请发还缴货》（1944年9月11日），见《新疆商业外贸史料辑要》（第1辑）（内部资料），新疆通志·商业志编纂委员会、新疆通志·外贸志编纂委员会、新疆维吾尔自治区档案馆合编，1990年，第278—279页。

⑥ 陈潭秋：《对新疆形势的分析和治理意见》（1941年11月6日），见中国共产党先驱领袖文库《陈潭秋文集》，人民出版社2013年，第290页。

地讲，社会结构是指一个国家或地区占有一定资源、机会的社会成员的组成方式及其关系格局，包含人口结构、家庭结构、社会组织结构、城乡结构、区域结构、就业结构、收入分配结构、消费结构、社会阶层结构等若干重要子结构。狭义地讲，社会结构在社会学中主要是指社会阶层结构。不论广义还是狭义，社会结构中最重要的组成部分就是地位、角色、群体和制度。综合社会结构定义中的一些重要因素，如角色、制度、婚姻家庭结构、社会阶层结构等，具体到汉族商帮这样一个群体内的社会结构，下面试从家族式经营、区域经营、商业行规、婚姻状况、内部的社会分层这五个方面进行具体分析。

一、家族式经营

新疆八大商帮基本上都是家族式经营，家族式管理是将所有权与经营权合一的管理模式。它成为商帮创业初期进行资本原始积累的重要选择，也对商铺顺利度过艰难的创业期起到了重要作用。主要优势是：（1）天然的利益共同体。家族式企业的股东、员工在很大程度上是重合的，这使得家族式企业比非家族式企业能够更多地关照其中长期利益，可以在近期利益、直接利益方面做出许多牺牲，以便谋取企业的利益最大化，其家族成员甚至可以接受利润不分红而用于积累和发展。（2）相互信任。家族化的亲情式管理，这种纽带可以维系企业的稳定和管理团队的团结。（3）艰苦奋斗的创业精神。家族式企业中，利益关系之上有亲情关系，不计报酬，吃苦耐劳，表现得比较明显。所谓“打虎亲兄弟，上阵父子兵”。家族式企业的最大弊端就是非家族成员的离心离德。

津帮“老八大家”之一“永裕德”商号就是典型的家族式经营。“永裕德”的创始人是天津杨柳青商人郑永乾，他最早随军“赶大营”。经过几年的往返贸易，资金积累渐多。后来郑永乾出资湘平银1万两，在新疆迪化开设“永裕德”总号，自行经营。在喀什设分号，由其二弟郑永恩负责；在原籍天津开设“永昌厚”商号，由其三弟郑永清负责。1893年（清光绪十九年），郑永乾病逝，由其长子郑联藻经营迪化的“永裕德”总号。[①]

二、区域经营

商帮从置货、销售、资金回笼，实行的是一条龙式的区域经营。商帮从内

① 郑体方：《关于“八大家”补遗》，中国人民政治协商会议乌鲁木齐市委员会文史资料研究委员会编：《乌鲁木齐文史资料》（第9辑），新疆青少年出版社1986年，第146页。

地置办国货、洋货，通过骆驼运至新疆，销售完毕，再置办新疆土货如羊毛、皮张、药材等，运至内地销售，实现资金回笼和利润增加。如津帮，除在新疆各地广设商铺、建构经营网络外，多数还在天津、北京、上海、武汉等大城市设有货庄，组织货源，销售回货和融通资金，开办子店、联营店。设立钱庄、银号等。

同时，一些商帮大商号除了在新疆各地有子店外，还分派小贩前往各地，赊出货物以换取牲畜、皮毛。

商帮的店铺一般都是冬进夏货，夏进冬货，以保证有应时商品上市。互有交往的商户，采取“共同”进货的方式，各抽人力、资金，一体行事。如远至京津一带采购货物时，共同承担脚力、厘捐、税金，如有损失，共担风险。较有实力的大户，自购自销，并以批发为主。多数较小店铺，无力自行远途采购，则向批发大户进货，并建立稳定的进货关系。形成了许多互有联系、互相依靠的松散群体和经营网络。逐渐分化为批发商、零售商和批零兼售三种类型的商户。后来又有了以仓储转运为主的商帮商号，使区域经营体系更加完备。

另外，商帮还根据新疆各地区的消费习惯、消费层次、消费能力的不同，实行区域内的贸易垄断经营。据许崇瀚的《新疆志略》记载：商帮各地的子店“还各分贸易区，为贸易独占区。每一独占区由一家商号经营之。故各商号，皆熟悉各地之消费量与原料品之生产量，其势力已趋于根深蒂固，所以不易失败”[①]。竞争是商业发展的必要条件，这种区域垄断经营表面上维护了一些汉族商帮的利益，实际上分割了市场及行业，排斥了非本帮资金的渗透和染指，这种封建性抑制了竞争，阻碍了经济发展。

当然，“河西走廊”也是商帮区域经营的一部分。当年清军进军新疆之际，在甘肃的“河西走廊”曾滞留了不少津商，其后陆续改营店铺。进入新疆后来成为大字号的商铺，如伊犁的“文丰泰”、迪化的“同盛和”等，为转运方便，反向“河西走廊”沿线城市设立分号或货栈，开展仓储、中转和批发业务。

河西走廊一带，商帮店铺较多的城市有肃州（酒泉）、甘州（张掖）、凉州（武威）。这里的一些商帮店铺字号和新疆有密切往来，依赖和借助新疆的关系，终成巨富，如津商经营的“春茂合”等字号。

---

① 许崇瀚：《新疆志略》，正中书局1948年，第120页。

三、商业行规的制定及遵守

所谓“商业行规”，简言之就是商业经营行业约定俗成的一些做法，也就是所谓的商业习惯法。可以说，绝大多数商业行规符合商业活动规律，对规范行业经营行为、平衡经营者和消费者利益冲突，发挥了重要作用。

近代新疆的商帮有自己的商业行规，主要体现在如下三点。

首先，一般的商铺都有自己的店规，要求店员严格遵守。具体内容不外乎店员守则、人事、业务、财务、工资待遇等几方面。如津帮“新八大家”之一的“同泰兴”商号，该店的有些规定并不是逐条都以文字方式贴在墙上，但店员进店后先由经理或业务负责人，将注意事项交代清楚，如有违反就要解雇。该店规定：“凡店内工作人员不准私自倒买倒卖，不准私自动用商品和款项，不准穿着奇装异服，不准随意外出，不准与顾客吵架，对顾客说话和气有礼貌，售货款要及时交账，业余时间要练习书法和珠算。”①

其次，账簿记载要明晰清楚。按照商帮人士的习惯，合乎规格的账簿记载就是财务往来的依据。账簿，有时还加上商业函件，是所有核算的根据。如津帮“新八大家”之一的“同泰兴”，1937年后改旧式毛笔账为新式收、付、结余簿记账，并培养了4名店员为记账员。账务上设总账、分户账，年终有决算表和收支对照表，报送天津财东查阅。该店还规定每月盘点一次，年终总盘点，以便遇到情况及时处理。又如秦帮商人在奇台创建的“玉合泉”烧酒坊，其账目管理得有条不紊，分为总账（也称大账）、流水账（又分为水牌、浮账、往来账）。②水牌是块桐油漆的木牌或小白铁皮，挂在柜台墙上，用毛笔写着当天财物事项，是当天不下账的备忘录，如某某人取酒，赊给某某人酒某某斤等。当取酒者还钱后，立即将木牌上该项擦干净，并计入收入账中去。浮账是临时记账簿，其中有收支的单据及某某人打的便条等。过一段时间将浮账归纳整理后，记入往来账中。往来账中有每天收支情况。总账记录每月的收支、利润、利润的分配、长工的工资等。

比较大的交易主要是以信用方式进行，商帮商号中的一两个老店员享有企业的信托，可以代表本商行出面对外办事。他们使用商行的印章，在契据上盖章。如果由于某种情况没有专门规定支付期限，那么按照惯例，就必须在一年里春

① 杨梦九：《同泰兴商号的经营管理》，中国人民政治协商会议乌鲁木齐市天山区委员会编：《天山区文史资料》（第2辑），1995年（内部资料），第24页。

② 魏大林：《玉合泉烧坊》，中国人民政治协商会议奇台县委员会文史资料研究委员会编：《奇台县文史资料》（第14辑），奇台县印刷厂1988年（内部资料），第35—36页。

（春节）、夏（端午节）、秋（中秋节）、冬（冬至节）四个节日之一以前归还。春节是中国的大年，大年前应偿清所有的债务，这是应相当严格地遵守的。

最后，恪守信用。一般来说，商帮在商业活动中是恪守信用的。清末俄国驻塔城、伊犁等地领事尼·维·鲍戈亚夫连斯基认为"汉族商人的话是可以信赖的"[①]。许多世代的经验使商人懂得，在经营买卖中，守信比欺骗有益。商帮人士"并无雄厚之资本，所持者信用而已"[②]。

以津帮商号"同泰兴"为例，该商号零售、批发兼营。批发生意专供小商、小贩和小百货经营者，批发价格上要给小商户留一定的利润，即20%的利润，两相情愿即可成交。该商号从内地运来一批几十箱的京津货一次性全部批发出去，二十或三十家小商户一次分掉。价格随行就市，也可协商价格。货款可以分批分期付或谈妥半月一个月的期限，不过也有个别商户拖拉，但最终都会一文不少地还清。商户们都讲信用，从未遇到过逃骗户。[③]

当然，商帮人士之间也经常发生争执，但在这种情况下他们不找政府的法院，而找他们自己选出的商界头面人物按照惯例评判。只有在商界失去信用的人，才会找官吏进行诉讼。

上述三点，可以说是商帮遵守牢固的、确定的商业习惯法的具体表现形式。任何一个商人，如果故意不遵守这些习惯，事实上就等于被开除出商界。

四、婚姻状况

这里讨论的婚姻状况，是指单身的商帮人士来到新疆后，遇到合适的恋爱对象，成家立业的情况。可以说，商帮的一些人，在来新疆之前，已经成家，这种情况不在本书讨论范围之内。据1910年（清宣统二年）来新疆考察、途经伊犁的英国《泰晤士报》记者莫理循记载，"大批的店主和商人从华北来到此地（指伊犁），许多人带着家眷"[④]。

---

① ［俄］尼·维·鲍戈亚夫连斯基著：《长城外的中国西部地区》，新疆大学俄语系俄语教研室译，商务印书馆1980年，第161页。

② 王醒民：《新疆之商业与金融》，《新亚细亚》1925年第10卷第4期，新中国建设学会发行，第27页。

③ 杨梦九：《同泰兴商号的经营管理》，中国人民政治协商会议乌鲁木齐市天山区委员会编：《天山区文史资料》（第2辑），1995年（内部资料），第24页。

④ ［澳大利亚］莫理循图/文：《一个澳大利亚人在中国》，窦坤译，福建教育出版社2007年，第246页。

新疆的商帮在婚姻方面，八大商帮彼此之间的通婚较少，基本都是同一商帮或同一省份的人之间进行联姻。另外，打破国界、民族隔阂的跨国、跨族婚姻也有，但不是普遍现象。具体表现在：个别商帮人士和俄罗斯人以及少数民族的联姻。

同乡找同乡，这种婚姻状况在商帮中普遍存在。如天津杨柳青人于金泉，于清末跟随父母“赶大营”来新疆谋生。于金泉在伊犁地区的惠远（今霍城县惠远乡）小学堂上学读书，长大当了学徒，后经营“宝泰成杂货铺”，生意很红火。他娶了一个杨柳青女子。[①]又如天津杨柳青人晏恩波，7岁跟随父亲“赶大营”，来到伊犁地区的惠远。19岁那年，晏恩波与一位杨柳青女子结了婚。[②]

另外，据迪化总商会会长津商石寅甫的长孙女石丽莹口述，新疆的商帮，特别是津帮商人，占据主流的婚姻观是近亲不联姻，同姓不联姻；而且看重的是人品与能力，不讲究门当户对，不看重门第。她以祖父石寅甫为例来说明，她说祖父石寅甫年轻时是津商李华甫的管账先生，因其人品、能力俱佳，李华甫老板便将自己的大女儿许配给他。但大女儿成婚几年后，不幸于25岁因病去世。李华甫老板又将小女儿（与大女儿只相差二岁）许配给石寅甫。[③]

跨国婚姻，从目前资料看，主要是伊犁的津商与俄罗斯姑娘的联姻。如伊犁的天津杨柳青人王国恩，刚开始做皮匠，后来经营殡葬业，生意做得红红火火。他在伊犁娶了个俄罗斯姑娘。[④]又如另一位津商戴玉同，从天津杨柳青“赶大营”到伊犁，开始做银匠，积累了资金后又在昭苏办牧场与奶粉厂，成为有名的大牧主，他也娶了俄罗斯姑娘为妻。[⑤]

跨族婚姻则为个别现象。如津帮“老八大家”之一的“同盛和”商号在吐鲁番兴办了葡萄园，负责该葡萄园管理工作的是天津杨柳青人高汉青，他懂医术，讲一口流利的维吾尔语，经常为维吾尔族老乡治病，深受他们的爱戴，后

---

① 《新疆日报》，2005年12月12日，第7版，燕玲：《杨柳青与汉人街·据于金泉的儿子于凤岐口述》。

② 《新疆日报》，2005年12月12日，第7版，燕玲：《杨柳青与汉人街·据晏恩波的儿子晏鸿宾口述》。

③ 笔者于2014年12月11日对石丽莹女士进行访谈时，石丽莹女士口述。

④ 《新疆日报》，2005年12月12日，第7版，燕玲：《杨柳青与汉人街·据王国恩的儿子王志刚口述》。

⑤ 《新疆日报》，2005年12月12日，第7版，燕玲：《杨柳青与汉人街·据戴玉同的儿子戴国志口述》。

在当地娶了一个维吾尔族农家女为妻。[①]

五、内部的社会分层

社会分层是社会学沿用的概念，它最先由地质学中引入，地质学家在分析地质结构时，用“分层”来描述地质构造中的不同层面，社会学家发现人类社会中人与人之间、集团与集团之间，也存在着像地层那样高低有序的等级层次，因而借用地质学的概念来分析社会结构，形成了“社会分层”这一社会学范畴。在目前西方社会学研究中，社会分层与阶级、阶层经常混同使用，以分层研究取代阶级、阶层分析。而当前中国社会学研究中，社会分层概念与阶级、阶层概念并用。社会分层的意义较为宽泛，并涵盖阶级、阶层。可以说，社会分层是社会结构中最主要的现象。

按照社会学的惯常标准，根据职业类型、收入状况、受教育程度及生产资料所有权等因素，这里将商帮内部分层为：股东（或叫财东）、经理、店员、老板、工人、师傅、学徒等。本书要分析社会交往关系密切的商帮内部各阶层如何相处，根据目前掌握的资料情况，这里重点分析三种关系，即股东与经理的关系、老板与工人的关系、经理与店员（或学徒）的关系。

首先，股东（财东）与经理的关系，一般来讲，股东是生产资料的所有者，经理是受股东委托，代理股东进行管理经营。两者是典型的资本雇佣劳动关系。清末民初在奇台，晋商经营的著名商号“天盛魁”，由股东（财东）、大掌柜（经理）、伙计（小掌柜）、店员（学徒）组成，掌柜也有一、二、三等之分，每个成员经过一个时期的训练和考验后方可升级。股东只算银股不算身股（人股），只是参加直接经营的资方代表。股东不参加直接经营，只是每年由大掌柜向他汇报两次商情，每年或三年按照股金分红。大掌柜即经理，总揽全局，他受股东的委托，为生意精心策划，负全盘责任。经理的工资采取提成办法，以身股顶生意，收效极大。顶身股的人按照所顶生意厘股的多少，按辈分红，自然地分出大掌柜、二掌柜、三掌柜，权力大小各有区别。对做出一定成绩的掌柜，在得到股东的共同赏识后，可以三年一次升级。[②]

---

① 王鸿魁、于焕文、谢玉明：《天津商帮在新疆》，天津市政协文史资料研究委员会、天津西青区政协文史资料研究委员会编：《津西古今采珍》，百花文艺出版社 1993 年，第 64 页。

② 马序文：《古城老字号天盛魁》，奇台县政协文史资料委员会编：《奇台文史》（精编本），新疆新华印刷厂 2006 年（内部资料），第 353 页。

但随着股权的日益分散以及知识经济的发展，基于代理关系设计的股东对经理的监督制约机制逐渐失灵。在近代新疆的商帮中，就不乏由于经理的营私舞弊，侵蚀股东利益的实例。如津帮“老八大家”之一的“永裕德”商号，股东为郑永乾，其三弟郑永清于1899年（清光绪二十五年）聘请天津籍老乡杨绍周为经理，来经营迪化的“永裕德”商号。杨绍周很能干，一时“永裕德”生意兴旺，声誉日高，杨绍周后来还担任新疆商会首任会长，兼任官钱局代办，在当时的政商两界，颇有威信。当时街面上流传这样一首顺口溜：“伊犁新疆赛三国，文丰同盛永裕德。安周二君财源广，杨君财气贯山河。”[①]意思是说杨绍周的财气比起“文丰泰”“同盛和”的财势，呈三足鼎立之态势。

就是这样一个具有一定社会地位的人，一个经理人，却企图侵吞“永裕德”的全部财产。1916年“永裕德”商号的本利、存货及房产共值文银50万两。杨绍周财多动心，他在1916年欺骗在天津的郑永清写下两张假字据，说是郑家花费太多，“永裕德”已无郑家的资本。后激怒郑家提起控诉。杨绍周1927年客死新疆迪化城[②]，其侄子杨云澍、杨云濂贿赂杨绍周生前好友省政府秘书长陶明樾、迪化县长马福骐等人捕押居住在迪化的“永裕德”郑家人——郑兰芳母子，于1931年强迫郑家接受省票23万两了案，“永裕德”的全部财产归了杨家。1933年盛世才上台后，宣扬改良司法、成立地方法院，郑家又提出重审该案的诉讼，结果杨家又贿赂盛世才的妹夫、时任迪化地方法院院长的彭吉元，驳回了郑家的再审请求。直至解放后，郑家的冤屈才得到昭雪[③]。

其次，老板与工人的关系。在商帮人士中，没有劳资纠纷的前提下，老板一般都刻意和工人搞好关系，以调动工人的劳动积极性。

以1944年奇台白酒行业中秦帮商人创办的“玉合泉烧坊”为例。

这个烧坊的工人分为长工（一年四季干活）、季节工（半年或三四个月）、临时工（工资略高，不参加分红）。长工和季节工是烧坊的主要劳动力。该烧坊

---

① 王鸿魁、于焕文、谢玉明：《天津商帮在新疆》，天津市政协文史资料研究委员会、天津西青区政协文史资料研究委员会编：《津西古今采珍》，百花文艺出版社1993年，第76页。

② 王鸿魁、于焕文、谢玉明：《天津商帮在新疆》，天津市政协文史资料研究委员会、天津西青区政协文史资料研究委员会编：《津西古今采珍》，百花文艺出版社1993年，第77页。

③ 郑体方：《关于“八大家”补遗》，中国人民政治协商会议乌鲁木齐市委员会文史资料研究委员会编：《乌鲁木齐文史资料》（第9辑），七二二零工厂印刷，1985年（内部资料），第146—147页。《新疆日报》，1936年9月15日，第2版，《郑联鹏杨维新合伙纠纷案，地院驳斥原告提出再审之诉》。

有七八名长工，是固定的较为熟练的工人。每个工人都有具体的分工，如烧火、看窖、翻釉、出渣等，他们是一个整体，都要全力以赴。与烧酒有关的辅助杂活，则雇零工或月工，如拉渣子、踩釉子、送酒、装箱等。有些零工常年稳定雇佣，有活则来，无活即去。如一名叫丁尔武的零工，只要烧坊有零活就找他干，按照档案材料记载：他拉渣子4天、苦工2天，共得工资68元，每天10元左右，比一般长工的日工资还高。[①]最重要的是，开窖烧酒，每次都要请酒大师[②]监场指挥，酒大师每月只来四五天，把握关键的酿酒环节。酒大师每天工资三四十元。

长工和季节工从老板手中领得原料做酒，每五天所出酒的数量都有记载，出窖的酒都有同行业公认的价格（并非销售价）。如1944年1月每斤2元，5月每斤4元。年终总结出酒数，按照出产价折算成金额，称之为“酒钱”。从酒钱中除去原料钱、长工、季节工、零工、酒大师的工钱，就是作坊的红利。从这些红利中再扣除设备添置费和折旧费，剩余的红利由长工、季节工与老板分配。分配多少由工人与老板商议，再根据工人在厂工龄的长短及工作的熟练程度而定。根据档案资料显示[③]，1944年“玉合泉烧坊”一名长工的年薪为800～1000元。此外还可得红利三五百元不等，总数不少于1000元。按照当时1石高粱200元计算，一个长工一年可得5石高粱，吃住费用并不包括在内。

凡是在“玉合泉”做工的人员，不论长工还是酒大师，都在烧坊吃饭住宿，食宿开支都归入烧坊支出中。每当酒大师来干活的时候，老板都要改善伙食。平时逢年过节老板也调剂生活，春节摆宴席4桌，端午节宰猪、买糖稀，还买戏票让工人看戏。这些做法既丰富了工人的生活，又增强了工人与老板之间的友好关系。

另外，长工还可以预支工资，如每月的理发费，看病花销，均可由柜台垫付后计入本人的支出中。工人如果办喜事，老板也送礼。如工人蔡兴元的小孩

---

① 档案资料:《玉合泉烧坊1944年出入银钱流水账》，见魏大林《玉合泉烧坊的经营方式》，中国人民政治协商会议、新疆维吾尔自治区奇台县委员会文史资料委员会编:《奇台文史》（第6辑），奇台县印刷厂1997年（内部资料），第54页。

② 具有全面烧酒技术的工头，也可称为领班。酒大师还带徒弟，出师的徒弟称为小师傅。——作者注

③ 档案资料:《玉合泉烧坊1944年出入银钱流水账》，见魏大林《玉合泉烧坊的经营方式》，中国人民政治协商会议、新疆维吾尔自治区奇台县委员会文史资料委员会编:《奇台文史》（第6辑），奇台县印刷厂1997年（内部资料），第56页。

过满月，柜台送礼10元。一名叫柳长新的季节工被辞退了，老板不但当即付给他218元的工钱，又额外给了25元。一名叫徐学智的工人，急用一笔钱，柜台借给他1500元，月息是6%，是当时最低的月息。

在奇台酿酒业中，原料供应有保障，销售不成问题，关键是生产环节。只要抓好了生产，就可以产生利润。推动生产发展的动力是工人，所以老板用一些小恩小惠来调动工人的生产积极性，刻意和工人搞好关系。“玉合泉烧坊”的兴衰关系到工人的切身利益，因而许多工人很关心该烧坊的生产情况，主动为烧酒坊联系原料，寻找销路。每年6月是生产淡季，40年代后期“玉合泉烧坊”一名叫贾大的工人，主动到孚远（今吉木萨尔县）联系原料，老板放心地让他带去5000元。

有些商帮店铺的老板还给工人操办婚事。据津帮著名商号“德昌源”创办人的第三代后人崔庆吉回忆：

在我们家“大业工厂”里工作的王师傅的婚礼就是我祖父亲自给操办的。前几年我大姐有一次在公园里遇见了王师傅的夫人，是她先认出了我大姐，她说：“您是崔爷的大孙女吧！崔爷对我们家太好了。”她还说出了我祖父亲自给他们操办婚礼的事情。[①]

最后，经理与店员（或学徒）的关系。在成为商帮店铺的正式店员之前，员工被称为“学徒”。一般学徒的来源是经人介绍撮合，店铺经理同意雇佣后，还需一至二人来担保，担保人必须是在社会上或同行中有名望的人。在保证书上签字盖章，要承担被保人在店内所发生的一切意外的责任。所以年轻人被雇用后，都任劳任怨地为经理拼命地工作。如果是学技术的学徒工，三年后出师，还要再干三年来“谢师”，“谢师”期间只付给少量工资。

一些小商铺的学徒还要帮助老板娘做饭、倒马桶、抱孩子等。大一些的商铺店员进店第一天，要先拜大掌柜和二掌柜，后拜柜头。店员初来作为学徒，只能在柜台前站立，学习老店员怎样接待顾客及做生意的技巧。还要干些日常扫地、掸桌子等卫生工作，并为掌柜、管账先生、柜头、大师兄等泡茶倒水，吃饭时要坐在下首，吃饭要快，否则就遭掌柜白眼，落个没出息的名声。扫地

① 崔庆吉：《缅怀我的祖父崔善祥》，笔者于2016年9月18日与崔善祥的孙子崔庆吉访谈后，崔庆吉将其撰写的从未发表的该篇回忆录交给了笔者。

也有讲究，要从外面向里面扫，言外之意不要把财扫出去。学徒只许早起晚睡，早上起床后，还要为掌柜打洗脸水、送茶，然后打扫院落和店铺，一不小心打碎了茶具或损坏其他物品，就有被经理解雇的危险。晚上还要为掌柜铺床、打洗脚水、提夜壶。一般的商铺都管食宿，三年学徒期满后，给发工资，逐年增加，年终有些馈赠金。但一般没有假日，有事可以请假，但不能时间太长，否则要被解雇。

可见，由于传统陋习的影响，商帮店铺的经理对学徒存在较多的盘剥；在学徒成为正式店员，开始为店铺服务创造经济效益后，其待遇及各方面的条件会好很多。

下面以津帮“新八大家”之一的“同泰兴”为例，来剖析该店经理与店员的关系。该店店员自进店之日起，就供给全部食宿。工资有正常的增长机制，初到店者每月5000两[①]，满一年以上三年以下起点为1万两至3万两，但要根据当时社会和货币价值情况有所浮动，并以年限和工作好坏逐年分别适当增加。

该店属于商帮中著名的大商铺，所以店员的福利较好，具体有：（1）年终经理对店员有馈赠（相当于现在的年终奖），依据工作表现来定，每人约以两个月或三个月工资为准；（2）每月付给店员卫生费1000两，作为洗澡理发费；（3）每逢节日或红山嘴、红庙子庙会时，每人付给1000两分别去看戏；（4）店员有病者，医药费由店内开支；（5）店员可在店内按成本价购买个人所需的鞋帽、服装等，但只限本人，不准代家人或亲朋购买。如遇婚丧嫁娶，可暂借一部分款项，逐月扣还少许，还不清者就在年终馈赠内扣除。

唯一不妥的是，该店平时没有休假日，有事可以请假，且请假不扣工资，经理批准后方可离去。[②]

总之，该店经理通过工资增长机制和颁发年终奖的方式来激励店员的工作热情，并给予报销医药费的优厚待遇。但其工作时间太苛刻，没有休息日，虽可请假，但其剥夺店员合法、合情休息权的行为，暴露了其残酷的剥削性。

商帮店铺的店员还存在回家乡探亲问题，一般都事先与经理签有合同，订立探亲时间。20世纪30年代，受雇于奇台一家店铺的18名陕西籍店员，“同老

---

① 此处的“两”指新疆省票银，1933年1450两新疆省票银可向内地汇光洋一元。——作者注

② 杨梦九：《同泰兴商号的经营管理》，中国人民政治协商会议乌鲁木齐市天山区委员会编：《天山区文史资料》（第2辑），1995年（内部资料），第27—28页。

板订有合同，准许每五年可以回家里去探亲一次。……回家时，老板只给每人十八元钱作为旅费。他们一路上必须赶急前行和极力节省，这十八元钱仅能够到得家里”[①]。伊犁最大的店铺是津商安文忠创办的“文丰泰”，其经理制定的店员探亲制度就好很多。其职工每8年有一次探亲假，假期是1年，柜上同人，不论有无家眷，均可轮流休假，薪水、红利照发。[②]

通过以上五个方面对商帮内部社会结构的分析，可见，这一群体在商业运作模式上实行家族式经营与区域经营，并严格遵守商业行规；在婚姻关系中基本是同乡通婚，有共同的文化背景，如生活习惯、生活习俗、乡音、乡情等，家庭关系较稳定；社会分层中，发生密切社会关系的阶层，特别是处于强势地位的阶层持有发展良好关系的出发点，如老板对工人、经理对店员等，导致该群体内部各阶层的相处基本还算良好。尤其是津帮，据迪化总商会会长石寅甫（津商）的长孙女石丽莹口述，津商内部各阶层的相处大多是和谐的，因为大家都是一起“赶大营”走出来的，经历了许多辛酸与苦难，逐步从行商改为坐商，有共同的利益所在，所以要互相帮助提携。她说，许多津帮店铺的老板都秉承这样一个理念，就是“宁可少吃一顿饭，不欠伙计一分钱”。一些津商店铺的老板对单身的伙计很关心，还给他们说媳妇。[③]

所以，商帮这一商人群体在社会结构上具有一定的稳定性和较强的凝聚力，从清初至民国后期在新疆的商业经济、城市近代化、社会生活变迁、文化发展等诸多领域都发挥了积极作用。

第三节　商帮的商业文化

一、商帮的商业文化特点

商业文化源于商品交换。商业文化就是能够体现商业价值观念的文化指导思想和与之相对应的规范化制度的总称。基本内容有：第一，商品文化。商品是一个载体，文化附加在商品上，古今中外都是如此。第二，商品营销文化。

① 天涯游子:《人在天涯》，新疆人民出版社2000年，第115—116页。

② 王鸿魁、于焕文、谢玉明:《天津商帮在新疆》，天津市政协文史资料研究委员会、天津西青区政协文史资料研究委员会编:《津西古今采珍》，百花文艺出版社1993年，第69页。

③ 笔者于2014年12月11日对石丽莹女士进行访谈时，石丽莹女士口述。

营销的核心是顾客需要什么，商铺就供应什么，并利用各种手段把商品送到消费者面前，满足顾客的需要。第三，商业环境文化。一个商铺不仅要有良好的内部购物环境，外部环境也很重要。一个小区、一条街道以至一个城市，都要进行文明建设。第四，商业伦理文化。在商业竞争中要讲信誉，不卖假货，不搞欺骗，实行优质服务，在竞争中达到“双赢”，以优良的商业道德，提高自己的商誉。第五，商业精神。商业精神是商业的灵魂，是一种价值观念。商业精神把行业发展的目标与全体员工的需求结合在一起，成为员工们共同追求的目标和共同遵守的道德规范和行为准则。以上五个方面构成的商业文化，几乎包括了商业整个运作过程。

近代新疆的商帮在长期的商业实践中形成了具有自己特色的商业文化，吃苦耐劳、诚实守信、富于创新、社会责任感强是其商业文化的精髓。

首先，吃苦耐劳是商帮商业文化的一个重要特点。如天津杨柳青人“赶大营”来新疆的一条路线，即“走大路”，途经静海、沧县、德州、临清、濮阳，过黄河到河南省的开封、郑州、洛阳，抵达潼关，经过陕西的西安、宝鸡，再经甘肃的天水、兰州、乌鞘岭，往西抵武威、张掖、酒泉，出嘉峪关过玉门、安西（今瓜州县）到星星峡，再往前就是戈壁滩的苦八站，其中以苦水、烟墩两站地段为最苦。这两站全长180里，沿路气候干燥，缺水少草，到站后方有残破不堪的小客店，还需用毛驴去远处驮水，水质苦咸，饮后还常常腹泻，就这样每碗水要收两枚铜钱。过了苦八站后，才能到达哈密、奇台、迪化等地。这条路是当年左宗棠进疆驱逐阿古柏入侵者时，把一些旧路修整后连接在一起的，是进兵、运输军需、军事投递的一条大路。

这条路从天津杨柳青到新疆迪化全程有153站，共计8171华里，如果步行需半年之久才能到达。他们跋山涉水，你搀我扶，一步步地赶路，两脚磨出水泡，用随身带的“马尾”穿泡放水，再用盐水冲洗一下。夜晚一般只睡四五个小时，便要乘凉赶路。途中病倒的，留在驿站中将养，病愈后，随后来者结伴再行。病死的，暂时埋在路旁显眼处，做标记，以后有人回家时，将骨殖捎回家安葬。途中如果有人吃了西瓜，必须将瓜蔓朝下扣着，以备后来的人解渴。杨柳青人曾有一句顺口溜：“十事九不成，就去赶大营。”说明“赶大营”纯粹是生活所迫，是“穷极一条路”。否则，按照中国人的传统观念，谁都不愿意背井离乡。

“出了嘉峪关，两眼泪不干，往前看戈壁滩，往后看鬼门关，出关容易进关难。”就是在这种恶劣的条件下，“赶大营”的天津小商贩们，为了谋生，他们不畏艰险，长途奔波，挑篓叫卖。到达奇台、迪化等地后又潜心经营，最后终于积聚了雄厚的财力，数年之后使得津帮在新疆商界崛起，成为翘楚。

津商在具体的经营活动中，同样不畏辛苦。在迪化从事蔬菜种植业的基本都是天津人，蔬菜的主要产地是迪化附城地区的东、西两个菜园子，其中以西菜园子最有名。西菜园子位于小西门外到城隍行宫（相当于现在的人民电影院到红山饭店一带），这里因紧靠乌鲁木齐河的东岸，地下水位高，滋润菜苗茁壮成长。故西菜园子田陌相连，菜畦成片。

比较出名的津商经营的菜园子有：今小西门一带的孟家园子、李家园子；今二道湾和南门体育馆一带的董家园子、任家园子；今自治区人民医院和外贸局一带的金家园子、陈家园子；今天山路一带的董家园子、沈家园子等[①]。天津菜商带来内地的生产技术，精耕细作、管理良善，蔬菜品种也非常齐全，不但有北方人喜食的各种蔬菜，还有南方人喜食的茼蒿、丝瓜、苦瓜、百合、山药等。

迪化的冬、春两季时间漫长，为了让人们吃上新鲜的蔬菜，天津菜商在菜园子的畦间搭上条条苇墙，以抵挡西北风；同时把菜田修理成东西长条形，有利于日照。早春时节，天津菜商不怕烦琐，晚间盖上苇帘，日出后就卷起苇帘以增高地温。这种苇席搭大棚采暖的方法，创造了优良的小气候，利于蔬菜生长，与今天的地膜栽培技术有相似之处。[②]

不仅津商，其他的商帮也具有顽强的吃苦精神。商帮中的晋帮在清代新疆协饷时代，是其最兴盛之际。协饷停后，不得不改营其他商业，时人称晋帮“尚俭苦，不求表面浮华。虽貌若平常，而内部甚殷实”[③]。

其次，近代新疆的商帮之所以经久不衰，关键在于其始终秉承“诚信为本、公道守规、货真价实、服务优质”的商业道德和经营理念，成为其克敌制胜的法宝。

例如晋帮商号最忌讳不讲信用和坑、拐、偷、骗等恶习。[④]晋商经营餐饮业的著名商号——奇台的“同义园”饭馆，就特别讲究饭菜质量及烹调工艺，旨

---

① 昝玉林:《乌鲁木齐往事漫记·稻米与蔬菜》，中国人民政治协商会议乌鲁木齐市委员会文史资料委员会编:《乌鲁木齐文史资料》（第 16 辑），新疆兵团印刷厂 1993 年（内部资料），第 79 页。

② 刘荫桐:《新疆农业史话》，中国人民政治协商会议乌鲁木齐市委员会文史资料研究委员会编:《乌鲁木齐文史资料》（第 8 辑），1984 年（内部资料），第 99 页。

③ 吴绍璘:《新疆概观》，南京仁声印书局 1933 年，第 182 页。

④ 冯万禄:《山西人在古城》，奇台县政协文史资料委员会编:《奇台文史》（精编本），新疆新华印刷厂 2006 年（内部资料），第 177 页。

在以“质优”赢得社会声誉，因而聘用数位名厨掌勺。[①]津商也同样严格遵守商业信用，不搞假冒伪劣。津帮在新疆的字号，多称京货店。在伊犁开店的津帮商号“文丰泰”，最早是从北京进货。后来鉴于北京运进的南方土特产和“洋货”，都是由天津运去的，而且在天津直接采购成本较低，于是逐渐把天津作为采购中心了。只有一些鼻烟、马具、同仁堂的丸散膏丹，以及蒙古族、喇嘛用的衣帽，还有山东产的丝绸等，必须到北京采购。为保障商品是正宗的京货，津帮的几家大商号在北京都有常驻地点。

又如近代商帮人士在迪化创办的著名“五大药店”[②]——凝德堂（1875年开业，陕商）、元泰堂（1876年开业，陕商）、德生堂（1892年开业，津商）、永盛堂（1917年开业，晋商）[③]、德聚堂（1914年开业，津商），它们的共同特点是货真价实，服务周到，提倡“尊古炮制、童叟无欺”的理念。五大药店不但从关内购进中草药、中成药，还充分利用本地出产的中草药，如羚羊角、鹿茸、党参、贝母、甘草等；同时他们还组织货源运往内地销售，既发挥了本地资源优势，又繁荣了市场。

再次，近代新疆的商帮，不但追求商品的货真价实，在服务内容、技艺上也追求创新服务，为商业发展注入不懈的动力。如源于明、盛于清的天津杨柳青民间木版年画，清光绪初年经“赶大营”的先导——津商安文忠创办的“文丰泰京货店”，把“杨柳青年画”首次带到新疆。当年津帮商人运进新疆的年画，以天津著名的戴廉增、齐健隆年画作坊的年画为主，财神、灶王、娃娃、仕女等类题材的年画，是进疆的大宗品种。但伊斯兰教反对偶像崇拜，他们不喜欢带有人和动物的年画，于是杨柳青的年画作坊便设计了一类专门销往新疆的年画，叫“洋林”，这种年画是以各种楼台殿阁建筑物组成的风景画，深受新疆各族人民的喜爱，于是销路大开。据说在“赶大营”兴盛的年代，每年运进新疆一带的年画，达数百万张之多。[④]

---

① 马旭文、卢家和：《同义园饭馆始末》，奇台县政协文史资料委员会编：《奇台文史》（精编本），新疆新华印刷厂2006年（内部资料），第339—340页。

② 刘荫楠：《五大国药店》，《乌鲁木齐掌故》（一），新疆人民出版社2001年，第116页。

③ 永盛堂药店与永盛生百货店为兄弟店，后期经理张永昌，此药店由张永昌的祖父创办。

④ 王鸿逵、于焕文、谢玉明：《天津商帮“赶大营”始末》，天津市政协文史资料研究委员会、天津西青区政协文史资料研究委员会编：《津西古今采珍》，百花文艺出版社1993年，第38页。

图 3-7 杨柳青年画：西域楼阁图[①]

图 3-8 杨柳青年画：四扇屏[②]

又如清光绪末年的商业重镇奇台，一些商帮人士在此创办的饭馆以“小巧精美”的创新特色，受到俄属芬兰探险家马达汉的赞誉，“几家汉人开的饭馆十分小巧玲珑，许多小桌椅板凳，精美的窗帘和门帘，成为这条街的诱人之处”[③]。

① 图片来源于天津市口述史研究会、天津市西青区政协合编《丝路津商——赶大营资料汇编》，天津人民出版社 2014 年，图片部分。

② 图片来源于天津市口述史研究会、天津市西青区政协合编《丝路津商——赶大营资料汇编》，天津人民出版社 2014 年，图片部分。

③ ［芬兰］马达汉著：《马达汉西域考察日记（穿越亚洲——从里海到北京的旅行 1906—1908）》，王家骥译，中国民族摄影艺术出版社 2004 年，第 282 页。

最后，社会责任感强。经商之家，一般都很注意维护社会声誉，热心社会事务。抗战期间，各商帮商号纷纷踊跃捐款支援前线，表现出强烈的爱国情感与社会责任感。其中，迪化津帮商号“俊兴德”的爱国行为令人特别感动，该商号经理蔡连俊写给新疆民众抗日救国后援会的信中这样说道：“（商民）虽学识短浅，然抗日救国之心绝不后人。诚以争取中国解放乃全民之责，不能亲赴前线与敌人作殊死斗争已有污国民之天职，若再安居后方不关心国难，甚至仍存自私自利之心，以为死难有人，我可坐享其成，将何以对死难之同胞，将何以为中华之民族商民？”故“本此恳谨由俊兴德号内，自本年（1938年）四月一日起，每月捐助省票（银）一百万两，至抗日最后胜利之日为止。……按月支送（至新疆民众抗日救国后援会），不劳来取”。①

“俊兴德”商号赤诚爱国，一直按月进行经常捐，1938年12月的经常捐为100万两省票银，1939年1月的经常捐又为100万两省票银。②

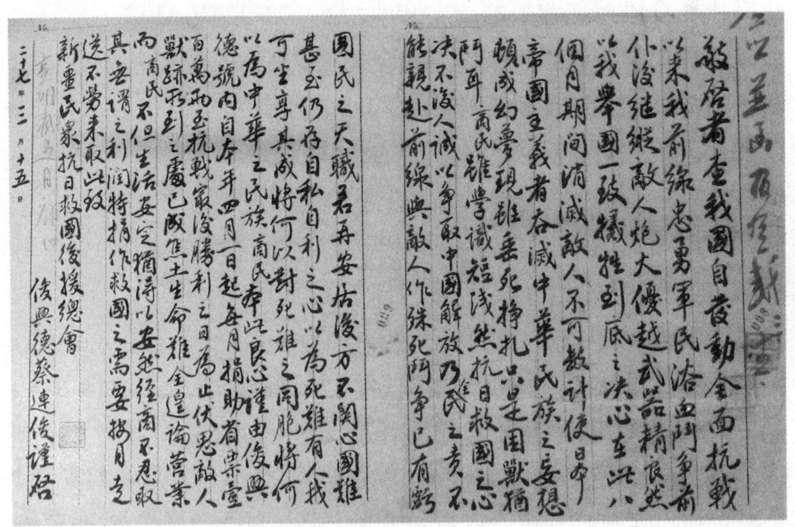

敬啓者查我國自發動全面抗戰以來我前線忠勇軍民浴血鬥爭前仆後繼敵人炮火優越武器精良然以我舉國一致犧牲到底之決心在此八個月期間消滅敵人不可數計使日本帝國主義者吞滅中華民族之妄想頓成幻夢現雖垂死挣扎只是困獸猶鬥耳商民雖學識短淺然抗日救國之心決不後人誠以爭取中國解放乃全民之責不能親赴前線與敵人作殊死鬥爭已有污國民之天職若再安居後方不關心國難甚至仍存自私自利之心以為死難有人我可坐享其成將何以對死難之同胞將何以為中華之民族商民本此良心謹由俊興德號內自本年四月一日起每月捐助省票壹百萬兩至抗戰最後勝利之日為止伏思敵人獸蹄所到之處已成焦土生命難全遑論營業而商民不但生活安定猶得以安然經商不思取其要謂之利潤特捐作救國之需要按月支送不勞來取此致

新疆民衆抗日救國後援總會

俊興德蔡連俊謹啓

二十七年三月十五日

图 3–9　津帮商号“俊兴德”写给新疆民众抗日救国后援总会的信函③

又如秦商于1944年在奇台创办的“玉合泉烧坊”，为抗战捐马出钱500元，

① 档案资料：《新疆商人抗日爱国捐献》，新疆档案局（馆）编：《不能忘却的记忆——档案中的故事》，新疆人民出版社2007年，第49页。

② 《新疆日报》，1939年1月18日，第3版，《抗日捐款》。

③ 照片来源于《新疆商人抗日爱国捐献》，新疆档案局（馆）编：《不能忘却的记忆——档案中的故事》，新疆人民出版社2007年，第49页。

为清理防空壕付款4元，为女校成立捐款40元购买戏票。[①]这些行为虽然金额不多，但都表现出该商号的社会责任感。

二、商帮的商业文化对商业经营的作用

商业经济的发展，推动着商业文化的发展。反过来，商业文化的发展又促进了商业经济的发展。两者紧密相连，互相促进。

商业文化的具体作用有：（1）激励功能，商业文化建设发挥着激励的能动作用，这比发挥物质激励的作用大得多；（2）约束功能，商铺在商业文化建设中形成的一种非行政、非经济的心理约束氛围，能增强经济、行政手段的制约功能；（3）凝聚功能，凝聚功能是商业文化最显著的功能之一。它能使员工自尊、自重、自强、自律，把员工的意志和行为引向同一目标和同一方向，并为这个目标和方向协同动作；（4）沟通功能；（5）育人功能，文化具有育人功能。商业文化同样具有培育人才、造就人才的功能。商业文化实际上就是以人为中心，以提高人的素质为中心内容的“软”管理。在商业文化的氛围中，员工养成了好的品质，产生了上进心和责任感，从而形成凝聚力和共同的价值观念。

这里仅就商业文化的激励功能和约束功能、凝聚功能对于商业经营的重要作用，进行具体分析。

首先，以商帮商业文化中的吃苦耐劳为例，它激励着商人们克服万难，顽强生存下来。

商帮人士从事驼运必经的草原之路，途中的衣、食、住、行充满了艰辛。草地中气候变化剧烈，一日内常有四季气候。有谚语说，草地三件宝——炒米、油茶、老羊皮袄。炒米是食物，油茶是饮料（以羊油煮面粉成羹，饮之能热腹御寒，但其味难闻），老羊皮袄尤为护身不可缺之物（除老羊皮帽、袜、手套外，其皮袄、裤、外套，大小三件重在30磅以上，负担不轻，穿起来俨然一伟大之毛人）。[②]虽然面对如此多的困难，但商帮人士仍然顽强地在新疆与内地间从事着商贸活动。

日本人佐藤回山说，伊犁的“天津商人皆能吃苦耐劳。……禁烟禁酒，非

① 魏大林：《玉合泉烧坊的经营方式》，中国人民政治协商会议、新疆维吾尔自治区奇台县委员会文史资料委员会编：《奇台文史》（第6辑），奇台县印刷厂1997年（内部资料），第58页。

② 雨生：《新疆旅行记》，《天山月刊》1934年第1卷第4期，南京天山学会天山月刊社发行，第26页。

常节俭，善蓄财，故皆有相当之资力”[①]。清末民初“赶大营”来新疆奇台的天津杨柳青人，发现新疆的蔬菜奇缺，就开始开荒种菜。他们最早是从附近农民家里借来工具，施足粪肥，修渠种菜。当时的生存条件非常恶劣，没有房子住，他们就用油布和树梢搭个窝棚，几个人挤在里面睡觉。用蔬菜换些米面，几个人用一个碗轮换着吃。经过他们的辛勤劳作，到1946年奇台的菜地已从最初的五亩发展到九十余亩。[②]根据奇台的气候特点，他们还创造了用芨芨草或芦苇在畦埂上栽“挡风墙”（亦叫风搭儿），以抵御冷风和增强反光辐射来提高地温，促进蔬菜成熟的办法来供应市场。他们还发明了用马粪、麦草压韭黄、芹黄的方法。所以在滴水成冰的三九天，奇台人亦能吃到反季节的新鲜蔬菜。

同一时期“赶大营”来新疆迪化的天津杨柳青人，也想办法从天津弄来各种蔬菜籽，在城郊开辟菜园子种菜，满足各族市民的需要。在迪化，任家菜园子在所有菜园中，以其蔬菜品种繁多、温室技术培植而名列榜首、远近闻名。该菜园子是由天津杨柳青人任成、任海哥儿俩开垦经营的[③]，在冬季设有温室育苗。他们从杨柳青引种的灯笼红圆茄子、肥大包心的大白菜、无籽线条黄瓜、红心萝卜、芹菜、韭菜、山药、百合等，都为边城蔬菜增加了新品种。任家的种菜技艺代代相传，到目前已传至六代人，形成了一套适合边疆气候的经验技术。

据记载，津人“勤苦耐劳，又善时蔬，多治园圃”[④]。民国时期吴绍璘也说，津人“善耕地种菜。就迪化而言，南郊一带，菜园林立，备有暖房，四时不匮，获利颇厚。经营不数年，居然能置田地，开小铺，绰然有余”[⑤]。

天津人除了善于种菜，在种瓜、种花方面也是能手，他们吃苦耐劳，认真钻研蔬菜、花卉的种植方法。迪化北面的安宁渠，出产的西瓜，沙瓤味甘，至今都很有名气。当年的天津瓜商对选种、留种都很严格，管理也很精心。瓜苗出土后，白天日晒，晚上逐苗扣上土钵，以保瓜穴地温，避免瓜苗霜冻。有些精细的天津瓜商，还用苦豆子草的茎条编成小筐子，早春时装入肥土点种瓜子，

---

① ［日］佐藤回山著:《伊犁见闻录》，王日蔚译，《天山月刊》1934年第1卷第4期，南京天山学会天山月刊社发行，第36页。

② 赵学仁:《古城“津帮”史话》，奇台县政协文史资料委员会编:《奇台文史》（第15辑），新疆新华印刷厂2005年（内部资料），第170页。

③ 刘荫楠:《任家菜园子》，《乌鲁木齐掌故》（一），新疆人民出版社2001年，第54页。

④ 王树楠:《新疆实业志》，《中国学报》1913年第8期，第7页。

⑤ 吴绍璘:《新疆概观》，南京仁声印书局1933年，第182页。

出苗后，白天放在室外日晒，晚间收回室内防寒。到了种瓜季节，即阳历5月中旬，筐中苗秧长出4～6片叶子后，就连苗带筐一起种在瓜穴中。因苦豆子草是一种高效绿肥，可以加速瓜苗生长，这样可使西瓜早熟半个月，在7月初就可以上市了。[①]

花卉种植方面，如迪化东、西两个菜园子中的东菜园子，位于今天的南门体育馆以南地带，蔬菜品种、耕作技术与西菜园子相似，但蔬菜上市较迟。这里的天津菜商不但种菜，还经营花卉，他们在田里种菊花[②]，待重阳节前后坐盆上市，以增加收入。当时迪化有位胡姓花农，是天津人，技艺高超，很有名气，人称“花王”[③]。他自己有花园，精心培育各种花卉。具体有蝴蝶兰、海棠、月季、倒挂金钟、夹竹桃、晚香玉、绣球等。每天他挑担上市，也有人去他家里选购。

可见，天津杨柳青人发扬了吃苦耐劳的精神，并在这种精神的激励下，把先进的园圃技艺带进了新疆，精耕细作，为新疆各族民众提供了丰富的蔬菜、花卉品种，改善了人民的生活品质，推动了新疆经济发展，成为新疆蔬菜种植业和花卉种植业的开拓者。

其次，以商帮商业文化中的诚实守信为例，商帮信奉的“以诚待人，以信接物，以利为义，仁心为质”的经商理念无形中对商人们形成一种制约和凝聚作用，督促人们从事经营活动时要货真价实、诚信交易。尤其是顾客对所购商品不满意，可以退换商品这条商业规则，是被各商帮严格遵守的。20世纪30年代的哈密，汉城里面“商店和货摊极为众多而热闹。这儿的商人做买卖是很客气而迁就的，买客所购的东西带回家去后，如不满意，可以退换。此种风气，已经成为一种习惯，很少因此而发生争执的”[④]。

又如广泛存在于商帮内部的“请会”习俗，就是一种以诚信为基础、众人帮一人的小型群体筹款活动。所谓“请会”就是一人遇困难，可请十人或根据困难者所需资金多少可请更多人，被请者拿出等份钱，在请人者指定饭馆聚餐

---

① 刘荫桐:《乌鲁木齐农业史话》，中国人民政治协商会议乌鲁木齐市委员会文史资料研究委员会编:《乌鲁木齐文史资料》(第8辑)，1984年(内部资料)，第102页。

② 刘荫桐:《乌鲁木齐农业史话》，中国人民政治协商会议乌鲁木齐市委员会文史资料研究委员会编:《乌鲁木齐文史资料》(第8辑)，1984年(内部资料)，第100页。

③ 刘荫桐:《乌鲁木齐农业史话》，中国人民政治协商会议乌鲁木齐市委员会文史资料研究委员会编:《乌鲁木齐文史资料》(第8辑)，1984年(内部资料)，第104页。

④ 天涯游子:《人在天涯》，新疆人民出版社2000年，第110页。

时当面交给请人者，从此请人者每一年只还一人的，被请者有多少人，请人者多少年还清，不计算利息。“请会”以津帮理门公所的人居多。[①]受益人称为“会主”。“请会”有两种方式：一是干会，干会是只请一次，这次吃的菜肴颇多；一是湿会，湿会是除第一次吃好一点后，以后每月请一次只吃四个菜。请吃时如果当事人不在，家中其他成员亦可顶替去吃。

当时“请会”一般都不立合同字据，全凭信用进行约束和凝聚，这是一种互相帮助的社会公益事宜。汉族商帮人士“请会”的较多，但当时的工薪阶层因工资少物价不稳，急需用钱的时候，也有“请会”的，被请者知道纸币不断贬值，也心甘情愿随会以帮助朋友解燃眉之急。

诚信经商的理念，同样被迪化开菜铺的商帮人士奉为圭臬，引导着蔬菜销售业的良性发展。20世纪20年代至40年代，迪化有著名的津帮六大菜铺[②]，分别为：（1）庆源和菜铺，地址在大十字以北的北大街路西（今小十字食品大楼一带）。该店主要销售小西门外菜园子的各种蔬菜，此外还销售羊肉、切面、杂货、各种调味品等；（2）王老五菜铺，地址在北梁路南（今民主路市群众剧院对面一带），该店主要销售小西门外菜园子的各种蔬菜，每天还定时定量地给附近的省立第一中学（今市一中）食堂送菜；（3）刘家菜铺，店址在大十字东北角（今天山商场门前一带），该店除销售各种蔬菜外，还销售酱油、醋、各种调料、豆腐等；（4）潘广顺菜铺，店址在王爷庙上坡（今东风路高等法院以南一带），该店主要销售小南门外窑坑一带的各种蔬菜，还经销醋酱和各种日用杂货；（5）杜茂林菜铺，店址在三角地（今北起中山路与和平北路交会处，南起明德路与和平北路交会处，东至中山路与明德路交会处，正好呈现一个三角形，下同），该店主要经销小南门外窑坑一带菜园子和宁夏湾菜园子的各种蔬菜，还经营各种日用杂货；（6）闫奶奶菜铺，店址在明德路西路口路南（今南门大银行对面），主要销售小南门外和小西门外菜园子的各种蔬菜，还经营酱醋等日用品。

这六大菜铺的共同特点是菜品齐全，夏季供应各种新鲜蔬菜，冬季供应本地产的冬菜，有大白菜、土豆、黄萝卜、青萝卜、红心萝卜、芹黄、韭黄、山药、百合、大葱、蒜等，随到随买。每家菜铺的服务都热情周到，服务一

① 李子杰：《民间往事几则》，奇台县政协文史资料委员会编：《奇台文史》（精编本），新疆新华印刷厂2006年（内部资料），第472页。

② 刘荫楠：《津门六大菜铺》，《乌鲁木齐掌故》（二），新疆人民出版社2003年，第208页。

方百姓，还给顾客当好参谋，介绍做津味的饭菜如何搭配肉和菜的种类。如顾客一时钱不方便，可以赊账，下一次买菜时一块儿付清。若碰到哪家有红白喜事，可事先订菜，保证按时送菜上门。因此这些津帮菜铺深得顾客信赖，生意很红火。

可见，商帮人士就是在这种诚信经营的商业文化熏陶下，使其在经营活动中自觉遵从“顾客为本、货真价实、童叟无欺”的商业理念，为自己赢得了广大市场。

第四章

商帮与少数民族商民的交往

新疆属于多民族聚居区，近代商帮在经商过程中，不可避免地要与少数民族商民发生接触、交往、交流。近代新疆少数民族商民主要有维吾尔族、回族。商帮人士与少数民族商民的交往，主要有三个层面：一是语言及风俗习惯方面；二是共同抵御外国经济侵略；三是共同合作经商及从事慈善事业。

第一节 近代新疆的少数民族商业

近代新疆从事商业经营的本国少数民族主要有维吾尔族、回族。近代在新疆北部及省会迪化一带经商的以八大商帮为主。而在南疆和伊犁一带，以维吾尔、乌兹别克等少数民族所经营的商业居多，资本也较商帮雄厚。回族所经营的商业多集中在北疆一带。

新疆少数民族商人开设的商号从清末至民国年间有很大发展。

关于乌兹别克人做生意的能力，民间有句俗语生动地进行了描述："十个俄罗斯人不如一个犹太人，十个犹太人不如一个乌兹别克人。"近代新疆的乌兹别克商人多为俄籍，1917年11月俄国爆发十月革命后，这些俄籍乌兹别克商人纷纷加入了中国籍，但他们的商铺仍叫俄商某某洋行。1917年至1949年，虽然俄国商人已经失去靠山，但由于新疆处于军阀统治之下，所以帝俄商人的残余势力依然没有肃清。

所以下文重点探讨维吾尔族、回族所经营的商业。

一、维吾尔族商民经营的商业

新疆的维吾尔族有悠久的经商传统，善于经商，"其俗坚忍刻苦"，且常越境经商，以土货往，搞洋货归，"商南路者多缠民，出喀什噶尔而往来英、俄两属（俄属为安集延、费尔干、塔什干各城，英属为阿富汗、克什米尔等地）之间，行商坐贾，递相转输，三四岁始一归”[①]。哈萨克、布鲁特（柯尔克孜）称维吾尔为“萨尔特人”。“萨尔特”一词源于古印度语，意为商头。[②]俄国外交官尼·维·鲍戈亚夫连斯基在《长城外的中国西部地区》中这样写道：

和务农相比，喀什噶尔人更喜欢经商。他们经营的大宗贸易，大商号很少，而小铺子到处都是，城市里有，农村里有，穷乡僻壤也有。往往一个小铺的货物只值几个卢布，但也算是个买卖。那些打馕卖肉、果菜摊贩都是喀什噶尔人，推车叫卖的零售小贩也主要是他们。这类商贩把自己的全部货物驮在一只驴背上（最多也只有两只），就走南闯北，游串起来。比较幸运的，也能从这种小贩上升为铺商，甚至逐步发家。[③]

维吾尔族普通商人被称为“稍塔子，大商人曰巴依”。除固定的商铺外，其余城乡多为集场式的临时市场，也就是巴扎。巴扎七天举行一次。巴扎上“山川珍奇，百货异物，色色具备。无论远近男女，争来交易”。因为没有中介，所以货物廉价。维吾尔族商人所使用的度量衡工具中，度量长度的叫“档子，约合中国尺的两尺”，度量重量的叫“哈答克，约合中国斤十一两”。所经营的商品，以“纱布、皮革、毡毯、葡萄干、杏干、桃干及俄制的洋布、铁器、文具用品为主”。维吾尔族巨商大贾，“拥资八九十万至一二百万者，亦颇有人”[④]。

在吐鲁番开设和田栈的孜牙乌冬，是一个较出名的维吾尔族商人。他于1904年（清光绪三十年）用40头骆驼、200块5斤重天泰茶为资金，在吐鲁番创业，主营毯子、土布、土特产及从印度贩运的小百货。每天干货类进货量在10车（重1000公斤）。1931年其子继承经营，年收入100块茶叶。和田栈的经

---

① （清）袁大化修，王树枏等纂：《新疆图志》（第29卷·实业二），东方学会据志局书重校正增补，1923年，第17、16页。

② 潘志平：《乾嘉年间新疆的商业贸易研究》，《西北民族研究》1996年第2期。

③ ［俄］尼·维·鲍戈亚夫连斯基著：《长城外的中国西部地区》，新疆大学外语系俄语教研室译，商务印书馆1980年，第55页。

④ 此自然段引号中的文字均出自吴绍璘《新疆概观》，南京仁声印书局1933年，第265—266页。

营年限达30年。[①]

维吾尔族商人最初贩运新疆南部的土布及桑皮纸等货物来迪化出售，新疆建省后一些维吾尔族商人渐有贩运葡萄干、杏干等至关内，再贩运天津、上海的商品来新疆的业务。不少人甚至长期留居内地不返。

二、回族商民经营的商业

回族商人在近代新疆商业史上非常活跃，据清末成书的《新疆图志》记载，新疆“商北路者多回民，自塔城以趋七河斜米间，岁一往还焉”[②]。晚清时期俄国驻新疆塔城、伊犁等地领事达10年之久的尼·维·鲍戈亚夫连斯基认为：“东干人富有事业心、勤奋、能干，所以他们生活都很富裕。……东干人对商业很精明，但在中国西部地区没有东干人开设的大商行，东干人并无大商人。”[③]回族商人主要经营驼运业、餐饮服务业、磨坊业、百货业等。还有一些回族商人“放债营利”[④]。需要特别指出的是，回族经营的驼运业，在新疆商业经济中占有重要地位。

（一）回族驼运业

清光绪初年至1933年的半个世纪中，新疆与内地的商贸往来主要依靠驼运。经营此业的汉族驼运户，据曾在驼队运药材的韩士元回忆，1911年迪化南关有个很有名的驼行，由杨福正经营，他有骆驼3000多峰；迪化大西门的韩大帮，有骆驼300～500峰；哈密的驮运户有田义福、义顺西、徐辉等人，共有6000多峰骆驼；巴里坤有刘华、张老四，有骆驼3000多峰；吐鲁番的田大帮，有骆驼5000峰。[⑤]

---

① 新疆通志·商业志编纂委员会、新疆通志·外贸志编纂委员会、新疆维吾尔自治区档案馆合编:《新疆商业外贸史料辑要》（第1辑），1990年（内部资料），第279页。

② （清）袁大化修，王树楠等纂:《新疆图志》（第29卷·实业二），东方学会据志局书重校正增补，1923年，第17页。

③ ［俄］尼·维·鲍戈亚夫连斯基著:《长城外的中国西部地区》，新疆大学外语系俄语教研室译，商务印书馆1980年，第49、48页。

④ ［俄］尼·维·鲍戈亚夫连斯基著:《长城外的中国西部地区》，新疆大学外语系俄语教研室译，商务印书馆1980年，第48页。

⑤ 韩士元:《驼运业的兴衰》，中国人民政治协商会议乌鲁木齐市委员会文史资料研究委员会编:《乌鲁木齐文史资料》（第2辑），新疆青年出版社1982年，第60页。

而回族驼运业在近代新疆驼运行业中的地位是：规模最大、经营活动范围最广、资金最雄厚、社会影响也最大。据清末俄国驻新疆塔城、伊犁等地领事尼·维·鲍戈亚夫连斯基描述："显然，东干人喜爱经营拉脚业。他只要有几峰骆驼，有时只有几对牛或马及相应数量的大车，就整年在路途中奔波。今天他载着俄国货走兰州，明天他装上棉花和畜产品去塞米巴拉金斯克（即斜米）、扎尔肯特（今潘菲洛夫）和维尔内（阿拉木图）；他时而去塔城，时而上伊犁以及别的地方。只有七月的酷暑和山洪才能使他停留在某个地方，但为时也不会长；隆冬的暴风雪和高山的严寒也阻挡不住这些热衷于拉脚业的东干人。"[①]

新疆回族驼行以迪化、奇台为中心，分布于南北疆重镇。回民驼运户，大部分来自山西、宁夏、甘肃。近代迪化最大的驼商是回族马产子，有骆驼数千峰。[②]同时迪化北门外的回族驼运户马老六、迪化南关的马福祥，各有骆驼300～500峰。[③]1936年以后，由于盛世才限制骆驼出境，只许进不许出，一部分驼商便成了迪化的驼运户，最多时迪化的骆驼曾达10000峰。

表4-1　近代新疆迪化知名回族驼商

驼户名称	骆驼数量（峰）	地址
马产子	数千峰	不详
马老六	300～500	迪化北门外
马福祥	300～500	迪化南关

新疆奇台的驼运业非常发达，回族驼行也最多。近代奇台共有20多家回族驼运业主，所养的骆驼共有5000～6000峰。[④]奇台的回族驼运业分为帮，一个帮有3～4顶房子，每顶房子有骆驼100峰左右。驼户都是掌柜雇来的。奇台知名的回族驼帮有：陆二宝、陆廷宣、陆廷荣、陆廷举，他家养驼700多峰；狄

---

① ［俄］尼·维·鲍戈亚夫连斯基著：《长城外的中国西部地区》，新疆大学外语系俄语教研室译，商务印书馆1980年，第48—49页。

② 梁元甫：《解放前新疆交通运输的主力军——骆驼》，中国人民政治协商会议乌鲁木齐市天山区委员会编：《天山区文史资料》（第2辑），工人时报印刷厂1995年（内部资料），第77—78页。

③ 韩士元：《驼运业的兴衰》，中国人民政治协商会议乌鲁木齐市委员会文史资料研究委员会编：《乌鲁木齐文史资料》（第2辑），新疆青年出版社1982年，第60页。

④ 王晨：《回民与古城驼运业》，奇台县政协文史资料委员会编：《奇台文史》（精编本），新疆新华印刷厂2006年（内部资料），第327页。

玉才、狄玉胜、狄玉金兄弟三人，养驼600多峰；马顺、马恒，养驼550多峰；王长汉、王生贵父子，养驼400多峰。除了上述驼帮，还有一些小驼帮，如马琪、马生福、杨生瑞等。[①]因驼运业也衍生出专门割草、卖草的生意，迪化南关、吐鲁番、哈密、奇台等地都有经营草料的回族商号。

表4–2 近代新疆奇台知名回族驼商

驼户名称	骆驼数量（峰）
陆家（陆二宝等）	700多
狄家（狄玉才等）	600多
马家（马顺等）	550多
王家（王长汉等）	400多

近代新疆驼运业的驼道是以奇台为中心，通往各地的驼道有“上八站、下八站、大草地、小草地、南路、前营、后营”等10余条。[②]回族运货驼队也以奇台为中心，主要来往于山西、陕西、甘肃、天津、迪化、伊塔、外蒙等地。常年贩运的货物有布匹、皮毛、肠衣、干货、药材、烟酒、黑白糖，有时也驮运军粮、军草。回族驼户在为掌柜运货的同时，可以用自己挣来的几峰骆驼驮上自己采办的货物，夹在整个驼队中往返买卖。这样一来，他们来往运货获利

① 王晨：《回民与古城驼运业》，奇台县政协文史资料委员会编：《奇台文史》（精编本），新疆新华印刷厂2006年（内部资料），第327页。

② 魏大林：《古城的驼道》，奇台县政协文史资料委员会编：《奇台文史》（精编本），新疆新华印刷厂2006年（内部资料），第329—330页。（1）上八站：一站即一天的路程，每站大都有水草和驼场，一站40～50公里不等，最多不超过75公里。上八站指奇台至迪化的路程。沿途水草丰茂、庄户相连，驼行获利最大，人称“富八站”。（2）下八站：指奇台至哈密路程。由哈密向东可达嘉峪关。此路能通行马车，俗称“官道”。沿途荒凉崎岖，以苦水、烟墩两站地段最苦。因此路艰辛，驮夫们不愿走，称之为“穷八站”。（3）大草地：从新疆境内奇台出发，经过外蒙古大草原，到达归绥（今呼和浩特）。此路沿途水草丰茂、地势平坦，匪盗较少，驮夫们乐于走此道。（4）小草地：就是由新疆的哈密或巴里坤，经内蒙古到归绥。（5）南路：原意泛指天山以南地区。此处南路指吐鲁番地区。从奇台出发，越过天山达坂即可到达。南路虽为短途，半个月即可往返，但山间小道险峻难行，山洪与暴风雪变幻莫测，缺少经验的驼夫难行此道。（6）前营：指乌里雅苏台，清代驻有满营。从奇台出发，越过北塔山，经银牛沟，向东北方向行15天左右到达前营。此道于20世纪30年代中断。（7）后营：指科布多，清代驻有满营。从奇台出发，越过北塔山，经银牛沟，一直向北越过阿尔泰山，行10天即可到达。20世纪30年代道路中断。

就像滚雪球一样，积累财富。积累到一定程度（一般要达到50峰骆驼），就可以雇人拉骆驼，自己单干了。

（二）餐饮服务业

“回回的吃喝人人夸，养马羊驼是行家。”新疆回族商人在经营餐饮服务业方面，有一定造诣，他们技术精湛，经营有方，具体有糕点、酱醋、制糖、锅盔、饭馆。

糕点 新疆回族商人经营的清真糕点主要是京、津、晋等北方省份的传统品种。以地产上等面粉、羊尾油及疙瘩糖（从苏联进口的块状白糖）为主要原料。从式样上分包货、酥货、浆货、油货和蒸货。包货主要是京八件，也称花八件或什样锦，是以夹酥面团做皮，内包黑白糖拌熟面、炼油及桃仁青红丝等小料的皮子蓬松而白的点心，也有包枣泥豆沙馅的。酥货是以糖油为主要原料，以一般面粉做黏合剂的包馅的点心，如桃酥、杏仁酥等，以酥、脆、甜见长。浆货是以糖浆和面做皮的硬皮点心，如月饼。油货是以糖、油面为原料，按比例合理搭配组合，经油煎再进一步加工而成的点心，如江米条、芙蓉糕等。蒸货以绿豆糕、糯米糕为代表。回族商人马登云，就是经营糕点业的佼佼者。马登云于20世纪20年代初在奇台创办的“云泰隆”茶食店，经营酥条、混糖饼、芙蓉糕、羊角蜜、开口笑、千层麻花、蜜柿子、寿桃、莲花酥等30多种糕点，以及虎皮糖、包仁糖、鸡骨糖等10多种糖果。其糕点色味俱佳，在古城糕点业中独树一帜。“云泰隆”声名远扬，引来了许多学艺人。一些有名的回民糕点师傅如马德荣、马福元、马生贵等都是从“云泰隆”出师后而名扬奇台的。[①]

酱醋 回族商人经营的酱醋业，其生产技术是直接向汉族商帮中的晋、冀商户作坊学习的，也就是著名的山西老陈醋和河北豆酱酱油的操作方法。经营酱醋业比较有名的回族商人有奇台的马俊德、张凤鸣、马德、马安民等。[②]

制糖 近代新疆本地生产的糖制品都是土法制糖，即以糖稀为原料加工而成，所谓糖稀是以黄米（糜子去皮）、小米（谷子去皮）加麦芽（或青稞芽）发

① 王敏:《“云泰隆”起落七十载》，奇台县政协文史资料委员会编:《奇台文史》（精编本），新疆新华印刷厂2006年（内部资料），第348页。

② 冯万禄:《古城回民食品》，奇台县政协文史资料委员会编:《奇台文史》（精编本），新疆新华印刷厂2006年（内部资料），第365页。

酵糖化后，淋液体经加热浓缩而成的土造饴糖。奇台第一家糖坊——黄家糖坊，就是回族商人黄一平、黄占元父子创办的。当时奇台没有制糖业，对于土法制糖这门工艺，可谓奇货可居。制糖工艺费工费时，但是本小利大。该糖坊最兴旺的时期是1939—1949年，在这10年中，黄占元创立了自家的字号——“元顺成”，以糖坊为主，兼营土产、日杂。土法熬糖的原料主要是黄米、青稞。“元顺成”的产品主要有芝麻棍子糖、板板糖、疙瘩糖、豆糖、焦糖等。“元顺成”因制糖工艺精湛，来此学艺的人不少。有一部分学艺满师后，就自己开糖坊，如白兴福的白家糖坊、苏家糖坊等。制糖业开始在奇台蓬勃发展起来，可以说，是“元顺成”带动了奇台整个制糖业的发展。①

锅盔　经营锅盔的回族商人不少。锅盔，又叫锅魁、锅盔馍、干馍，锅盔是西北陕西、甘肃、宁夏、青海、新疆等地的民间小吃，尤其在陕甘宁青地区流传已久。在新疆的食品业中，回民锅盔独树一帜。汉族有卖馒头、米糕的，维吾尔族有卖馕、烤包子的，但都比不上回民锅盔那样产量大、销路畅、顾客多。另外，回族商人经营的黄面酿皮子、油馓子等风味小吃也很有名。

饭馆　回族商人经营的饭馆业很成功。奇台的“上三元”饭馆远近闻名，由回族王静兰、马吉龙、拜老三于1933年合伙开，有红案、白案师傅，饭菜质量上乘，对外供应海参、鱿鱼、鸡、鱼、胡辣羊蹄等大菜，色、形、味俱佳，每天就餐者络绎不绝。“上三元”还自行饲养料羊，每年饲养的料羊有300只，雇工3人饲养。正是由于自行饲养料羊，原料成本价格低，生意盈利，饭馆办得相当红火。“上三元”在服务方式上，也有自己的一套方法。顾客进餐厅先洗脸，再落座喝茶点饭点菜，远道进城的农牧民无不感到方便。该饭馆后院大场可供顾客停放马车、牛车及拴牛马喂草料。“上三元”在奇台所有的餐馆中，可谓略高一筹。②

（三）磨坊业

回族商人在经营磨坊业方面，卓有成就。在迪化，回族商人经营磨坊业的很多。据1940年统计，迪化共有104家经营水磨的商户，共有磨盘135台，其

---

① 黄汉福：《奇台第一家糖坊——元顺成》，奇台县政协文史资料委员会编：《奇台文史》（精编本），新疆新华印刷厂2006年（内部资料），第354—356页。

② 王德祥原稿，卢家和补充整理：《忆奇台上三元饭馆》，奇台县政协文史资料委员会编：《奇台文史》（精编本），新疆新华印刷厂2006年（内部资料），第341—342页。

中回族就有54户[①]，占50%强，其余49户为汉族商人、1户塔塔尔族商人。迪化南关福寿巷的刘哈智是著名的回族水磨户，此人素好济贫扶弱，仗义疏财，在群众中颇有声望，加以本人曾赴麦加朝觐过，所以人们称他为刘哈智。在辛亥革命期间，此人曾秘密资助过在迪化活动的革命党人，经常掩护革命党人的活动。回族商民马正元对于促进新疆土水磨的机能创新，发挥了重要作用。1917年他以纹银1万两从伊犁购进俄式机器磨面机一部，在迪化鉴湖（今人民公园）西侧开设磨坊，日产面粉5000～5600斤。[②]这个机器磨的工效比旧式水磨高四倍，同时机器加工出来的面粉不但更加细，还成本低廉，被称为"洋磨粉"，在市场上深受欢迎。虽1933年该磨坊毁于战乱，但它的机器原理被土水磨广泛采用，对革新土水磨发挥了一定作用，提高了新疆磨坊业的整体水平。

（四）交通运输业

个别回族商人还经营过近代新疆最早的短途公共汽车服务业务，开创先进城市公共交通服务之先河。回族商人沙懿德，在伊犁官督商办羊毛公司的委托下，1911年（清宣统三年）主持惠远（今霍城县惠远乡）和宁远（今伊宁市）间的短途公共汽车业务[③]，他通过经纪人从波兰购入客运汽车两辆，每日在惠远和宁远间往返十余次。伊犁辛亥革命后，羊毛公司停办，这种短途公共汽车业务也随之停止。

第二节　语言及风俗习惯方面

清末民初，踏着黄沙大漠，迎着酷暑严寒，"赶大营"的商人们来到新疆。这里地广人稀，有时几十里上百里荒无人烟，遇有村落，通常不过十来户人家，

---

① 本刊资料室:《水磨史谈》，中国人民政治协商会议乌鲁木齐市委员会文史资料研究委员会编:《乌鲁木齐文史资料》（第6辑），新疆青年出版社1983年，第89页。

② 李富泉:《迪化水磨面粉加工记事》，中国人民政治协商会议乌鲁木齐市天山区委员会编:《天山区文史资料》（第4辑），新疆新华印刷厂1997年（内部资料），第133—134页。

③ 潘祖焕遗稿:《新疆解放前商业概况》，中国人民政治协商会议新疆维吾尔自治区委员会文史资料研究委员会编:《新疆文史资料选辑》（第1辑），新疆人民出版社1979年，第154页。

甚至只有一两户。新疆的少数民族民风淳厚，“赶大营”的人只需向主人双手抱拳作揖，主人就会明白客人的意思，于是热情招待。不一会儿，就会端上奶茶、烤羊肉、抓饭等。客人酒足饭饱后便早早安歇，次日付给银钱，主人都拒收分文。这些热情好客的少数民族群众为“赶大营”的人们提供了无私的帮助，使他们的后代至今感念。

这些商人留居新疆后，不可避免地要与少数民族商民在语言、风俗习惯等方面，产生交流与碰撞。

一、互相学习语言

在新疆的大部分商帮人士都会说少数民族语言，当然这主要是为了便于做买卖，语言通了就容易推进交往，容易沟通，易于解决问题。当时不少人通晓维语，还通晓俄语、哈语、蒙语，会说上述四种少数民族语言的商人们为数不少。有些商人虽然不精通少数民族语言，但营业中的常用语都会说。

在省会迪化南梁街（今胜利路）一带开设“元兴号”“春发祥”的津商王宪章、隋春甫[①]，他们就通晓多种少数民族语言，连店里的一般店员都能讲维语，所以在少数民族中有一定信誉。又如在迪化老马市（今南关育才巷）摆棉布摊的津商蔡德春，他懂多种少数民族语言[②]，维吾尔族、哈萨克族、俄罗斯族的顾客来买布，他都能应酬。特别是哈萨克语非常流利，郊区的哈萨克牧民，都愿意找蔡德春买各种布，三言两语就成交，有些还是大宗生意。

少数民族商人也积极学习汉语。20世纪20年代至40年代，在迪化南门一带开设商店的维吾尔族商人小肉孜，就说一口流利的汉语。[③]他的商店不但经营少数民族日用商品，还经营京广杂货、土特产品，以及从苏联进口的各种搪瓷器皿，生意很兴隆。他经常帮助一些生活有困难的维吾尔族和汉族老乡。小肉孜与津帮“新八大家”之一的“永盛西点心铺”的刘鉴周经理来往甚厚。在迪化开设哈莫德西服店的维吾尔族缝纫师哈莫德[④]，讲一口流利的汉语，人缘好，喜

---

① 杨梦九：《商界各族是一家》，中国人民政治协商会议乌鲁木齐市委员会文史资料研究委员会编：《乌鲁木齐文史资料》（第10辑），1985年（内部资料），第56页。

② 刘荫楠：《蔡德春的棉布摊》，《乌鲁木齐掌故》（一），新疆人民出版社2001年，第207页。

③ 刘荫楠：《小肉孜的民族商店》，《乌鲁木齐掌故》（一），新疆人民出版社2001年，第152页。

④ 刘荫楠：《哈莫德西服店》，《乌鲁木齐掌故》（一），新疆人民出版社2001年，第155页。

欢京戏，还能唱几段，在商界的各行业中，都有他的汉族好朋友。近代伊犁的津帮商人，他们聚居在一起，基本沿袭着天津老家的生活习俗，导致居住在伊犁汉人街附近的少数民族同胞也受到影响，不少维吾尔族老人能讲比较流利的带有杨柳青口音的汉语。[①]

二、互相尊重彼此的风俗习惯

新疆是少数民族聚居区，他们有自己的风俗习惯。新疆的商帮人士非常尊重少数民族的风俗习惯。民国时期不少商帮人士居住在迪化宁夏湾的少数民族居民院内，他们很尊重少数民族的风俗习惯。如果买了猪肉一定要用纸张包严。由于解放前迪化没有自来水，居民吃的都是井水。住在少数民族院内的商帮人士不用自己的水桶打水，而少数民族则热情地帮助这些邻居打水。这些细小的生活行为体现了商帮人士对穆斯林风俗习惯的一种接受和尊重。

少数民族也尊重商帮人士的风俗习惯。近代奇台的驼运业十分发达，有诗云“千峰骆驼走奇台，百辆大车进古城”，正是当时的真实写照。据新疆奇台一些回族老驼户讲述[②]，他们在几十年的驼运生涯中和商帮驼户们同呼吸、共命运。商帮驼户们，如逢家里人的忌日或是清明之类的节气，在进行祭奠焚烧纸钱时，回族驼户十分尊重和同情。

三、逢年过节互访祝贺

新疆的商帮人士每逢兄弟民族节日，或遇婚嫁喜事或儿童割礼，他们总是带着礼物前来祝贺，还在礼物上盖一张鲜艳的红纸，纸上写着祝贺的美好语言。以迪化为例，据时人回忆，居住在迪化货栈的南疆少数民族商人，若遇节日，货栈的汉族经理总为他们置办美味的饭菜，或请客会餐，让他们愉快度过自己的节日。[③]

津帮“新八大家”之一的“永盛西点心铺”的经理刘鉴周，身材魁梧，大

---

① 《新疆日报》，2005年12月12日，第7版，燕玲：《杨柳青与汉人街》（据杨恩奎的儿子杨俊甲口述）。

② 王晨：《在民族团结的大家庭里》，中国人民政治协商会议新疆维吾尔自治区奇台县委员会文史资料委员会编：《奇台文史》（第2辑），奇台县印刷厂1992年（内部资料），第43页。

③ 赛里木格林：《我是历史的见证人》，中国人民政治协商会议乌鲁木齐市委员会文史资料研究委员会编：《乌鲁木齐文史资料》（第10辑），1985年（内部资料），第33页。

脸盘，八字胡，平易近人，被誉为津帮“十大和气人”之首。[①]他会说维吾尔语，在维吾尔商人中拥有不少知心朋友。刘鉴周与迪化南梁一带（今胜利路）知名度很高的维吾尔族商人麦松江巴依交往甚厚[②]，除商业往来外，平时及逢年过节，两家人互相拜望，热情接待。20世纪30年代，麦松江巴依出国朝觐，将家事托付刘鉴周关照，麦松江不幸在返疆途中去世，刘鉴周得此噩耗甚为悲痛，在以后的岁月里尽到了一个老朋友的责任。

维吾尔族商界首领——肉孜阿吉非常重视各民族的团结，提倡友好交往。他无论在什么场合演讲，总是说：“我国各民族人民是一家人，每个民族都要在搞好本民族事情的同时，决不应该有损害其他民族利益的言行。”[③]他每逢过年、过节都要到汉族和其他民族家去拜年祝贺，还给贫穷人家送去羊肉、羊油。

第三节　二者共同抵御外国经济侵略

一、外国商人在新疆的经济掠夺

在新疆的外国商人，首推俄国人，其次是英属印度人，最后是德国人、美国人等。

从18世纪开始，外国资本逐渐进入新疆，到19世纪中叶新疆已成为帝国主义（主要是沙俄和英国）的商品市场和原料掠夺地。1851年（清咸丰元年），清政府与沙皇俄国签订《中俄伊塔通商章程》，开放伊犁、塔城为通商口岸。1860年（清咸丰十年），中俄签订《天津条约》，开放喀什噶尔为商埠。1881年（清光绪七年），签订《中俄伊犁改定条约》，开放迪化、古城（今奇台）、哈密、吐鲁番及甘肃嘉峪关为通商口岸。

通过上述一系列不平等条约，俄国率先在新疆获得了领事裁判权和免税贸

① 刘荫楠：《永盛西点心铺》，《乌鲁木齐掌故》（一），新疆人民出版社2001年，第127页。

② 刘荫楠：《津门商界与维族商界的友好往来》，《乌鲁木齐掌故》（二），新疆人民出版社2003年，第151页。

③ 谢力甫·胡西塔尔：《为各族人民所爱戴的肉孜阿吉》，中国人民政治协商会议乌鲁木齐市委员会文史资料研究委员会编：《乌鲁木齐文史资料》（第12辑），新疆青少年出版社1986年，第148页。

易的特权，其他帝国主义国家通过援引“片面最惠国待遇”，取得“利益均沾”，都获取了上述特权，这些特权严重阻碍了新疆本地工商业的发展。俄国政府为鼓励俄国商品出口到新疆，还规定俄货进入新疆后，退给俄商出口税。同时，俄国铁路又逐渐修通至中亚，离新疆很近，输出方便，运费也逐渐降低。

在这些有利条件的刺激下，俄商“奔走偕来，如水赴壑”①。为垄断新疆的进出口贸易，俄籍少数民族如塔塔尔（或称诺尕依，即鞑靼）、乌兹别克，以及极少数俄罗斯商人，先后在伊犁、塔城、喀什、迪化等地的俄国贸易圈②内，开设洋行③。后来在“奇台、哈密、库车、巴楚、英吉沙、阿克苏、和田诸地，俄人开设洋行者亦颇不少”④。1909年（清宣统元年），喀什地区的疏附县有俄商35户⑤，到辛亥革命前夕，该县的俄商达112户⑥。据《新疆图志》不完全统计，在辛亥革命前夕，新疆境内定居的俄商有2539户，共有约10109人（含无定居的俄国散商人数）。⑦民国时人吴绍璘对此慨叹道，俄国势力“如水银之泄地，莫不有其足迹焉”⑧。这些俄商以免税贸易和领事裁判权为护身符，“往往欺压平

---

① （清）袁大化修，王树楠等纂：《新疆图志》（第55卷·交涉三），东方学会据志局书重校正增补，1923年，第16页。

② 外商在新疆的通商口岸开设洋行，其经营、居住之所称为“贸易圈”，享有治外法权，俨然内地之租界。所以贸易圈是没有租界之名的租界。——作者注

③ 外商在新疆所设商店，称为洋行。1917年11月俄国爆发十月革命后，俄国洋行的商人们纷纷加入了中国籍，但他们的商铺仍叫俄商某某洋行。1917年至1949年，虽然俄国商人已经失去靠山，但由于新疆处于军阀统治之下，所以帝俄商人的残余势力依然没有肃清。——作者注

④ 吴绍璘：《新疆概观》，南京仁声印书局1933年，第268页。

⑤ （清）袁大化修，王树楠等纂：《新疆图志》（第44卷·民政五），东方学会据志局书重校正增补，1923年，第8页。

⑥ （清）袁大化修，王树楠等纂：《新疆图志》（第58卷·交涉六），东方学会据志局书重校正增补，1923年，第7页。

⑦ 该数据根据（清）袁大化修、王树楠等纂《新疆图志》（第58卷·交涉六，东方学会据志局书重校正增补，1923年）第4—7页计算而得。《新疆图志》（第58卷·交涉六）第6、7页中列出英国15户为印度人，加入俄籍；还有英国21户系温都斯坦人，也属俄籍，此种情况应算作俄商户数。另外一些俄国商户因为只有户数，男女丁口却没有调查清晰，所以实际俄商总人数要大于10109人。——作者注

⑧ 吴绍璘：《新疆概观》，南京仁声印书局1933年，第268页。

民，争占水利，抗纳粮税，违约滋事，种种弊窦，迭出丛生”[①]。

在清末，新疆的喀什、伊犁、塔城、迪化等城镇的商务往来，已多为俄国洋行控制，尤以省城迪化为甚。据统计1898年（清光绪二十四年），迪化有俄国洋行三四家，俄商200多人，到1907年（清光绪三十三年），迪化的俄籍商行增至30多家，俄国商民800多人，年终存货值30万卢布。[②]省城迪化众多的俄籍洋行中，有8家较大的洋行，分别为：吉祥涌（俄籍塔塔尔族）、天兴洋行（俄籍塔塔尔族）、芝盛行（俄籍塔塔尔族）、德盛行（俄籍乌孜别克族商人伊敏江等创办）、德和行（俄籍乌孜别克族商人美尔沙里与拉合满巴依[③]合办）、吉利行（俄籍乌孜别克族商人满素尔江创办）、仁中信行（俄籍乌孜别克族商人塔居斯曼创办）、茂盛行（俄籍乌孜别克族商人阿布特[④]创办）。这8家洋行在俄国斜米和新疆塔城设有总店和分店，有的还在吐鲁番、奇台等地设有分店。[⑤]如在奇台，德盛行有分店，经营人为巴巴买提；德和行也有分店，经营人为伊敏江阿吉。[⑥]其中最大的俄商洋行是俄籍塔塔尔族商人胡赛因、哈桑兄弟经营的吉祥涌，资金达到300多万卢布。[⑦]吉祥涌的买卖不但遍布新疆南北，还远达汉口、甘肃、陕西等地。

这些俄国洋行直接和英、俄、印度、阿富汗等国资本家有联系。他们从新疆低价收购农畜产品和手工业产品，远销国外，又从国外输进洋布、毛织品、

---

① （清）袁大化修，王树楠等纂：《新疆图志》（第57卷·交涉五），东方学会据志局书重校正增补，1923年，第2页。

② 1898年、1907年迪化俄国洋行数量及俄商人数均见（清）袁大化修、王树楠等纂《新疆图志》（第57卷·交涉五），东方学会据志局书重校正增补，1923年，第7页。

③ 在锡伯族耆宿通宝的回忆中，德和行的创办人叫热依木巴依和木尔沙里巴依，见通宝《外商在新疆的洋行》，中国人民政治协商会议新疆维吾尔自治区委员会文史资料研究委员会编：《新疆文史资料选辑》（第2辑），新疆人民出版社1979年，第158页。笔者估计是译音问题及姓、名分别称呼的问题。——作者注

④ 在锡伯族耆宿通宝的回忆中，茂盛行的创办人叫沙木克江，见通宝《外商在新疆的洋行》，中国人民政治协商会议新疆维吾尔自治区委员会文史资料研究委员会编：《新疆文史资料选辑》（第2辑），新疆人民出版社1979年，第158页。笔者估计是对人物的姓、名分别称呼的问题。——作者注

⑤ 包尔汉：《新疆五十年》，文史资料出版社1984年，第6—7页。

⑥ 刘燕斌：《古城工商界的帮口》，奇台县政协文史资料委员会编：《奇台文史》（精编本），新疆新华印刷厂2006年（内部资料），第332页。

⑦ 通宝：《外商在新疆的洋行》，中国人民政治协商会议新疆维吾尔自治区委员会文史资料研究委员会编：《新疆文史资料选辑》（第2辑），新疆人民出版社1979年，第161页。

铁器、皮革、白糖、火柴等商品，倾销新疆各地，牟取暴利。俄国洋行不向新疆地方政府纳税，不受清政府法律约束，汉族商帮与少数民族商民为此怨声载道。这些洋行“宽敞富庶，鳞次栉比，号称繁盛，为各城冠”[①]。当时的俄货充斥全疆，品种无所不包，毛织品、棉布、各种糖果、皮革品、石油、火柴、针线、玩具、纸张、文具、化妆品，应有尽有。同时，俄国又在伊犁、塔城、喀什三处开设华俄道胜银行，加速了俄商的资金流转。据统计1913年，俄商从俄国运到新疆的商品总值约为847.2万卢布（每卢布折合库平纹银五钱）[②]，而汉族商帮人士从内地运到新疆的商品总值还不及俄国的一半。可见，俄国商人势力居于压倒优势，本国商人受其排挤和压迫，无法发展。

图 4–1　1910 年迪化俄国领事馆对面的俄国商行 [③]

同时英属印度、英属阿富汗商人倚仗英国势力，借口最惠国待遇之例，也对南疆实行经济侵略。这些英属商人在南疆的经营地区以喀什、莎车、和田等地为中心。他们来新，必须经过海拔5000公尺的高山。只有每年的5月至11月的这七个月时间里可以通行，其余五个月大雪封山，极难往来。因此，英、阿对新疆的进出口贸易，远远不及俄国，且商品种类也不多。从1895年（清光绪

---

① （清）袁大化修，王树楠等纂：《新疆图志》（第55卷·交涉三），东方学会据志局书重校正增补，1923年，第16页。

② 厉声：《新疆对苏（俄）贸易史（1600—1990）》，新疆人民出版社1993年，第140页。

③ ［澳大利亚］莫理循图 / 文，窦坤、海伦编译：《1910，莫理循中国西北行》（上），福建教育出版社2008年，第179页。

二十一年）开始，英商对新疆的进出口货物都不纳税。进口的有印度杂货、染料、白纱布、金丝绒、胡椒、药材、熟羊皮等，输出的有现纹银、和田绒毡子、生丝、肠衣、溜胎羔皮、山羊绒、旱獭皮等土特产。据《新疆图志》统计，在辛亥革命前夕，新疆境内定居的英商有1258户，共有3027人。[①]

一些英属印度商人还在南疆放高利贷，重利盘剥，掠夺极为残酷。因“回俗经典以放债盈利为大戒，故缠民不得自相赊贷”，于是英属印度人钻这个空子，“以重利劫取，不逾年子倍于母。自喀什通商以来，英人多以放债为营业，今则俄人亦效尤矣”。[②]维吾尔族穷人，饮鸩止渴，受其盘剥。英人要地照房契为抵押品，如到期不能归还本息，就将抵押的房产田地接管，田地租给原农民耕种，收取地租；房产租给原主居住，收取房租。租金很贵，反客为主。据1910年（清宣统二年）来新疆考察的英国《泰晤士报》记者莫理循记载，喀什“有很多从印度来的英国侨民，包括一些锡卡普里[③]的放贷人。……锡卡普里放贷人每到一个国家就会受到诅咒。以前，他们在喀什噶尔有600人，……放贷人为追回一笔欠款，会大打出手。英国官员已要求他们离开，……中国人可以通过禁止当地居民与他们打交道来对付他们。……然而中国政府并没有采取这样的措施，放高利贷者实际上受到中国官员的保护。这些官员从他们那里借了钱，还钱时就对他们宽大处理，假装看不见他们对别人的勒索”[④]。在清末1906年（清光绪三十二年）的莎车，由于很多人嗜好赌博，所以“什卡尔普里（即锡卡普里，音译不同）放债人找到了很多业务，而且每月百分之十的利率就使得冒险是值得的。……马继业在新疆南部绿洲旅行时，他被许多穷困的受害者所包围”[⑤]。

进入民国年间，特别是俄国十月革命爆发后，乘帝俄商业在新疆衰落之时，一些德国及美国商人先后在迪化开设了安利（英商，1914年成立）、顺发（德商，

---

① 该数据根据（清）袁大化修、王树楠等纂《新疆图志》（第58卷·交涉六，东方学会据志局书重校正增补，1923年）第4—7页计算而得。

② （清）袁大化修，王树楠等纂：《新疆图志》（第29卷·实业二），东方学会据志局书重校正增补，1923年，第17页。

③ 即英属印度人。

④ ［澳大利亚］莫理循著：《一个澳大利亚人在中国》，窦坤译，福建教育出版社2007年，第258页。

⑤ ［英］C. P. 斯克莱因、P. 南丁格尔著：《马继业在喀什噶尔：1890—1918年英国、中国和俄国在新疆活动真相》，贾秀慧译，新疆人民出版社2013年，第139页。

1917年成立)、壁利(美商,20世纪20年代设立)、华美(美商,1930年设立)等洋行。这些洋行低价收购新疆的羊毛、羊肠衣、溜胎羔皮、旱獭皮、狐皮,来货多是玩具、杂货等。

民国杨增新时期,“全疆四十余县,无一县无外国之商民”①。

二、迪化总商会带领各族商民抵御外国经济侵略

外国洋行在新疆“专作投机事业,以廉价向民间收买各项土货,运诸外洋多获厚利,制成熟货,倒灌来新,又得赢余,层层剥削,利权坐失”②。面对这种情形,在商帮人士担任迪化总商会会长③的领导下,总商会多次要求民国督军,规定合理的收购价格。自1919年始,以商帮人士为主体的迪化总商会自行规定土特产品价格,号召本国商民收购经营,以维护自身利益。

在总商会的带领下,以津商安辅臣(安辅忱④)、赵润田为代表的商帮人士纷纷设立土产公司,收购的土特产品就地加工后,运往天津出口,有力地限制和打击了外国洋行的非法掠夺⑤。仅就新疆土特产品中的大宗产品肠衣而言,商帮人士分别在新疆13个城镇设立了肠衣加工厂。⑥

---

① 《呈报设立政治研究所文》(1916年6月9日),杨增新:《补过斋文牍》(甲集下·呈文编下),辛酉(1921年)三月新疆驻京公寓初版(刻本),第3页。

② 中国第二历史档案馆:《新疆省政府建设厅为呈报该省工商建设计划书事与工商部来往文书——新疆建设葡棉毛革土产局之计划》(1928年12月10日),中国第二历史档案馆编:《民国时期新疆档案汇编(1928—1949)》(第3册),凤凰出版社2015年,第207页。

③ 迪化的新疆总商会自1911年诞生至1949年新疆和平解放,共有16人担任新疆总商会会长(1945年起改称理事长)一职。除了回族商人马文祥于1949年8月16日—9月25日担任迪化市商会理事长,易炳元、魏岐山籍贯不详外,其余时段全部由籍贯清晰的13名汉族商帮人士担任,其中10人是津商,剩下3人分别是晋商、陇商。13名汉族商帮会长按照任职时间顺序分别为杨绍周(津商)、刘云卿(津商)、钱仁斋(陇商)、贺全福(晋商)、董树棠(津商)、苗沛然(晋商)、董光錞(津商)、周耀庭(津商)、周海东(津商)、曹余三(津商)、石寅甫(津商)、崔善祥(津商)、谢继臣(津商)。

④ 《新疆日报》,1941年4月24日,第4版,《发行建设公债特刊——直兴公司购债一千五百元》,又写作安辅忱。

⑤ 昝玉林:《迪化总商会的成立与活动》,中国人民政治协商会议乌鲁木齐市委员会文史资料研究委员会编:《乌鲁木齐文史资料》(第6辑),新疆青年出版社1983年,第72页。

⑥ 慕宁:《苏联与新疆省的商业关系》,《新亚细亚》1933年第6卷第5期,新中国建设学会发行,第45页。

安辅臣（忱）、赵润田合伙创办的“直兴公司”（民间也称羊肠子公司）[①]，是迪化最早的土产商行之一，它开业于20世纪初，坐落在南关二道桥一带。该公司专做收购和加工土特产品的生意，收购棉花、皮毛、肠衣等，就地加工后，运往天津等地出口。1917年苏联成立后，该公司还将收购和加工的土特产品，从伊犁地区出口，与苏联一些加盟共和国工商界进行换货交易，换取布匹、石油、汽车零件、钢丝床、火炉、铁锅、农具等，满足各族群众的需要。“直兴公司”的创办对于维护新疆各族农牧民的利益，建立公平合理的土特产市场，起了积极作用。

图 4–2 “直兴公司”创办人之一安辅忱先生（摄于 1941 年）[②]

三、共同投资设厂以挽利权

外国的经济侵略，不仅表现在低价收购新疆的畜产品和土特产品，打击本地的商业；更重要的是大量机器制成品对新疆的输出，严重摧毁新疆本地的工业。如1933年的奇台，“人口稠密，街市繁华，大商店多至四十余家。货物充盈，装潢悦目，犹如内地。以津晋帮最具势力。英俄商人在此亦孜孜不息，有大小

---

① 刘荫楠：《直新公司》，《乌鲁木齐掌故》（一），新疆人民出版社 2001 年，第 130 页。根据《新疆日报》，1939 年 8 月 3 日，第 3 版，《直兴公司自动修马路》，以及《新疆日报》，1941 年 4 月 24 日，第 4 版，《发行建设公债特刊——直兴公司购债一千五百元》，可以判断出刘荫楠的记述有误，该公司的正确写法应为“直兴公司”。

② 照片来源：《新疆日报》，1941 年 4 月 24 日，第 4 版，《发行建设公债特刊——直兴公司四位经理热心建设前后现购建设公债共六千四百元》。

洋行四十余家，凡俄制洋布、瓷器、铁货、文具、杂物，充斥于市，汉商渐有不敌之势”[①]。

新疆本地棉花、皮毛资源丰富，但只能输出廉价原料，让外国加工后再倾销回来。为抵抗外国经济侵略、挽回利权，新疆的商帮人士与少数民族商民团结起来，共同投资设厂，发展新疆的民族工业。

在省城迪化，为发展新疆的棉纺织业，民国初期维吾尔族商界首领肉孜阿吉与新疆总商会会长津商杨绍周联名倡议，要求在新疆开办纺织厂。但遭到杨增新的冷淡回应。后经各界人士联名敦促，杨增新不得不提出了一个筹建新疆阜民纺织厂的计划。建厂费用需100万两省票，折合现洋40万元。[②]省政府只能出一半，剩下的由倡议人向民众招股。肉孜阿吉带头拿出纹银2.5万两认购股[③]，并积极向各界人士募股，在民汉商民的共同支持下20万元民股很快募齐。1926年，阜民纺织厂在今乌鲁木齐西公园西侧开工建设，1928年建成投产，有工人200多名。[④]

在伊犁地区，1935年2月，由伊犁商会会长杨振山、孙仲卿及津商晏恩波、杨恩奎等人发起，天津杨柳青商人和维吾尔族富商共同集资创办了“伊力实业股份有限公司”。维吾尔族富商吐达洪巴依・阿拉麻伯克任董事长，在苏联领事馆工作的格列宾克任经理，晏恩波任副经理，入股者有汉、维吾尔、哈萨克、满等族商人。苏联与中方合同上注明苏方贷款5年，中方给苏联交皮毛牲畜等物，每股25元（以墨西哥银元为准）。交羊抵股的，以七个半腱羊为一股。晏恩波的儿子晏鸿林说，这是父亲83岁时根据回忆写下的。[⑤]到1937年，“伊力实业股份有限公司”先后创办了宁远（今伊宁市）第一座采用现代机械技术磨面的面粉厂，第一家电灯公司——宁远电灯实业有限公司，以及煤矿、电厂、火柴厂等。天津杨柳青商人在伊犁创办的这些工商企业，是伊犁地区最早的一批民族工商企业，很多在当时都属爝火微光，但对抵御外国经济侵略，发展本地工商业起了巨大的促进作用。

---

① 吴绍璘:《新疆概观》，南京仁声印书局1933年，第134页。

② 潘祖焕:《新疆建立阜民纺织公司的经过》，中国人民政治协商会议新疆维吾尔自治区委员会文史资料研究委员会编:《新疆文史资料选辑》（第5辑），新疆人民出版社1980年，第175页。

③ 谢力甫・胡西塔尔:《为各族人民所爱戴的肉孜阿吉》，中国人民政治协商会议乌鲁木齐市委员会文史资料研究委员会编:《乌鲁木齐文史资料》（第12辑），新疆青少年出版社1986年，第149页。

④ 阜民纺织厂在1933年马仲英第二次围攻乌鲁木齐时被纵火烧毁。——作者注

⑤《新疆日报》，2006年5月11日，第7版，燕玲:《赶大营：一曲长歌唱到今》。

图 4–3　津商在伊宁创办的面粉厂和电灯公司[①]

第四节　二者共同合作经商及从事慈善事业

《新疆图志》上说："西域番（指少数民族）汉杂处，联系胹合，多藉商力。"[②]这确是事实。在百货业的经营活动中，商帮人士与少数民族商民之间的商业交往日益频繁，经常互相协作。

一、互帮互助，互相依赖

新疆是少数民族聚居区，所以商帮人士"对新疆各族之贸易，无不迎合各族心理及所需而懋迁有无"[③]。湖南熏茶是回族人民最喜爱的饮料，湘商创办的"升恒茂茶庄"（1921年开业）就专门经营这种商品。津帮的"德兴合""同盛和""同泰兴"等商号，从内地进货时，总是注意新疆少数民族需要的商品，如闪花缎（即绮霞缎）、条绒、花布、毛毯、头巾、面纱、盖头、皮马靴、长袜子，以及蒙古族、哈萨克族需要的大礼帽，各种金银线、装饰花边、绣花线等。

同时，商帮人士还根据少数民族商民的商业交易习惯，进行相应的贸易。

① 照片来源《新疆日报》，2005 年 12 月 12 日，第 7 版，燕玲：《杨柳青与汉人街》。

② （清）袁大化修，王树楠等纂：《新疆图志》（第 29 卷 · 实业二），东方学会据志局书重校正增补，1923 年，第 14 页。

③ 张大军：《新疆风暴七十年》（第 4 册），台北兰溪出版社 1980 年，第 2281 页。

新疆的游牧民族，如哈萨克等，多喜以物易物的方式，于是汉族商帮人士用“茶、面粉、布匹、杂货、器皿，以易牲畜、细毛皮、马革、熟皮等”。汉商与新疆游牧民族的商业交易多定期举行，“牲畜交易在三、五、六、七、八、九诸月中，驼毛交易在六月，绵羊毛交易在六、七、八月，皮及细毛皮交易在十一、十二月份，乳油交易在九、十月份”①。

据载，新疆缠民（即维吾尔族）“好储蓄窖藏镪金”②。不但如此，新疆的少数民族如回族、维吾尔族的小康人家办喜事，还讲究“八大金、七大银”，已经成为一种时尚和习惯。近代津帮在省城迪化创办的著名四大首饰加工买卖商店——“泰昌金店”（1920年前后开业）、“聚兴金店”（1915年前后开业）、“振德银楼”（1895年前后开业）、“裕兴金店”（1930年前后开业），根据少数民族的喜好，适时地推出各种式样的金银首饰。③裕兴金店“从京津聘来超等名师，专做金银首饰及刻金银圆章、各种奖章、纪念章、徽章，……工精物美，金银纯净”④。振德银楼出售的金银成品有金镯子、金项链、金卡子、金梳子等；还有“铜合金”的以红绿宝石镶嵌的戒指，小孩戴的银锁、银镯等⑤，颇受少数民族群众的欢迎。

第一次世界大战发生后，俄、英帝国主义受战争影响，无暇东顾，暂时放慢了侵略中国的步伐。这给新疆民族商业的发展提供了一个良好的时机，其境内的商业日益活跃起来。1917年俄国十月革命后，由于俄商停止进出口贸易，新疆各种土特产品，一时没有出路，价格大跌。商帮中的津商开始购运狐皮、扫雪貂、狼皮、獭皮、猞猁皮、羊肠等到天津转售给各津行出口，解决了土产的销路问题。同时，又从天津运来国内商品及欧美、日本货物，占据了以前俄货的市场，满足了新疆市场的需求。在津商的带动下，少数民族商人也往天津一带运羊毛。一些维吾尔族商人甚至派人驻津、沪，然后贩运货物来新，扩大了少数民族同内地的商业往来。维吾尔族著名富商玉满巴依，他从南疆贩运土布、桑皮纸等货物到迪化出售，还把葡萄干、杏干、羊毛等货物贩运到关内，

---

① 该自然段引号中的文字均出自张大军《新疆风暴七十年》（第4册），台北兰溪出版社1980年，第2281页。

② （清）袁大化修，王树楠等纂:《新疆图志》（第29卷·实业二），东方学会据志局书重校正增补，1923年，第17页。

③ 刘荫楠:《四大银楼》,《乌鲁木齐掌故》（一），新疆人民出版社2001年，第117页。

④ 《新疆日报》，1936年10月7日，第4版，《重要声明：迪化裕兴金店振记谨启》。

⑤ 刘荫楠:《振德银楼》,《乌鲁木齐掌故》（一），新疆人民出版社2001年，第156页。

然后再从天津、上海运来商品，在新疆各地销售。同时，经营皮毛、土特产品的少数民族商人运至天津的货物销售后有大量现款，向商帮的置货商号收兑汇款，“汇水”也较在钱庄兑款利率要低。

商帮与少数民族商民互相依赖，在长期的商贸活动中，增进了彼此之间的互相了解，能够及时供应各自所需的商品。每逢春节，焉耆和阿勒泰的少数民族商人就会把新鲜的鱼、肉运到迪化来，供应各族民众过节食用；每逢少数民族的节日，商帮人士也能及时把少数民族的特需商品运到南疆和其他少数民族聚居地区，丰富少数民族民众的节日生活。

此外，一些商帮人士还给清真寺捐助生活物资。在伊犁宁远（今伊宁市）创办“公兴和”杂货铺的津商杨恩奎，经常为当地的清真寺捐助煤油、煤炭、茶叶等，赢得了兄弟民族的拥护。[①]

二、合作共事，合伙开店

辛亥革命以前，历代封建统治阶级实行民族压迫政策，各族人民得不到平等地位。以省会迪化为例，满清贵族阶级住在满城，汉族人住在汉城，其他少数民族住在南关。工商界也一样，商帮人士一概在汉城做买卖，少数民族商人在南关一带做生意。随着时代的发展，各族人民要求来往，工商界更是要互通有无。

民国杨增新治新初期，省城迪化的少数民族商界首领——肉孜阿吉（维吾尔族，时任新疆省参议会副议长）与迪化总商会会长津商杨绍周，积极加强民族团结，为了沟通商帮与少数民族商民的感情，他俩联名倡议，在迪化南门外修盖了一座很大的“天棚”市场[②]，让各族商民共同在一起做生意。这个大天棚，规模很大，北端从现在的南门鞋帽店起，南端至南门礼拜寺止，宽约12米，有两层楼高，棚顶用油漆和芦苇覆盖。自从“天棚”市场出现后，打破了长期以来“城里”“城外”的民族隔阂。大天棚底下常年有很多的各族商人做生意，秩序井然，气氛热烈。但从20世纪30年代开始，由于金树仁与马仲英争夺政权，战火纷飞，天棚底下的生意逐渐萧条。1933年盛世才上台后，借口整顿市容，把大天棚拆除。

---

① 《新疆日报》，2005年12月12日，第7版，燕玲：《杨柳青与汉人街》（据杨恩奎的儿子杨俊甲口述）。

② 谢力甫·胡西塔尔：《为各族人民所爱戴的肉孜阿吉》，中国人民政治协商会议乌鲁木齐市委员会文史资料研究委员会编：《乌鲁木齐文史资料》（第12辑），新疆青少年出版社1986年，第144页。

民国时期，有不少商帮人士与少数民族商人合伙经商，彼此关系融洽。20世纪40年代，迪化南关有一个“天山货栈”，是由津商孙绍页、张建元与维吾尔族商人阿德尔合伙经营。[①]他们互相信任，团结共事，几年之内业务有了很大的发展。又如商帮人士在迪化经营的“天丰永”“和兴成”等货栈，都请少数民族商人帮助经营业务。对于南疆维吾尔族商人运来迪化销售的大布、褡裢、干果等，都由货栈代为销售，一时卖不出去的就将货留下，售出后将货款汇去，或者先将货款垫付，让维吾尔族商人早日返回，以免停留等候，增加费用。少数民族商人对这种合伙的货栈非常信任，往往把货物从南疆托人带来，任凭货栈处理，很少发生纠纷。

新疆其他地区商帮人士与少数民族商人合伙经商的情况也很多。如清末民初的伊犁地区，津商刘世斋创办的“玉泰厚”京货店是近代伊宁赫赫有名的大商号，主营京货和药材。刘世斋看到对俄进出口贸易利润大，就和当地的维吾尔族大富商玉山巴依合作，把伊犁的棉花、羊毛、皮张、马尾等上百种货物销往天津，又从天津买来各种京货运到俄国，获利颇丰。[②]

三、共同合作从事公益、慈善事业

《辞海》对“慈善事业”条目的释义是“通过非官方组织以非盈利方式扶助社会弱势群体的事业”。慈善事业有利于组织和调动社会资源，激发社会活力，实现社会救助。慈善与公益略微有一点差异，慈善是给予，以捐钱为主；公益是参与，在于点点滴滴的行动，需要参与者花费时间、激情、智慧等。一个人未必有能力做慈善，但每个人都可以去做公益，参与公益事业，唤醒更多的善意与爱心。

1933年马仲英部围攻省城迪化期间，迪化各界人士组建的新疆慈善会，起到了稳定社会、凝聚人心、消除隔阂、解救民众的作用。商帮人士与少数民族商民联合其他各界人士，共同从事慈善事业，不但积极筹备成立新建慈善会事宜，还参与新疆慈善会组织的各种活动，如捐款、掩埋尸体、设立粥厂、发放粮食、救护伤兵等，避免了战后迪化城中瘟疫的流行，及时收容、救济了难民，

---

① 刘荫楠：《津门商界与维族商界的友好往来》，《乌鲁木齐掌故》（二），新疆人民出版社2003年，第151页。

② 《新疆日报》，2006年5月11日，第7版，燕玲：《赶大营：一曲长歌唱到今》（刘世斋的孙子刘学忠口述）。

加速了战后迪化社会秩序的恢复。

1933年，马仲英部进攻新疆省城迪化，与省军在西大桥、红山嘴一带发生的激战，是迪化自建城以来的一次浩劫。战争造成生灵涂炭，尸横遍野，难民很多，由内地来新、被聘为新疆省政府顾问的吴蔼宸目睹了这一切，积极奔走倡导成立新疆慈善会，他发现“商界尤形踊跃”，“商会会长董光錞（津商）、副会长贺德元（陇商）闻讯亲来，愿参加发起，埋尸一节，更表同情”。1933年3月9日，以商帮人士为主的“商会先捐票银3000两”，少数民族商人也为新疆慈善会踊跃捐款，“南关维吾尔族巨商为慈善会会员共捐到票银二万余两”。因慈善会设立的粥厂救助了很多人，南关一家商号的经理“来函赞成本会工作，自动捐票银一万两，又一商号自动捐助二千两”[①]。

商帮人士与少数民族商人踊跃支持、参与新疆慈善会的工作，不但四处奔走掩埋尸体，还为迪化民众购买粮食以便施粥、发放之用，并为商帮中的秦帮商人的地缘组织——陕西会馆提供了粮食贮存处。战乱造成迪化“城内居民多半缺粮”，吴蔼宸于3月10日“偕玉山、纯一、（周）海东（津商）策马出东门，察看设立粥厂地点，以农事试验场为适宜”。当日几人共“埋尸21口，内汉人1，军人1，回民4，维吾尔族15”。新疆慈善会筹委会相关人员提议“请南关回族或维吾尔族巴依代买食粮”。同时新疆慈善会委员苗沛然（晋商）“偕同南关办事处人员，雇车驼随同兵站，往四乡购买粮食”。就这样，粮食仍然不够用，同年5月，经大家讨论，决定将慈善会的存款购买粮食，堆存在陕西会馆处。[②]

商帮人士与知名少数民族商人均在新疆慈善会中担任了部分领导职务。1933年3月19日新疆慈善会召开成立大会，吴蔼宸报告开会宗旨道：“我们今天成立慈善总会，聚地方长官、商界领袖、回维巨商，以及牧师、神父、邮局同人于一堂。”3月23日，新疆慈善会召开委员会，公推克气格邮务长为委员长，吴蔼宸及蓝彦寿（回族）为副委员长，两位宗教人士——胡进洁（福音堂牧师）、奚伯鼐（天主教堂神父），两位党务特派员——宫碧澄、白毓秀，以及各族商界人士——胡赛因（塔塔尔族商人）、吐尔逊巴巴（维吾尔族商人）、马鸿祥（回族商

① 该自然段引号中的文字均出自吴蔼宸著、田杉整理《边城蒙难记》（原名《新疆纪游》），新疆人民出版社2010年，第52、53、54、55、57页。

② 该自然段引号中的文字均出自吴蔼宸著、田杉整理《边城蒙难记》（原名《新疆纪游》），新疆人民出版社2010年，第53、54、55、57、58页。

人）、贺德元（陇商，商会副会长）、苗沛然（晋商）、周海东（津商）等为委员。[1]

商帮人士与少数民族商人非常热心从事救助难民的施粥厂工作，不但商帮中湘、鄂两帮的地缘组织——两湖会馆，成为第二施粥厂所在地，各族商人还经常考察施粥厂的运转情况。新疆慈善会用各界人士的捐款在迪化设立了四个施粥厂，救助战乱中苦难的各族民众。新疆慈善会设立的第一粥厂在东门农事试验场，1933年3月14日，吴蔼宸“曾偕纯一、（周）海东（津商）策马至试验场，（看到）第一粥厂难民就食者200余人，维吾尔族居多”[2]。第二粥厂设在两湖会馆内，每日就食者300多人。新疆慈善会还在两湖会馆南面的左公祠售面，每人以半斤为限，每次发给三日食粮。每日领面者数百人。第三粥厂设在南关陕西大寺，每日就食者500多人，维吾尔族居多，次为回族。第四粥厂设在南寺，每日就食者700多人，维吾尔族妇女居多。[3]1933年4月9日，包括胡赛因、吐尔逊巴巴、马鸿祥、贺德元、苗沛然、周海东等商界人士在内的新疆慈善会全体委员一起“参观城外第一、三、四粥厂”[4]。

图 4-4　1933 年新疆慈善会设立的第一粥厂门口聚集的难民[5]

① 吴蔼宸著，田杉整理:《边城蒙难记》（原名《新疆纪游》），新疆人民出版社 2010 年，第 56、58 页。

② 吴蔼宸著，田杉整理:《边城蒙难记》（原名《新疆纪游》），新疆人民出版社 2010 年，第 54 页。

③ 吴蔼宸著，田杉整理:《边城蒙难记》（原名《新疆纪游》），新疆人民出版社 2010 年，第 57 页。

④ 吴蔼宸著，田杉整理:《边城蒙难记》（原名《新疆纪游》），新疆人民出版社 2010 年，第 57 页。

⑤ 照片源自吴蔼宸著《新疆纪游》，商务印书馆 1935 年，第 4 页。

各族商民对于慈善会开展的救助伤兵工作，也发挥了一定作用。迪化的陆军医院在此次战乱中接收了不少伤兵，但该医院“药品极形缺乏，院内陷于无人管理状态”。4月，陆军医院暂归新疆慈善会接管，慈善会敦请商帮人士“苗沛然（晋商）、周海东（津商）二委员接办，遇事秉承本会办理”[①]。

事实表明，近代新疆的商帮和少数民族商民通过互相学习语言、尊重彼此的风俗习惯，增进了彼此之间的接触交往；同时二者在抵御外国经济侵略、合伙经商繁荣新疆经济、开展公益慈善事业等方面，都有密切合作。这些接触交往越频繁，就越能打破偏见，带来彼此之间更多的信任与共识，促进多民族聚居地区的社会稳定与经济社会发展，并强化了新疆各族人民作为中华民族大家庭成员的心理认同感。

① 吴蔼宸著，田杉整理:《边城蒙难记》(原名《新疆纪游》)，新疆人民出版社2010年，第58页。

第五章

商帮的地缘组织——近代新疆的会馆

会馆是一种同乡组织。同乡组织是一定地域范围内的同籍人士在客居地自发设立的一种社会组织。以会馆、公所为活动空间的同乡组织始于明初旅外参加科举考试的士子组织的试馆。明中叶以后，随着商品经济的发展，以商人为主体的会馆开始大量涌现。

晚清民国时期的新疆商帮，在此大量设立同乡组织，也是一种地缘组织——会馆，会馆的规模、强弱是商帮实力的体现。虽然会馆具有一定的封建落后性，但在扶贫济困、调解纠纷、办理公益事业、弘扬中华优秀传统文化、加强各民族之间的文化交流等方面，都有很大作为。

第一节　各商帮在近代新疆设立的会馆

一、会馆的由来

会馆亦称“会所”。“会”是聚会的意思，“馆”则是供宾客居住的房舍，合意为“聚会寄居场所”。然而，“会馆”一名的演化并非易事，它是随着社会的变革和发展需要而产生的。

据历史记载，“馆”一名源自商、周时代的古燕国，因为燕国所处的特殊地理位置，使其成为天朝北端的屏障。为了保持与天朝之间的密切联系，自周代始，古燕国在通往各诸侯国及天朝的要道上修建了馆驿，专供邮役、使臣中途换马及休息之用。馆驿发展至战国时期，开始有了明显的划分，燕昭王改馆驿为邮驿，专供邮差传送军令及文书之用，另辟有馆舍招待各国使臣。此外，为安置和招揽报效燕国的客卿游仕，还专设“招贤馆”，使各类“馆”各尽其用。

秦始皇统一中国，客舍制度被推广至全国，燕为秦上谷郡，又地处边陲，起着重要的国防作用，客舍制度保证了边防的安定。西汉初，经济发展，市场繁荣，富商大贾周流天下。汉文帝推行重农抑商政策，限制商人活动范围，使商业活跃的区域内商人较集中，同业人或同乡人为了解决集合场所，纷纷在大都市和重要的商镇兴建“郡邸”，这种郡邸虽然与今日的会馆有所区别，并且名称不同，但却是同乡会馆及商业会馆的原始雏形。

隋代兴起科选制度，至唐、宋两代有很大的发展。为了解决各地举子入京寄宿问题，在通往京师大道上，商人兴建了许多客舍，唐时称此为鸡鸣店，宋时戏称为状元店。但这些客店都是以营利为目的的商业场所，许多寒庶穷儒则不敢问津，赴试赶考仍十分艰难。

南宋时城镇蓬勃兴起，各种产业的分工加速了区域间的商品流通，同时兴起江南帮所，纷纷移入京城临安，帮所成为外郡人为同乡谋公益的组织和各产业行帮交流获取信息的窗口，也是解决行帮集会、社交、寄居的场所。这种帮会公所已初具商业会馆的雏形。

会馆名称最早见于明朝，嘉靖年间南商纷纷北移京师。1553年（明嘉靖三十二年），北京外城建城，外省行帮云集正阳门、崇文门、宣武门外，开拓商市，进行竞争，以垄断市场。为了维护同行业商业利益，解决商贸洽谈场所及堆聚货物，工商会馆率先兴起，成为北京南城最早的建筑，并逐渐形成以沿护城河为基础的商业市场及商业会馆街区。

自1416年（明永乐十四年）开始，明都正式成为中央考场，全国举子每三年入京会试一次。一些落榜的贫寒举子，无川资返乡，只好滞留在京，面壁三年，待下次会试。这种寄人篱下、备受冷遇和欺凌的生活，使其身心受到严重刺激和伤害。当这批贫寒之士中第高升之时，极难忘怀昔日的凄凉酸楚，为使后学贫寒之士不重蹈此难，更为了今后跻身官场，相互提携照顾，他们联络同乡旅京客商合力集资购买荒地或私宅修成文人试馆。当时会试举子出入宣武门，故文人试馆多集中于此，形成文人试馆区。文人试馆多由同乡捐赠而成，所以亦成为同乡、宗亲会聚的场所。以后文人试馆的使用范围扩大，逐渐演化成同乡会馆。

清朝乾隆年间，会馆达鼎盛期，行业会馆、商业会馆、同乡会馆相继勃兴，在北京的各地会馆就达700多所。江西文人荟萃，商旅众多，在京会馆就达70余家，会馆数量位列诸省之首。

二、会馆在新疆的设立

（一）会馆在新疆设立概况

新疆古代会所可追溯到汉唐时代，其出现和发展与内地商贩迁入、屯垦戍边和徙民实边有密切关系。由于会所是基层民间社团组织，既不属于军政衙门系列，又不直接参与军国要务，不为朝廷镇边牧民服务，故在封建专制官本位的等级社会，正史中是没有记载的。

在古代社会蔓延着浓厚的乡土观念和维护行业内部利益的行帮组织的情况下，当时出现会馆性质的民间团体是必然的。史书记载，唐代西州大族多在高昌国时期或更远的高昌郡时代由河西、陇右迁来，除曾先后统治的敦煌豪族阚氏、张氏、马氏，金城（今兰州）麴氏外，著名大族尚有西平（今西宁）麴氏、郭氏、卫氏，武威孟氏，敦煌宋氏等，其郡望大多班班可考。他们沿袭南北朝重门阀的遗风，重氏族、重郡望、重门第联姻。入唐以后，民间结社活动很流行。根据《吐鲁番出土文书》，唐西州地区确已存在民间结社，其活动已不仅是做斋事，而且兼有助葬赈济性质。

清朝初年经过康熙、雍正、乾隆三朝用兵，平定准噶尔分裂、镇压大小和卓叛乱，于1759年（清乾隆二十四年）统一新疆。为恢复和发展新疆地方长期遭受战乱破坏的社会经济，清朝在新疆采取了两大政策：其一，实行大规模屯田。屯田的形式有民屯、兵屯、回屯、旗屯、商屯和犯屯等。各类屯户又援引内地同乡，每逢荒年饥岁或遇战乱兵资，便有大批内地灾民投亲靠友，迁居西陲。其二，整顿和改善地方财政，开放商禁，允许内地商人到新疆长途贩运，并给予减轻税率的优待。内地商人于是纷至沓来，呈现一片市场繁荣、百业俱兴的局面。他们将中原的绸缎、布匹、茶叶、铁器、药材、瓷器以及各种生活用品源源不绝地运销新疆，许多商民也携带家眷迁入伊犁、迪化、库车、阿克苏、乌什、和阗、叶尔羌（今莎车）、喀什噶尔等处设置商铺，长期定居。另外由于新疆是金玉之乡，在丰厚利润的吸引下，内地不断有大量淘金、采玉、挖药、倒买貂皮者，不顾清朝的禁令和惩处，涌入新疆来追寻富贵梦。无论是屯垦经商，还是淘金寻宝，万里迢迢来到塞外他乡，脱离了原来的生存环境，举目无亲，只有期望乡土观念维系的同乡的支援和慰藉。于是会馆便成为内地迁民踏入新疆的第一个温暖家园和可靠依赖。

1864年（清同治三年）新疆爆发大规模农民起义，形成各地封建割据政权。随后，浩罕阿古柏趁机侵入新疆，沙俄占领伊犁。持续不断的战乱不仅动摇了清朝的统治，也摧毁了新疆各地的会馆组织。与此同时，在迪化南山、古牧地（今米泉）、玛纳斯、奇台、巴里坤等地建立起武装性质的民间结社——民团。民团的组织形式和活动宗旨虽不同于会馆，但其思想意识和互保功能却有共同之处，可谓战乱期间民众求生存、图共济的军营会所。

光绪初年左宗棠率军收复新疆，1884年（清光绪十年）新疆建省。清廷采取了许多措施恢复和发展新疆的经济，其主要措施为：其一，大规模屯田。为此，1886年（清光绪十二年）首任巡抚刘锦棠等还专门制定了《新疆屯垦章程》，鼓励各族军民屯垦。一时间全疆屯居星罗棋布，“户口日增，荒芜日辟，赋额日加，渐臻富庶”。其二，设置邮驿以通商路。以随湘军西征“赶大营”的天津商贩为先锋，晋、秦、陇、蜀、湘、鄂、豫等省的商人纷至沓来。这些内地商贩在新疆建省后，也各自流散各地落户为民。其三，收复新疆后，大批士兵和下级军官就地复员。伴随着1876年（清光绪二年）左宗棠来新疆驱逐阿古柏入侵者的清军有四川的蜀军，两湖的湘军，安徽的皖军，河南的豫军，陕西、甘肃的陕甘军等。战争胜利后，一部分官兵转业，一部分退伍，一部分遣散。复员安置以湘军人数最多，两湖子弟或从商或务农，因其与湘军系统的军政官吏有千丝万缕的联系，收复新疆战功卓著，大多受到恩赐和庇护，他们迅速成为地方最富裕和有势力的同乡群体，并推动新疆各地两湖会馆的兴盛。

清末民国初年，内地连年兵连祸结，民不聊生，大量灾民难民纷纷逃荒出塞，其中以陕、甘、豫三省移民最多，而商贩则以津、晋、冀籍为主，他们成为新疆会馆发展广泛的群众基础和直接动力。于是迪化、伊犁、塔城、喀什噶尔、古城（今奇台）、镇西（今巴里坤）、昌吉、木垒、呼图壁、绥来（今玛纳斯）、孚远（今吉木萨尔）、阜康等中心城镇和交通要冲纷纷建立会馆，并成为当时最有社会影响的民间组织。

新疆的各会馆是地缘民间组织，多由该省商帮人士出资修建，是一种维护自身利益，方便在异地他乡活动的松散型乡缘机构。[①]因地处边远，处于一个民族成分复杂，语言、宗教信仰与生活习惯完全不同的生活环境，这些人凡遇本省附近各省之人士，亦以同乡视之，如江苏人遇到浙江人或安徽人，也视其为同乡。商民重乡情，为联络同乡感情，互相帮助，多以地域划分成“帮”的单位，除津帮、晋帮、秦帮、陇帮、蜀帮、湘帮、鄂帮、豫帮八大商帮外，还

① 曲彦斌：《行会史》，上海文艺出版社1999年，第64—65页。

有云南帮[①]、三江帮[②]等。为了祭祖、思乡、议事，以资同乡之间，有接近、晤谈和联系的场所，商帮中的“势力较厚者，均有会馆之设立”[③]。他们一般是以一省或数省为名，有的还以县为名组织会馆。

在各商帮人士的倡导、出资下，各会馆的建筑群落一般非一次落成，往往经多次合并、扩建、修缮而成。会馆的建筑群非一般官邸所能比，殿堂、戏楼都很华贵。会馆大多独占一所院落，院落最后面修建一座庙宇。当时新疆各商帮的会馆，进入大门就是一座高大的戏台，两侧有配殿、厢房，正中有大殿，并有走廊，都是雕梁画栋、飞檐朱壁。

会馆内部一般供奉各省的先祖先宗，即家乡神。两湖会馆供奉的是夏禹王，陕西会馆供奉的是周文王、周武王、周公旦，甘肃会馆供奉的是伏羲太昊，四川会馆供奉的是文昌帝君，山西会馆供奉的是武圣关羽，中州会馆供奉的是岳飞，江浙会馆供奉的是勾践。有些会馆的门款或大殿都是按照供奉的神位题名的，如山西会馆亦称关帝庙，四川会馆亦称文昌宫，两湖会馆的大殿称禹王宫，甘肃会馆的大殿称太昊殿。

新疆会馆的设置以迪化最典型，从1884年（清光绪十年）以后，会馆在迪化相继出现[④]，晚清民国时期迪化有著名的六大会馆。

1.湘、鄂两省商帮人士共同建立的两湖会馆（地址在今乌鲁木齐市人民广场天山大厦南面）

两湖会馆是左宗棠稳定新疆局势后，两湖商人修建的。左宗棠所部系两湖子弟组成，来新平乱后，一部分老弱病残的湘军解甲归田，多半人则在新疆安家落户。于是将会馆作为寄托乡思、联络乡亲、计议事情的场所。馆内供奉夏禹王，每年夏季农历六月初六禹王诞辰之日，两湖籍人士，均至会馆聚餐、酬神、演戏，两湖会馆的祭祀活动最盛大，往往举行半月之久。两湖会馆楹联：

东风舒杨柳千条，春色入边城，望气遥连函谷紫；

---

① 云南人以从政居多。自袁世凯称帝后，新疆的滇人多与蔡锷同情，思欲独立。当时杨增新不以为然，除一部分杨氏亲信外，其余多被迫离开新疆。所以势力日渐薄弱。——作者注

② 三江包括江苏、浙江、安徽、江西等省。三江之人数极为有限，大都服务邮电工厂机关等处，从政最少，少数人经商。——作者注

③ 吴绍璘:《新疆概观》，南京仁声印书局1933年，第181页。

④ 昝玉林:《会馆漫记》，中国人民政治协商会议乌鲁木齐市委员会文史资料研究委员会编:《乌鲁木齐文史资料》（第8辑），1984年（内部资料），第81页。

南干是昆仑一脉，乡情联新宴，开门如见楚山青。

横匾“惟楚有材”[①]。

两湖会馆，规模浩大，建筑宏伟，堪称迪化会馆之最。该会馆由大小三个跨院组成，如一座华丽的庙宇，正殿前是一座高大的戏台，三面可环视戏台，分前台、后庭两处演戏，前台戏场任民众观赏；后庭专为接待官宦仕子，畅叙乡谊。演出剧目高雅清丽，每至余音绕梁，使人颇感韵味。两侧有配殿，处处雕梁画栋，飞檐斗拱。两湖会馆土地开阔，辟有花园，草木繁盛，古树参天，别有风光，常使宾客流连忘返。

不容忽视的是，会馆往往和寺庙相连接成为一体，这一点在两湖会馆体现无遗。两湖会馆附有定湘王庙（即王爷庙），由刘锦棠拨专款修建于迪化巡抚衙门东边，紧挨着两湖会馆，位于两湖会馆的北面，且修建时间早于两湖会馆。湘军所至之处，皆建有王爷庙，在北疆称“定湘王庙”或“王爷庙”，南疆则称“方神庙”。庙内供奉“定湘王”[②]木像，均系从湖南运来。据说这是左宗棠稳定军心的一套措施，用意是湘勇虽战死新疆，但定湘王能将死者亡灵引送回乡。每年农历五月十八日为定湘王诞辰，届时两湖籍文武官员、商贩行旅都来庙内布施与叩拜，旁边的两湖会馆会献牲演戏，设宴会餐。位于定湘王庙隔壁湘商开创的“三盛园”饭馆，趁两湖籍文武官员、商贩行旅还愿设宴、大摆筵席之机，也赚得金钵满盆。此外，定湘王庙“牌匾甚多”，平日里的“香火极盛”[③]，经常有还愿的戏曲在演唱，因之每月都有二十余天戏一直不断，这在省城各庙

① 王子钝：《西陬楹联选辑》，中国人民政治协商会议乌鲁木齐市委员会文史资料研究委员会编：《乌鲁木齐文史资料》（第 11 辑），七二二零工厂印刷 1986 年（内部资料），第 172 页。另：下文中各省会馆楹联均出自该书的《西陬楹联选辑》一文。

② 定湘王传说是太平天国时，曾国藩驻守故乡城垣，太平军用巨炮攻城轰开了一个豁口，危急时突有一巨人坐于缺口，伸足于湘江灌洗。巨人身中三弹，竟安然无恙，太平军撤兵，城垣安保，后有人发现城隍金身淋漓，背有弹痕，哄传巨人乃城隍，于是奏请封城隍为定湘王。自此湘军中笃信其神明，雕神像随军征战，一则保佑，以鼓斗志；再则如阵亡，城隍可接引其魂归故里，不致成异乡孤鬼。湘军进新疆每年农历五月十八为定湘王诞辰，湘籍士农工商供祭，而后饮宴观戏。畅叙乡谊，形成风俗。定湘王庙全疆皆有。见《湘王随军入新疆》，载胡正华《西陲话旧》，新疆人民出版社 1995 年，第 250—251 页。

③ 吴蔼宸著，田杉整理：《边城蒙难记》（原名《新疆纪游》），新疆人民出版社 2010 年，第 31 页。

是独一无二的。迪化定湘王庙楹联：

灵迹著长沙，试问楚园青溪，渡头流水，洞里桃花，景象固依然，有无鸡犬桑麻乐；

功勋追定远，且看边陲绿野，樵子行吟，牧童短笛，心情俱自在，仿佛尧天舜日时。

据谢彬亲眼所见，1917年的两湖会馆“建筑宏敞，惜多颓朽。……定湘王庙规模宏大，房舍整齐完好，胜于两湖会馆”①。

此外，和两湖会馆密切相关的还有三座祠堂。其一，在省城两湖会馆的南面、三角地荷花池的东面，建有左公祠，供奉的是左宗棠画像。该祠堂建筑宽宏，有大殿与后殿，即厢房、戏台。祠堂大门上方写着“左文襄公祠”的牌匾。正中祠堂门楣上由新疆首任巡抚刘锦棠亲书“功宗久祀”，两侧楹联：

开荒肥莽榛，公规厥始，我竟厥成，百度秉遗模，抚今兹疆土人民，犹想见元戎经略；

大名垂宇宙，乐素非荣，圭裳非贵，九边崇祀事，愿终吉日月河岳，长护持丞相祠堂。

每逢春节和清明节前后，新疆官吏前来祭祀，老百姓尤其是天津杨柳青商人也焚香叩拜，深感左公助其远徙西陲、立业致富的恩德。其二，省城迪化的北梁，即现在第一中学库房所在位置，建有刘公祠，供奉刘锦棠的画像，旁边悬挂着翁同龢的赠句：“齐名曾左无前绩，开府疏勒第一人。”②其三，省城东门外还有一座忠义祠，祠内供奉的是左宗棠率军进疆驱逐外国侵略者时，所有阵亡将士的名字牌位。以上这三座祠堂，是清政府为表彰左宗棠、刘锦棠与阵亡将士而拨款修建的。

两湖会馆后来又分建湖南、湖北两会馆，规模宏敞，富丽堂皇，雄伟精致，均胜于两湖会馆。湖南会馆（今东风路）供奉“定湘王”，又称定湘王庙；湖北

---

① 谢彬著，杨镰、张颐青整理:《新疆游记》，新疆人民出版社 1990 年，第 60—61 页。

② 吴蔼宸著，田杉整理:《边城蒙难记》(原名《新疆纪游》)，新疆人民出版社 2010 年，第 31 页。

会馆亦称盂兰公所。

2.晋帮商人建立的山西会馆（地址在今乌鲁木齐市山西庙巷内）

据碑文记载，山西会馆早在1779年（清乾隆四十四年）落成，会馆占地面积较大，庙宇宏伟，古树参天，有大殿、配殿、钟鼓楼等。[①]1805年（清嘉庆十年）予以重修。[②]

山西会馆周围均是菜园，大部分是馆产，会馆占地面积广阔，庙宇宏伟，古树参天，十分幽静。会馆楹联：

设馆以叙乡情，芳草天涯，不越归心之念；
集会如回故里，桃源塞上，同联聚首之欢。

此联将会馆的宗旨写得很了然。会馆的木结构建筑高大宏伟，内供武圣关羽塑像，独具北方民居风格，是当年迪化一道独特的风景线。每年农历五月十三过会、酬神、演戏三天。

因奇台的晋商非常多，所以奇台修建的山西会馆，比省城迪化山西会馆的建筑规模更加宏伟。奇台的山西会馆占地面积达1.8万平方米，有戏楼、大殿、厢房等建筑群。[③]大殿中供奉关羽塑像，两侧有周仓、关平立像。后院中矗立着奇台的最高建筑物——春秋楼。春秋楼建于一丈多高的砖台之上，台上有三层楼阁，金碧辉煌，威严壮丽。春秋楼从基础起高度约有38米[④]，登楼远望，奇台全城尽收眼底。抗战时期，盛世才恐春秋楼成为日寇轰炸的目标，下令拆除。

3.陕西会馆

由秦帮商人在东大街（今中山东路伊斯兰大饭店西隔壁）修建。供奉周朝文王、武王、周公旦。每年农历二月初二酬神、演戏、与同乡会餐，并于春节时表演秦腔及社火。

---

① 《创建山西会馆碑》，新疆通史编纂委员会编，戴良佐编著：《西域碑铭录》，新疆人民出版社2013年，第379页。

② 《重修山西会馆碑》，新疆通史编纂委员会编，戴良佐编著：《西域碑铭录》，新疆人民出版社2013年，第392页。

③ 许文治：《奇台寺庙》，奇台县政协文史资料委员会编：《奇台文史》（精编本），新疆新华印刷厂2006年（内部资料），第547页。

④ 刘燕斌：《雄伟壮观的春秋楼》，奇台县政协文史资料委员会编：《奇台文史》（精编本），新疆新华印刷厂2006年（内部资料），第519—520页。

图 5-1 当今修复后的奇台春秋楼（作者 2012 年摄）

陕西会馆占地面积较大，约1.3万平方米，呈长方形，南北长、东西窄，是省城迪化所有会馆中规模最大的一个，内有戏台、大殿、配殿。后院有后殿和住房数十间。陕西会馆极其壮观，据参加中法科考团途经迪化的地质学家杨钟健记载，1931年陕西会馆重新进行了装修，“建筑从表面上看，十分壮丽，……中殿、正殿均新修，颇壮观，惜未油漆”[①]。

4.陇帮建立的甘肃会馆（又称陇右会馆，地址在今乌鲁木齐市北门医院对面）

馆内供奉伏羲太昊。每年农历九月初九过会、酬神、演戏，还将馆内所藏的名家书画陈列展出。迪化甘肃会馆楹联一：

会开西域，家国谧安，群策群力兴骏业；
馆设北庭，华夷共处，同心同德展鸿犹。

迪化甘肃会馆楹联二：

会开北疆，根源河岳；
馆设西域，桑梓羲皇。

金树仁主新时期，甘籍军政要员和实力派人物势力强盛，甘肃会馆有强大的政治支持和广泛的群众基础。会馆经济实力雄厚。金树仁拟将甘肃会馆改为甘新会馆，以示甘新一家，从而笼络土著，扩大政治基础，但未改成。仅在奇

① 杨钟健：《参加中法科学考察团漫记》，《西北的剖面》，甘肃人民出版社 2003 年，第 139 页。

台县靠直隶会馆东侧，另建了一处甘新会馆。

5.蜀帮建立的四川会馆（又称川云贵会馆，地址在今乌鲁木齐市民主路商店）

会馆供奉文昌帝君，地处市中心，戏台高耸，设备齐全，左右厢厅，并有看台。四川会馆戏台楹联一：

休言冷月关山，羌笛一声，此曲只应天上有；
话到锦城丝管，江风半入，何人不起故园情。

四川会馆戏台楹联二：

唱重两个曰，曰古曰今曰天下，多费舌口；
戏到半边虚，虚名虚利虚世间，枉动干戈。

图 5–2　1910 年迪化的四川会馆[①]

6.三江帮建立的江浙会馆（地址在今乌鲁木齐市建国路南端军区后勤部服装厂一带）

馆内供奉春秋时期的越王勾践，每年仅在节日祭祀。会馆楹联：

---

① 照片源自［澳大利亚］莫理循图 / 文，窦坤、海伦编译《1910，莫理循中国西北行》（上），福建教育出版社 2008 年，第 183 页。

众志同心，惠畴熙庶绩；
群英胜日，塞国话乡情。

1917年，受北洋政府财政部委派来新疆调查财政情况的谢彬，曾游览过迪化的江浙会馆，据其记述，江浙会馆“建筑宏大，冠于全城”[①]。

此外，豫帮建立的中州会馆（即河南会馆，地址在今乌鲁木齐市人民广场西侧），馆内供奉宋代的岳飞，规模不大却建筑精巧。天津、河北商人建立的直隶会馆（地址在今乌鲁木齐市文化路东五道巷内），不供奉任何家乡神。

在迪化，还有以县为名组织的会馆，这些会馆的成员都来自某省的同一个县。如乾州会馆（今市委办公楼后侧）[②]，乾州是湖南省一个县名，民国初年改为乾县，后又改名为乾城县，乾州会馆即由湖南乾县商人创建。又如醴泉会馆[③]，醴泉是陕西咸阳地区的县名，该会馆则由陕西醴泉县商人创建。

此外，还有山东公所等小会馆。

需要特别指出的是，作为执新疆商业牛耳的津帮，其与少数河北商人组建的直隶会馆[④]因规模较小，未能入迪化六大会馆之列，原因就在于津帮商人信奉理教，“天津人多在理门者”[⑤]，其设立的“理门公所”是津商进行各种祭拜、思乡、聚餐活动的重要场所，而不像其他商帮的会馆是他们活动的主要场所，所以津商的“理门公所”在精神领域发挥的作用远远超过了其会馆。

除迪化外，新疆各地也有会馆，如商业重镇奇台，历史上曾与哈密、迪化、伊犁齐名，并称新疆四大商业都会。这里先后建有甘肃会馆、宁夏会馆、直隶会馆、陕西会馆、河南会馆、四川会馆、两湖会馆、甘州会馆、凉州会馆、合阳县会馆（合阳县在陕西省）、山西会馆共11所会馆。[⑥]

又如商帮活跃的北疆伊犁地区，也建有不少会馆。建立在伊宁的会馆具体有两湖会馆、陕西会馆、合阳县会馆。建立在绥定县（今霍城县水定镇）的会馆有奉直会馆（即辽宁省和河北省）、陕甘会馆（陕西省和甘肃省）、江南会馆（长

---

① 谢彬著，杨镰、张颐青整理：《新疆游记》，新疆人民出版社1990年，第44页。

② 马力国：《昔日迪化多会馆》，中国人民政治协商会议乌鲁木齐市天山区委员会编：《天山区文史资料》（第7辑·城区建设专辑），2005年（内部资料），第203页。

③ 《新疆日报》，1939年4月4日，第3版，《醴泉会馆不甘人后，亦将会产报缴汉文会》。

④ 直隶会馆，以天津人尤其是天津杨柳青人占绝大多数。——作者注

⑤ 贾树模：《新疆杂记（未完）》，《地学杂志》1917年第1期，中国地学会发行，第198页。

⑥ 李子灵：《古城之庙宇》，中国人民政治协商会议新疆维吾尔自治区奇台县委员会文史资料委员会编：《奇台文史》（第1辑），奇台县印刷厂1991年（内部资料），第217页。

江以南的各省联合组织)。建立在塔城(今塔城市)的会馆有山西会馆、湖南会馆等。在承化县(今阿勒泰市)的会馆有山西会馆、陕西会馆、天津会馆。[①]

这些会馆类似于同乡会,有着浓厚的乡土特色。来新疆的内地人,找到自己所在省份的会馆,就算找到了家。由会馆安排其在会馆的房屋内食宿,并介绍职业,就这样亲帮亲,邻帮邻,难关就渡过去了。如本人不找本省会馆,其他会馆则不会管他,如果管了就会发生纠纷;除非本省会馆不管他,那么其他会馆就可以帮助他了。

(二)新疆的直隶会馆与理门公所

新疆的各个会馆全都供奉家乡神,唯独天津与河北商人组建的直隶会馆例外。但直隶会馆在帮助同乡人方面一点也不比其他会馆逊色。如奇台的直隶会馆,民国初年由津帮商号"德泰成"经理乔如山带头组织,在新疆总商会会长津商刘云卿支持下,奇台的津帮各商号出资,委托津帮"义善长"商号的李翰臣[②]、津帮"祥记京货店"商号的王子洲、津帮"文义厚"商号的穆春第等人筹建而成。共有北厅5间房、东西厢房10余间,东厢房用作宿舍及库房,外院大厨房可供百人聚餐之用。[③]奇台直隶会馆处处维护"津帮"人的利益,凡来奇台谋生的乡亲,首先投奔会馆,为其安生谋职业,会做买卖的,由津帮货栈赊销货物做货郎立业谋生;有手艺的,为其寻找门面开业;缺乏资金的,给予低息贷款作资本;有文化的,介绍给本帮商号做伙计店员;能打工的为本帮各作坊佣工;能务农的,介绍给本帮菜农家干活或赊给蔬菜零售。此处的直隶会馆使来奇台的乡亲各得其所,安身立命,共谋发展。会馆一旦闻讯有乡亲自老家来古城,便根据来信内容中的人口、特长情况,预先做出安置办法,以后得知到达古城的"准信"后,会馆即派出代表去东大桥迎接,一俟落脚,一切都安排妥当,正如到自己家里

① 李秾:《解放前伊犁州会馆组织谈》,中国人民政治协商会议、伊犁哈萨克自治州委员会文史资料委员会编:《伊犁文史资料》(第13辑),伊犁日报社印刷厂1997年(内部资料),第103页。

② 关于义善长商号经理的名字,王鸿魁、于焕文、谢玉明《天津商帮在新疆》(天津市政协文史资料研究委员会、天津西青区政协文史资料研究委员会编:《津西古今采珍》,百花文艺出版社1993年)一文有三种写法,分别是第17页为李汉臣,第40页为李苋臣,第41页为李翰臣。

③ 王鸿魁、于焕文、谢玉明:《天津商帮在新疆》,天津市政协文史资料研究委员会、天津西青区政协文史资料研究委员会编:《津西古今采珍》,百花文艺出版社1993年,第41页。

一样。其他会馆都自感不如，竞相夸奖“津帮”人“户热”“护群”[①]。

图 5-3　奇台的直隶会馆遗址[②]

图 5-4　奇台直隶会馆脊檩上的文字[③]

① 赵学仁:《古城“津帮”史话》，奇台县政协文史资料委员会编:《奇台文史》(第 15 辑)，奇台县印刷厂 2005 年（内部资料），第 168 页。

② 照片源自天津市西青区政协文化文史委员会编《西青文史》(第 11 册·赶大营专辑)，2010 年（内部资料），第 8 页。

③ 照片源自天津市西青区政协文化文史委员会编《西青文史》(第 11 册·赶大营专辑)，2010 年（内部资料），第 8 页。

虽然津帮的地缘组织——直隶会馆不供奉家乡神，但不等于说津商没有信仰，津商“信理教”[①]。津商修建的理门公所，有的位于直隶会馆附近，有的直接建于直隶会馆内部，供奉南海观世音菩萨，理门公所是津商的宗教活动场所。迪化的理门公所，就设在迪化直隶会馆的前面，信徒中大多数是津商，还有个别晋帮、陇帮商人。[②]此外还有山东、河南等地人，大多数是商人。[③]奇台的直隶会馆，则直接把西厢房作为“理教公所”[④]。

理教产生于明末清初，是清朝中后期兴盛起来的民间宗教。理教又称理门或在理教，创始人是山东进士杨泽（道号莱如，故又称为杨莱如）。明末因清兵入关，明朝江山覆灭，杨泽怀着反清复明之志，取义《礼记》“乐者通伦理者也”，以我国传统的伦理道德，斥清政府为“不伦不理，失道寡德之异邦”，于1645年（清顺治二年）创设理门公所。又因“理”与“礼”同音，故理门公所又称礼门公所。他创立的五字真言宗旨是“复明灭满清”，对外则说是“同心保大清”，形式上说是“观世音菩萨”。理门公所的戒律是破除迷信，不动烟酒。

清末理教的传播以天津和北京为中心向四周扩散，向北进入内蒙古和东北地区，向西进入山西、陕西、甘肃和新疆，向南经河北、山东和河南，同光年间进入长江流域。清末，天津已建有理门公所（男教徒活动场所）90处，二众公所（女教徒活动场所）20余处。[⑤]可见，理教在天津的传播之广。

清朝末年，伴随着天津商人以“赶大营”的方式来到新疆，理教也因此进入新疆。辛亥革命后，理门公所的“复明灭满清”的秘密“真经”已无现实意义，理门公所完全成为一个宗教团体[⑥]，专以“观世音菩萨”佛号为真言，对门徒则以诵经、拜佛、戒吸烟酒、练功为主，再无政治性活动。因此民国初年新

① 吴绍璘：《新疆概观》，南京仁声印书局1933年，第181页。

② 王鸿魁、于焕文、谢玉明：《天津商帮在新疆》，天津市政协文史资料研究委员会、天津西青区政协文史资料研究委员会编：《津西古今采珍》，百花文艺出版社1993年，第87页。

③ 王子钝：《礼门公所与大乘佛堂》，中国人民政治协商会议乌鲁木齐市委员会文史资料研究委员会编：《乌鲁木齐文史资料》（第5辑），新疆青年出版社1983年，第108页。

④ 王鸿魁、于焕文、谢玉明：《天津商帮在新疆》，天津市政协文史资料研究委员会、天津市西青区政协文史资料研究委员会编：《津西古今采珍》，百花文艺出版社1993年，第41页。

⑤ 杨平：《从地名看天津史地特点》，《天津师范大学学报》（社科版），1982年第5期。

⑥ 王子钝：《礼门公所与大乘佛堂》，中国人民政治协商会议乌鲁木齐市委员会文史资料研究委员会编：《乌鲁木齐文史资料》（第5辑），新疆青年出版社1983年，第102页。

疆督军兼省长杨增新还称赞理门公所为“保健门”[①]。到1937年以后，由于盛世才开始实行恐怖政策，理门公所的信徒不敢再聚会，津帮的理门公所遂自行解散。

津帮所信奉的理教教义思想来源多元，既对儒释道三教进行了汲取，又吸收了民间信仰及民间宗教的养分。新疆理教的主要特点是：（1）具有浓重的佛教色彩，是以观世音崇拜为核心的多神系统。如奇台的理门公所，观世音菩萨像是唯一被供奉接受信众顶礼膜拜的偶像。理教没有经籍可读，奇台理门公所的一些信众干脆直接将《心经》《金刚经》《往生咒》《六字大明咒》等佛教经咒奉为经典。（2）与道教联系密切。即宣扬内丹修炼和性命之说。（3）理教教义主要吸收了理学的宇宙哲学观和伦理思想。如“忠君爱国，孝顺双亲，尊敬长上，和睦乡邻”是其基本信条。《论语》中的“非礼勿视，非礼勿听，非礼勿言，非礼勿动”被理教奉为至理名言，信众随时随地，终身遵行。总之，儒学特别是儒家伦理学说是新疆理教教义相当重要的组成部分。新疆理教的戒律主要内容为：戒盗淫妄烟酒，多做善事，少做恶事。“在理”的人不去烟馆，也不碰任何烟酒，这在新疆并不鲜见。时人也记载：津商“不染烟酒”[②]。理教门徒家中来了非“在理”客人，餐具另备或严格洗涤，不备烟酒。如遇婚寿喜宴，也只准备吃食，席上只上菜，不上酒，也不备酒。

津帮的理门公所主要宗教活动是过斋口，即每年在观世音菩萨的诞辰日（阴历二月十九）、成道日（阴历六月十九）、出家日（阴历九月十九）举行大的斋会，俗称“过斋口”。信众用理门公所备好的毛巾、面盆洗手擦脸，到佛堂上香，然后依次向观世音菩萨、文殊菩萨、普贤菩萨等下参（即磕头），下完参去就餐。每个斋口过两三天。有门徒施愿钱（上布施），由专门的人负责收钱记账，用红纸条公布。斋口这一天，当地的各大天津名厨师都会自愿来到公所为大家献上自己的厨艺。早上会餐是四个盘（炒菜）的打卤面，下午是八大碗（炒菜）的大米饭和津味饭食。“过斋口”的余钱主要用于安排当家的生活，弥补其生活不足。

理门公所内部的组织结构方面，主持人称“当家的”，主座称“大当家的”，帮座称“二当家的”，男性门徒泛称“大众”，女性门徒泛称“二众”，为理门公

---

① 王子钝：《礼门公所与大乘佛堂》，中国人民政治协商会议乌鲁木齐市委员会文史资料研究委员会编：《乌鲁木齐文史资料》（第5辑），新疆青年出版社1983年，第107页。

② 问天：《新疆迪化调查纪略》，王云五、李圣五主编：《新疆与回族》，商务印书馆1933年，第104页。

所办事的人（相当于理事，公推数人）称为“催众”[①]，负责当家的生活安排，几个催众一起挨家挨户通知信众过斋口及筹划聚餐事项。迪化理门公所的当家人先是刘振邦，继为王福瑞、刘万庭，后为岳彩章。[②]

津帮的理门公所不通过传教方式来吸收门徒，主要通过三种方式。一是靠信徒自身的影响力。一般新疆的理教门徒家庭经济状况都较好，又不染烟酒嗜好，所以体质和精神面貌都很好，这些特质对教外人士有一定的吸引力。二是靠经济联系。如奇台理门公所的门徒绝大多数为商人，一些经济上联系较多者，慢慢与理教门徒成为挚友后加入了理门公所，或者一些人为了加强经济往来而加入理门公所。三是靠宣传加入理教后的好处来吸引信徒。理教门徒对戒烟戒酒非常重视，认为此点是门徒极端神圣之事，并且珍惜友谊，互相关怀，男性信众互相冠称“爷”，如张爷、李爷，女性互相冠称“奶奶”，如张奶奶等。

此外，理门公所还做一些慈善事业，如迪化的理门公所就提倡“掩埋尸骨、敬惜字纸”[③]，为津帮树立了良好的形象。理门公所还积极参与了抗战期间新疆开展的募集寒衣活动。1938年12月，津帮的理门乐善堂捐款5万两省票银。[④]

可见，直隶会馆与理门公所（包括二众公所）是津帮的一体两面：直隶会馆给予津帮物质的帮助，理门公所给予津帮精神的支撑。津帮之所以比其他汉族商帮更出色，是因为理教“诸恶莫作、众善奉行”等教导经常净化津帮人的心，并强化了津帮人的凝聚力。津帮为新疆的统一和建设做出过贡献，此中理教的功劳是不可磨灭的。

第二节　会馆的内部组织及运行

商帮在新疆建立的会馆基本属于同乡会馆，是一种十分松散的类似于同乡会性质的组织，一般都未拟定详细周密的章程规则，对会员缺乏较强的约束力。

---

① 催众，催促门徒过斋口的意思。——作者注

② 王子钝：《礼门公所与大乘佛堂》，中国人民政治协商会议乌鲁木齐市委员会文史资料研究委员会编：《乌鲁木齐文史资料》（第5辑），新疆青年出版社1983年，第107页。

③ 王子钝：《礼门公所与大乘佛堂》，中国人民政治协商会议乌鲁木齐市委员会文史资料研究委员会编：《乌鲁木齐文史资料》（第5辑），新疆青年出版社1983年，第102页。

④ 《新疆日报》，1938年12月13日，第3版，《募集寒衣运动》。

管理办法完全依赖于乡土观念、血缘关系，因此较为保守，存在宗法意识，它利用宗法观念将人们紧密地联系起来。

一般内地的省级会馆下辖州（府、郡）会馆，州（府、郡）会馆又管辖县级会馆，相互制约，相互依存，形成严密的同乡组织，以此保护同乡利益、会馆利益。但近代新疆各地的会馆，从现有资料看，不存在这种严密的隶属关系，处于各自为战的状态。

一、内部机构设置

内部机构设置方面，新疆的会馆一般都设立会首（或叫会长、长班，俗称当家的），经选举产生，一般都是由各省人士中有名望的耆老、绅商担任。如30年代迪化陕西会馆的会首是张宗仁。[①]新疆伊宁的陕西会馆，在1937年以前的会首是杨得胜。[②]晋商“集义生食品店”经理苗沛然曾担任省城迪化山西会馆的会首。[③]

会馆在组织运作上，实行理事会制度，理事会负有监管责任，管理会馆事务，主要是账目与房产。[④]1936年12月，迪化的山西会馆“经理事会多次讨论”，决定“本会馆附近之菜地开辟市场及住房，……以谋省会建设之发展，而解本帮住房之困难”。该会馆登报通知，“希有志同人，早日报名，协力建筑。……报名手续均印有简章，存三成元（晋商经营的饭庄），以备索阅”[⑤]。

1942年2月10日国民政府颁布的《非常时期人民团体组织法》（20条）开始推行理监事制后，新疆一些尚未向汉文会移交会产的会馆，也开始遵照国家法规推行理监事制，会馆的理、监事都是经选举产生，如1949年8月27日，哈密的三省会馆（江苏、山东、河南）“假该馆会址，召开第三次理、监事改选大

---

① 刘荫楠:《高抬》,《乌鲁木齐掌故》（一），新疆人民出版社2001年，第315页。

② 李稼:《解放前伊犁州会馆组织谈》，中国人民政治协商会议伊犁哈萨克自治州委员会文史资料委员会编:《伊犁文史资料》（第13辑），伊犁日报社印刷厂1997年（内部资料），第104页。

③ 刘荫楠:《集义生南式食品店》,《乌鲁木齐掌故》（一），新疆人民出版社2001年，第128页。

④ 哲生:《同乡会馆考记》，中国人民政治协商会议玛纳斯县委员会文史资料委员会编:《玛纳斯文史资料》（第3辑），1988年（内部资料），第55页。

⑤《新疆日报》，1936年12月25日，第4版，《山西会馆公启》。

会”[①]，并在该会露天舞台演唱秦剧三天，借以联络三省留哈（密）同胞的感情。

会馆一般无具体的专职办事机构，只设有财务、看门人、厨师以及会务人员数人。关于会馆经费的使用情况，据清末俄国驻新疆塔城、伊犁等地领事尼·维·鲍戈亚夫连斯基记述：“经费由同乡（即会馆）会长掌管，其使用情况则受全体会员监督。”[②]

二、会产来源

新疆的各个会馆都有自己的财产，称为会产，有的会馆财产还相当富裕。除了会馆主产外，会馆还辖有祠、庙、义园、义地及许多附产。

会馆财产的主要来源有以下5种。

1.同乡人死后无人继承的财产。由祀庙和会馆出面安葬死者，并接受所遗之房产，出租出去。

2.同乡人的捐献。如在新疆迪化的两湖籍人士，既有经商者，也有较多为官吏者，他们由新疆返回原籍前，必将一部分积蓄或房产捐给所在地的两湖会馆，以赈济贫困，算是积德行善。因此，迪化两湖会馆的田产、房屋是所有会馆中最多的。

3.会馆集资另购置的馆外房产等。

4.房产、地产的出租收入。会馆规定：主产不得租借，附产允许租借，为此，附产出租可为会馆增加修缮、活动等所需经费。此项收入以迪化的两湖会馆为最多，如1938年12月两湖会馆理事会发布告示，要求租借其房产的所有“未（缴）纳房租之住户，均应按照原日规定数目，从速缴至1938年年底。1939年的房租按照汉文会规定，由理事会讨论后于一月十五日通知各住户”。同时，“所有现住两湖会馆房产的每一住户，至1939年一月底止，一律到会馆登记，以便调查。各住户每月缴纳房租时，径交两湖会馆理事会办公室会计处，验收给（收）据。时间为每月初至二十日为限”。另外，两湖会馆的“房产，为取缔私人把转或包赁牟利起见，无论何人不得由现住户之手转租，否则理事会

① 《新疆日报》，1949年9月6日，第2版，《商会通告千余字莫知所云，三省会馆拉感情唱戏三天》。

② ［俄］尼·维·鲍戈亚夫连斯基著：《长城外的中国西部地区》，新疆大学外语系俄语教研室译，商务印书馆1980年，第222页。

即认为无效”[①]。

两湖会馆的租金开支如下：(1) 经营人员的工资。(2) 修补破旧房屋与新建房屋的费用。(3) 两湖会馆每到冬季，用租金买米或制作棉衣，施舍给两湖籍贫民，作为救济之用。(4) 用租金购买棺木施舍，掩埋无主死者。以上四项用款为数不多。(5) 主要用途是每年农历五月十八日的定湘王诞辰、六月六日两湖会馆的大禹诞辰。庆祝诞辰期间，大摆宴席三天，凡两湖籍人士均可参加，花费巨大。[②]

5. 商业性经营收入。经商是会馆重要经济收入来源之一，同乡人中有愿意从事商业者，或从会馆“领东”，或与会馆合资，个人与会馆立有字约，部分盈余由会馆提收。近代新疆商业领域著名的津帮“老八大家”、津帮四大银楼[③]、商帮五大国药铺[④]、“三园”饭店[⑤]、津帮八大澡堂[⑥]、晋帮三大票号[⑦]、湘帮两大茶庄[⑧]等无不得到各自本省会馆的有力支持。具体如汉族商帮五大国药铺之一的秦帮商号“凝德堂”药店就于1877年（清光绪三年）得到了陕西会馆的捐资。[⑨]

当时迪化的各大会馆都有房屋与地产，如山西会馆拥有城东、城西两处菜地；甘肃会馆在碾子沟有农田五百余亩，还在房院巷出租房屋数万间。

在迪化所有的会馆中，两湖会馆的会产是最雄厚的。在三道坝地区两湖会馆有不少稻田，今天山大厦的南北两面，原为两条商业街，南街是“王爷庙街”，大都是湖南人经营的蜡烛香表和木器作坊；北街是“铜铺街”，大都是湖

---

① 《新疆日报》，1938 年 12 月 28 日，第 4 版，《两湖会馆理事会启事》。

② 乌鲁木齐市政协学习文史委员会编：《民国旧事札记——感悟乌鲁木齐》，新疆人民出版社 2007 年，第 187 页。

③ 四大银楼是近代由天津杨柳青人先后在乌鲁木齐开办的泰昌、聚兴、振德、裕兴金银店。——作者注

④ 五大国药铺是近代陕西、山西、天津籍药商在新疆开办的著名的凝德堂（秦帮）、元泰堂（秦帮）、德生堂（津帮）、永盛堂（晋商）、德聚堂（津帮）这五个中药店。——作者注

⑤ “三园”是指近代誉满边城的由蜀、晋、陇籍商人开办的鸿春园（蜀帮）、三成园（晋商）、永庆园（陇商）三座饭店。——作者注

⑥ 八大澡堂是天津杨柳青人开办的玉清池、张家澡堂、新盛泉、杨家澡堂、黄家澡堂、沙家澡堂、李家澡堂、马市澡堂。——作者注

⑦ 晋帮三大票号即蔚丰厚、天成享、协同庆三家金融钱庄。——作者注

⑧ 湖南二大茶庄即乾益升、升恒茂。——作者注

⑨ 马力国：《昔日迪化多会馆》，中国人民政治协商会议乌鲁木齐市天山区委员会编：《天山区文史资料》（第 7 辑 · 城区建设专辑），2005 年（内部资料），第 204 页。

北人经营的铜器小五金作坊和灯笼、油漆作坊。今人民广场南北正中位置原为“衣铺街”，由两湖人经营缝纫、制鞋等生意。这三条街上的铺房不下千余间，都是两湖会馆的会产。此外，两湖会馆还于1886年（清光绪十二年）投资引渠，由三屯碑引水沿乌鲁木齐河东岸流经西大桥入河，在该段修建一条磨河渠（沿今新华南北路汇入乌鲁木齐河），该渠全长15～16公里，渠宽3米。还沿渠建了4座水磨[①]，作为两湖会馆的会产，常年加工面粉，促进了迪化的面粉加工业发展。正因为两湖会馆的会产很多，经费充足，所以两湖人在省城迪化都有正当职业，而且会馆的活动也特别兴盛。

第三节　会馆的功能

新疆地处中国西陲，自古以来多民族聚居，多宗教传播，多元文化交融，特殊的社会环境和历史沿革，使相对内地出现时间较晚的新疆会馆，不仅具有内地会馆的各项主要内容和基本职能，而且深深地打上了边疆多民族地区的烙印，从而赋予了新的内容和独有的特点。

新疆会馆产生的基础不同于内地，它不是来源于科举制度的附属组织和官场生活的余续，而是内地迁民求生存、图发展、互助共济的社会组织，在乡土观念弥漫整个社会的时代，被命运抛向陌生、孤寂、艰难的人们，便用乡土情谊来填补离乡别土、失去亲友而产生的精神空白，成为维系共同命运的群体的最坚实纽带。尽管新疆会馆产生的时间较内地晚，然而其社会作用和历史影响却远远超过其他地区。

新疆境内的会馆有参与和涉及政治的层面，但它更主要的层面是面向社会和民众的。作为民间组织，会馆为民众做了大量有益的事务，发挥了多种社会职能作用。会馆的功能主要有商议事情、调解纠纷、祭祀（即过会）、创办公益事业、举办戏曲和民间社火表演等五方面。

一、联络乡谊、商议事情

会馆，作为增强同乡内聚力的一个场所，是同乡商议重大事情的地方，经

---

① 本刊资料室:《水磨史谈》，中国人民政治协商会议乌鲁木齐市委员会文史资料研究委员会编:《乌鲁木齐文史资料》（第6辑），新疆青年出版社1983年，第88页。

常成为政治活动和幕后密谋的中心。

新疆商业史乃至新疆近代史上的重大事件——1910年（清宣统二年）王高升“火烧津帮八大家”事件，就是甘肃籍人士在甘肃会馆聚会、发动的。[①]

辛亥革命时，南疆各地哥老会兴起，他们打着杀富济贫、杀贪官污吏等旗号，常以会馆为活动联络中心[②]，因此杨增新曾一度加以限制会馆发展。嗣后，哥老会事件平息，白俄军败退新疆后，会馆活动又重新兴盛起来。

甘肃省河州人金树仁主政新疆，便得到陇帮商人建立的甘肃会馆的全力奔走活动。为争取中央政府正式任命金树仁为新疆省主席兼总司令，陇帮商人领导甘肃会馆积极联络甘肃籍军政官员、各族各界社会贤达及各职业团体、各法团纷纷电请南京政府“俯顺舆情，速颁明令，……以维边局而安人心”[③]，为金树仁上台竭尽犬马之劳。

对于来新的同乡籍官员，各会馆也极尽联络、交流之事。1931年中法科考团途经新疆迪化，因中方团长褚民谊是浙江人，在迪化的江浙会馆举行了热烈的欢迎活动。据载，他们一行人“刚进东城门，就见四省会馆（江苏、浙江、江西、安徽）门口车马盈门，门上张灯结彩，两旁军士排列，森严异常。我们就在军乐洋洋中入内。里面布置，甚为堂皇”[④]。

二、调解纠纷

生活在封建社会底层的人们，受到欺凌根本得不到官府的保护，衙役胥吏往往挑讼架诉，借机敲诈勒索或罗织罪名，嫁祸迫害。百姓对官府畏之如虎，

---

① 昝玉林:《会馆漫记》，中国人民政治协商会议乌鲁木齐市委员会文史资料研究委员会编:《乌鲁木齐文史资料》(第8辑)，1984年(内部资料)，第83页。

② (满族)刘德贺:《新疆近代的寺庙、会馆、义园》，中国人民政治协商会议新疆维吾尔自治区委员会文史资料研究委员会编:《新疆文史资料选辑》(第14辑)，新疆人民出版社1985年，第118页。

③ 中国第二历史档案馆档案:《新疆省蒙缠回哈诸民族首领请求即颁明令任命金树仁为新疆省政府主席兼总司令的通电》(1928年7月9日)、《新疆省党部等请求任命金树仁为新疆省政府主席与行政院来往文书》(1928年7月25日—12月12日)、《迪化总商会等再发请求中央政府速颁明令正式任命金树仁为新疆省政府主席兼总司令的通电》(1928年7月31日)，中国第二历史档案馆编:《民国时期新疆档案汇编(1928—1949)》(第1册)，凤凰出版社2015年，第58—59、223—226、286页。

④ 杨钟健:《参加中法科学考察团漫记》，《西北的剖面》，甘肃人民出版社2003年，第137页。

根本不可能有明镜高悬、司法公正的奢望。

在新疆特殊的社会环境中，会馆便填补了社会保护的空白，肩负起扶善惩恶、排解纠纷的职能。当同乡之间发生纠纷时，在会馆内由颇具声望的本帮绅商调解解决；不同籍贯之间的人们发生纠纷时，由各会馆的会首出面解决；不同民族发生纠纷时，由会馆的会首与当地清真寺阿訇协商处理；乡民与外侨发生冲突时，则由会馆的会首诉于领事馆或商约。会馆虽不能惩处罪犯，但受害者往往可争取部分经济补偿，这对于无依无靠、饱受欺凌和歧视的下层民众，已是难得的一点慰藉。

在商帮人士的领导下，会馆内部有时也发挥类似内地宗祠的惩戒作用。对同乡们公认的桀骜不驯、凶横暴虐、悖逆乱伦者或肉体惩戒，或逐出会馆，或押解回籍，甚至对民愤汹汹者在解押途经哈密、巴里坤等荒野地区时派人将其处死。如承化县（今阿勒泰）的山西会馆将一个歹人脚筋割了，因不能劳动，由会馆养活至终老。[①]

三、祭祀（即过会）

各个会馆每年定期举行祭祀活动，俗称“过会”，两湖会馆在农历六月初六过会，甘肃会馆在九月初九过会，陕西会馆在二月初二过会，山西会馆在五月十三过会……每年过会期间，在各汉族商帮的倡导下，各会馆都广招本省同乡参加活动。除举行盛大的祭祀仪式外，还要酬神演戏，少则三日，多则七天。过会时以个人名义或商号名义给会馆上布施（即给会馆捐款），既有布施的钱款，也有布施的物品。有的会馆将所收的布施款，又放高利贷，以增加会馆收入。一个会馆的经济雄厚与否，取决于该会馆所属地域人们所从事的职业和财力的强弱。如果富有者多，布施就上得多，否则就少。

各会馆过会活动的规模大小和时间长短，以及会馆财产的多寡，往往与该籍贯人在新疆的政治与经济势力大小有关。如晚清时期两湖人士在新疆为官吏者较多，湘商依靠政治靠山势盛无比，所以两湖会馆的财产最多。两湖会馆的祭祀活动也最热闹，往往举行半个月之久，分前台、后庭两处演戏，前台戏场任群众自由看戏，后庭专为招待官宦人士，清末曾任俄国驻塔城、伊犁等地领

---

① 李稼：《解放前伊犁州会馆组织谈》，中国人民政治协商会议伊犁哈萨克自治州委员会文史资料委员会编：《伊犁文史资料》（第 13 辑），伊犁日报社印刷厂 1997 年（内部资料），第 104 页。

事尼·维·鲍戈亚夫连斯基也说，到会馆来的“还有其他一些人物，例如同一省籍的官员等”[①]。而甘肃会馆，因陇帮商人本小利薄，其会馆则因资金缺乏数年未过会，后甘肃人金树仁当了新疆省主席后，该会馆的活动才频繁起来。

各会馆一年一度的过会活动，像庙会一样，非常热闹。赶会看戏的各族群众，整天摩肩接踵，卖小吃的，卖零星物品的商贩，在会馆门前拥聚得水泄不通。各大会馆在过会期间，各汉族商帮在会馆内部都要举办同乡欢宴，酒席非常丰富。各省同乡在欢宴期间会见交谊，联络感情。

四、创办公益事业

首先，商帮建立的会馆都有救济贫穷同乡及鳏寡孤独的义务。特别是对于从内地来新疆的同乡，如果一时遇有困难，可以要求会馆帮助解决。他们来疆的第一个落脚点通常就是同乡会馆，在商帮人士的协助下，会馆为其提供食宿、医疗、转送、觅职谋生等，解决初来者最迫切的生存问题，可以说是维持生存的暂栖所和补给站。至今许多“老新疆”还常回忆祖辈得益于同乡会馆帮助而定居的故事。尤其在丰产之年，新疆农村极缺劳力，户家们常赶着大车到会馆“接老乡”，许多人在会馆帮助下确定了新的生存位置。对于贫困潦倒者，会馆的服务是慈善性无偿的，失意落魄者还常从同乡扶助中寻回生活信心和人间情谊，会馆也获得盛誉和活力。

同时，各会馆在帮助本省的鳏寡孤独人士方面，也不遗余力。1939年1月，迪化刘公祠街一名独居的70余岁河南老人董占奎，由于用火不慎引发火灾，“被灰烟熏迷，觅门不见，遂被火烧死”，后经“河南会馆备棺、殓葬”了[②]。

其次，新疆各地的会馆都建有专为埋葬同乡死者的义园（即公墓，也叫坟地、茔地、义地），无主死者可由会馆埋葬，义园派专人看管坟墓与寄放的棺材灵柩。工资伙食均由会馆支付。2004年在北疆的昌吉县城区，出土了立于1901年（清光绪二十七年）的两湖义园地界碑。[③]

---

① ［俄］尼·维·鲍戈亚夫连斯基著：《长城外的中国西部地区》，新疆大学外语系俄语教研室译，商务印书馆1980年，第101页。

② 《新疆日报》，1939年1月10日，第4版，《刘公祠街火警，老翁董占奎焚死》。

③ 《昌吉义园地界碑》，新疆通史编纂委员会编、戴良佐编著：《西域碑铭录》，新疆人民出版社2013年，第498页。该书作者认为碑铭上方略微残缺的两个字为“雨湖”，但笔者认为有误。根据该书此页附录的碑铭照片，可以较清晰地看到“兩湖”字样，“兩”为“两”的繁体字。故笔者认为，此碑铭为两湖义园的，即湖北湖南两省在新疆客死人士的公墓。——作者注

就省城迪化而言，这里有湖南义园、湖北义园、甘肃义园、湘军义园、奉直东义园（俗称天津义园）[①]等。这些义园作为临时寄放灵柩或浅埋保护，将来移灵返乡之地。如奉直东义园面积广阔，津帮就在直、东义地之间，圈占义地一块，凡津商客死者，先葬于此。新疆土地干燥，尸久不腐，年深日久，吸尽水分，而似“木乃伊”，如有携归故里者，刨出后筋骨相连、发眉皆具，叠起裹好，如同一件行李，称之为“打软包”[②]。

宣统年间被聘为新疆实业教员讲习所农学教员的贾树模，1912年4月从新疆返回直隶，与其同行者就有东归返乡的商帮人士灵柩二具。[③]又如1938年12月迪化的两湖会馆出现了一宗搬棺未果事件，由于承运人潜逃无踪，两湖会馆的理事长陈玉藻就将棺椁的专项运费，捐给了抗日后援会。[④]

各义园都修建有上殿与围墙大门，厢房多间，大殿内供奉地藏王菩萨，厢房内存放着待迁运灵柩。每年清明时分与七月十五日，看管义园的人还要操办请道士来给埋葬的死者诵经超度。这笔款项由会馆的会首在会款中支付。

再次，每逢灾年或战祸，商帮人士领导下的会馆都会捐资、设立施粥场，还开办收容所。同时对于抗战期间的各种募捐活动，新疆的会馆也参与其中。

1900年（清光绪二十六年）八国联军入侵天津时，新疆绥定县（今霍城县水定镇）津帮的地缘组织——直隶会馆，就为家乡天津杨柳青组织了较大规模的募捐活动，以救助那里的伤兵与饥民。[⑤]

1933年马仲英祸新期间，新疆各地的会馆纷纷资助难民，并做了大量救灾、赈济、医救、安葬等慈善事务。以迪化两湖会馆为例，两湖会馆与定湘王庙有

---

① 奉直东义园：奉即奉天（辽宁），包括黑龙江、吉林；直即直隶（河北）；东即山东。奉直东义园就是辽宁等东北人、河北人、山东人的墓地，因天津人居多，俗称天津义园。见鉴菲《奉直东义园》，中国人民政治协商会议乌鲁木齐市天山区委员会编：《天山区文史资料》（第7辑·城区建设专辑），2005年（内部资料），第184页。

② 王鸿魁、于焕文、谢玉明：《天津商帮“赶大营”始末》，天津市政协文史资料研究委员会、天津西青区政协文史资料研究委员会编：《津西古今采珍》，百花文艺出版社1993年，第42页。

③ 贾树模：《新疆归途记（承前）》，《地学杂志》1913年第7期，中国地学会发行，第16页。

④ 《新疆日报》，1938年12月30日，第3版，《两湖会馆捐款》。

⑤ 王鸿魁、于焕文、谢玉明：《天津商帮“赶大营”始末》，天津市政协文史资料研究委员会、天津西青区政协文史资料研究委员会编：《津西古今采珍》，百花文艺出版社1993年，第41页。

不少田产与房屋，每年所收租谷与房租费用甚多，所以两湖会馆便用一部分钱款做救济与公益之事。另外，两湖会馆每年的腊月初八就开始进行施舍面粥的慈善活动，不分老幼，来者皆有份，直至除夕为止。

1938年12月正值抗战期间，在新疆抗日救国后援会开展得如火如荼的募捐活动中，迪化陇帮商人的地缘组织——甘肃会馆捐款50万两省票银。[①]湘鄂两帮的地缘组织——两湖会馆理事会于1939年1月捐献重达5.2两的金条。[②]

复次，商帮人士领导会馆创办民间公益性消防组织——“清平水会”。清末民国以来，奇台是北疆的商业中心，城中大街小巷店铺林立，规模较大的商家货物堆积如山，所以对无情火患都严加防范。民国初年，奇台津帮就以该帮地缘组织——直隶会馆的名义创办了清平水会，又称“水龙局”。直隶会馆购置了水龙灭火机、简易消防服及其他消防器具，集中存放在固定地点，委以专人负责管理；并组织民众进行基本的消防技能训练，如学习灭火和抢救方面的常识。由于当时奇台饮水以井水为主，不利于灭火水龙发挥作用，于是直隶会馆建议奇台县政府在大街上备“太平水桶”以利消防。奇台县政府发出指令：县城东、西主街道，每家商铺限期必须在门前设置贮水大桶一个，上写“太平水桶”，并保证经常储满水，每只桶可储水20～30担。[③]这是当时奇台街面上的一道风景。

1926年，奇台直隶会馆创办的清平水会成功帮助奇台东街的“刘家油坊”扑灭了一场大火，大大减少了财物损失。[④]

最后，商帮人士领导下的会馆兴办教育、支持教育事业发展。辛亥革命后，杨增新主政新疆，奉行闭关自守和愚民政策，对教育事业不热心。他借口财政困难，把新疆的俄文法政学堂、省立中学和师范学校都一一停办了。至于各县的高初两等小学，只准许维持现状，不准发展。金树仁沿袭了杨增新的政策，所以杨、金时期的新疆文化教育十分落后。因学校太少，商帮的子女无法入学，于是商帮便以本帮地缘组织——会馆的名义，出资兴办学校。如金树仁治新时

① 《新疆日报》，1938年12月13日，第3版，《募集寒衣运动》。

② 《新疆日报》，1939年1月18日，第3版，《抗日募寒捐款》。

③ 赵学仁：《古城“津帮”史话（续）》，奇台县政协文史资料委员会编：《奇台文史》（第16辑），新疆新华印刷厂2007年（内部资料），第49页。

④ 孙志斌：《古城之民间消防》，中国人民政治协商会议奇台县委员会文史资料研究委员会编：《奇台县文史资料》（第26辑），奇台县印刷厂1991年（内部资料），第16页。

期，迪化的甘肃会馆在会馆院内筹办了一所“陇右小学”，培养甘、新子弟读书。[①]在1930年，此甘肃会馆又开办了一所“中山小学”，共有四个班，有学生102人，大都是甘肃同乡子弟。1931年，省城的两湖会馆在左公祠内开办了一所“两湖子弟小学”，共有两个班，有学生97人。[②]两湖小学还派8名学生代表参加了1936年第三届全省运动会。[③]“中山小学”与“两湖子弟小学”虽然规模不大，但担任教师职务的人都是同乡中的知名文人，所以教学质量很高，在两次小学会考中，这两所小学的学生都取得了优异成绩。这两所小学培养了一批边疆人才，其中部分人后来出国留学，成为新疆近代著名历史人物。

在支持会馆附近的省立学校发展方面，商帮创办的会馆也毫不含糊。如两湖会馆左公祠的旁边是新疆省第十二小学，但该校教室数量不足，1939年“春季开学学生数量较前突增，原有体育场极形狭小，房屋又咸不敷用”，故该校呈请教育厅“函商两湖会馆理事会，将左公祠前面65方丈空地一块及后殿两旁空闲房屋拨给学校使用”。对此情形，两湖会馆理事会“慨然允之”[④]。

五、举办戏曲和民间社火表演

新疆戏曲最初是在会馆戏台演出，每逢会馆过会酬神演戏3～7日，其中两湖会馆最热闹，往往举办半月之久，各会馆过会时像庙会一样，赶会看戏的各族民众人山人海。各地方戏剧以地域而分，陕西会馆、甘肃会馆流行秦腔、眉户剧、小曲子，两湖会馆则演老二黄（汉剧）、花鼓戏。京剧和河北梆子因天津商人势力强大而盛极一时，与秦腔被称为“三大戏”，经常在庙会、会馆演出，受到社会各界人士的喜爱。[⑤]曾任英国驻喀什噶尔总领事的C. P.斯克莱因

---

① （满族）刘德贺：《新疆近代的寺庙、会馆、义园》，中国人民政治协商会议新疆维吾尔自治区委员会文史资料研究委员会编：《新疆文史资料选辑》（第14辑），新疆人民出版社1985年，第120页。

② 昝玉林：《会馆漫记》，中国人民政治协商会议乌鲁木齐市委员会文史资料研究委员会编：《乌鲁木齐文史资料》（第8辑），1984年（内部资料），第84页。

③ 《新疆日报》，1936年9月15日，第2版，《秋高气爽群众热情鼓荡中，第三届全省运动会开幕了》。《新疆日报》，1936年9月22日，第2版，《第三届全省运动大会，开幕后之两日纪实》。

④ 《新疆日报》，1939年3月15日，第3版，《两湖理事会深明大义，慨将空地拨归十二小》。

⑤ 柴恒森：《清末到解放前新疆戏剧活动概况》，中国人民政治协商会议新疆维吾尔自治区委员会文史资料研究委员会编：《新疆文史资料选辑》（第11辑），新疆人民出版社1982年，第112—113页。

（Clairmont Percival Skrine），在1924年就曾“观看过一出汉族戏剧，剧院位于莎车的天津商人会馆之内”[①]。

另外，各会馆在春节、庙会及节日期间举办的“社火”，充分发挥了各省民间艺术的特色，如两湖会馆的龙灯、甘肃会馆的旱船、山西会馆的汾阳花鼓、直隶会馆的高跷、陕西会馆的高抬、四川会馆的舞狮……在每年春节及各大节日都涌向街头，为全体居民表演。这些丰富多彩、热烈欢快、独具特色的精彩节目，使空气中充满热闹、喜庆、欢乐、祥和的气氛。其中，陕西会馆的高抬，因技艺高超，丰富多彩，给人印象深刻。如《林黛玉葬花》，林黛玉肩扛银锄，站在一枝像筷子那么细的桃树枝上，在空中翩翩起舞。抗战期间，高抬表演又增加了许多宣传抗战救国的新节目，如《还我河山》《打杀汉奸》等。1939年的一次节日社火，由苏联电影工作者专门拍了一部高抬纪录片，在国外引起极大兴趣。

新疆各地晋商建立的山西会馆均以文娱活动著称，每逢春节，就进行打花鼓等社火，从正月初八开始，先至政府机关，再商号，后富户，到处拜年，至正月十六日过完元宵节为止。

在新疆各地县中，以奇台县的社火最为源远流长，有200多年的历史。自光绪年间兴起后，除因战争和动乱受过一些影响外，几乎没有中断过，一直延绵至今。清末，燕、晋、陕等地的人们以“赶大营”的形式来到奇台，从事农业、商业、手工业等行业。他们不但发展了奇台的经济，每逢春节其建立的会馆组织的“社火”活动更是极大繁荣了奇台的文化生活。每逢过节，奇台的各大会馆便纷纷组织商民们开展带有地方色彩的民间文化活动，如汾阳大套、秧歌、高跷高抬、龙灯、舞狮、大头和尚、花灯、旱船、风筝等，逐步形成了非常有名的奇台“社火”。奇台各会馆积极组织“社火”活动，一方面为了自娱自乐，另一方面通过“社火”来展示本商帮的经济实力，是经济竞争在文化活动上的一种反映。各会馆负责补贴所需费用的不足部分。如大头和尚由山西会馆补贴，舞狮、龙灯由四川会馆补贴，花鼓由两湖会馆补贴，旱船由甘肃会馆补

---

① ［英］C. P. 斯克莱因（Clairmont Percival Skrine）：*Chinese Central Asia*（中国的中亚），转引自［瑞典］贡纳尔·雅林《中亚地区的文化碰撞——新疆穆斯林笔下的汉族戏剧》一文，［瑞典］贡纳尔·雅林著：《重返喀什噶尔》，崔延虎、郭颖杰译，新疆人民出版社1994年，第296页。

贴，高跷由直隶会馆补贴。[①]由于商帮人士的支持、资助，近代奇台的“社火”场面，相当壮观。清代纪晓岚诗云：“犊牛辘轭满长街，火树银花对对排。无数红裙乱招手，游人拾得凤凰鞋。”[②]便是当时新疆“社火”盛况的生动写照。

商帮人士以会馆的名义赞助戏曲表演、举行社火活动，不但继承和推广了中华优秀传统文化，丰富了边疆民众文化娱乐生活，还进一步增强了塞外各族人民的内聚力。

商帮的地缘组织——新疆会馆，虽由商帮人士出资兴建，但其兴衰，往往与宦海风云和同乡官吏沉浮密切相关。清末湘籍巡抚刘锦棠、魏光焘、饶应祺、潘效苏，提督金运昌、谭上连、张俊、余虎恩等任职时，两湖文武官吏势盛，两湖会馆得其益而兴盛，极为突出。会馆往往引同乡官僚为奥援，而官僚则以会馆为依托。会馆中的会首，一般都是出入官府、谙熟吏例、精通衙门关节的耆老、绅商，他们虽不为官，却常参与政务、包揽诉讼、引线拉纤、疏通关节、染指宦海，有的甚至出任胥吏，为官谋划。放缺的官吏或内地初到边城的遣员皆找会首请教，由其引见当地实权要员，馈送“冰敬”“炭敬”，至于该送谁，送多少，轻重如何分别，往往听会首安排。住在会馆的穷官寒士谋职外放、无力赴任之官，会首为其设法借款相助，而那些贷款人则有的随官做幕僚，有的随官做跟班，跟着官员一起赴任，实则以债主身份随去收债。

民国初年，杨增新主政新疆，许多云南同乡纷纷来新投效，同时原在甘肃任职时的门生故吏，也纷纷出关西上，攀龙附凤，一时间四川会馆（又称川云贵会馆）和甘肃会馆，门庭若市。及至1915年杨增新拥戴袁世凯称帝，镇压同乡靖国活动，从此不用滇人[③]，而重用效忠的陕甘文武官吏后，四川会馆门庭萧条，而甘肃会馆则愈加兴旺发达。

1933年盛世才窃取新疆的统治权后，提出六大政策，成立反帝会，那种以保靖安民为宗旨、以乡土观念为纽带、以联络乡谊为形式的会馆，显然与盛世才的思想意识、政治目标和组织形式格格不入。他把省城的各会馆斥为“传播封建帮会思想的市场”，“维护狭隘地域观念的屏障”。他宣布从1935年7月汉族

---

① 周海山：《奇台“社火”》，中国人民政治协商会议新疆维吾尔自治区奇台县委员会文史资料委员会编：《奇台文史》（第3辑），奇台县印刷厂1994年（内部资料），第152页。

② 纪昀：《乌鲁木齐杂诗·游览》，王希隆：《新疆文献四种辑注考述》，甘肃文化出版社1995年，第185页。

③ 包尔汉：《新疆五十年》，文史资料出版社1984年，第36—37页。

文化促进会成立之日起，各会馆一律停止活动，全部财产归汉族文化促进会接管，“用作发展以民族为形式以六大政策为内容的民族文化基金”[1]。汉族文化促进会于1938年11月上旬公布了《汉族文化促进总会整理会馆、庙宇、祠堂、义园产业暂行规则》[2]，要求各会馆理事会及其负责人，填报动产报告表、不动产报告表，“交由汉族文化促进总会和当地分会存查”。

此规则颁布后，虽然商帮人士不太情愿，但各会馆理事们在政治高压与大局意识的双重支配下，不得不遵照执行。1938年11月29日迪化的山西会馆理事会在《新疆日报》刊登的一则启事，就充分说明了这点。山西会馆的常务理事郭维屏、潘治礼、石百川、田生昌4人登报发表通告：“为响应汉族文化促进总会整理会馆、祠庙、义园、公产决议案起见，又国难严重，凡属爱国分子均应本照有钱出钱、有力出力原则，将一切公私物力、财力汇集起来”，因此理事会决议将“本会馆所有之财产，尽数报交汉族文化促进总会代为管理，以作发展本省文化建设事业之用。至于本会馆应需经常开支，仍请汉文会照发”。“深恐我同乡人士不明斯旨，事后致生流言，特此登报通告。为我同乡人士对会馆事项有所异议或抗议，请在两星期内用书面提出，以便本理事会酌量采用。”[3] 1939年1月25日，甘肃会馆理事会也发表了声明，“此际抗战时期，发展各族文化，打破同乡及地域狭隘观念，巩固国防，确为当务之急，应将会馆全部产业移交汉族文化促进会接收保管”[4]。

从1938年11月底开始，商帮在省城迪化的地缘组织——各会馆开始陆续向汉族文化促进总会移交所有的会产。据统计截至1939年2月，“山西会馆、陕西会馆、甘肃会馆均接踵交来公产，作为发展文化基金。……正在办理交移的手续者尚有川云贵会馆、江浙会馆等”[5]。四川会馆于1939年3月初将全部会产报缴汉文会。[6]1939年3月底两湖会馆、河南会馆、江浙会馆的理事会纷纷发表启事，

---

① 《新疆日报》，1939年5月9日，第4版，《新疆汉族文化促进会启事》。

② 《新疆日报》，1938年11月12日，第4版，《汉族文化促进总会整理会馆、庙宇、祠堂、义园产业暂行规则》。

③ 《新疆日报》，1938年11月29日，第4版，《山西会馆理事会启事》。

④ 《新疆日报》，1939年2月17日，第4版，《甘肃会馆理事会启事》。

⑤ 《新疆日报》，1939年2月21日，第3版，《为发展公共文化，兴汉公所公产移交汉文会》。

⑥ 《新疆日报》，1939年3月8日，第3版，《发展民族文化声中的胜利果实，川云贵会产自动报缴汉文会，六百川云贵同胞的一直要求》。

将全部会产移交汉文会。[①]1939年5月，小会馆——山东公所将全部会产移交汉文会。[②]

新疆其他地县的会馆也陆续向当地汉族文化分会移交会产。1938年11月26日，南疆焉耆县汉文分会召开筹备会议，秦帮、陇帮、三江帮的地缘组织——陕（陕西）甘（甘肃）浙（江浙）三省会馆负责人，当场决定“该会馆产业，尽数送交文化分会接管，并愿以会馆捐作（汉文会）会址”[③]。焉耆县的两湖会馆、山西会馆于1939年1月1日将“会馆全部财产移交（汉族）文化会”[④]。1939年4月北疆昌吉县的会馆纷纷将会产移交汉文会，计有“两湖会馆铺房四间；河南会馆耕地半户、铺面三间；陕西会馆耕地一户、房院一处、铺面一间；四川会馆耕地二户半；秦州会馆耕地二户半”[⑤]。

会馆产业移交汉文会后，根据“新疆社会实际情形，慎重处理，尤其在政府保障信教自由宣言之下”，“对各会馆庙宇祠堂之老道住持，为顾及他们生活，每月按实际情形酌量发给膳食香火费”。现已支付的会馆有6个，分别为川云贵会馆、陕西会馆、山西会馆、甘肃会馆、两湖会馆、乾州会馆。[⑥]

此后，商帮的地缘组织——会馆逐步走向衰落与灭亡。省城的两湖会馆改为民众教育馆，后为反帝会会址，国民党治新时期又为国民党新疆省党部所在地；陕西会馆改为公务员消费合作社；甘肃会馆改为临时陆军伤病员医院；四川会馆改为汉族文化促进会会址[⑦]，后改为迪化电影院。抗战期间赵丹等来新大力发展话剧运动，以此为活动中心。1940年赵丹在此主演的话剧“战斗”，轰动了迪化全市；山西会馆改作玻璃厂，后开辟街道时被拆除；中州会馆改为京剧“新星舞台”剧院，后开辟街道时被拆除；江浙会馆改住军人家属，后为缝

① 《新疆日报》，1939年3月28日，第4版，《两湖会馆理事会启事》《河南会馆理事会启事》《江浙会馆重要启事》。

② 《新疆日报》，1939年5月24日，第2版，《山东公所产业交汉文会》。

③ 《新疆日报》，1938年12月23日，第3版，《焉耆成立汉文分会，推陈立祥于德一为执监委长，三省会馆及燕豫商帮慨捐产业储金》。

④ 《新疆日报》，1939年1月27日，第3版，《焉耆区汉文会举行成立典礼，团体个人纷纷捐献基金》。

⑤ 《新疆日报》，1939年4月8日，第3版，《昌吉各庙会产大部移交汉文会》。

⑥ 《新疆日报》，1939年5月29日，第3版，《祠庙会产报缴汉文会后，道士住持生活及香火费仍按月由汉文会酌量供给》。

⑦ 《新疆日报》，1936年3月21日，第4版，《新疆汉族文化促进总会启》。

纫厂所在地。

总之，虽然近代新疆商帮的地缘组织——会馆具有一定的落后封建色彩，主要表现在：其建立与封建迷信活动紧密相连；会馆既是成员会集议事之地，也是其共同祭神的场所；除直隶会馆外，各个会馆无不拥有自己的所谓保护神，每遇保护神的诞辰之日，还要举行隆重的迎神赛会，以祭祀祝福；会馆以同乡为结合纽带，也体现了一定狭隘的地域观念和封建宗法关系。另外，各大会馆都拥有不少土地，租给贫农耕种，地租很高，成为变相的大地主；有的会馆在农民青黄不接、生计无着的时候，收买青苗，坑害农民；有的会馆还开当铺、放高利贷，从贫民身上敲诈脂膏。

但不可否认的是，新疆的会馆作为一种商帮人士自发成立的民间组织，自清末在新疆出现以来，在漫长的历史时期和特定的社会环境中，在补充国家管理和调节社会生活，联络乡谊，扶危济困，维护行业、商业和同乡、民族利益；对于维护国家统一，加强新疆的开发建设，传承和弘扬汉民族文化，促进各民族之间的文化交流等方面都发挥了不可替代的巨大作用。

第六章

商帮与近代新疆商会

20世纪初，在剧烈的社会变革和内外压力下，清政府颁布的《宪法大纲》中写明人民有集会结社的自由，从而以法律形式肯定了集会结社的合法性。据统计，到辛亥革命前中国各城市所出现的公开性社团就达600多个。[①]

新疆尽管孤悬塞外，信息十分闭塞，但通过进步知识分子的活动，资产阶级的民主思想也得到一定程度的传播。晚清年间，针对新疆境内成立的政事社团、政论集会讲演的活动，新疆省政府专门颁布了《结社集会律》35条[②]，对政事结社和政论集会等活动加以种种限制。

在新疆最早出现的社会团体，是诞生于清末的商会，也是最具近代特征的团体。中华民国成立后，新疆境内的各类社团如雨后春笋般纷纷涌现。先后出现了同业公会、工商联合会、农会、工会、教育研究会、建设协会、作家协会、音乐研究会、美术研究会、戏剧研究会等涉及社会各个阶层的民众社团。在民国20世纪三四十年代，新疆基层各县也纷纷成立了工商、农业团体。如1937年，沙雅县成立工商联合会。[③]1938年3月1日，乌苏县成立农会。[④]1939年8月，霍尔果斯县成立了农会和商会。[⑤]据统计，到1948年7月底，全疆各县经过登记的社会团体共计190个。[⑥]

---

① 张玉法:《清季的立宪团体》，台湾“中央”研究院中国近代史研究所1971年，第90—144页。

② （清）袁大化修，王树枏等纂:《新疆图志》(第42卷·民政三》，东方学会据志局书重校正增补，1923年，第19—22页。

③ 沙雅县地方志编纂委员会编，李鹏海主编:《沙雅县志》，新疆人民出版社1995年，第31页。

④ 乌苏党史地方志编纂委员会编，廖基衡主编:《乌苏县志》，新疆人民出版社1999年，第18页。

⑤ 《霍城县志》编纂委员会编，贺斌主编:《霍城县志》，新疆人民出版社1998年，第22页。

⑥ 《新疆通志》编撰委员会:《新疆通志·民政志》，新疆人民出版社1992年，第252页。

这些社会团体对于维护商人、工人、农民等社会阶层的利益，增强各业之间的相互联系和竞争意识，促进经济发展，以及沟通各界人士与政府间的联系、加强民众参与社会管理等方面，都起了不可忽视的作用。

近代新疆商会虽然是新疆全体商人的业缘组织，但绝大多数商会会员都是商帮人士，新疆总商会及各地县商会的会长一职多由商帮人士担任，商会的会董多为商帮人士，商帮人士在商会的执监委、理监事中所占比例极高，所以可以说，商帮人士在新疆商会的成立、组织运作以及经济、社会活动中，发挥了极其重要的作用。

第一节　商帮与近代新疆商会的成立

19世纪下半叶和20世纪初，面临着严重的国家民族危机和要求社会变革的内外压力，清朝统治者实行“新政”，在经济生活领域开始积极推行一系列鼓励发展工商业的政策。

1903年（清光绪二十九年），中央设商部，作为统辖全国工商各政的机关。1904年（清光绪三十年），清政府允许商人成立自己的组织——商会，并制定了《奏定商会简明章程》（26条）。清廷主动倡导和鼓励商人设立“商会”——这种新型民间社团，允许其享有较大的独立性和自治权，是中国传统商业向近代商业转化的一个重要标志。从法律意义上而言，中国商会制度建立的过程，也是近代意义上商人身份确立的过程，是商人组织有序化的过程。与当时西方的民间商会相比较，它更具官方色彩，更依赖于国家法律的制度催化。

在清廷的倡导下，全国各级商会次第成立。中华民国成立后，1914年北洋政府颁布了新的《商人通例》，扩大了商人的内涵，商人是指一切商业主体人及各种经纪人。1914年，又颁布了重新拟定的《商会法》60条。该法明确规定“商会及商会联合会为法人”，在法律上规定了商会的合法性。该法还规定，任何人、任何部门不能任意解散商会，只有“经会员四分之三以上到会及到会者三分之二以上之议决”，并“经农商部核准”，方可解散。[①]该法还明确规定了商会的8条职责，分别为：“1.研究促进工商业之方法；2.关于工商业法规之

① 《商会法》，《东方杂志》第11卷第4期（1914年10月1日），上海商务印书馆发行，“中国大事记”，第15—16页。

制定修改废止及与工商业有利害关系事项，得陈述其意见于行政官署；3.关于工商业事项，答复行政长官之咨询；4.调查工商业之状况及统计，随时发表；5.受工商业者之委托调查工商业事项，或证明其商品之产地及价格；6.因关系人之请求，调处工商业者之争议；7.得设立商品陈列所、工商学校，及其他关于工商之公共事业；8.关于市面恐慌等事，有设法或禀请该管地方长官维持之责任。”[①]简言之，商会的宗旨就是要发展商业、维持商务、议定商律、协调商务纠纷等。

清政府及北洋政府制定的这些保护发展工商业的政策措施，虽然并未全部得到真正地贯彻落实，但提高了商人的社会地位，并为其经济活动领域提供了某些制度性的法律保障。

清光绪年间兴盛起来的新疆商业，由于新疆历年的战乱和外商侵入，以及商人们“卑狭少虑，懵于商学，涣散若抟沙，同利相倾，同害不相援。冀其能通识大体，谙外情重公益者，盖百无一焉”[②]等原因，19世纪末20世纪初已经出现衰落趋势。19世纪末20世纪初的新疆，围绕新疆建省（1884年）和推行“新政”（20世纪初），新疆的政治、经济、文化方面进行了有益的社会整合，促进了新疆社会的一体化。这种社会整合在经济领域，一个重要的举措就是奖励实业、鼓励贸易、复兴商业。就是在这种社会大背景和经济基础之上，新疆政府为因势利导，振兴商业，积极响应清政府的号召在新疆设立商会。另外一个原因，就是新疆官府每年所需协饷，路途梗阻，不能按时送到，官府不得不向商民“借资”。新疆巡抚有鉴于此，拟组织本地商人，借“商团”力量和外国商人周旋。有了商会，变个户为团体，既可做官府的御用组织，又可适应时局所需，对组织起来的商民亦十分有利。

在政府的积极倡导下，1907年（清光绪三十三年）首先在迪化成立商务总局，又发资本100万金分布“四道[③]诸府厅州县，俾纾民困，赡商力”，于是“商情之散者复聚，睽者复合”[④]。在商帮人士的支持下，最早在轮台、伊犁两地

① 《商会法》,《东方杂志》第11卷第4期（1914年10月1日），上海商务印书馆发行，“中国大事记”，第16页。

② （清）袁大化修，王树楠等纂:《新疆图志》（第29卷·实业二），东方学会据志局书重校正增补，1923年，第18页。

③ 这里的四道指的是镇迪道、伊塔道、阿克苏道、喀什噶尔道。——作者注

④ （清）袁大化修，王树楠等纂:《新疆图志》（第29卷·实业二），东方学会据志局书重校正增补，1923年，第18页。

成立了商会，然后在迪化成立了新疆总商会。

初期商会的成立情况如下：1909年（清宣统元年）6月轮台县商会成立，会长为商人高文祥，会董30名，会员60人，召开议事会议24次，议事件数27件；1910年（清宣统二年）3月伊犁（惠远，今霍城）商会成立，会长为商人张富堂，会董2名，会员100人，召开议事会议63次，议事件数57件。①

1911年（清宣统三年）4月新疆总商会成立，会址在迪化。首届总商会会长为津帮“老八大家”之一的“永裕德京货店”经理杨绍周，“怡和永京货店”经理津商韩乐常为副会长，并遴选当时工商界知名的商人如苗沛然（晋商）、刘云卿（津商）、谢弼麟等54人为会董。②据统计，1911年省城迪化有工商户1134家（其中商店764家，手工业作坊370家），而加入商会的只有97户，基本是经官府动员参加的商帮人士，杨绍周会长亦由官府指派。③可见，没有商帮人士的配合，就不会有新疆总商会的成立。总商会成立后，经过汉族商帮人士的配合，到1912年“入会的商号1200家”④。

1913年杨增新下令改组商会，以商人易炳元为新疆总商会第二任会长，晋商“集义生食品店”经理苗沛然为副会长，韩乐常（津商）、李建甲等12人为会董。因易炳元在商界缺乏威望，不久更换津商“裕昌厚京货店”经理刘云卿为会长。⑤1911年新疆共召开议事会议32次，议事件数152件。⑥1915年新疆总商会的会议议决数为22次，决议案共65件。⑦到1947年底，新疆总商会的会员已发展为26313家。⑧

---

① 张大军：《新疆风暴七十年》（第4册），台北兰溪出版社1980年，第2287—2288页。

② 乌鲁木齐市党史地方志编纂委员会编：《乌鲁木齐市志·政治》（第5卷），新疆人民出版社1999年，第77页。

③ 昝玉林：《迪化总商会的成立与活动》，中国人民政治协商会议乌鲁木齐市委员会文史资料研究委员会编印：《乌鲁木齐文史资料》（第6辑），新疆青年出版社1983年，第67页。

④ 张大军：《新疆风暴七十年》（第4册），台北兰溪出版社1980年，第2289页。

⑤ 乌鲁木齐市党史地方志编纂委员会编：《乌鲁木齐市志·政治》（第5卷），新疆人民出版社1999年，第78页。

⑥ 张大军：《新疆风暴七十年》（第4册），台北兰溪出版社1980年，第2287页。

⑦ 张大军：《新疆风暴七十年》（第4册），台北兰溪出版社1980年，第2288页。

⑧《新疆通志》编撰委员会：《新疆通志·民政志》，新疆人民出版社1992年，第253页。

表6-1 清末新疆各地成立商会一览表

商会名称	成立时间	会长	会董（人数）	会员	议事次数	议事件数
轮台县商会	1909年	高文祥	30	60	24	27
伊犁商会	1910年	张富堂	2	100	63	57
迪化新疆总商会	1911年	杨绍周	54	97	32	152

1904年1月（清光绪二十九年十一月）清廷颁布的《奏定商会简明章程》第三款规定："凡属商务繁富之区，不论系会垣，系城埠，宜设立商务总会。而于商务稍次之地，设立分会。"①于是自清末1911年（清宣统三年）新疆总商会成立后，民国年间新疆一些地县开始陆续成立商务分会。

各商务分会隶属于商务总会，迪化总商会起到联络、领导的作用。1913年，奇台古城商务分会成立，会长为商帮人士津商乔长福（即乔如山），会董30名，会员131家，议事次数41次，议事件数109件。②1917年伊宁县商会成立③，会长为商人黄应选，会董120名，会员450家，议事次数147次，议事件数34件。④

根据张大军的统计，"1914年，全疆已有一总商会，二分商会，入会商号有2334家。……1915年，新疆有总商会一,二分商会，……会员达2331家。……1916年，商会三，……会员2461家"⑤。到1918年，新疆境内的商会共有5个。⑥民国中后期，新疆境内的商务分会发展迅速，如1938年12月南疆偏僻的阿克苏县、温宿县也成立了商务分会，津商王祉祥为阿克苏商会会长，商人王天伦为温宿商会副会长。⑦到1944年，新疆10个行政区内共有商会76个。⑧

① 《奏定商会简明章程》,《东方杂志》第1卷第1期（光绪三十年正月二十五日，即1904年3月11日），上海商务印书馆发行，"商务"，第4页。

② 张大军:《新疆风暴七十年》(第4册)，台北兰溪出版社1980年，第2288页。

③ 另一说，1914年宁远县改为伊宁县，同年成立伊宁县商会，见伊宁县地方志编纂委员会编:《伊宁县志》，新疆人民出版社2003年，第492页。

④ 张大军:《新疆风暴七十年》(第4册)，台北兰溪出版社1980年，第2287页。

⑤ 张大军:《新疆风暴七十年》(第4册)，台北兰溪出版社1980年，第2289页。

⑥ 张大军:《新疆风暴七十年》(第4册)，台北兰溪出版社1980年，第2290页。

⑦ 《新疆日报》，1938年12月29日，第3版，《阿温两县成立商会，各族商人订购机器汽车，发展当地工商业交通》。

⑧ 新疆通志·商业志编纂委员会、新疆通志·外贸志编纂委员会、新疆维吾尔自治区档案馆合编:《新疆商业外贸史料辑要》(第2辑)(内部资料)，1990年，第254页。

表6-2 1915年新疆商会（总、分会）概况表[①]

商会名称	成立时间	现任会长	会董（人数）	会员（人数）	议事次数	决议案
伊犁商务分会	1910年	张富堂	2	1000	40	25
奇台古城商务分会	1913年	乔长福	42	131	33	89
迪化新疆总商会	1911年	易炳元	12	1200	22	65

表6-3 1918年新疆商会（总、分会）概况表[②]

商会名称	成立时间	现任会长	会董（人数）	会员（人数）
轮台县商务分会	1909年	高文祥	24	60
伊犁商务分会	1910年	张富堂	2	100
奇台古城商务分会	1913年	乔长福	30	131
伊宁县商务分会	1917年	黄应选	120	450
迪化新疆总商会	1911年	杨绍周	54	57

需要指出的是，近代新疆商会的名称随着时局也有一个变化过程。如总商会，最初在迪化成立时命名为迪化总商会，后改名为新疆省城总商会。1939年9月11日为适应抗战形势发展的需要，与迪化工人救国联合总会（简称工救会）联合成立新疆省城工商联合总会。[③]国民党势力进疆后，于1945年2月2日成立了社会处[④]，3月1日正式办公[⑤]，社会处废除了工商联合总会，将“工会与商会划分为两个组织”[⑥]，总商会改为迪化市商会。新中国成立后又改为新疆工商业联合会。

① 据张大军《新疆风暴七十年》（第4册，台北兰溪出版社1980年）第2288—2289页绘制。

② 据张大军《新疆风暴七十年》（第4册，台北兰溪出版社1980年）第2289—2290页绘制。

③《新疆日报》，1939年9月13日，第3版，《工商联合会已正式成立，举行隆重成立典礼》。

④《新疆日报》，1945年2月3日，第3版，《本省新设两机构，张宏与任粮运总处处长，顾耕野任社会处处长》。

⑤《新疆日报》，1945年3月2日，第3版，《本省社会处成立，三月一日起正式办公》。

⑥ 张大军:《新疆风暴七十年》（第11册），台湾兰溪出版社1980年，第6421页。

表6–4　新疆总商会名称变化表

时间	名称
1911 年 4 月	迪化总商会
1912 年	新疆省城总商会
1939 年 9 月 11 日	新疆省城工商联合总会（与工救会联合）
1945 年	迪化市商会
新中国成立后	工商业联合会

相应地，各地县的商务分会名称随着时局也有变化。特别是在抗战期间，都奉令改名为县工商联合会。如奇台商会从1913年成立，至1949年9月自行解体，其间名称变化如表6–5所示。

表6–5　民国时期古城商会名称变化表[①]

时间	商会名称	备注
1913 年	新疆奇台商务分会	据前清农商部所颁《奏定商会简明章程》成立
1916 年 11 月	新疆古城商会	据 1915 年 12 月国民政府所颁《商会法》第四条变更
1929 年	新疆奇台县商会	奉建设厅训令改称
1940 年	奇台县工商联合会	奉建设厅训令改组
1944 年 5 月	奇台县商会	奉建设厅训令改组

综上所述，可见新疆总商会及各地县商务分会的成立，离不开商帮人士的鼎力支持。商帮人士投身到这种最具近代民主特征的社团建设中去，促使其在新疆大地发芽、成长起来，不但维护了自身利益，还推动了新疆社会近代化的步伐。

第二节　商帮与新疆商会的内部组织运作

在商帮人士的积极作为下，新疆的商会在晚清民国年间不断完善自身的组

① 周海山：《古城商业史话》，奇台县政协文史资料委员会编：《奇台文史》（精编本），新疆新华印刷厂 2006 年（内部资料），第 308 页。

织制度建设，对会员的权利和义务、会长选举、会议制度等都制定出具体的规程或章程，使商会的正常运转有了依据，具有明显的近代民主特征。新疆商会会长绝大多数由商帮人士担任，商帮人士在商会会员、商会会董（议董，1929年8月前）、执监委（1929年8月至40年代初）以及理监事（40年代初）所占比例极高，商帮人士积极履行商会的议事职责，保障了决议案的形成，可以说，商帮人士对于实现商会内部组织结构的优良运作，功不可没。

首先，商帮人士在商会会员中所占比重极大。我们知道，会员是商会的基本成分。清末年间至1939年9月，新疆商会会员由工商业公司或行号的主体人或经理人组成。新疆商会的会员绝大多数是商帮人士，也有一些少数民族商人。

以北疆商业重镇奇台为例，1936年奇台县商会有会员28家，其中商帮人士有21家，占75%，剩下的7家，分别是奇台本地商户2家、维吾尔族商户2家、资料不全者3家。21家商帮人士内部又具体细化为：晋帮商人14家，人数最多；津帮次之，有6家；秦帮1家。

表6–6 1936年奇台县商会会员一览表①

会员名称	次章	年龄	籍贯	某号经理	职业	住址
康汝怀	子清	56	山西汾阳	恒泰源	米面铺	奇台东大街
王信敬	守业	37	山西汾阳	兴泰□	米磨庄	奇台东街
陈德明	□亮	55	山西	会□轩	饭庄	奇台东街
董福	子福	37	山西	德胜源	药货	奇台西街
李□	瑞亭	41	山西汾州府	义兴和	面庄	奇台北斗宫
廉秀琳	弄璋	34	山西繁峙县	太和昌	药庄	奇台西街
郝聚林	兴斋	45	山西祁县	天圣公	面庄	奇台北斗宫
冯兆基	镜蓉	50	山西忻县	永兴泉	烧坊	奇台北斗宫
梁玉泉	静山	38	山西忻县	杏林泉	烧坊	奇台北斗宫
赵金堂	丽生	51	山西忻县	大醴泉	烧坊	奇台兔儿桥
马宝书	瑞□	49	山西汾阳	玉合泉	烧坊	奇台西街

① 奇台县档案馆：12–1–4，《新疆奇台县商会第十届职员一览表（1936年）》。注：按照会员的籍贯对该表重新进行了调整排列。

续表

会员名称	次章	年龄	籍贯	某号经理	职业	住址
陈文达	进修	29	山西杀虎口	兴盛魁	杂货铺	奇台西街
韩作舟	湘航	54	山西忻县	协润德	杂货庄	奇台西街
杨寅	□兆	48	山西代县	三恒昌	毡房	奇台西街
安文庆	衍村	39	天津	义胜祥	洋货铺	奇台西街
安太福	寿山	41	天津	福兴合	洋货铺	奇台西街
芦广和	振山	61	天津	德录祥	洋货铺	奇台西街
杨德顺	润田	54	天津	德义厚	杂货铺	奇台西街
王广德	润身	30	天津	义兴永	杂货铺	奇台西街
孙云峰	秀岩	43	天津	云□□	洋货铺	
李宽	仁山	50	陕西	义泰和	杂货	奇台西街
马安民		31	本地人	天德成	杂货小铺	奇台西关
□山	□峰	36	奇台人	振新水磨□		奇台西街
司马义						
热合买提						
石彩章						
郭成龙						
李忠信	辅臣					

1939年9月下旬开始，新疆商会会员变为由工商同业公会会员与非同业公会会员两部分构成。我们知道，1929年8月15日南京国民政府颁布新的《商会法》规定“商会之设立须由该区域5个以上之工商业同业公会发起之”[①]，从法律上肯定了同业公会在商会组织中的基石地位。美国历史学家约瑟夫·弗·史密斯称：“新商会法重建的商会是作为严格意义上的最高级同业公会。”[②]可见，新商会则以跨行业组织代言人的角色出现，是各行业公会的上级组织。但新疆由于孤悬塞外、信息闭塞、经济落后，所以行业规模有限，行业的自为和自律意

① 《商会法》，《东方杂志》第26卷第15号（1929年8月10日），上海商务印书馆发行，“附录”，第118页。

② 中国社会科学院近代史研究所编：《国外中国近代史研究》（第20辑），中国社会科学出版社1992年，第175页。

识比较淡薄，因而各行业的同业公会组建时间比较晚。自1939年9月11日新疆工商联合总会成立后，计划组织成立67个各行业的同业公会，截至1939年9月26日已成立了4个同业公会，分别是格子货同业公会、杂货同业公会、清油同业公会、鞋业同业公会。[①]

商帮人士在工商同业公会负责人（或称总代表）、同业公会会员层面，占据绝对优势。如1939年9月成立的格子货同业公会，该同业公会会员有45家商号，推选“全盛和”“大兴发”等7家为负责者。杂货同业公会的负责者为朱荣昌、王华章、马良（回族）、王占云等9人。清油同业公会的负责者为向金生、苏明杨2人。鞋业同业公会会员有22家，负责者为张鸿兴、赵凤声、刘万泉、马有福（回族）4人。[②]前文分析过商帮商号名称特点，可知格子货同业公会的负责者“全盛和”“大兴发”均为商帮商号。杂货同业公会的负责人朱荣昌、王华章、王占云3人均为商帮人士，清油同业公会的负责人向金生、苏明杨2人均为商帮人士，占比为100%。鞋业同业公会的4名负责人中，张鸿兴、赵凤声、刘万泉3人为商帮人士，占比为75%。

1948年，迪化市商会举行理监事选举活动，百货、米粮、油业、国药、纸烟、土产、茶叶等14个工商同业公会参加。迪化市商会根据各同业公会会员人数及民族成分，分配了具体名额。仅以百货同业公会为例，百货同业公会6人，其中汉族商人5人，回族1人。[③]从汉族商人占据百货同业公会理监事6名候选人中的5个名额，达83%强，这一点可以看出：百货同业公会会员绝大多数是商帮人士。

关于商会会员年龄方面，1904年《奏定商会简明章程》及1914年9月北洋政府颁布的《商会法》对此未有任何规定。1929年8月，南京国民政府颁布的《商会法》始对会员年龄有了限制，该法第3章第10条规定，会员年龄在“25岁以上者为限”[④]。检视以商帮人士为主体的1936年奇台县商会会员一览表（表6-6），可以看到会员年龄最小的是晋帮商号“兴盛魁杂货铺”的陈文达29岁，

---

① 《新疆日报》，1939年9月26日，第3版，《工商联合会着手组织同业公会，加强工商组织，制止高抬市价》。

② 《新疆日报》，1939年9月26日，第3版，《工商联合会着手组织同业公会，加强工商组织，制止高抬市价》。

③ 新疆维吾尔自治区档案馆：政3-1-358，《迪化市商会理监事选举规程》（1948年）。

④ 《商会法》，《东方杂志》第26卷第15号（1929年8月10日），上海商务印书馆发行，“附录”，第118页。

最大者为津帮“德录祥洋货铺”的芦广和61岁。

商会会员的权利有选举权、被选举权、表决权等。会员组成的会员大会是最高权力机构，拥有对重要会务的决议权。议决事项有“会章之变更、职员之退职除名及处罚、清算人之选任及关于清算事项之决议”[①]。会员大会分定期会议和临时会议两种，定期会议每年一次。1938年12月，新疆省城总商会召开会员大会，总商会会长、津商石寅甫做了当年的总结报告，主要内容有：“1.全年收支情况，收入会费1830万两（省票银），罚款费957.78万两（省票银），开支经常费2935万两（省票银），开支临时费2430万两（省票银），结果不敷（省票）银共为2550万两。2.会员登记。本年会员比1937年增加了2000余家，登记会员1200家。3.本会经费全年共需7000万两（省票银），但收支入不敷出，经（执监委）决议按原缴纳会费增加三倍，并呈请政府备案讨论。4.商会加入商业银行股款问题，（执监委）决议商会努力完成8万元（国币，折合省票银3.2亿两[②]）商业银行的商股。”[③]石寅甫提出的上述决议，获得了以商帮人士为主体的新疆总商会会员的一致通过。

又如1939年11月15日，呼图壁县工商会召开会员大会，出席者有机关法团学校首领及工商会会员共60余人，行使了议决权，对该工商会的领导进行了改选，“公推杨振祥为正会长，何成信、丁振海、他里布江为副会长”[④]。

临时会员大会不定期举行，商议特殊紧要事宜。如1939年6月30日，“为使各商号明了防空意义，不致听信谣言发生误会”，新疆省城总商会召开临时会员大会，会长石寅甫（津商）做了防空工作报告：“加紧防空工作，充实抗战后方力量，以防万一；报告商人的防空工作，绝不应囤积货粮，高抬市价，积货涨价，影响大众生活；掘地窖的商家，应事先报知商会登记，并请工程处指示检验，以免发生危险。”[⑤]此项决议，获得了以商帮人士为主的新疆省城总商会会员的一致同意，并遵照执行。

---

① 《商会法》,《东方杂志》第11卷第4期（1914年10月1日），上海商务印书馆发行，“中国大事记”，第17页。

② 国币与省票银的折算，见《新疆日报》，1938年12月15日，第3版,《总商会第四十二次例会，决定抗战影片运伊放映，下次会议讨论商业银行股款问题》。

③ 《新疆日报》，1938年12月20日，第3版,《总商会召开总结大会》。

④ 《新疆日报》，1939年11月29日，第3版,《呼图壁工商会改选》。

⑤ 《新疆日报》，1939年7月1日，第3版,《商会召开防空报告会，石会长报告防空意义三点》。

其次，新疆商会会长一职也多由商帮人士担任。清末商会主要领导人称为总理、协理，民国以后改称会长、副会长（1914年9月，北洋政府颁布的《商会法》第2章第9条规定商会领导人为会长、副会长[①]，废除原有的总理、协理称谓）。1929年8月15日（1929年8月15日南京国民政府颁布《商会法》，开始推行委员制）至1945年2月，新疆省城总商会（1912年至1939年9月10日）和新疆省城工商联合会时期（1939年9月11日至1945年2月）称为常务主席，1945年3月改组为迪化市商会后又称为理事长，但习惯上一般都称之为会长。

官方最早颁布的商会章程——1904年《奏定商会简明章程》（26条）第4条对于总理、协理的人数有明文规定，“商务总会派总理一员、协理一员；分会则派总理一员”[②]。但实际各商务分会的首领人数根据自己的实际情况，不仅仅限于总理一员。1912年《新疆古城（奇台）商会试办便宜章程》（12款12条）第2款第2条就言明：“部定商会简章：分会举总理一员，不举协理。古城情形与他处不同，向有八帮商总之名目，本帮内容非他帮不能尽知。若仅举总理1人，深恐呼应不灵，转多窒碍。”[③]于是1913年奇台商务分会的领导人有两名，总理为津帮人士乔长福，协理为湘帮人士向光荣。

表6–7 1913年新疆古城商务领导人一览表[④]

职别	姓名	别号	商号	籍贯	年龄	被选年月
总理	乔长福	乔如山	德泰成公记	天津	62	1913，3
协理	向光荣	向位三	义盛合京广杂货铺	湖南平江县	42	1913，10

新疆商会会长是由会董（清末至1929年7月底称为会董，1929年8月后称为常务委员，1942年2月称为常务理事）投票并从会董中选举产生的。1904年《奏定商会简明章程》第4条规定总理、协理，“应由就地各会董齐集会议，公

① 《商会法》，《东方杂志》第11卷第4期（1914年10月1日），上海商务印书馆发行，“中国大事记”，第16页。

② 《奏定商会简明章程》，《东方杂志》第1卷第1期（光绪三十年正月二十五日，即1904年3月11日），上海商务印书馆发行，“商务”，第4页。

③ 奇台县档案馆：《新疆古城（奇台）商会试办便宜章程》（1912年），见周海山《古城商业史话》，奇台县政协文史资料委员会编：《奇台文史》（精编本），新疆新华印刷厂2006年（内部资料），第309页。

④ 奇台县档案馆：12-1-1，《1913年新疆古城商务分会职员表》。

推熟悉商情、众望素孚者数员，仍由会董会议，或另行公推，或留请续呈任议决后，禀本部察夺”①。民国初年（1914年9月）北洋政府颁布的《商会法》第2章第11条明文规定：“会长、副会长由会董投票互选。”② 1929年8月15日南京国民政府颁布《商会法》，开始推行委员制，该法第4章第18条规定：“执行委员得互选常务委员，并就常务委员中选任1人为主席。”③ 1942年2月10日国民政府颁布《非常时期人民团体组织法》（20条），开始推行理监事制，第9条规定：“人民团体均应置理监事就会员中选举之，……必要时并得就常务理事中选举1人为理事长。”④

新疆商会会长一般由当地最殷实或最孚众望的商帮人士担当。如津帮商号“同盛和京货店”的曹余三经理，对宣传抗日、支援前线募捐等都非常热心，抗日战争时期曾担任新疆总商会的会长。⑤山西商人苗沛然创办了“集义生食品店”，他热心公益事务，当时在商界很有声望。他也曾担任新疆总商会会长。⑥

清末新疆商会会长的“任期不定，全依选他的商会决定其长短，就是说首先要看他是否胜任，其次当然也要看他本人的意愿。有的会长连任十年，但这种情况很少，大多是一两年，至多三年”⑦。进入民国后，1914年9月北洋政府颁布的《商会法》第2章第19、20条明确规定：“会长、副会长……以2年为一任期。任期满后，再被选者得连任，但以一次为限。”⑧会长的薪水“不高，一年只有二百卢布左右，又由于会长都是富人，这笔钱不算个人收入只是充作车马费用

① 《奏定商会简明章程》，《东方杂志》第1卷第1期（光绪三十年正月二十五日，即1904年3月11日），上海商务印书馆发行，“商务”，第4—5页。

② 《商会法》，《东方杂志》第11卷第4期（1914年10月1日），上海商务印书馆发行，“中国大事记”，第16—17页。

③ 《商会法》，《东方杂志》第26卷第15号（1929年8月10日），上海商务印书馆发行，“附录”，第119页。

④ 《非常时期人民团体组织法》，马敏、肖芃主编：《苏州商会档案丛编》（第5辑下1938—1945年），华中师范大学出版社2010年，第1290页。

⑤ 刘荫楠著：《同盛和商号》，《乌鲁木齐掌故》（一），新疆人民出版社2001年，第122页。

⑥ 刘荫楠著：《集义生南式食品店》，《乌鲁木齐掌故》（一），新疆人民出版社2001年，第128页。

⑦ ［俄］尼·维·鲍戈亚夫连斯基著：《长城外的中国西部地区》，新疆大学外语系俄语教研室译，商务印书馆1980年，第100页。

⑧ 《商会法》，《东方杂志》第11卷第4期（1914年10月1日），上海商务印书馆发行，“中国大事记”，第17页。

罢了”[①]。

晚清民国时期，迪化的新疆总商会会长（1945年起改称理事长）一职，除了回族商人马文祥于1949年8月16日—9月25日担任迪化市商会理事长，易炳元、魏岐山籍贯不详外，其余时段全部是商帮人士担任，其中绝大部分是津商，偶尔由晋商、陇商担任。

杨增新治新时期，曾任新疆总商会会长的津商有杨绍周（“永裕德京货店”经理）、刘云卿（“裕昌厚京货店”经理）、董树棠（“德聚公百货店”经理），晋商仅贺全福（“永盛生京货店”经理）一位。进入金树仁治新时期，担任新疆总商会会长的先后有晋商苗沛然（“集义生食品店”经理）、津商董光錞（又名董耀山，“复昌隆”商号经理）。盛世才治新时期，担任新疆总商会会长一职的均为津商，分别为董光錞、周耀庭（“同盛和京货店”创办人，股东）、周海东（“复泉涌酱园”经理）、曹余三（“同盛和京货店”经理）、石寅甫（“福泰成京货店”经理）、崔善祥（“德昌源呢绒绸缎百货庄”经理）、谢继臣（“德生堂”药店经理）。

表6–8 近代迪化总商会会长沿革[②]

时间	姓名	别号	职务	民族	籍贯	所营商号	备注
清末1911年4月	杨绍周	杨维新	总商会总理	汉	天津	永裕德京货店，经理	津商韩乐常（怡和永百货商店经理）为协理

① ［俄］尼·维·鲍戈亚夫连斯基著：《长城外的中国西部地区》，新疆大学外语系俄语教研室译，商务印书馆1980年，第100页。

② 笔者据以下资料整理而成：（1）乌鲁木齐市党史地方志编纂委员会编：《乌鲁木齐市志·政治》（第5卷），新疆人民出版社1999年，第77—78页。（2）王鸿魁、于焕文、谢玉明：《天津商帮“赶大营”始末》，政协维吾尔新疆自治区文史资料和学习委员会编：《新编新疆文史资料》（第2集），内刊（2005年），第270页表格，第290—293页内容。（3）《新疆日报》，1935年12月6日，第3版，《本市商家将通设电话，商会筹设商事公断处》。（4）张立祥、石丽莹：《迪化商会会长石寅甫小传》，《丝路志》2015年2月刊，内刊，第78页。（5）李富：《津帮“八大家”的变迁》，中国人民政治协商会议乌鲁木齐市委员会文史资料研究委员会编：《乌鲁木齐文史资料》（第6辑），新疆青年出版社1983年，第110—112页。（6）刘荫楠：《德聚公商号》，《乌鲁木齐掌故》（一），新疆人民出版社2001年，第132页。（7）刘荫楠：《山西花鼓》，《乌鲁木齐掌故》（一），新疆人民出版社2001年，第312页。（8）《新疆日报》，1939年9月13日，第3版，《工商联合会已正式成立，举行隆重成立典礼》。（9）《新疆日报》，1949年8月16日，第2版，《魏岐山私吞布匹案，商会决严予制裁，罢免理事长职务，二年内不许任代表，并追缴不法利润》。

续表

时间	姓名	别号	职务	民族	籍贯	所营商号	备注
民国杨增新初期	易炳元		总商会会长	汉	不详		在商界缺乏威信，担任时间不长，不久进行了更换
	刘云卿		总商会会长	汉	天津	裕昌厚京货店，创办人兼经理	晋商苗沛然（集义生食品店经理）为副会长
民国杨增新中后期	杨绍周	杨维新	总商会会长	汉	天津	永裕德京货店	1927年杨绍周去世
	钱仁斋		总商会会长	汉	甘肃①	庆春和绸缎布匹店，经理	当时和金树仁主席是结拜兄弟
	贺全福		总商会会长	汉	山西	永盛生京货店，经理	
	董树棠		总商会会长	汉	天津	德聚公百货店，创办人之一	晋商贺全福为副会长
民国金树仁时期	苗沛然		总商会常务主席	汉	山西	集义生食品店，创办人兼经理	
民国金树仁末期盛世才早期	董光錞	董耀山	总商会常务主席	汉	天津	复昌隆京货店，创办人	陇商贺德元为常务副主席
民国盛世才时期（1934年5月起）	周耀庭		总商会常务主席	汉	天津	同盛和京货店，创办人（第三代资东）	
民国盛世才时期（1935年11月—1937年8月）	周海东		总商会常务主席	汉	天津	复泉涌酱园，创办人	津商曹余三（同盛和经理）为常务副主席

① 钱仁斋是甘肃敦煌人，担任津商潘庆创办的庆春和绸布店经理，潘庆常驻天津负责收汇和采办，见王鸿魁、于焕文、谢玉明《天津商帮“赶大营”始末》，天津市政协文史资料研究委员会、天津西青区政协文史资料研究委员会编:《津西古今采珍》，百花文艺出版社1993年，第35页。另一说钱仁斋是新疆迪化县南山人，见《天津商帮店铺情况表》(根据历年随机调查整理)，天津市西青区政协文史资料研究委员会编:《西青文史》(第9辑)，1999年(内部资料)，第81页。

鉴于钱仁斋与金树仁是结拜兄弟，这里采用甘肃籍贯一说。

续表

时间	姓名	别号	职务	民族	籍贯	所营商号	备注
民国盛世才时期（1937年8—9月）	曹余三		主持总商会会务	汉	天津	同盛和京货店，经理	周海东调任新光电灯公司副经理后
民国盛世才时期（1937年9月—1939年8月）	石寅甫		主持总商会会务	汉	天津	福泰成京货店，创办人之一，兼经理	曹余三1937年9月被捕入狱后
民国盛世才时期（1939年9月—1940年）	石寅甫		工商联合会常务主席	汉	天津	福泰成京货店	李连甲（工救会会长）、买买提阿吉（维吾尔族）为常务副主席
民国盛世才时期（1940年初—1944年4月，1944年9月—1945年初）	崔善祥	崔德昌	工商联合会常务主席	汉	天津	德昌源呢绒绸缎百货庄，创办人兼经理	津商谢继臣（德生堂药店经理）、纳斯尔（维吾尔族）为常务副主席
民国盛世才时期（1944年4—9月）	谢继臣		主持工商联合会会务	汉	天津	德生堂药店[①]，经理	崔善祥1944年4月被捕入狱，9月盛世才调离新疆后才被获释出狱
民国国民党治新时期（1945年初—1947年底）	崔善祥	崔德昌	迪化市商会理事长	汉	天津	德昌源呢绒绸缎百货庄	任名武（津商）、董跃珊及买买提阿吉（维吾尔族）为副理事长，苗沛然为监事长
民国国民党治新时期(1947年底—1949年8月16日）	魏岐山		迪化市商会理事长	汉	不详	天丰永公记[②]，经理	马文祥（回族）、卜松龄（汉族商人）为副理事长，晋商苗沛然为监事长

① 刘荫楠:《五大国药店》,《乌鲁木齐掌故》(一)，新疆人民出版社2001年，第114页。

②《新疆日报》，1949年8月22日，第3版，《天丰永公记经理魏岐山为购到西北民生公司迪化分公司布匹事紧要声明》。

续表

时间	姓名	别号	职务	民族	籍贯	所营商号	备注
民国国民党治新时期（1949年8月16日—9月25日）	马文祥		迪化市商会理事长	回			魏岐山因私吞布匹案被罢免

检视上表可见，民国后期新疆总商会的副职由一些享有声望的少数民族商人担任。如1939年9月新疆总商会改名为新疆工商联合总会后，维吾尔族的买买提阿吉、纳斯尔等担任了常务副主席一职。新疆工商联合总会于1945年改为迪化市商会后，回族商人马文祥先后担任过副理事长、理事长等职。

从清末到民国年间，新疆各地商务分会的会长一职大多由商帮人士中的津商担任，如伊犁的李锡三、张润田、曹瑞三、杨春林、张佩如、张庆祥，塔城的陈雨亭、李子华，喀什的杜金棠，阿克苏的王祉祥、董海亭，莎车的何东初，乌什的高鹤鸣，英吉沙的杜金海，额敏的韩印三等（详见表6–9）。特别是北疆的迪化、伊犁、奇台三地，是商帮的经营中心，其中迪化、伊犁两地的津商众多，商会会长也几乎全部由津商担任，此二地的商会在某种程度上已成为以津商为主体的社团。

表6–9　津商在近代新疆重要城市担任商会会长名表[①]

地名	会长名称	籍贯	所营商号	时代
迪化	杨绍周	天津杨柳青	永裕德京货店	清末至民国杨增新时期
	刘云卿	天津杨柳青	裕昌厚京货店	民国杨增新时期
	董树棠	天津杨柳青	德聚公百货店	民国杨增新时期
	董光錞	天津杨柳青	复昌隆京货店	民国金树仁末期、盛世才早期
	周耀庭	天津杨柳青	同盛和京货店	民国盛世才时期
	周海东	天津杨柳青	复泉涌酱园	民国盛世才时期
	石寅甫	天津杨柳青	福泰成京货店	民国盛世才时期
	崔善祥	天津杨柳青	德昌源呢绒绸缎百货庄	民国盛世才时期

① 该表中津商在迪化担任总商会会长的名录，根据笔者前表《近代迪化总商会会长沿革》整理而成。该表中津商在伊犁、奇台、塔城、额敏、喀什、阿克苏、莎车、乌什、英吉沙担任商务分会会长的名录，来自天津市口述史研究会、天津市西青区政协合编：《丝路津商——赶大营资料汇编》，天津人民出版社2014年，第61页。

续表

地名	会长名称	籍贯	所营商号	时代
伊犁	李锡三	天津杨柳青	福泉厚	清末至民国
	张润田	天津杨柳青	文丰泰京货店	清末至民国
	曹瑞三	天津杨柳青	碾磨房	清末至民国
	杨春林	天津杨柳青	不详	清末至民国
	张佩如	天津杨柳青	不详	清末至民国
	张庆祥	天津杨柳青	不详	清末至民国
奇台	乔如山[①]	天津杨柳青	德泰成	清末至民国
	李荩臣[②]	天津杨柳青	义善长	清末至民国
	王芷洲[③]	天津杨柳青	祥记京货店	清末至民国
塔城	陈雨亭	天津杨柳青	不详	清末至民国
	李子华	天津杨柳青	不详	清末至民国
额敏	韩印三	天津杨柳青	不详	清末至民国
喀什	杜金棠	天津杨柳青	不详	清末至民国
阿克苏	王祉祥[④]	天津杨柳青	不详	清末至民国
	董海亭[⑤]	天津杨柳青	德聚公	清末至民国
莎车	何东初	天津杨柳青	不详	清末至民国
乌什	高鹤鸣	天津杨柳青	不详	清末至民国
英吉沙	杜金海	天津杨柳青	不详	清末至民国

① 乔如山，别号乔长福，见周海山《古城商业史话》，奇台县政协文史资料委员会编:《奇台文史》(精编本)，新疆新华印刷厂 2006 年(内部资料)，第 309 页表格。

② 王鸿魁、于焕文、谢玉明《天津商帮“赶大营”始末》一文中，又写作李翰臣、李汉臣。——作者注

③ 王鸿魁、于焕文、谢玉明:《天津商帮“赶大营”始末》一文刊载于天津市政协文史资料研究委员会、天津西青区政协文史资料研究委员会编《津西古今采珍》，百花文艺出版社 1993 年，第 40 页，又写为王子洲。——作者注

④《新疆日报》，1938 年 12 月 29 日，第 3 版，《阿温两县成立商会，各族商人订购机器汽车，发展当地工商业交通》一文又写为王趾祥。——作者注

⑤ 天津市口述史研究会、天津市西青区政协合编:《丝路津商——赶大营资料汇编》，天津人民出版社 2014 年，第 61 页表中此处的黄海亭有误，应为董海亭，见附表《天津商帮店铺情况表》(根据历年随机调查整理)，天津市西青区政协文史资料研究委员会编《西青文史》(第 9 辑)，1999 年(内部资料)，第 108 页，董海亭是迪化总商会会长董树棠的弟弟。

商会会长的职务相当复杂，主要有四点：第一，“他必须充当各种合同的见证人，并在合同上加盖自己的正式图章。但这并不常见，因为汉族（商）人多不习惯订立书面合同，在同一商会的会员更是如此”。第二，“就是审理同一商会会员之间的民事案件，即使一方不是商会会员，只要当事人愿意也可办理。这些案件包括就商事交易和其他民法关系方面提出的各种要求，以及相互之间的人事纠纷等。当实行拆股、清账等而当事人又不能达成协议时，会长就和其他会员一起来参加处理。当某一会员无钱还债时，会长就采取措施以保护债权人利益”。第三，“他还要照顾已故会员的年幼遗孤，主管救济金的发放，以及必要时主管慈善机关和商会资金”。第四，“会长还负责给会员摊派税款事宜”。[①]

“商会会长在政府面前是商会利益的代表，是沟通商会与政府的中间人。有新官上任，他就代表全体商人出来迎接，同时官府在处理有关商人和涉及商界利益问题时，也征询他的意见。因此，商会会长的事务是很多的。……会长的一切活动对全体会员都是公开的，会员也完全有可能对其全部活动予以监督。

图 6–1　盛世才时期担任新疆工商联合会常务主席的石寅甫[②]
（津商，“福泰成”商号经理）

---

① ［俄］尼·维·鲍戈亚夫连斯基著:《长城外的中国西部地区》，新疆大学外语系俄语教研室译，商务印书馆 1980 年，第 100—101 页。

② 石寅甫（1898—1943）：本名石作桐，字寅甫，祖籍天津杨柳青。1917 年通过“赶大营”的方式来新疆经商，与人合伙创办“福泰成”商号，任经理。1937 年 9 月起主持新疆总商会会务，1939 年 9 月担任新疆省工商联合总会会长，1940 年兼任新疆汉族文化促进会副委员长。1943 年被盛世才杀害，享年 45 岁。照片源自张立祥、石丽莹《迪化商会会长石寅甫小传》，《丝路志》2015 年 2 月刊，内刊，第 76 页。

图 6–2　盛世才时期担任工商联合会常务主席及国民党治新时期担任迪化市商会理事长的崔善祥[①]（津商，创办“德昌源”商号）

在商界人士中商会会长是很受尊敬的，平常中国政府也是比较尊重他们的，因此政府在举行某些隆重的官方宴会时，也邀请他们参加。除去职务必然会给他们带来的荣誉以外，那些工作特别卓越的会长，由本商会呈请，还可在上级官府那里获得官品——即某种品位的顶戴，这是中国的富人无不梦寐

① 照片由崔善祥的孙子崔庆吉提供。崔善祥（1890—1956），天津杨柳青人，从做染线、染布料的小生意起家，积累了多年摆摊经营的经验和一定的资金。1920 年前后接兑了津帮“老八大家”之一“德恒泰绸缎庄”，改号为“德昌源呢绒绸缎百货庄”，经营绸缎布匹、日用百货，逐步成为津帮著名店铺，并成为“新八大家”之一。随着家业的不断扩大和人口的不断增加，崔善祥又在和田街及现七一酱园的附近和黄河路等地置办了三处家园，供家人居住和种植蔬菜和鲜花。1947 年崔善祥带领兄弟 4 人又在甘肃兰州开了德昌源分号，崔善祥负责经营迪化的总店“德昌源”。由于崔善祥经营有方，产业庞大，后来人们干脆就把崔善祥称为崔德昌。崔善祥于盛世才时期的 1940 年初至 1944 年 4 月及 1944 年 9 月至 1945 年初，担任新疆工商联合会常务主席，国民党治新时期的 1945 年初至 1947 年底担任迪化市商会理事长。解放后“德昌源”商铺转让给了“军直合作社”（后为“寄卖行”，现为天山商场）。崔善祥又在大十字的东北角开了“正景商店”，继续经营百货等商品。因其儿子辈是“景”字排名，所以崔善祥就起名“正景商店”，意思是让崔家能够继续兴旺起来。“正景商店”一直经营到了 1956 年的公私合营。笔者于 2016 年 9 月 18 日与崔善祥的孙子崔庆吉、德昌源学徒王自立访谈时，崔庆吉、王自立口述，王自立是津帮“老八大家”之一“公聚成”商号经理王锦堂的重孙，曾于 1945—1949 年间在津帮“新八大家”之一“德昌源”商号做学徒。

以求的。”①

总之，商会的会长是“总理本会一切事务，监督及指挥本会所属职员，对外为本会之代表”②。许多商帮人士担任新疆总商会会长一职期间，带领各地商会在促进新疆地方工商业发展，提倡公益事业方面，发挥了重要作用。如杨绍周是津帮“老八大家”之一“永裕德”商号的经理，他于1911年（清宣统三年）任迪化总商会第一任会长。杨增新治新期间，他继任会长之职。他十分热衷社会公益事业，与晋商苗沛然等人筹建鉴湖公园，为新疆人民增添了一处休闲娱乐的好去处。又与津商刘云卿等人发动工商界筹集资金，帮助杨飞霞整修博格达山古庙名胜。

再次，商帮人士在新疆各级商会的会董（1929年8月之前）、执监委（1929年8月起至40年代初）以及理监事（40年代初）成员中占据的比例极高。

清末民国不同时期，新疆商会内部的组织运作制度有一定变化，呈现出组织设置不断完善，职能分工更为细化、合理的趋势。清末至1929年8月前，商会内部实行会董制；1929年8月起开始实行委员制，设立执行委员处理商会的日常事务，监察委员负责监督；40年代初起逐步推行规范的理监事制度。下表以《民国年间奇台县商会各届职员名称变化表》为例，清晰地展示出新疆商会内部职员名称的变化。

表6-10 民国年间奇台县商会各届职员名称变化表③

届次	选举年限	职员名称变化及人数
首届	1913	总理 1 协理 1 评事 8 会董 18
二届	1919	会长 2 副会长 1 特别会董 2 会董 34
三届		此届资料短缺
四届	1925	会长 1 副会长 1 特别会董 2 会董 49

① ［俄］尼·维·鲍戈亚夫连斯基著:《长城外的中国西部地区》，新疆大学外语系俄语教研室译，商务印书馆 1980 年，第 100—101 页。

② 新疆维吾尔自治区档案馆：政 2-7-373-30，《新疆省工商联合会会章》（1939 年）。

③ 周海山:《古城商业史话》，奇台县政协文史资料委员会编:《奇台文史》（精编本），新疆新华印刷厂 2006 年（内部资料），第 309 页表格。

续表

届次	选举年限	职员名称变化及人数
五届	1927	会长1副会长1特别会董2会董30
六届	1929	会长1副会长1特别会董2会董30
七届	1931	常务委员3执行委员5监察委员3
八届	1933	常务委员3执行委员5监察委员3
九届	1935	常务委员3执行委员6监察委员4
十届	1936	常务委员3执行委员5监察委员3
十一届	1940	常务委员5执行委员15监察委员7
十二届	1941	常务委员5执行委员15监察委员7
十三届	1942	常务委员5执行委员14监察委员7
十四届	1943	常务委员5执行委员15监察委员7
十五届	1944	常务委员5执行委员15监察委员7
十六届	1945	常务委员3执行委员7监察委员5
十七届	1946	理事长1副理事长2常务理事1常务监事1

清末至1929年8月新《商会法》颁布之前，新疆的商会为保持正常运转，除了会长、副会长外，还设立会董处理日常事务。会董是商会中一个十分重要的阶层。商会的正常运作主要靠会长、副会长和会董来进行。商会遇有重要事情，随时召集会董开会讨论。会董会议有监察会务、筹议经费、讨论会章等权限。凡较为重大的事务均须由会董会议讨论决定，如对犯错误会董的处罚，对振兴实业计划的研定，对商务纠纷的裁定等。1904年《奏定商会简明章程》第五款规定："商会董事，应由就地各商家公举为定。"第六款又对会董资格设定了条件："以才地资望者为一定之程。一才品，手创商业卓著成效，虽或因事曾经讼告，于事理并无不合者；二地位，系行号巨东或经理人，每年贸易往来为一方巨擘者；三资格，其于该处地方设肆经商已历五年以外年届三旬者；四名望，其人为各商推重居多者。"[①] 1914年8月北洋政府颁布的《商会法》第11条

① 《奏定商会简明章程》,《东方杂志》第1卷第1期（光绪三十年正月二十五日，即1904年3月11日），上海商务印书馆发行，"商务"，第5页。

也规定："会董由会员投票选举。"[①]

可见，会董是由会员投票选举产生的，并且只有兼具财力与名望的人，才能成为商会的会董。一些社会声望与经济实力俱佳的商帮人士，如刘云卿（津商）、周海东（津商）、苗沛然（晋商）等曾担任新疆总商会的会董职务，如表6-11所示。

表6-11　民国年间新疆总商会会董中的商帮人士[②]

年份	会董人数	会董中著名汉族商帮人士
1911年	15	苗沛然（晋商）、刘云卿（津商）等
1913年	12	韩乐常（津商）等
1933年	15	苗沛然（晋商）、周海东（津商）等
1936年	15	崔善祥（津商）、谢继臣（津商）等

1904年《奏定商会简明章程》第五款明确了商务总会与分会的会董人数，"总会约自20员以至50员为率，分会约自10员以至30员为率。就该处商务之繁简，以定多寡之数"[③]。据张大军的统计，"1912年，新疆之商会仅一处，会董15人。……至1914年，全疆已有一总商会，二分商会，……会董也增15人（即共30人）。1915年，新疆有总商会一，二分商会，会董共56人"[④]。

在新疆地县的商务分会中，商帮人士居会董的大多数。如1913年奇台古城商务分会的18名会董中，100%为商帮人士，其中燕帮（津商7人，河北商人2人）人士最多，为9人，晋帮人士4人，秦帮人士2人，豫帮人士1人，川帮人士1人，鄂帮人士1人。到了1925年，奇台县商会的49名会董中，46名为汉族商帮人士，占93.9%，其中晋帮人士最多，为28人，燕帮（津帮8人，河北商人2人）10人，秦帮人士3人，豫帮人士3人，鄂帮人士1人，陇帮人士1人。

---

① 《商会法》，《东方杂志》第11卷第4期（1914年10月1日），上海商务印书馆发行，"中国大事记"，第16页。

② 该表据乌鲁木齐市党史地方志编纂委员会编《乌鲁木齐市志·政治》[（第5卷），新疆人民出版社1999年］第77—78页整理而成。

③ 《奏定商会简明章程》，《东方杂志》第1卷第1期（光绪三十年正月二十五日，即1904年3月11日），上海商务印书馆发行，"商务"，第5页。

④ 张大军：《新疆风暴七十年》（第4册），台北兰溪出版社1980年，第2289页。

表6-12 1913年古城商务分会会董一览表[①]

人数	会董姓名	别号	所营商号	籍贯	年岁
1	安文庆	安锦亭	文丰泰京货店	天津	50
2	宋锡纯	宋厚辅	义成厚杂货铺	天津	58
3	张玉田	张兰萱	成利顺杂货铺	天津	38
4	王振衔	王品一	成利顺杂货铺	天津	55
5	刘元溥	刘锦波	瑞生祥杂货庄	天津	40
6	张富枟	张润生	德泰成公记	天津	38
7	杨春第	杨种田	文义厚杂货庄	天津	42
8	刘永泉	刘俊川	德兴隆烧坊	河北武清县	53
9	王承铭	王奉勋	春义和京广杂货铺	河北高阳县	37
10	张成业	张建侯	义盛合京广杂货铺	山西忻县	50
11	罗昌旺	罗俊臣	新通台车公司	山西祁县	51
12	王万全	王君策	福聚栈兼磨坊	山西大同县	38
13	柳桂芝	柳兰亭	日星功京广杂货铺	山西祁县	39
14	鲁明春	鲁汉臣	德聚成木厂	陕西商南县	57
15	曹俊杰	曹文卿	玉合泉烧坊	陕西郃阳县	42
16	赵九如	赵鸿宾	福兴泰杂货铺	河南洛阳县	46
17	陈玉兴	陈子祥	有益昌杂货铺	四川重庆县	45
18	宁瑞亭	宁清荣	宁源兴屠坊	湖北黄陂县	37

表6-13 1925年古城商务分会会董一览表[②]

人数	会董姓名	次章	所营商号	籍贯	年岁
1	田壤	田击三	德义和牛皮庄	山西代县	32
2	张永兴	张子恒	福盛兴生皮庄	山西代县	44

① 奇台县档案馆：12-1-1，《1913年新疆古城商务分会职员表》。注：按照会董的籍贯对该表重新进行了调整排列。

② 奇台县档案馆：12-1-1，《新疆古城商务分会第四届选举职员一览表》（1925年）。注：按照会董的籍贯对该表重新进行了调整排列。

续表

人数	会董姓名	次章	所营商号	籍贯	年岁
3	李天德	李惠卿	德泰和牛皮庄	山西代县	48
4	焦如山	焦竣峰	义盛和货庄	山西忻县	54
5	郜齐执	郜止敬	天申恒货庄	山西忻县	31
6	武祥寿	武子瑞	天元新货庄	山西祁县	39
7	张燕长	张乐亭	天荣栈	山西杀虎口	46
8	张广仁	张静山	恒泰源面庄	山西汾阳	51
9	李富恒	李月三	永盛生货庄	山西定襄县	40
10	李逢源	李仙槎	义成祥货庄	山西忻县	45
11	马鸣清	马振声	永顺和杂货庄	山西忻县	59
12	蔚相文	蔚子铭	义兴隆面庄	山西汾阳	52
13	渠传恭	渠子敬	东盛昌茶货庄	山西祁县	32
14	周文茂	周耀章	天元盛杂货庄	山西忻县	35
15	郭成龙	郭云五	张醋铺	山西代县	44
16	刘德全	刘子仁	义昌兴皮毛庄	山西杀虎口	36
17	董钦	董国玺	义成永杂货庄	山西忻县	34
18	郭兆仁	郭子瑞	义泰隆面庄	山西孝义	39
19	刘宾	刘左卿	德兴□杂货庄	山西汾阳	41
20	申梦蛟	申凌霄	鼎盛兴洋货庄	山西祁县	41
21	魏其浚	魏心源	双舜全杂货庄	山西汾阳	39
22	常食馂	常子裕	裕盛和杂货庄	山西徐沟	40
23	孟大义	孟清山	大义诚细皮行	山西大同	42
24	武学龚	武印文	太合昌药庄	山西清源	39
25	李致祥	李增荣	魁顺合杂货庄	山西忻县	46
26	党沛	党御之	魁顺祥杂货庄	山西忻县	38
27	武正三	武建邦	永盛和货庄	山西祁县	38
28	喻德恒	喻润三	福兴隆杂货庄	山西代县	45

续表

人数	会董姓名	次章	所营商号	籍贯	年岁
29	张瑞林	张兰坡	大亨当	天津	61
30	王维新	王子周	同盛和货庄	天津	37
31	安庆长	安有田	义善长货庄	天津	51
32	张富柡	张润生	德泰成行栈	天津	53
33	齐中镜	齐鉴三	瑞生祥京货庄	天津	31
34	曹永盛	曹仲三	文义厚货庄	天津	52
37	孙云峰	孙秀岩	文泰昌京货庄	天津	32
38	穆春荣	穆景华	春和祥货庄	天津	40
35	刘顺朝	刘佐亭	德兴隆油酒店	河北武清	36
36	卢登元	卢仲三	祥泰和杂货庄	河北河间	45
39	文承宣	文丕卿	春义和京货庄	陕西西安	41
40	刘清玉	刘冰如	复顺玉货庄	陕西西安	30
41	曹俊杰	曹文卿	玉合泉烧坊	陕西西安	50
42	陈希彬	陈文卿	天元成货庄	河南	44
43	冯天锡	冯纯斋	同兴永	河南	42
44	张金锡	张永祚	德义楼首饰庄	河南	41
45	宁青荣	宁瑞亭	同源当	湖北黄陂	53
46	刘广义	刘心斋	广顺昶杂货庄	甘肃镇番	60
47	陈德亮	陈子明	会丰轩饭庄	归绥	57
48	马兆麟	马瑞庭	复兴隆杂货庄	新疆奇台	41
49	杨登纪	杨培元	同聚成杂货庄	新疆奇台	35

1929年8月起至40年代中期，商会内部实行委员制，职员名称变更为常务主席（即会长）、常务副主席（即副会长）、常务委员、执行委员、监察委员。1929年8月15日，南京国民政府颁布新的《商会法》(8章38条)，第4章第18条规定："执行委员及监察委员由会员大会就会员代表中选任之，执行委员人数至多不得逾15人，监察委员至多不得逾7人。"第19条规定了执

监委员的任期，“执行委员与监察委员之任期均为4年，每2年改选半数，不得连任”[①]。

商帮人士在执监委这个层面占据绝对优势。如新疆总商会于1935年12月3日召开第18次执监委员定期会议，参加者有宫雉文、周海东、曹艺如、任名武、董湘琴、郑稚臣、徐文牍、王耀光、王静山、曹余三、蔡鑫铎、白煜轩、石寅甫、阿孜巴依、崔善祥，缺席者有薛子泉、戴仙洲、吐尔逊巴依。[②]经计算可知，共有18名执监委，除了阿孜巴依、吐尔逊巴依2人为少数民族外，其余16名均为商帮人士，占88.9%。

到1938年12月，新疆总商会的执监委人数增加到31人。1938年12月上旬，新疆总商会召开第42次执监委例会，通过了新疆总商会值日委员重新规定案：“决议星期一为李耀庭、董湘琴、蔡鑫铎、戴仙洲、韩筱甫；星期二为崔善祥、郑雅臣、石百川、任名武、王静山；星期三为潘相如、皮昆山、谢弼麟、董跃珊、白善卿；星期四为□雅林、裴穆臣、薛子泉、张续庭、吴甚卿；星期五为安润田、王信齐、张捷三、李富新、傅成；星期六为阎俊卿、赵奉堂、曹用善、马文祥、马振麟。”[③]计算后可知，30名执监委员担任值班委员，加上会长石寅甫，共有31名，除了两名回族委员马文祥、马振麟外，其余的29名执监委员均为商帮人士，占93.5%。

新疆地县的商务分会中，商帮人士也占据执监委的大多数席位。如1936年奇台县商会的执行委员有6人，100%为商帮人士（晋帮人士3人，津帮人士2人，鄂帮人士1人）。监察委员3人，其中2人为商帮人士（晋帮人士1人，燕帮人士1人，见表6–14）。1939年11月15日，呼图壁县工商会召开会议，对该会的领导进行了改选，“公推刘学先、郎万发、贾以贞、崔兆祥、安维霞、刘中成，为执行委员”[④]。可见，6名执行委员全部为汉族商帮人士。

---

① 《商会法》，《东方杂志》第26卷第15号（1929年8月10日），上海商务印书馆发行，“附录”，第119页。

② 《新疆日报》，1935年12月6日，第3版，《本市商家将通设电话，商会筹设商事公断处》。

③ 《新疆日报》，1938年12月15日，第3版，《总商会第四十二次例会，决定抗战影片运伊放映，下次会议讨论商业银行股款问题》。

④ 《新疆日报》，1939年11月29日，第3版，《呼图壁工商会改选》。

表6-14 1936年奇台县商会的执行委员、监察委员名录①

职别	姓名	别号	所营商号经理	籍贯	年岁
执行委员	冯尔康	冯步安	天申恒茶货庄	山西忻县	48
	李楹	李觉先	大顺玉杂货庄	山西	54
	银如山	银岫峰	义盛永茶布庄	山西忻县	36
	王连波	王雨田	连□厚	天津	46
	周鸿仪	周锡卿	复盛隆杂货铺	天津	29
	梁安有	梁少怀	□□□杂货铺	湖北孝义	35
监察委员	郭效仪	郭子凤	天元成杂货庄	山西	49
	李芳五			河北	27
	马□	马卿亭	福兴泰杂货铺	奇台	39

1942年2月10日，国民政府颁布《非常时期人民团体组织法》，第9条要求"人民团体均置理监事，就会员中选举之"。并对各级商会理监事的人数有限制，"县市以下人民团体之理事不得逾5人，省或院辖市人民团体之理事不得逾25人，……各级人民团体监事名额不得超过该团体理事名额三分之一"②。新疆据此法从1945年起开始推行理监事制度，改执行委员为理事，监察委员为监事，主席改为理事长。理事会的职权有：（1）执行会员大会决议案；（2）召集会员大会；（3）奉行法令及计划推行本章程所规定之任务。监事会的职权有：（1）监察理事会执行会员大会之决议；（2）审查理事会处理之会务；（3）稽核理事会之财政出入。③

可见，理事会是会员大会的执行机构，在闭会期间领导团体开展日常工作，对会员大会负责。理事会作为执行机构，在商会的运作中起中心作用；监事会是商会的监督机构，与理事会处于平等地位，负责稽查的责任。这种理监事制度使得理事会与监事会各司其职，形成执行与监督职责的权力制衡，有利于避免商会被个人把持，而遵循为全体会员利益服务的宗旨。

新疆商会中理、监事的大部分席位由商帮人士担任。1945年3月，国民党

---

① 奇台县档案馆：12-1-4，《新疆奇台县商会第十届职员一览表》（1936年）。

② 《非常时期人民团体组织法》，马敏、肖芃主编：《苏州商会档案丛编》（第5辑下，1938—1945），华中师范大学出版社2010年，第1290页。

③ 此自然段中的内容均出自新疆维吾尔自治区档案馆，政3-1-358，《新疆迪化市商会章程》。

新疆省党部和新疆省政府社会处根据《人民团体组织条例》的规定，将新疆工商会进行改组，分别成立了迪化市商会和迪化市工会。迪化市商会于1945年3月召开了第一次会议①，由社会处公布了理事会、监事会成员名单。理事会由14人组成，崔善祥（津商）为理事长，任名武（津商）、董跃珊（商帮人士）、艾买提阿吉（维吾尔族）为副理事长；监事会由5人组成，苗沛然（晋商）为监事长。1947年底，迪化市商会召开理监事会议，推举魏岐山（商帮人士，“天丰永”商号经理②）为理事长，马文祥（回族）、卜松龄（商帮人士）为副理事长，苗沛然（晋商）为监事长，刘益臣（商帮人士）为副监事长。③通过计算可知，商帮人士占理监事长的比例为80%。1949年8月魏岐山被罢免，马文祥（回族）任理事长。④

表6–15 40年代中后期新疆总商会的理监事长名单

年份	理事长	副理事长	监事长	副监事长
1945年	崔善祥	任名武、董跃珊、艾买提阿吉（维）	苗沛然	
1947年底	魏岐山	马文祥（回）、卜松龄	苗沛然	刘益臣

迪化市商会于1948年专门制定的《理监事选举规程》⑤中第3条明确规定：“本会理监事及候补理监事共为21人，其中汉族会员14人，回族7人。”这里的汉族会员指的是商帮人士，通过计算便知，商帮人士占迪化市商会理监事总人数的66%强。同年，迪化市商会举行理监事的选举活动，参加的工商同业公会

---

① 迪化市商会召开第一次会议的具体时间不详。乌鲁木齐市党史地方志编纂委员会编：《乌鲁木齐市志·政治》（第5卷），新疆人民出版社1999年，第78页，记载迪化市商会召开第一次会议时间为1945年1月16日，有误。原因是据1945年3月2日《新疆日报》记载，1945年3月1日社会处正式办公，而后才将新疆工商联合总会改组，分别成立迪化市商会与迪化市工会。推测迪化市商会召开第一次会议时间可能为3月16日。

② 《新疆日报》，1949年8月22日，第3版，《天丰永公记经理魏岐山为购到西北民生公司迪化分公司布匹事紧要声明》。

③ 乌鲁木齐市党史地方志编纂委员会编：《乌鲁木齐市志·政治》（第5卷），新疆人民出版社1999年，第78页。

④ 乌鲁木齐市党史地方志编纂委员会编：《乌鲁木齐市志·政治》（第5卷），新疆人民出版社1999年，第78页。《新疆日报》，1949年8月16日，第2版，《魏岐山私吞布匹案，商会决定严予制裁，罢免理事长职务，二年内不许任代表，并追缴不法利润》。

⑤ 新疆维吾尔自治区档案馆：政3–1–358，《迪化市商会理监事选举规程》（1948年）。

有百货、米粮、油业、国药、纸烟、土产、茶叶等14个行业。而且，迪化市商会还根据各同业公会会员人数及民族成份，具体分配了名额，如百货公会6人（其中汉族商人5人，回族1人），车马店公会1人（回族）。[①]可见，商帮人士占据百货同业公会理监事候选人的绝大部分席位。

表6–16 1948年商帮人士在迪化市商会理监事中所占比重

年份	理监事（含候补）总人数	其中汉族商帮人数及占比重		回族
1948年	21	14	66.7%	7

此外，1942年2月颁布的《非常时期人民团体组织法》还规定“理监事名额在2人以上时，得按名额多寡互选常务理事、常务监事1人至5人”[②]。如1949年的新疆迪化市商会就有“常务理事3人”[③]。

商帮人士在常务理监事层面，同样占据绝对优势。如北疆地区乌苏县商会（1935年成立），1944年该商会的常务理事有3人，分别为王兆祥、安维新、尼子买丁，常务监事1人，为刘庆和。[④]可见共有4名常务理监事，其中商帮人士3人，占常务理监事的比例为75%。又如塔城区工商会（1940年成立），该商会1944年的常务理事1人为李少卿，常务监事3人，分别为尼牙孜、孙贯臣、陈纯五。[⑤]同样共有4名常务理监事，其中商帮人士3人，占常务理监事的比例为75%。

迪化市商会从理事中选举产生的常务理事，组成了常务理事会。在理事会闭会期间行使部分职权。常务理事会下属的常设机构有调查科、书记室、组训

---

① 新疆维吾尔自治区档案馆：政3–1–358，《迪化市商会理监事选举规程》（1948年）。

② 《非常时期人民团体组织法》，马敏、肖芃主编：《苏州商会档案丛编》（第5辑下，1938—1945），华中师范大学出版社2010年，第1290页。

③ 新疆维吾尔自治区档案馆：政3–1–358，《新疆迪化市商会章程》（1949年）。

④ 中国第二历史档案馆：《新疆省政府报送的各县商会暨有关限价主要必需品业同业公会一览表及相关文书——新疆省乌苏县市商会暨有关限价主要必需品业同业公会一览表》（1944年1月—5月19日），中国第二历史档案馆编：《民国时期新疆档案汇编（1928—1949）》（第31册），凤凰出版社2015年，第59页。

⑤ 中国第二历史档案馆：《新疆省政府报送的各县商会暨有关限价主要必需品业同业公会一览表及相关文书——塔城区工商会暨有关限价主要必需品业同业公会一览表》（1944年1月—5月19日），中国第二历史档案馆编：《民国时期新疆档案汇编（1928—1949）》（第31册），凤凰出版社2015年，第64页。

科等，使得商会的组织架构更为细化与健全。调查科下又分为三股，即登记股、统计股、调查股。书记室下分四股，具体为文书股、会计股、事务股、保管股。组训科也下分四股，分别为物管股、组织股、训练股、调解股。[①]这些部门里设有文牍、会计、庶务员，负责办理文电稿件，缮写文函，商会庶务，管理收支款目及杂项事务。

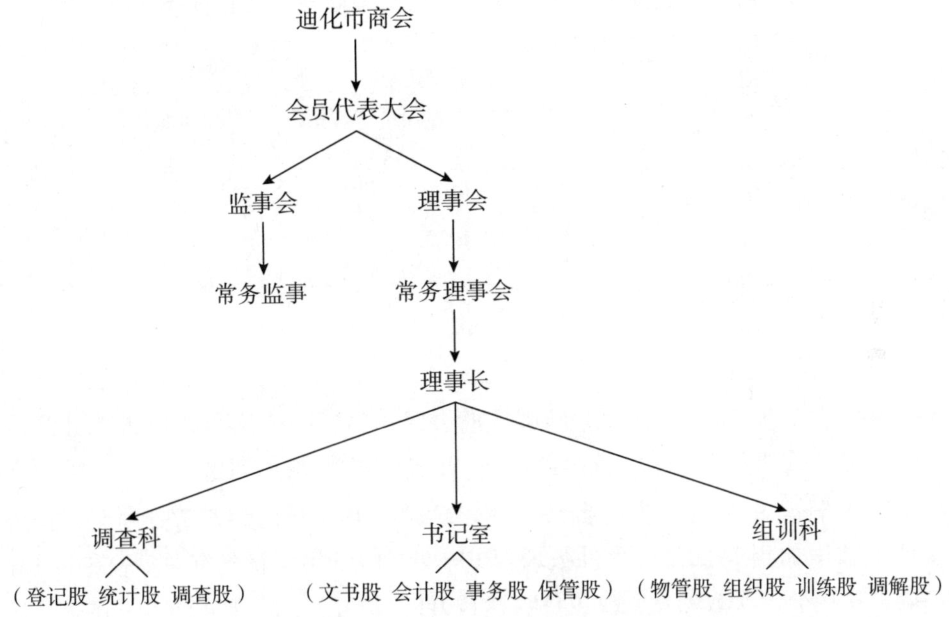

图 6-3　迪化市商会组织系统图（1949 年）[②]

最后，商帮人士在商会决策层面的各种会议中，如会董会议（清末至1929年7月底）、执监委会（1929年8月～40年代初）以及后期的理监事会议（40年代初～1949年），认真履行议事职责，有力促成了决议案的形成，保障了商会内部组织的良性运转。同时，这些决议案对于维护商人的利益，促进地方工商业的发展，都发挥了重要作用。

以近代新疆商业重镇奇台的商会为例，1919年至1944年间该商会的议事员（1919—1929年7月会董、1929年8月—1944年执监委）多为商帮人士，通过计算可知：商帮人士在议事员中的最高占比高达94.7%，最低占比为66%，年均

---

① 新疆维吾尔自治区档案馆：政 3-1-358，《新疆迪化市商会章程》（1949 年）。

② 新疆维吾尔自治区档案馆：政 3-1-358，《新疆迪化市商会章程》（1949 年）。

占比为85%。虽号称八大商帮，实际以资本雄厚、经营有方的晋帮、京津帮为中坚。计算后可知比例为：晋帮占议事员总数的38.6%，京津帮占议事员总数的33.3%。显而易见，商帮人士必然在奇台县商会的各种会董会议、执监委决策会议中发挥了巨大作用。

表6–17　民国年间奇台商会议事员中商帮人数统计表[①]

年份	议事员总数	其中商帮人数及占比重		各商帮人数						
				晋帮	京津帮	两湖帮	秦帮	陇帮	豫帮	川帮
1919年	38	36	94.7%	11	14	2	4	2	2	1
1929年	34	32	94.1%	18	13		1			
1940年	27	19	70.4%	11	7				1	
1944年	15	10	66.7%	4	4			1	1	
合计	114	97	85.1%	44	38	2	5	3	4	1

据张大军统计，“1912年，新疆之商会仅一处，……议事员15人，共开过18次会议，议事件数3件。至1913年……，会议次数增加到22次，议事件数则增加到42件，几增加40倍。至1914年，全疆已有一总商会，二分商会，……会议次数增加到94次，议事件数增至194件。1915年，新疆有总商会一,二分商会，……会议次数95次，决议件数达179件”[②]。可见，由于商帮人士在商会各类具有决策性质的议事会议（即会董会议）中的积极作为，民国初年新疆境内总商会及商务分会的议事会议次数及决议案的形成，都处于快速增长状态，商帮人士在各类议事会议中，献言献策，形成的决议案有力维护了商人利益。新疆总商会于1935年12月3日召开第18次执监委员定期会议，参加的商帮人士有14人、维吾尔族商人1人，分别为宫雉文、周海东、曹艺如、任名武、董湘琴、郑稚臣、徐文牍、王耀光、王静山、曹余三、蔡鑫铎、白煜轩、石寅甫、崔善祥、阿孜巴依（维吾尔族商人）。[③]此次会议形成了4个决议案，其中一个是众

① 周海山:《古城商业史话》，奇台县政协文史资料委员会编:《奇台文史》(精编本)，新疆新华印刷厂2006年（内部资料），第310页。

② 张大军:《新疆风暴七十年》(第4册)，台北兰溪出版社1980年，第2289页。

③《新疆日报》，1935年12月6日，第3版，《本市商家将通设电话，商会筹设商事公断处》。

多商号反映财政局估值过高，要求税局以置货原清单为准，酌情纳税案。经过以商帮人士为主体的执监委热烈讨论，形成的决议为："致函财政厅，来货按照原发单价值纳税，至于箱内货物多寡，均按原有货物为准。"[①]这个决议案说明商帮人士所代表的执监委，积极向政府部门反映商人们合理的经济诉求，切实履行了自己的职责。

商帮人士不偏不倚、公正理性的议事态度，是解决各种经济问题的基石。抗战期间的1937年3月6日，新疆总商会召开了第7次常委会，有10余名委员出席。会议由新疆总商会会长津商曹余三主持，就"新光电灯公司"占用湘商的"升恒茂茶庄"地址一事进行了热烈讨论，最后达成了决议案："此地估价为大洋850元，由（新光）电灯公司给15股股票。"[②]可见，津商曹余三会长主持、以商帮人士为主体的常委会，没有偏向官商合办性质的"新光电灯公司"，打压湘商周晋藩个人创办的"升恒茂茶庄"，而是坚持公正原则，很好解决了两者之间的矛盾，实现了双赢。

20世纪40年代初，新疆商会按照国民政府的规定，开始推行理监事制度，对于理监事会议的开会频率、参会人数等都有明确规定。1949年制定的迪化市商会章程规定："理事会每月至少开会1次。监事会每两个月至少开会1次。""理事会开会时，须有理事过半数出席，出席理事过半数同意，方能决议可否。""监事会开会时，须有监事过半数出席，出席监事过半数同意，方能决议可否。"[③]在理监事中，占据绝大多数席位的商帮人士都能严格遵守商会章程的相关规定，遇到突发的议事会议，均能按时参加，积极支持商会工作，促成了决议案的形成。1949年8月17日，迪化市商会召开紧急理监事联席会议，讨论市商会与总工会的办公会址纠纷问题，按时参会的理监事有卜松龄、马鹤年（回族）、周海东（津商）、王汇川（津商）、卢莲府、韩宗耀（津商）、尚松年（津商）、史绪仁、樊子和、袁孟超等10人。除了马鹤年是回族，其余9人均为汉族商人，最后的决议案为："向地方法院起诉，通过法律途径解决。"[④]

---

① 《新疆日报》，1935年12月6日，第3版，《本市商家将通设电话，商会筹设商事公断处》。

② 《新疆日报》，1937年3月20日，第2版，《总商会常委会昨讨论电灯公司占用升恒茂地址问题》。

③ 新疆维吾尔自治区档案馆：政3-1-358，《新疆迪化市商会章程》（1949年）。

④ 《新疆日报》，1949年8月18日，第2版，《商会大楼纠纷白热化，今将闹到法院》。

第三节　商帮与新疆商会的经济活动

从清末到民国时期，新疆商业是由新疆省政府和总商会协同管理的，商会的工作要细化、具体些。在商帮人士的积极推动下，新疆各地商会成立后，积极履行自己保商、振商的职责，为促进新疆的工商业发展做贡献。

1929年8月15日，南京国民政府颁布的《商会法》明确规定，商会的宗旨为“图谋工商业及对外贸易之发展，增进工商业公共之福利”。具体细化为8项职责：“1.筹议工商业之改良及发展事项；2.关于工商业之征询及通报事项；3.关于国际贸易之介绍及指导事项；4.关于工商业之调处及公断事项；5.关于工商业之证明及鉴定事项；6.关于工商业统计之调查编纂事项；7.得设办商品陈列所，商业学校即其他关于工商业之公共事业，但须经该管官署之核准；8.遇有市面恐慌等事，有维持及请求地方政府维持之责任。”①

新疆商会认真履行了1929年南京国民政府颁布的《商会法》中上述相关职责。商帮人士在商会的各类经济活动中，发挥积极作用的层面有：对工商业户进行登记注册，发放营业许可证，行使工商管理职能；组织商业考察；调解商业纠纷，担负商事仲裁的使命，行使部分司法机关的工作；设立商业学校、商团等附属机构；维护市场秩序，制定与平抑物价，打击不法奸商，维护金融稳定，充当着物价管理部门与金融监管机构的职能；推动新疆工业发展等。

一、工商登记注册，发放营业许可证

自清末至1949年6月，工商注册登记工作一直由商会负责。1904年（清光绪三十年），清政府颁布的《奏定简明商会章程》第18条规定：“令商家先办注册一项，使就地各商家（商）会内可分门别类编列成册，而后总协理与各会董随时便于按籍稽考酌施，切实保护之方，力行整顿提倡之法。至于小本经济不愿至（商）会内注册者，系从其便，不得勉强，转失保商本旨。”②

---

① 《商会法》，《东方杂志》第26卷第15号（1929年8月10日），上海商务印书馆发行，“附录”，第118页。

② 《奏定商会简明章程》，《东方杂志》第1卷第1期（光绪三十年正月二十五日，即1904年3月11日），上海商务印书馆发行，“商务”，第8页。

1914年北洋政府制定的《商会法》第6条规定商会的职责之一就是“调查工商业之状况及统计，随时发表”[①]。1929年，南京国民政府制定的《商会法》第3条的相关规定大同小异，即商会的职责之一就是“关于工商业统计之调查编纂事项”[②]。

依据上述法律文件，自清末1911年新疆总商会成立至民国年间，随着各地商务分会的成立，在商人会长的主持与商帮人士的配合下，逐步开展工商登记注册、发放营业许可证的工作。这种登记注册工作，一方面加强了商人之间的联系与合作，另一方面有利于商会管理工商业者，也为政府提供了商业发展的第一手资料。

1936年，在新疆总商会会长周海东（津商）、副会长曹余三（津商）的领导下，总商会制发了《商户登记纳费办法》，对全市商户商贩进行一次全面的清理登记工作。《商户登记纳费办法》规定：商户必须在总商会内登记注册，方能经营，“凡在本市关设立商号须依照本办法之规定登记，无门面之小摊营业，无论其资本若干均须依本办法办理登记”，凡在本市商号应“向本会领商号登记表，依照表式填写，交会审查，分别等级”，登记表的主要项目如下：“商号，组织，资本总数，营业所在地，营业范围，商号主姓名、族别、籍贯、住址。”如果商号关门歇业必须在歇业前三天报告总商会，只要在商会办理了以上登记手续就可以成为商会会员，“享受会员之权利与义务”[③]。正是由于总商会掌握了本市所有商号的详细情况，所以当政府相关部门需要相关信息时，总商会才能够予以配合。1936年8月，财监会检查各机关在商号的购物单据，因门牌号数及营业性质不清，以致查封单据工作障碍重重，为此“财监会函请新疆总商会，将城关各商号门牌号数及营业性质，详细列表送达，以利工作”[④]。当时新疆总商会会长是津商周海东，副会长是津商曹余三，在他们的带领下，商会及时提供了相关材料，使得财监会的查封工作得以顺利进行。

据统计，自1936年6月至12月，新疆总商会共给迪化市170余家大小商号

---

① 《商会法》，《东方杂志》第11卷第4期（1914年10月1日），上海商务印书馆发行，“中国大事记”，第16页。

② 《商会法》，《东方杂志》第26卷第15号（1929年8月10日），上海商务印书馆发行，“附录”，第118页。

③ 新疆维吾尔自治区档案馆：政2-7-374-44，《商户登记纳费办法》（1936年）。

④ 《新疆日报》，1936年8月4日，第2版，《财监会解决查封单据困难，函请商会送本市商户门牌及营业表》。

办理了登记注册、发放了营业许可证。[①]

1937年，新疆省政府又制定了《土产公司管理办法暂行规定》，凡经营土产的商人均需填写申请书，并由当地商会登记。[②]

针对一些特殊职业如行纪业务，总商会也要求相关营业者必须到会登记、注册。“行纪业在商业交易上担负介绍业务，目的在促使双方交易达成后公开收取手续费（即佣金）。”（新疆总商会会长石寅甫语）[③]经新疆省城总商会调查，“迪化市执行纪业务者（即跑街的），向不乏人，但均未向本会登记，以致无法统计，窒碍殊多。……为保障行业纪务、便于统计起见”，1939年4月28日，新疆省城总商会在会长石寅甫（津商）领导下，要求“凡属迪化市执行纪业者，……限一星期之内，来会登记。逾期不登记者，不得参与行纪业务，致滋混淆”[④]。

大多数商家都遵守相关法律规定，到商会办理登记、注册手续，但仍有“规避取巧、隐瞒登记情事，以致本会对工商业之进展无法推进、漫无统计，窒碍殊多”。针对此种情况，在会长石寅甫的领导下，新疆省城总商会于1938年12月7日发布重要通知：“商会为工商集团，凡属本区域之工商业，均应向当地商会注册、登记，取得会员资格，以图公共福利、增进社会经济，且既系正当工商营业者，须履行会员登记，亦绝隐瞒之必要。”为彻底整顿会员登记、注册工作，发展工商事业起见，“业经呈准建设厅派员，会同本会会员从事调查会员注册事项。所有未（到）会登记之工商，自通告后一星期内，一律补行登记，取得会员资格。如逾期仍有不履行登记者，查出即行处罚，以维商法”[⑤]。

新疆各地县的商号登记、注册情况，也由当地的商务分会负责办理。1939年1月，塔城县政府“为明了（本地工商业）发展实际状况起见，特令塔城商

---

① 《新疆日报》，1936年12月25日，第2版，《在政府发展商业下，本市商业飞跃进展，半年中增加170余商号》。

② 《新疆通志》编撰委员会:《新疆通志·商业志》，新疆人民出版社1998年，第76页。

③ 《新疆日报》，1939年12月23日，第3版，《工商会召开十一次常委会，成立行纪业公会，石会长报告成立意义》。

④ 《新疆日报》，1939年4月29日，第4版，《新疆省城总商会紧要启事》。

⑤ 《新疆日报》，1938年12月13日，第4版，《新疆省城总商会紧要启事》。

会举办本市工商登记”[①]。

从1949年7月起，迪化市的工商登记工作改由市政府部门负责。[②]如1949年9月8日屈武主持的市府会议决定，由社会科与警察局分别指派三人，分组分段督促迪化市内各商号前往市府办理登记手续。[③]虽然从1949年7月起工商登记工作改由迪化市政府相关部门负责，但政府机构在制定工商户资本额等级标准等商业事项的时候，仍邀请市商会的商帮代表进行讨论决策。1949年8月6日，为办理工商登记工作，省政府秘书处、财政厅、征收局、会计处、社会处等政府机关与工商会的机关团体代表共十余人，开会讨论决定工商行号资本额等级标准。当时市商会代表有商会理事长魏岐山（商帮人士）、副理事长卜松龄（商帮人士）、监事长苗沛然（晋商）。经过政府机关人员与商界代表的共同讨论，最后的决议为：“依照征收局营业牌照登记，分为十八等。特等为银圆1万元，一等为四千元，以下至九等，依次减少四百元。九等以下每等相差一百元，最低十八等，资本额为一百元。”[④]可见以商帮人士为首的迪化市商会负责人参与了这个政策的决策过程，为该标准的形成发挥了一定作用。

二、组织商业考察活动

对外商业考察是商业经营活动中的一项必不可少的商务活动，以达到建立联系、经验交流、技术转移、对口合作等目标。

在商帮人士的积极推动下，为扩大与苏联的经贸合作，1936年10月新疆总商会自发组织了一个商业考察团去苏联进行为期3个月的考察，计划与苏联贸易机关订立商业合同若干份。这个考察团由多民族商业人士构成，全团成员共8人，均为商会会员，团长为时任新疆总商会会长津商周海东，商帮人士有崔善祥（津商）、石寅甫（津商）、曹余三（津商）、高雨田4人；其他少数民族商业精英4人，分别为伊敏（维）、马宝善（回）、满素巴巴汗巴巴由（乌

① 《新疆日报》，1939年1月29日，第3版，《塔城举行工商登记，女二小组织孩子剧团》。

② 《新疆日报》，1949年9月20日，第2版，《速办工商登记，月底前不办将处分》。

③ 《新疆日报》，1949年9月8日，第2版，《屈武亲自主持市府会议，决定催缴地价办法，督促完成工商登记》。

④ 《新疆日报》，1949年8月7日，第2版，《办理工商登记，市府定资本额，依照营业牌照分十八等》。

孜别克)。[①]

在商帮人士的组织与带领下，这种出国商业考察活动，不但增长了新疆各民族商业才俊的商业见识、开阔了眼界，还促进了新疆本地的对外经贸发展。

三、调解商业纠纷，做出公断

1936年9月8日，商事公断处作为商会的附属机构正式成立[②]，商事公断处“对于商人间商事之争议，立于仲裁地位以息讼和解为主旨，受商人之声请或法院之委托亦得办理清算事宜”[③]，以求通过商事裁判，达到调解商业纠纷、稳定市场的作用。新疆总商会1936年10月底通知各商号照章施行《新疆省迪化商事公断处章程》(7章37条)内容。商事公断处的设立使商会的组织机构更加健全。1948年商事公断处又出台了公断规程，将事务范围进一步细化为：“调整与公断商人之业务纠纷、债务、产权、劳资、旅栈客主纠纷、调处与证明各种商业文书契据事宜。”[④]

1936年9月制定的《新疆省迪化商事公断处章程》规定：“商事公断处设处长1人，调查员2人，评议员5人至7人，书记员1人。处长、调查员、评议员均为名誉职，调查员与评议员由商会现任委员中互选之，处长由评议员中互选之。”我们知道，从1929年8月起新疆商会实行委员制，设立执监委处理日常事务，此章程规定“商事公断处的调查员、评议员从商会现任委员中产生，处长由评议员中互选之”，现任委员指的是执监委，而执监委多为商帮人士；那么商事公断处的调查员、评议员、处长必然多为商帮人士。显然，商事公断处以商帮人士为主导，商帮人士在各类商事裁判中发挥了重要作用。

20世纪30年代末迪化著名的津帮商号“福泰成京货店”分伙问题就是在商帮人士主导的商事公断处的调节下解决的。“福泰成”商号由津商石寅甫与他人

① 《新疆日报》，1936年10月7日，第2版，《商务总会组织之工商实业考察团昨启程，一行八人为商会各族会员》。蔡锦松：《新疆近代史事记》，载《新疆烈士传通讯》1993年第1期，第34、45页。

② 新疆维吾尔自治区档案馆：政2-7-374-105，《为呈报依法成立商事公断处由》(1936年)。《新疆日报》，1936年11月1日，第2版，《总商会通知各商号商事公断处章程》，全文共七章三十七条。

③ 《新疆日报》，1936年11月1日，第2版，《总商会通知各商号商事公断处章程》，全文共七章三十七条。

④ 新疆维吾尔自治区档案馆：政3-1-358，《迪化市商会公断处办事规程》(1948年)。

合伙创办，最初资本额为1万元。石寅甫曾任新疆省城总商会会长、新疆工商联合总会常务主席等职。1939年12月石寅甫被盛世才捏造罪名逮捕时，“福泰成”商号已有资本100万元。双方一开始同意由“福泰成”商号支付石寅甫的家属30万元，分别作为提成、股金和抚恤金，但“福泰成”总以各种理由不予支付。商事公断处最后调解的结果是，“由福泰成出银40万元，付与石寅甫之眷属，以20万元为提成，10万元为股本，10万元为抚恤金，悉数交会（指商会的商事公断处），再由本会转付石寅甫之眷属”①。

商帮人士主导的新疆总商会商事公断处，在处理商事纠纷时能够秉公处理，极大保护了商人利益，改变了过去商业纠纷诉讼要耗费大量时间与金钱的状况。

四、设立商团、商校等附属机构

1914年9月12日，民国政府农商部颁布《商会法》60条，其中第6条规定：各地商会“设立商品陈列所、工商学校及其他关于工商之公共事业”②。在商帮人士的支持与配合下，新疆各地商会也开始设立一些附属机构。

以商帮人士为主体的新疆总商会设立的主要附属机构是商团及商业训练班。1933年，马仲英部围攻新疆省会迪化之际，新疆总商会组织的商团不但守城，还与马仲英部勇敢作战，对于保卫省城安全发挥了重要作用。据记载1933年1月29日迪化“城门忽关闭，仅留东门，商团均荷枪守城，如临大敌，店面一律关闭”。2月23日晨，马仲英部在迪化西大桥一带与省军交战，省军发动火攻后，“敌见火起，始行逃遁，商团、民团冲锋痛击”。此战除官方军队死伤百余人外，“商团阵亡5人，民团阵亡10余人”③。

1938年11月初，在新疆总商会会长津商石寅甫的领导下，新疆总商会第27次例会讨论后决定筹备商业训练班，毕业期限6个月，课程共7门，分别为

---

① 新疆维吾尔自治区档案馆：政3-1-352，《调节福泰成分伙问题会议记录》（1939年）。另：此处的元，为新疆省币。1840—1939年以前的新疆，币制混乱。钱币种类繁多，既有纸币，也有金属货币。且货币单位与内地不一致，新疆始终以“两”为单位，内地货币均以“元”为单位。1939年2月起，新疆实行币制改革，废两改元，发行以“元”为单位的新省币，统一了全省币制。至1939年底，旧币才全部收回。

② 《商会法》，《东方杂志》第11卷第4期（1914年10月1日），上海商务印书馆发行，“中国大事记”，第16页。

③ 吴霭宸著，田杉整理：《边城蒙难记》（原名《新疆纪游》），新疆人民出版社2010年，第42、45页。

商业常识、簿记学、政府政策、社会科学、抗日民族统一战线、国际常识、帝国主义侵略中国史。[①]1938年12月1日，新疆总商会发布了招生简章，“以提高商人文化水平、推进社会经济效能、加强抗战后方力量、完成解放中国任务为宗旨”。该商业训练班以总商会会长石寅甫为班长，招收40名学员，不限年龄，满足如下其中一个资格即可入学：“1.以高小毕业或具有同等学力通达汉语者；2.现任各商号之正副经理者；3.在商界服务三年以上确系忠实商人者。”[②] 1939年1月13日，新疆总商会的商业训练班举行了开学典礼，“学员多系各商号正副经理”，石寅甫发表了开幕词，学员代表李耀庭（津商）做了答词。[③]当月商业训练班开支为76.4750万两（省票银）。[④]1939年3月，该商业训练班开支为58.6500两（省票银）。[⑤]

以商帮人士为主体的新疆地县级商务分会也纷纷成立附属机构，如伊犁商务分会于1939年组织成立商业训练班、民众夜校、图书室、歌咏队、新剧团等。[⑥]在新疆地县级商会中，以新疆古城（今奇台）商会设立的附属机构较为完整，具体有：从事贸易的公司；保卫治安、保护商人利益的商团；以及培养商业人才的商校等附属机构。

1.皮毛公司：1915年8月30日成立，由商帮商号“德厚堂”等试办。[⑦]规定从皮毛公司利润中每两抽6分交奇台县地方财政，4分留作公司人工费用。

2.商团：共2期。1921年成立的第1期商团，由商会直接创办。选举团长、司务长、稽查等共18人，兵员160人，武器禀请省长添置。1932年成立第2期商团。兵员从各商号抽派，每个商号2人，年龄在16岁至40岁之间。商团的武器并不先进，有30年代奇台民间传唱的歌谣为证，“商民团真可怜，手里拿着

---

① 《新疆日报》，1938年11月12日，第3版，《商业训练班开始筹备》。

② 《新疆日报》，1938年12月1日，第4版，《新疆省城总商会附设商业训练班招收学员简章》。

③ 《新疆日报》，1939年1月14日，第3版，《商业训练班举行开学典礼》。

④ 《新疆日报》，1939年4月26日，第4版，《新疆省城总商会公布二十八年一二两月份收支详数》。

⑤ 《新疆日报》，1939年5月29日，第4版，《新疆省城总商会启事》。

⑥ 《新疆日报》，1939年11月3日，第3版，《伊区商直一分会拟三个月工作计划，总会已予批准》。

⑦ 周海山：《古城商业史话》，奇台县政协文史资料委员会编：《奇台文史》（精编本），新疆新华印刷厂2006年（内部资料），第312页。

割草镰，来福枪能打多远”[①]。

据统计，此时期奇台的商号共有406家[②]，根据每个商号选2人为兵员的规定，可以算出第2期商团兵员共有800多人，规模比第1期大了很多。如前所述，民国年间奇台是商帮人士的聚集地，各类商号以商帮人士创办经营居多，奇台商会中的会董、理监事85%为商帮人士[③]，商团兵员是从商号中抽派，可以得出商团的兵员绝大多数是商帮人士这个结论。

表6-18　清末民国年间奇台商号状况[④]

年份	商号总数	资本数
1900年	1000余家	
未受匪乱前（1933年前）	406家	300万元
受匪乱后（1933年后）	399家	113万元
1934年	382家	
1935年	378家	15万元
1936年	305家	23万元
1939年	525家	
1940年1月	519家	
1945年7月	548家	300万元

3.商务小学：1931年奇台商会创办的商务中俄初级小学，旨在培植商业人才，共一班，校址设在商会。经费由学生家庭筹集。

① 章鼎保：《民间歌谣七首》，奇台县政协文史资料委员会编：《奇台文史》（精编本），新疆新华印刷厂2006年（内部资料），第501页。

② 周海山：《古城商业史话》，奇台县政协文史资料委员会编：《奇台文史》（精编本），新疆新华印刷厂2006年（内部资料），第317页表格。

③ 见前文《民国年间奇台商会议事员中汉族商帮人数统计表》。

④ 周海山：《古城商业史话》，奇台县政协文史资料委员会编：《奇台文史》（精编本），新疆新华印刷厂2006年（内部资料），第317页。

图 6-4 1931 年奇台县商会常务委员、
执监委暨商会私立初级小学教职员学生合影[①]

4. 商业训练班：奇台县商会的商业训练班于1939年12月成立，旨在提高商人政治水准，加深了解六大政策理论，以增进营业技术，并拥护政府冬学运动。学校设班长、教务员，班长由商会会长兼任。组织课程及教材由反帝总会拟定。课程有6门，分别为商业常识、簿记学、政府政策、抗日民族统一战线、国际常识、帝国主义侵略中国史。商业训练班的班长由奇台商会会长兼任，而奇台商会会长又多由晋帮、津帮等商帮人士担任。据统计，1913—1946年奇台商会的17任会长中，晋帮人士出任10届。[②]奇台历届商会委员中，晋帮人占各帮委员总数的39.47%。[③]

在奇台商会会长的带领下，该地的商帮人士及少数民族商民积极地加入商业训练班的学习中来。

---

① 照片来源于天津市口述史研究会、天津市西青区政协合编《丝路津商——赶大营资料汇编》，天津人民出版社 2014 年，照片部分。

② 刘燕斌：《古城工商界的帮口》，奇台县政协文史资料委员会编：《奇台文史》（精编本），新疆新华印刷厂 2006 年（内部资料），第 331 页。

③ 刘燕斌：《古城工商界的帮口》，奇台县政协文史资料委员会编：《奇台文史》（精编本），新疆新华印刷厂 2006 年（内部资料），第 331 页。

表6-19　民国年间奇台商会会长名单①

届次	选举年限	会长姓名	籍贯
首届	1913	乔长福	天津②
二届	1919	乔长福	天津
三届		此届资料短缺	
四届	1925	王铢	山西③
五届	1927	刘文运	天津④
六届	1929	周顺	
七届	1931	周顺	
八届	1933	苏云昌	
九届	1935	武学龚	山西⑤
十届	1936	周顺	
十一届	1940	周顺	
十二届	1941	李萍	
十三届	1942	李萍	
十四届	1943	郭效仪	山西⑥
十五届	1944	张鸿仪	
十六届	1945	郭效仪	山西
十七届	1946	冯子律	

5.平价委员会：1940年成立的平价委员会，为奇台县商会的附属机构，旨在遵照指示并参考实际情形对物价详加报告解释，分别讨论决定。

6.工商夜校：1943年12月成立，经费由工商会和汉文会担负，成立初期先

① 周海山:《古城商业史话》，奇台县政协文史资料委员会编:《奇台文史》（精编本），新疆新华印刷厂2006年（内部资料），第309页表格。从该表可以看出，虽然商会章程规定每2年对会长等人选进行改选，但在实际运作中，商会采取了不定期的选举。

② 乔长福的籍贯见奇台县档案馆，12-1-1，《1913年新疆古城商务分会职员表》。

③ 王铢的籍贯见奇台县档案馆，12-1-1，《新疆古城商务第四届选举职员一览表》（1925年）。

④ 刘文运的籍贯见奇台县档案馆，12-1-1，《新疆古城商务第四届选举职员一览表》（1925年)》。

⑤ 武学龚的籍贯见奇台县档案馆，12-1-1，《新疆古城商务第四届选举职员一览表》（1925年）。

⑥ 郭效仪的籍贯见奇台县档案馆，12-1-4，《新疆奇台县商会第十届职员一览表》（1936年）。

由工商会拨200元。[①]

五、维护市场秩序，平抑物价

抗日战争时期，由于交通不便，新疆的物资短缺，物价飞涨，一些奸商却在国难当头的时候，囤积居奇，哄抬物价，借机大发国难财。津商周海东、石寅甫、崔善祥等人担任新疆总商会、新疆工商联合会会长期间，号召、劝诫广大商人不得囤积居奇，严惩了一大批奸商，带领平委会制定了生活必需品的价格，并多次发表相关演讲，在总商会引导与惩戒的双重作用下，广大商帮人士开始自觉维护物价稳定；同时新疆总商会还通过各种途径采购生活必需品，统一定价出售。上述这些举措确保了物流的畅通、物价的稳定，为保障新疆市场经济秩序的正常运行发挥了巨大作用。

1936年，迪化的商家“任意居奇，此家朝售价值，彼家夕即倍蓰，转相效仿，莫衷一是，影响社会极盛”，针对此种情况，为维护市场秩序，省城总商会迅速行动起来，总商会会长津商周海东、副会长白煜轩（商帮人士）以总商会的名义发表布告，号召全体商家从5月1日起全部遵照这样的商规：“买卖交易，以言无二价为标准，不得任意高抬，亦不得拒绝不售，致起冲突。”省城总商会还“不时派员调查，如有阳奉阴违者，定即呈请从重罚办”[②]。

1938年12月29日，新疆总商会会长津商石寅甫主持召开了第44次执监委例会，决定对商号“同新恒”抬高市价售糖的行为，“按一倍半处罚（省票）银6万两，以儆效尤”[③]。1939年2月，总商会会长津商石寅甫主持召开执监委临时会议，报告说：“本市各商号对同一种物品售价存在多寡悬殊的情形，如飞机牌与红星牌怀表，汉族商号‘复泉新’每块售价为4.5万两（省票银），其他商号索价9万、8万、7万两（省票银）不等”，“尤其是裕丰隆所售各货价格较别家常高出数倍，显系不按商规、高抬货价”。总商会决定“对裕丰隆及其他高抬货价各商号公开警告；各商号以后应按标准价格出售货物；各商号应检举私抬货

① 周海山：《古城商业史话》，奇台县政协文史资料委员会编：《奇台文史》（精编本），新疆新华印刷厂2006年（内部资料），第312—313页。

② 《新疆日报》，1936年5月27日，第4版，《新疆省城总商会布告》。

③ 《新疆日报》，1938年12月30日，第3版，《总商会第四十四次例会通过迪化区应认商业银行股本七万元，同新恒售糖高抬市价罚银6万两》。

价商号；如查出不遵守此次决议，仍私抬货价者即行处罚”[①]。

1939年5月3日，新疆总商会会长津商石寅甫主持召开商会执监委会议，对茶叶、纸烟等生活用品制定了最低准价，希望各商家一律遵守，“决议茯茶每块4万5千两，哈德门烟每条4万两，联珠、长城每条烟3万8千两，违者从重处罚”[②]。在具体执行决议的过程中，凡遇囤货者、乱涨价者一律严惩不贷。1939年5月中旬，津商石寅甫领导下的新疆总商会对囤积纸烟、茶叶的商号义盛永、天益须、严记号、成记号、金发成、春昇和、振丰和等商号进行了惩办[③]；1939年8月30日，新疆总商会会长津商石寅甫主持召开了第75次执监委例会，对擅自涨价的商号“裕丰隆”“集义生”进行了罚款处理。“裕丰隆”商号出售的钉子鞋每双大洋10元，较文化书店贵5元，决议按10倍处罚，共罚洋50元。“集义生”商号出售的蘑菇每斤4元，较前猛涨1元，决议按10倍处罚，共罚洋20元。[④]

1939年9月11日新疆总商会和工救会合并为新疆工商联合会。[⑤]1940年冬为进一步做好平抑物价的工作，在毛泽民和财政部门的指导下成立了新疆工商联合会的附属机构——平抑物价委员会（简称平委会），以求通过自我教育、自我管理的方式，平抑物价，保障供给。

1939年10月23日，为稳定市面物价，新疆工商联合会会长津商石寅甫召集迪化市杂货同业公会人员讨论、制定了杂货价目，具体为：“石油开行价为每桶9元，门市价9.5元，零售价每斤0.4元；洋火开行价为每箱17元，门市价18元，零售价每盒0.2元；洋糖开行价每箱40元，门市价42元，零售每包0.9元；茯茶开行价每块16元，门市价17元，零售每两0.25元；大茶开行价每块7.5元，门市价8元；洋烛开行价每包0.8元，门市价0.85元，零售1元；莫合烟开行价百包4.5元，门市价4.7元，零售每包0.05元。”全体参会成员一致同意“要坚决依照决议案执行，并互相检举垄断和高抬市价分子”[⑥]。

1939年11月18日，新疆工商联合会召集津货、杂货、格子货同业公会联席

① 《新疆日报》，1939年2月5日，第3版，《商会昨开临时会，讨论私抬货价问题》。

② 《新疆日报》，1939年5月21日，第4版，《新疆省城总商会通告》。

③ 《新疆日报》，1939年5月24日，第2版，《总商会罚办奸商》。

④ 《新疆日报》，1939年9月3日，第3版，《商会七十五次例会决议处罚奸商》。

⑤ 《新疆日报》，1939年9月13日，第3版，《工商联合会已正式成立，举行隆重成立典礼》。

⑥ 《新疆日报》，1939年10月26日，第3版，《工商联合会规定杂货价格》。

会议，出席各代表会员有100多人，新疆工商会会长津商石寅甫发表了平抑物价问题的演讲，他要求各位同行革除杨、金时代商人的恶习，“打破以往损人利己的观念，惟有站在为大众谋利的立场，执行政府清廉政策，才会发展整个的商业，争取新商人的荣誉。也惟有保持永久平衡货价，才能表现出拥护政府的赤诚，商人的清廉就是遵守商人的道德，对于货价不居奇，不操纵，根据货物成本考察客观需要，规定得利多寡，大家在水准划一货价下采取一致行动，来稳定社会金融，巩固抗战重要后方经济基础。这才是真正拥护政府的表现。同业公会的代表和商会会员们行动必须一致，在互相监督之下，破除情面地去检举投机抬价分子，对道德破产不执行清廉政策的商人，要严格取缔，来健全我们平衡物价拥护政府工作”[①]。最后经全体代表讨论之后一致决议，对于高抬市价分子，应该请政府予以严重处罚。

在平抑物价的过程中，平委会和工商会还发动民众进行检举，查出囤积货物约数万元之多。1941年2月24日，平价委员会、新疆工商会在民众俱乐部召开各行业代表大会，到会商民有千余人，会议的主题是宣布处罚囤货商的经过。新疆工商会会长津商崔善祥首先阐明开会的意义：“平价工作到现在，已经快五个月了，经各商界大多数同胞，深明大义，我们平价的工作已得到很好的效果。不过最近以来，却又发现了少数同胞，大批地将货物囤藏起来不卖。……我们根据政府的指示和平委会的决议，对平价实行三种办法，第一种说服，第二种处罚，第三种惩办。现在的事实已经不能允许平委会，不得不这样去做。”最后，由崔会长宣布了被民众检举出隐藏货物的八家商户的处罚办法，具体为文兴栈、张福瑞、德盛昌、玉德生等商号。就“德盛昌”而言，该商号“存有茯茶四件，白羊布一捆。德盛昌自货到登记后，数十日中拖延不售。此种行为，实属有意囤积，破坏平价，决议全部没收”[②]。其余七家商号根据情况也各有处罚。

在平抑物价的同时，为了保障迪化市商品的供应，新疆工商会在津商崔善祥会长的带领下，还从外地甚至苏联采购商品，在迪化以原价或微利的方式销售。如1940年1月新疆工商会曾派车三辆到伊犁采办石油，然后按原价销售。[③]

---

① 《新疆日报》，1939年11月22日，第3版，《工商会日前召开同业公会联席会议》。

② 《新疆日报》，1941年2月26日，第3版，《平委会与工商会开各行业代表人会，崔会长宣布处罚囤货商，经过民众检举之囤货约值数万元》。

③ 《新疆日报》，1940年1月17日，第3版，《工商会赴伊采买石油，决照原价出售》。

新疆工商会还通过裕新土产公司到苏联采购生活用品，统一定价后，在市场上出售，保障了一般市民的生活需要。

新疆其他地县的商会，在当地商帮人士的支持下，不但严厉打击奸商涨价行为，还从外地采购本地匮乏的商品。1939年12月，北疆昌吉县商号“万盛泰高抬市价，竟以1.2元之洋糖出售1.5元”，昌吉县工商联合会会长、商帮人士张鸿元主持召开了会员大会，决定对“万盛泰”商号“处罚60元作商会经费，今后如各商号再有高抬市价情形得加倍处罚”[①]。

1943年5月26日，奇台县工商联合会做出决定：“兹因市面石油缺乏，前曾请准财政厅拨石油1吨价值1.377万元，连同运脚等费用合计约需1.5万元，暂由各商号垫借，俟油到售出后即行归垫。计：复兴隆、天元成各2500元，久记号等23家各500元。”[②]“复兴隆”是晋商创立的烧酒坊[③]，“天元成”则为晋商创设的京广杂货铺，在20世纪20年代后期成长为奇台最大的商号。[④]可见，正是依赖以晋帮为首的广大商帮人士的支持，奇台商会才得以采购石油，满足了市场需要。

六、促进新疆工业、金融业的发展

民国年间，关内各省民族工业方兴未艾，对边城商民产生了强烈影响。在以津商为首的新疆总商会会长带领下，商帮人士积极扶持新疆的石油工业、面粉加工业、制革业、纺织业、电力照明、轧棉业、榨油业、木材加工业等诸多地方工业的发展。

清朝末年在新疆开办的迪化石油公司，由于提炼技术低劣，在外国“洋油”的冲击下，大有夭折之势。1915年，津商杨绍周任新疆总商会会长一职，他带领迪化总商会从天津聘来了炼油技师，迅速提高了炼油质量，生产出了市民需要的照明用油，使该厂得以维持十年之久，推动了新疆石油工业的进步。

1917年，新疆总商会会长津商杨绍周带领新疆总商会帮助回族商人马正元，

① 《新疆日报》，1939年12月29日，第3版，《昌吉商号万盛泰高抬市价受处罚》。

② 周海山：《古城商业史话》，奇台县政协文史资料委员会编：《奇台文史》（精编本），新疆新华印刷厂2006年（内部资料），第324页。

③ 周海山：《古城商业史话》，奇台县政协文史资料委员会编：《奇台文史》（精编本），新疆新华印刷厂2006年（内部资料），第315页。

④ 刘燕斌：《古城工商界的帮口》，奇台县政协文史资料委员会编：《奇台文史》（精编本），新疆新华印刷厂2006年（内部资料），第331页。

以纹银一万两购进俄式磨面机一部，在今人民公园西侧开始生产面粉，以机器代替人力，功效快、成本低，机器面粉质优价廉，颇受群众欢迎[①]，促进了新疆面粉加工业的近代化。

1923年，新疆总商会会长津商杨绍周带领新疆总商会领衔集资，开办南门皮革厂[②]，该厂后因亏损被迫停业，但为迪化培养了一批手工制革的技术人才。

1925年，新疆总商会会长津商杨绍周与维吾尔族商总肉孜阿吉联名倡议创办新疆本地的纺织厂，后通过官商合办的方式，从天津购进一套蒸汽纺织机设备，1928年在迪化建成“阜民纺织公司”，从而发出了近代化机器纺织的第一声。[③]

到了抗战时期，商会投资实业的活动更积极。1937年8月发电放光的官商合办性质的“新疆迪化新光电灯公司”，就是在以津商为首的新疆总商会倡议与推动下成立的，商帮人士积极出资支持，其正副经理也是由工商会推荐，然后政府任命。由于津商杨元富创办的“德元电业公司”经营困难，他通过新疆总商会会长津商周海东[④]的斡旋，由总商会提出倡议：募股创办新的电灯公司。经过一年多的筹划，官商合办的“迪化新光电灯股份有限公司”于1937年5月11日正式成立，股金共4000万元，官商各半。经新疆总商会的推荐，省政府任命维吾尔族商人吐尔逊巴巴为总经理，津商周海东、杨元富为副经理，公司职工共70人。1937年8月1日全市放光，计电力为250千瓦，装25瓦的电灯共8000盏。[⑤]

1939年8月，在新疆总商会会长津商石寅甫的带领下，总商会在吐鲁番三堡筹备设立的“新业公司”竣工，津商崔善祥担任新业公司筹备主任，该公司主营轧棉、榨油、磨面，资本为国币5万元，每股50元。“这个大规模工厂，在新疆确是创举的最新式工厂”，“有发动机、磨粉机、轧棉机、榨油机，……轧

---

① 昝玉林：《迪化总商会的成立与活动》，中国人民政治协商会议乌鲁木齐市委员会文史资料研究委员会编印：《乌鲁木齐文史资料》（第6辑），新疆青年出版社1983年，第73页。

② 昝玉林：《迪化总商会的成立与活动》，中国人民政治协商会议乌鲁木齐市委员会文史资料研究委员会编印：《乌鲁木齐文史资料》（第6辑），新疆青年出版社1983年，第73页。

③ 潘祖焕：《新疆建立阜民纺织公司的经过》，中国人民政治协商会议新疆维吾尔自治区委员会文史资料研究委员会编：《新疆文史资料选辑》（第5辑），新疆人民出版社1980年，第175页。（维吾尔族）谢力甫·胡西塔尔：《为各族人民所爱戴的肉孜阿吉》，中国人民政治协商会议乌鲁木齐市委员会文史资料研究委员会编：《乌鲁木齐文史资料》（第12辑），新疆青少年出版社1986年，第149页。

④ 1936年2月—1937年7月任新疆总商会会长。——作者注

⑤ 张大军：《新疆风暴七十年》（第7册），台北兰溪出版社1980年，第3886页。《新疆日报》，1939年9月21日，第4版，《新光电灯公司启事》。

棉机一昼夜能轧10吨棉花，并有打包机械。面粉机每日可磨20余石麦子，这部机器并不十分大，因为是附带的。榨油机每小时可榨棉籽700斤至800斤，出油84斤至96斤（棉籽榨油率为12%）。榨油机较为复杂，油质清洁，当时烹调完全用此种油，很好吃，较土法成本又低”。①可见，商帮人士成功设立的这个棉油面粉厂，不但规模宏大，而且实现了高度机械化，有力推动了新疆轧棉业、榨油业的发展。

1940年，津商崔善祥任新疆工商会会长时，他带领工商会以新省币3.5万元从苏联购进全套锯木机，在迪化林区开设了新疆第一个机械化锯木厂，有力地支援了当时的基本建设，并满足了民用木材的需求。②

为配合新疆商业银行招募商股的计划、推动新疆金融业的发展，商帮人士领导下的新疆总商会予以大力支持。1938年12月29日，新疆总商会会长津商石寅甫主持召开的第44次执监委会议，讨论通过了总商会如何完成参股商业银行8万元（国币，折合省票银3.2亿两）的决议。这就是“昌吉、呼图壁、乾德（今米泉）、阜康、孚远（今吉木萨尔县）5县，各招股2000元，迪化招股7万元。阜康、乾德派曹用善、李富新前往办理，昌吉派王信齐、王静山前往办理，……本会分担股完成7万元成数”③。可见担任新疆总商会执监委的商帮人士为此次募股工作不辞辛苦，不但去北疆5个地县的商会奔走招股，还承诺迪化区负责完成募集7万元股本的大数额，这些行为是对新疆金融行业的有力支援。

第四节　商帮与新疆商会的社会活动

1948年《新疆迪化市商会章程》明确规定了商会的社会任务有：（1）协助推行政令。（2）关于贫困商人失业、疾病、死亡等救济事项。商帮人士在商会的社会活动中都有积极作为，主要体现在协助政府推行政令、参与社会政治活动、创办福利救济事宜三方面。

---

① 《新疆日报》，1939年8月18日，第3版，《筹备将竣的新业公司》。

② 昝玉林：《迪化总商会的成立与活动》，中国人民政治协商会议乌鲁木齐市委员会文史资料研究委员会编印：《乌鲁木齐文史资料》（第6辑），新疆青年出版社1983年，第77页。

③ 《新疆日报》，1938年12月30日，第3版，《总商会第四十四次例会通过迪化区应认商业银行股本七万元，同新恒售糖高抬市价罚银6万两》。

一、协助政府推行政令，成为商民与政府沟通桥梁

在沟通政府与商民的交流方面，商帮人士带领与支持下的新疆商会积极协助政府推行政令，执行政府下达的有关任务，使得上情下达，同时也把商人们的诉求呈递政府，下情上传；另外，在政府的财政拨款未到位时，给政府借款，缓解燃眉之急。

上情下达方面，政府的一些政令通过商会，转饬各商号周知，如售卖棉毛、葡萄等土产不得掺杂沙土、购买建设公债、劳军、工商登记等事宜。民国杨增新治新时期，新疆一些商民售卖土产给外国洋行时，“愚民寡识、只贪小利，每于棉毛葡萄以内夹杂沙土等物，一经外人检验，耗损不少，反不如净货之得利为多，且损失土货之名誉”，为此新疆省建设厅“屡经训令各商会，并出布告谕令改良”。[①]当时新疆总商会会长均为商帮人士，如刘云卿（津商）、杨绍周（津商）、钱仁斋（陇商）、贺全福（晋商）、董树棠（津商）等人，在他们的带领下，认真执行这一政令，通知全体商户周知。

盛世才治新时期，委任毛泽民为新疆省政府财政厅副厅长、代厅长，帮助整顿新疆财政经济。为加速完成新疆第二期三年计划，在毛泽民的倡导下，1941 年新疆省政府首次面向全疆各界发行建设公债，计划发行500万元。发行公债在新疆尚属首次，是非常大胆的创举。时任新疆工商会会长津商崔善祥身体力行，积极认购3000元建设公债后，又认购了5000元建设公债。[②]这在当时是一笔巨款，因为1941年一个科长的月薪仅为80元。[③]尽管认购公债分十年还本付息[④]，但在崔会长的带领与发动下，还是得到了以商帮人士为主体的迪化工商界人士热烈响应，“各同业公会代表提出：迪化市工商界全数购买50万元”[⑤]。

---

① 中国第二历史档案馆：《新疆省政府建设厅为呈报该省工商建设计划书事与工商部来往文书——新疆建设葡棉毛革土产局之计划》（1928 年 12 月 10 日），中国第二历史档案馆编：《民国时期新疆档案汇编（1928—1949）》（第 3 册），凤凰出版社 2015 年，第 209 页。

② 《新疆日报》，1941 年 4 月 24 日，第 4 版，《发行建设公债特刊——崔会长访问记》。

③ （满）刘德贺：《毛泽民主管新疆财政时的措施和贡献》，中国人民政治协商会议新疆文史资料研究委员会编：《新疆文史资料选辑》（第 8 辑），新疆人民出版社 1981 年，第 46 页。

④ 《民国三十年新疆省建设公债条例》，中共新疆维吾尔自治区委员会党史工作委员会、新疆财政厅合编：《抗日战争时期在新疆财政战线上的中国共产党人》，新疆人民出版社 1993 年，第 75 页。

⑤ 《新疆日报》，1941 年 4 月 24 日，第 4 版，《发行建设公债特刊——工商晚会各业代表一致决议认购公债五拾万元》。

截至建设公债发行期末，新疆省政府共发行了665万元（超过了原计划），以商帮人士为主的迪化工商界就认购了发行总数的25%[①]，共计166多万元。可以说，迪化工商界认购公债工作进展得如此顺利，这和身为新疆工商会会长崔善祥的模范带头作用密不可分。他对“凡是政府发表的一切命令与号召，总是不怕困难的，发动工商界，拥护与执行。特别是此次对购债工作，崔会长尽了极大的力量”[②]。

在1945年抗战期间的劳军活动中，新疆省政府遵照中央规定发动迪化市征募慰代金，其中征募成绩最优者为迪化市商会[③]，迪化市商会分担了120万元省币的任务，现已续送70万元[④]。可见，在时任迪化市商会会长津商谢继臣的号召与带领下，以商帮人士为主体的迪化工商界迅速、有效地完成了政府下达的劳军任务。

迪化市政府为加强工商管理，于1949年7月开始办理工商登记事宜。迪化市各工商行号多已纷纷办理登记手续，领取了登记证。但仍有不少商号，持观望态度。为从速完成登记工作，市政府9月“令饬工商会、警察局转饬各商号，从速在限定日期内办理登记”[⑤]。同时，针对一些工商行号未经政府部门批准擅自开业或仅报本市商会取得会员证即行开业的情况，市政府令饬工商会转饬此等商号：“暂准免于处罚，并规定自本月起，如再有未经核准擅自开业者，决予照章处罚。”[⑥]在当时迪化市商会副理事长商帮人士卜松龄的带领下，这些相关指令都得到了广泛传达。

下情上传方面，当新疆省政府的政策、决定侵害到商民的切身利益时，以商帮人士为主体的商会便会向政府进言，将政府的决策导向对商民有利的方向；或市面发生了不利于商民经营、不利于社会稳定的金融混乱情形时，商会综合所有商民的意见呈报给新疆省政府，以便政府采取相应措施。在这个层面，商会俨然成为民间社会与国家、政府沟通的桥梁。1948年，迪化市商会理事长——津商任名武（“德聚和绸缎庄”经理）向省政府呈递了商人们要求豁免新疆纸

---

① 昝玉林：《迪化总商会的成立与活动》，中国人民政治协商会议乌鲁木齐市委员会文史资料研究委员会编印：《乌鲁木齐文史资料》（第6辑），新疆青年出版社1983年，第77页。

② 《新疆日报》，1941年4月24日，第4版，《发行建设公债特刊——崔会长访问记》。

③ 即新疆总商会，名称变化如前表。

④ 《新疆日报》，1945年12月13日，第3版，《省慰劳会征募鞋袜代金，市商会成绩最优》。

⑤ 《新疆日报》，1949年9月20日，第2版，《速办工商登记，月底前不办将处分》。

⑥ 《新疆日报》，1949年9月20日，第2版，《开业停业均须先请准，决照章予以严厉处罚》。

烟特税的要求。纸烟印花税在出厂时已经一次性缴纳完毕，运到其他地方不需要再缴纳，但新疆的税收政策却规定：纸烟进入新疆后征收80% 印花税。于是商人们通过商会理事长请求“政府豁免本省百分之八十印花税，以畅纸烟来源”[①]。可见，以商帮人士为领导的迪化市商会据理力争，敦促政府制定公平合理的市场税收规则，以维护商人利益。

又如新疆和平解放前夕，针对市面金融秩序混乱、物价上涨等情形，应包尔汉主席的要求，1949 年 9 月 22 日，迪化市商会召开紧急会议，会议由迪化市商会副理事长商帮人士卜松龄主持，除了迪化市商会全体理监事（经查当时理监事共有7人，6人为商帮人士，分别是王汇川、韩宗耀、樊子和、王子光、刘益臣、吴荣[②]，回族马鹤年1人）参加外，还召集伊斯兰工商会理事长及本市各商店经理等共计 60多人，进行讨论并综合各方看法后，迪化市商会向新疆省政府送呈以下建议：“一、关于对银元贩的处理，请政府依照日前所发布银元只许流通，不许买卖的命令办理。二、请政府贯彻禁止银元外流的办法。三、请财政当局按照发行银币的办法，准许自由兑换银币，以巩固金融基础。四、由市商会与伊斯兰商会会同呈请政府对金币尽量提早发行。五、对街上的经纪人加以组织，以便审理，其详细办法，由商会拟定后，提交下次理监事联席会讨论。六、对于茶市、烟市请政府根据以前的取缔办法，严加取缔。”[③]

另外，各级政府的资金周转不便时，在商帮人士的支持下，商会还给政府借款。1933年3月，金树仁召集商人开会，声称为平定战乱，省库开支过大，特向省城各商号每户借金子5两，以资维持，俟战后立即归还。迪化总商会不得不操办借金之事。当时新疆总商会会长津商董光錞、副会长陇商贺德元每日奔走商户收敛，最后好不容易凑了30多两黄金，交给了省府。[④]

不但新疆省政府向总商会借款，新疆地县政府也向县商务分会借款。如

---

① 新疆维吾尔自治区档案馆：政 3-1-4，《呈省政府代同业公会申诉之事由》（1948 年）。

② 《新疆日报》，1949 年 8 月 16 日，第 2 版，《魏岐山私吞布匹案，商会决严予制裁，罢免理事长职务，二年内不许任代表，并追缴不法利润》。

③ 《新疆日报》，1949 年 9 月 23 日，第 2 版，《防止物价上涨，商会研定六项办法已送呈鲍主席参考》。

④ 王鸿魁、于焕文、谢玉明：《天津商帮在新疆》，天津市政协文史资料研究委员会、天津西青区政协文史资料研究委员会编：《津西古今采珍》，百花文艺出版社 1993 年，第 82 页。

1933年，奇台县长孝昌两次借用商会票银80.178万两。[①]检视前文“民国年间奇台商会会长名单”可知，当时奇台商会会长是商帮人士苏云昌，可想而知，如果没有苏云昌会长的支持并号召广大商帮人士筹款，奇台县长是不可能从商会拿到借款的。又如1938年11月24日，奇台县政府需款甚急，但财政厅拨款未到，便向商会暂借省票5000万两。经商会决议，先行筹借省票3000万两，由各商号分担。“裕兴号”等27家汉族商帮商号各承担100万两，“协润德”等6家各承担50万两。[②]“裕兴号”为津帮商号，“协润德”是晋商韩作舟开的商号。[③]可见，众人拾柴火焰高，正是在商帮人士的大力支持下，才凑齐了这笔借款。

二、参与社会政治活动

以商帮人士为主体的新疆总商会，在1933年金树仁政权即将垮台之际，金树仁的省军在迪化城拼死抵抗期间，成功劝降了迪化城内两个团的官兵[④]，有力阻止了战事的进一步发展。自1928年7月金树仁执掌新疆以来，由于其实行的虐政，激起哈密事变，牵动全疆，从此新疆战乱迭起，1933年发生了推翻其统治的政变。4月12日，省政府所属的白俄归化军受到有关人员策动、发生哗变，一些白俄军打死省军卫队成员，闯入省衙，抢走了印信。并召集各厅道及商会会长等人开会，宣布打倒金树仁，让有能力的人执政，成立了临时维持委员会。金树仁从省衙逃走后，并不甘心，命令驻扎在迪化城外的省军攻打迪化城、平定叛乱。省军与白俄归化军及从东北来新的郑润成部展开了激战，虽然省军在迪化城红山上的指挥部被摧毁，但直至4月13日午后省军与发动政变的队伍还在对峙状态。时任新疆总商会会长津商董光錞、副会长陇商贺德元对城内的省军，属于孟克昌、梁志鸿两个团的官兵，进行了成功劝降，这两个团的官兵很快缴械。省军总指挥见大势已去，便清点残兵，保护金树仁西逃而去。金树仁到达塔城后，发布了下野通电。可以说，新疆总商会的行为加速了金树仁政权

---

① 周海山:《古城商业史话》，奇台县政协文史资料委员会编:《奇台文史》(精编本)，新疆新华印刷厂2006年(内部资料)，第324页。

② 周海山:《古城商业史话》，奇台县政协文史资料委员会编:《奇台文史》(精编本)，新疆新华印刷厂2006年(内部资料)，第324页。

③ 奇台县档案馆:12-1-4,《新疆奇台县商会第十届职员一览表》(1936年)。

④ 王鸿魁、于焕文、谢玉明:《天津商帮在新疆》，天津市政协文史资料研究委员会、天津西青区政协文史资料研究委员会编:《津西古今采珍》，百花文艺出版社1993年，第84页。

的垮台，保护了迪化城内的老百姓免受战事进一步发展的祸害。

以商帮人士为主体的新疆各级商会对新疆反帝会举办的抗战活动，积极配合并参与其中，以激发民众的爱国热情，提醒人们勿忘国耻，凝聚力量、砥砺前行，履行了一定的参政功能。1936年9月18日，奇台县反帝会第四分会举办纪念九一八五周年的活动，得到了商帮人士占绝大多数的奇台县商会（9名执监委中8名为商帮人士，28家商会会员中21家为商帮人士①）的鼎力支持。奇台县商会派出人员参加纪念大会的筹备事宜，与秘书股共同负责总务工作；还提供会场，露天大会就在奇台晋帮商人的地缘组织——山西会馆举行。纪念大会结束后，奇台县商会作为社会法团之一，参加了由76个团体构成的游行队伍，他们高举旗帜，口号声不绝于耳，抗议日本暴行。“李县长亲率商会、民联会高呼口号，群众异常拥挤。”②

表6-20 奇台县商会第十届职员一览表（1936年6月）③

职别	姓名	次章	年龄	籍贯	某号经理	类别	住址
常务委员	周顺						
	周□□	子久		天津	同义昌洋货铺	茶货庄	
执行委员	冯尔康	步安	48	山西忻县	大顺玉	杂货庄	奇台东大街
	李楹	觉先	54	山西	义盛永	茶布庄	奇台东大街
	银如山	岫峰	36	山西忻县	连□厚		奇台东大街
	王连波	雨田	46	天津	复盛隆	杂货铺	奇台西街
	周鸿仪	锡卿	29	天津	□□□	杂货铺	奇台西街
	梁安有	少怀	35	湖北孝义	天元成	杂货庄	奇台西街
监察委员	郭效仪	子凤	49	山西	天元成	杂货庄	奇台东街
	李芳五		27	河北			
	马□	卿亭	39	奇台人	福兴泰	杂货铺	奇台西关外

① 据奇台县档案馆，12-1-4，《新疆奇台县商会第十届职员一览表》（1936年）统计所得。

② 《新疆日报》，1936年10月4日，第2版，《奇台县举行五周年九·一八纪念志盛》。

③ 奇台县档案馆：12-1-4，《新疆奇台县商会第十届职员一览表》（1936年）。

续表

职别	姓名	次章	年龄	籍贯	某号经理	类别	住址
会员	康汝怀	子清	56	山西汾阳	恒泰源	米面铺	奇台东大街
	王信敬	守业	37	山西汾阳	兴泰□	米磨庄	奇台东街
	陈德明	□亮	55	山西	会□轩	饭庄	奇台东街
	董福	子福	37	山西	德胜源	药货	奇台西街
	李□	瑞亭	41	山西汾州府	义兴和	面庄	奇台北斗宫
	廉秀琳	弄璋	34	山西繁峙县	太和昌	药庄	奇台西街
	郝聚林	兴斋	45	山西祁县	天圣公	面庄	奇台北斗宫
	冯兆基	镜蓉	50	山西忻县	永兴泉	烧坊	奇台北斗宫
	梁玉泉	静山	38	山西忻县	杏林泉	烧坊	奇台北斗宫
	赵金堂	丽生	51	山西忻县	大醴泉	烧坊	奇台兔儿桥
	马宝书	瑞□	49	山西汾阳	玉合泉	烧坊	奇台西街
	陈文达	进修	29	山西杀虎口	兴盛魁	杂货铺	奇台西街
	韩作舟	湘航	54	山西忻县	协润德	杂货庄	奇台西街
	杨寅	□兆	48	山西代县	三恒昌	毡房	奇台西街
	安文庆	衍村	39	天津	义胜祥	洋货铺	奇台西街
	安太福	寿山	41	天津	福兴合	洋货铺	奇台西街
	芦广和	振山	61	天津	德录祥	洋货铺	奇台西街
	杨德顺	润田	54	天津	德义厚	杂货铺	奇台西街
	王广德	润身	30	天津	义兴永	杂货铺	奇台西街
	孙云峰	秀岩	43	天津	云□□	洋货铺	
	李宽	仁山	50	陕西	义泰和	杂货	奇台西街
	马安民		31	本地	天德成	杂货小铺	奇台西关
	□山	□峰	36	奇台	振新水磨□		奇台西街
	司马义						
	热合买提						
	石彩章						
	郭成龙						
	李忠信	辅臣					

1936年10月10日，新疆反帝总会举办了双十节国庆25周年的纪念活动，新疆总商会对此予以了积极支持与配合。新疆反帝总会总剧团、反帝分会各剧团、儿童剧团，为庆祝双十节，在湘、鄂两个商帮的地缘组织——两湖会馆表演助兴，“除双十当晚自由入场外，从11日起不分男女老幼，每人均收廉价之入场券，作补助演剧经费”。以商帮人士为主体的新疆总商会承担了制作入场券的工作，总商会共制作4000余张入场券，每张票面定价50两（新疆省票银），各族观众购票热烈，从下午5点起售卖，到晚8点全部售完，当晚售票银约有20万两。[①]

1936年10月，新疆反帝总会第17次干事会通过了《反帝会员不买日货条例》后，反帝总会要求各区分会及全体会员遵照办理，并函请新疆总商会将日货商标、货标罗置陈列，“以供民众识别，而求达不买日货之目的”[②]。商帮人士领导、支持下的总商会认真贯彻执行，圆满完成了反帝会布置的任务。总商会决定将南大街商号“永盛成”门面作为日货陈列所，并于1936年12月组织成立了日货筹备委员会，该筹委会公推津商韩君璧为委员长，商会全体职员为委员，“对于陈列日货物品，或日货冒牌中国货物品，向各商号借用，……事后奉还”[③]。

同时，商帮人士领导、支持下的新疆总商会，也以一个独立社团组织的面貌出现在抗战时期的各种社会活动中。1938年10月日本占领广州、武汉后，中国的抗日战争进入相持阶段，10月30日蒋介石发表了告全国民众书。11月18日，新疆总商会与反帝会、民众联合会、学联、妇女总会、汉维回蒙八个民族文化促进会等社会团体一起，发表通电拥护蒋介石的告民众书，表达拥护中央、坚持抗战的决心，“重庆蒋委员长钧鉴：欣读卅日告民众书，全疆人民更加奋励，以致拥护领袖坚持持久战、坚持统一战线、坚持抗战到底之决心。新疆虽远处后方，地瘠人稀，但当竭尽人力物力，以巩固国防交通、争取前线胜利”[④]。

---

① 《新疆日报》，1936年10月15日，第2版，《双十节剧场，民众购票热烈，四千票券顷刻售罄》。

② 《新疆日报》，1936年10月23日，第2版，《反帝总会函总商会陈列日货商标及货标，便于民众识别及拒购》。

③ 《新疆日报》，1936年12月5日，第2版，《日货陈列所，组织筹委会进行事务，商会全体职员为委员》。

④ 《新疆日报》，1938年11月18日，第3版，《各民众团体通电拥护蒋委员长告民众书》。

为响应新疆省政府发起的支援抗战前线的募集寒衣及献金运动，新疆总商会于1938年11月专门召开临时会员大会，讨论募集寒衣献金办法。首先，新疆总商会会长津商石寅甫报告全疆募集寒衣献金运动的意义及状况，倡议迪化商界同胞踊跃捐献，“商界各人献金起码应在一万两（省票银）以上”，此提议获得以商帮人士为主体的新疆总商会会员鼓掌热烈通过。其次，石寅甫提议“商界妇女应动员募集寒衣工作，由商会委员及商会会员眷属分组进行”。决定：汉族眷属方面由石寅甫（津商）、石百川（津商）、崔善祥（津商）、薛千泉、皮昆山、高剑秋、王信齐、潘柏如等商帮人士负责，维吾尔族回族眷属由各该族委员办理。[①]据募集寒衣委员会的统计，当年11月新疆总商会的捐款为省票银326万两。[②]

为增强全疆民众的爱国意识、振奋抗战精神，在总商会会长津商石寅甫的带领下，新疆省城总商会从兰州电影公司租赁了一批抗战有声电影，于1938年11月22日起在迪化售票放映，“所有售得的票价，除划出影片租价及一切费用外，统交归抗日后援会，捐助抗日”[③]。1939年8月，新疆省城总商会将租放电影盈利的1334.75元[④]，全部捐给了抗日后援会。

民国末期，以商帮人士为中坚力量的迪化市商会，还积极支持新疆和平解放，参与了新疆历史上这一重大事件。1949年9月11日，迪化市商会、市总工会、伊斯兰商会[⑤]、市参议会、县参议会等各族民众团体举行“和平问题座谈会”，出席的迪化市商会代表有卜松龄、周海东、潘锡九、刘益臣。决定成立“全省拥护和平促进委员会”[⑥]。可见，迪化市商会代表均为商帮人士。9月14日，人民

① 《新疆日报》，1938年11月19日，第3版，《省城总商会临时会讨论，募集寒衣献金办法》。

② 《新疆日报》，1938年11月20日，第3版，《募集寒衣运动》。

③ 《新疆日报》，1938年12月6日，第4版，《新疆省城总商会通知》。

④ 《新疆日报》，1939年8月25日，第3版，《总商会租放电影余款一千三百余元，捐给抗日后援会》。另外，此处的元为新省币单位，1939年7月新疆实行了币制改革，废两改元。

⑤ 1946年7月成立。当年新疆民主联合政府成立后，迪化信仰伊斯兰教的少数民族商人自行成立了该组织。——作者注

⑥ 《新疆日报》，1949年9月12日，第2版，《拥护主席和平号召，各族团体开座谈会并通过三项重要决议》。《新疆日报》，1949年9月14日，第2版，《鲍主席同意组织和平促进委员会》。

团体代表在市商会会议室召开了主题为“成立促进和平组织的具体办法”的研讨会，代表市商会的参加者为商帮人士崔善祥（津商）、苗沛然（晋商）、周海东（津商），会议选出包括晋商苗沛然在内的三人负责审查草拟组织章程及有关的宣言等文件。[①]

1949年9月间，迪化驻军起义与反起义斗争白热化，顽固派深感大势已去，决定交出兵权离开迪化。包尔汉主席责成省府侍从室主任聂力夫和省府委员白文昱、刘永祥等亲临市商会，建议由市商会出面，以新疆各族各界的名义，给出走的顽固派制作金质纪念章。[②]以商帮人士为主体的迪化市商会很快就完成了这项任务。9月18日，迪化市商会联合各人民团体，向骑一师马师长呈献勋章。9月19日，以刘永祥（汉文会理事长）、卜松龄（市商会理事长）、依不拉引（伊斯兰商会理事长）、彭某某（市参议会秘书）、张鸿典（市总工会理事长）等5人代表各族人民团体，向叶成师长、罗恕人旅长、市警察局长刘汉东，分别呈送了青天白日金质勋章各一座。[③]

随后，迪化市商会积极行动起来，以马鹤年（回族）、潘锡九（津商，直兴公司经理）、塔拉哈提（维吾尔族）等11人组成“迪化工商界迎接新疆解放筹备组”。9月25日，原国民党驻新疆军政当局宣布起义，新疆和平解放。9月26日下午，市商会召开会议，决定将“迪化工商界迎接解放筹备组”改为“迪化工商界慰问团”，增补刘竹溪（津商）[④]、安吉寿（回族）、杨振林（商帮人士）等人为慰问团成员，并以卜松龄（商帮人士）为工商界的代表，随同全市迎接解放军代表团，奔赴哈密，迎接和慰问中国人民解放军第一兵团第二军入疆先头部队。

---

① 《新疆日报》，1949年9月15日，第2版，《研讨成立促进和平组织办法，人民团体昨首次会商，拟定三人负责审查组织章程》。

② 昝玉林:《迪化总商会的成立与活动》，中国人民政治协商会议乌鲁木齐市委员会文史资料研究委员会编印:《乌鲁木齐文史资料》（第6辑），新疆青年出版社1983年，第79页。

③ 《新疆日报》，1949年9月20日，第2版，《本市各族人民团体代表，向驻军首长献勋章》。

④ 刘竹溪，津商，新疆总商会会长刘云卿之子。——作者注

图 6–5　直兴公司经理津商潘锡九（摄于 1941 年）[①]

同时积极准备慰问起义官兵工作。迪化市商会联合伊斯兰商会，在双方会员的共同支持下，三天内就征集了肥皂、毛巾、糕点、罐头等慰问品20余箱（约三卡车）、活羊6000只、生猪3000口、小麦1万石（合400余万斤，都加工成上等白面）。从9月30日开始，首先慰问驻迪化的起义部队和宪警人员。这次慰问活动声势浩大，使起义部队深受感动，因而在解放军进驻之前，以商帮人士为主体的迪化市商会组织的慰问活动，对于维持社会治安、安定民心、防止坏人作乱等方面起了重要作用。

一些商帮人士积极参与了此次慰问活动，表现突出。如抗战时期迪化工商界支援抗战的知名人士——津商尚松年，积极发动迪化工商界向起义部队进行慰问，并参加迎接中国人民解放军进疆部队的各项活动。[②]又如陇商创办于1888年（清光绪十四年）前后的振兴隆水磨，是迪化水磨业规模最大、资格较老、代表性强的一家磨户。其经理杨枝权组织迪化的水磨户欢迎人民解放军进驻新疆，在很短的时间内共筹集了小麦100余万公斤，磨成上等白面和马料5万

① 照片来源：《新疆日报》，1941 年 4 月 24 日，第 4 版，《发行建设公债特刊——直兴公司四位经理热心建设前后现购建设公债共六千四百元》。

② 李富：《津帮“八大家”的变迁》，中国人民政治协商会议乌鲁木齐市委员会文史资料研究委员会编：《乌鲁木齐文史资料》（第 6 辑），新疆青年出版社 1983 年，第 113 页。

余公斤，送往进疆人民解放军驻地，为新疆和平解放做出了贡献。[①]

三、创办福利救济事宜

民国年间，新疆省政府在城镇设立的官方公益救济组织，主要有救济院、冬生所等。1921年，新疆省政府在迪化设立了救济院，收容孤贫老弱，解救流难饥寒。1930年，省城迪化的官办救济机构有5处，分别为东关冬生所、西关冬生所、南关冬生所、西大桥冬生所和冬季粥厂。[②]在盛世才治新的第二期3年计划中，计划给全疆范围的救济院拨款共计4642.7350万元。[③]

但仅仅靠官方设立的公益救济组织从事救济公益工作是远远不够的，民间力量是全面开展城市公益救济工作的必要成分。在商帮人士的支持参与下，新疆各级商会积极举办各种社会公益、救济事业，成为一支非常重要的民间慈善救济力量。

1.开展施粥济贫、保护名胜古迹等公益活动。早在迪化总商会成立之前，迪化的商帮人士就已开展了施粥济贫等活动。总商会成立后，在商帮人士的支持下，慈善活动则以如火如荼的态势进行开来。

1932—1933年间，由于马仲英、金树仁争夺新疆政权，新疆成为战火纷飞之地。各地人民流离失所，境遇悲惨。以商帮人士为主的迪化总商会，联合其他团体，组成慈善会，赈济各地灾民。省城迪化开设了4处施粥厂，每天有1400多人就食。[④]

1933年，数万名东北抗日义勇军来到迪化，在新疆总商会会长津商董光錞的号召下，以商帮人士为主体的城内商号以7折的价格优先给义勇军们供应日用品，使这些抗日战士深受感动。

在保护新疆本地的风景名胜方面，商帮人士同样不遗余力。为保护天山第二高峰——博格达山上的名胜古庙，1923年，由迪化总商会会长刘云卿（津商）、苗沛然（晋商）、董树棠（津商）及社会知名人士杨飞霞等人领衔发起募

① 刘荫楠:《振兴隆水磨》,《乌鲁木齐掌故》(一)，新疆人民出版社2001年，第147页。

② 张大军:《新疆风暴七十年》(第5册)，台北兰溪出版社1980年，第2841页。

③ 张大军:《新疆风暴七十年》(第8册)，台北兰溪出版社1980年，第4368页。

④ 昝玉林:《迪化总商会的成立与活动》，中国人民政治协商会议乌鲁木齐市委员会文史资料研究委员会编:《乌鲁木齐文史资料》(第6辑)，新疆青年出版社1983年，第75页。

集经费，进行修缮的活动。[①]该活动得到了以商帮人士为主体的迪化工商界的大力支持，两个月内就募集了数万元（银币）经费，除将福寿寺、铁瓦寺等古代建筑修葺一新外，还新建了海峰亭、八卦暖亭、钟鼓楼等建筑。千余名资助者的姓名，由发起人领衔，铸刻在一口三吨重的铁钟上，以资铭念。

2.积极参与各种捐款活动。1933年，马仲英部进攻迪化，与省军在西大桥交战后，迪化死亡枕藉，难民很多，在吴蔼宸筹备成立慈善会期间，以商帮人士为主的新疆总商会率先给新疆慈善会“捐票银3000两”[②]。

1937年，全民抗战开始，抗战期间新疆各城镇开展了如火如荼的抗日捐款、募集寒衣等支援抗战的活动，在各级商会的领导下，商帮人士积极参与其中。

1938年，津商崔善祥担任新疆工商联合总会会长，在其领导下的新疆工商联合总会广泛动员商界人士踊跃认捐抗战，有的商号自动义卖3天，售款全部捐献（据当时统计，义卖款500银币左右）。据1937—1940年5月统计，迪化工商界共为抗战认捐、献金的款值，约合银币72万元，占新疆全省募捐总数的32%。[③]当时新疆工商会会长崔善祥（津商）、潘锡九（津商，直兴公司经理）等十余人因献金积极，《新疆日报》还刊登了他们的事迹和照片，予以表彰。其中崔善祥仅在1938年11月举行的募集寒衣运动中，就捐省票银10万两。[④]其他商帮人士也踊跃参与抗日捐款、募寒捐款等各种抗战捐款活动，1939年1月迪化津帮“新八大家”之一的“同泰兴”商号捐款为75.1万两[⑤]，迪化津商张文犀的捐款为50万两[⑥]。

抗战时期，以商帮人士为主体的新疆工商会及县商务分会积极支援前线的爱国捐款行动，闪烁着近代民族主义的光辉。1938年10月29日，奇台县商会召开欢迎三全大会代表返回故里的大会，代表们报告了为支援前方抗战、新疆

---

① 昝玉林:《迪化总商会的成立与活动》，中国人民政治协商会议乌鲁木齐市委员会文史资料研究委员会编:《乌鲁木齐文史资料》(第6辑)，新疆青年出版社1983年，第74页。

② 吴蔼宸著，田杉整理:《边城蒙难记》(原名《新疆纪游》)，新疆人民出版社2010年，第53页。

③ 昝玉林:《迪化总商会的成立与活动》，中国人民政治协商会议乌鲁木齐市委员会文史资料研究委员会编印:《乌鲁木齐文史资料》(第6辑)，新疆青年出版社1983年，第76页。

④ 《新疆日报》，1938年11月20日，第3版，《红匾·荣誉的捐款者》。

⑤ 《抗日募寒捐款·抗日捐款》，《新疆日报》，1939年1月18日，第3版。

⑥ 《抗日募寒捐款·募寒捐款》，《新疆日报》，1939年1月18日，第3版。

省开展“募集寒衣运动”后，出席会议的该县商会“各（执监）委员自动捐款300余万两，……在当场捐款时，商会各委员充分表现（出）忠实政府政策和拥护持久抗战到底的意志、关心前方的热情”。当场捐款的执监委员共有30余人，其中捐款额较多的商帮商号及商帮人士有：晋帮商号“天元成”与“天申恒”各捐50万两，晋帮商号“日星功”捐款40万两，津帮商人穆春圃捐款20万两，商号“义兴臣”捐款20万两[①]，经计算可知，共计180万两，占全部捐款总额300万两的60%。

又如1938年10月18日绥来县（今玛纳斯县）召开市民大会，开展募集寒衣运动，当地的商号“益升恒”捐款100万两（省票银）、“太德祥”捐款70万两（省票银）。[②]

在新疆各级商会的组织动员下，商帮人士不但从金钱上积极支援抗战前线，还给前线战士写慰劳信，从精神上鼓励前线战士奋勇杀敌。1938年11月，迪化商民何钦甫、石百川、温盖万、石寅甫（津帮“福泰成”商号经理）、郭巨源、张家祯等都给前线战士写了慰劳信，其中迪化一家商帮商号的慰劳信是这么写的[③]：

敝号见到最高领袖蒋委员长及前防抗日将士们，很能为我们中华民族求解放争自由，以及前方英勇抗日将士们做神圣伟大的工作，使得我们后方的民众十二万分钦佩。我们向最高领袖蒋委员长及前方英勇抗日将士们致崇高的敬意。

我们在后方的民众们虽然不能与你们到前方杀日本鬼子，可是能在精神上、物质上援助你们。现在天气很冷了，我们在后方的民众对于寒衣一节，敝号捐省票银1万两，以尽国民的职责。

最后希望前方英勇抗日将士们努力杀敌，最后的胜利万岁！中华民族解放万岁！

三合居记敬启

① 《新疆日报》，1938年11月10日，第3版，《奇台代表返里，各界开会盛烈欢迎，商会委员等首先响应募寒，慨捐三百余万并组募委会》。

② 《新疆日报》，1938年12月8日，第3版，《在全疆各地热烈开展中之募集寒衣运动，绥来城市已捐五千余万两》。

③ 《新疆日报》，1938年11月16日，第3版，《慰劳信运动》。

新疆各地县的商帮商号也参与了写慰劳信运动。1938年12月，呼图壁县的商号“合盛东”“万盛同”①，都给前线将士撰写了慰劳信。

对于新疆境内发生的其他重大灾难事件，在新疆省城总商会的领导下，迪化的商帮人士也热心援助。1939年4月5日，昌吉发生特大火灾，“城厢内外，均遭波及，火烧二日，始行救熄。民众受损，为数颇巨，灾情奇重，为近年所罕见”②。迪化的众多商号对此慷慨捐款救助，有43家商号共捐省票银476万两，新疆省城总商会专门在《新疆日报》上刊登捐款名录，以资感谢与表彰。③具体商号见如下表格。

表6-21　1939年新疆迪化商号为昌吉火灾捐款名录④

商号捐款量级	商号名称	商号数量（家）	捐款额（万两）
20万两	福泰成、俊兴德、复泉涌、广聚合、天丰永、德生堂、德聚和、恒丰泰、宝聚丰、德昌源、同泰兴、春盛祥、德元厚、和顺成、裕丰隆	15	300
10万两	中和成、马文祥、李耀庭、丰盛祥、中兴号、王信齐	7	70
8万两	庆记号	1	8
6万两	益永升	1	6
5万两	祥源成、继丰美、永盛生、凝德堂、永康号、集义生、元隆号、东立德、同新永、元生和、昆记、公信长、得益泰、苏延明、德记、马振麟、吉和成	17	85
4万两	义美公	1	4
3万两	丽记	1	3
合计		43	476

检视该表可见，除个别商人姓名外，基本为商号名称，前文分析过商帮商号的名称特点，可知绝大多数为商帮商号。其中可查出确切商帮派别的商

① 《新疆日报》，1938年12月14日，第3版，《慰劳信运动开展到外县》。

② 《新疆日报》，1939年4月19日，第3版，《昌吉发生火灾后，督省两署通令全疆规定防范火警办法五项》。

③ 《新疆日报》，1939年5月9日，第4版，《新疆省城总商会启事》。

④ 据《新疆日报》1939年5月9日第4版《新疆省城总商会启事》整理而成。

号有22家，分别为：福泰成（津帮“新八大家”之一）、俊兴德（津帮）[①]、复泉涌（津帮“老八大家”之一）、广聚合（津帮）[②]、德生堂（津帮中药店）[③]、德聚和（津帮“新八大家”之一）、宝聚丰（津帮“新八大家”之一）、德昌源（津帮）、同泰兴（津帮“新八大家”之一）、春盛祥（津帮）[④]、德元厚（津帮）[⑤]等商号各捐省票银20万两，李耀庭（津商）、中兴号（津帮）[⑥]各捐省票银10万两，庆记号（津帮）[⑦]捐省票银8万两，祥源成（津帮）[⑧]、继丰美（秦帮）、永盛生（晋帮）、永康号（津帮）[⑨]、凝德堂（秦帮）、集义生（晋帮）、东立德（津帮）[⑩]、吉

---

① 俊兴德的帮派属性，见附表《天津商帮商铺情况表》（根据历年随机调查整理），天津市西青区政协文史资料研究委员会编：《西青文史》（第9辑），1999年（内部资料），第80页。

② 广聚合棉布店，津商皮广玉（人称“皮老广”）1920年前后创设，见附表《天津商帮商铺情况表》（根据历年随机调查整理），天津市西青区政协文史资料研究委员会编：《西青文史》（第9辑），1999年（内部资料），第81页。

③ 德生堂药店与德兴和百货店是兄弟店，以津商阎应五为代表的兄弟3人投资创办，刘荫楠：《五大国药店》，《乌鲁木齐掌故》（一），新疆人民出版社2001年，第116页。

④ 春盛祥的帮派属性，见《杨柳青商人在新疆》（译稿），日本满铁华北经济调查所1943年9月9日油印本，见天津市口述史研究会、天津市西青区政协合编《丝路津商——赶大营资料汇编》，天津人民出版社2014年，第190—191页。

⑤ 德元厚的帮派属性，见《杨柳青商人在新疆》（译稿），日本满铁华北经济调查所1943年9月9日油印本，见天津市口述史研究会、天津市西青区政协合编《丝路津商——赶大营资料汇编》，天津人民出版社2014年，第190—191页。

⑥ “中兴号”百货店，津商王汇川（人称“美髯公”）在迪化南大街南门附近创设，见附表《天津商帮商铺情况表》（根据历年随机调查整理），天津市西青区政协文史资料研究委员会编《西青文史》（第9辑），1999年（内部资料），第85页。《王汇川的中兴号》，刘荫楠：《乌鲁木齐掌故》（一），新疆人民出版社2001年，第164页。

⑦ 庆记号的帮派属性，见《杨柳青商人在新疆》（译稿），日本满铁华北经济调查所1943年9月9日油印本，见天津市口述史研究会、天津市西青区政协合编《丝路津商——赶大营资料汇编》，天津人民出版社2014年，第190—191页。

⑧ 祥源成的帮派属性，见《杨柳青商人在新疆》（译稿），日本满铁华北经济调查所1943年9月9日油印本，天津市口述史研究会、天津市西青区政协合编：《丝路津商——赶大营资料汇编》，天津人民出版社2014年，第190—191页。

⑨ “永康号”是百货商店，其财东为津商韩君璧，见昝玉林《永丰·新光与万家灯火》，中国人民政治协商会议乌鲁木齐市委员会文史资料研究委员会编印：《乌鲁木齐文史资料》（第12辑），新疆青年出版社1986年，第9页。

⑩ “东立德”，是津商暨新疆总商会会长崔善祥于40年代初创设，位于德昌源商号东侧，经营百货等商品。笔者于2016年9月18日与崔善祥的孙子崔庆吉访谈，崔庆吉口述。

和成（津帮）[①]等商号各捐省票银5万两。所以津帮、晋帮、秦帮等商帮人士在新疆总商会的领导组织下，积极支持此次捐款救助活动，表现了强烈的社会责任感。

商帮人士领导下的总商会不但积极参与新疆省内的各种捐款活动，对国内其他省份的重大灾情也予以关注与支援。1935年12月3日，新疆总商会召开第18次执监委员定期会议，参加的商帮人士有14人，分别为宫雉文、周海东、曹艺如、任名武、董湘琴、郑稚臣、徐文牍、王耀光、王静山、曹余三、蔡鑫铎、白煜轩、石寅甫、崔善祥，维吾尔族商人1人，为阿孜巴依。此次会议其中的一个议案就是“劝募黄河长江水灾捐款实行办法案”。经过热烈讨论，形成的决议为“本星期内完成捐款”[②]。

3.积极出资助学。民国时期，新疆全省400多万人口中，文盲占全疆人口的90%，认字的人（包括学生、公务员、识字商人）只有73万。[③]为扫除文盲，新疆省政府开展了多种形式的扫盲工作，如设立民众学校、自学夜校、同业夜校、识字组、家庭学习组、机关识字组等。1938年，新疆省教育厅专门公布了《新疆省民众学校暂行规程》22条[④]，大力倡导民众教育。在新疆总商会会长津商石寅甫领导下，以商帮人士为主体的新疆总商会于1938—1939年6月积极出资扶持民众学校发展，为普及扫除文盲的社会教育做出了重要贡献。如1938年8月份补助民校费117.3100万两（省票银）[⑤]，1938年9月补助民校费171.1600万两（省票银）[⑥]，1938年10月补助民校费63.4750万两（省票银）[⑦]，1938年11月补助民校（即民众学校）费31.9550万两（省票银）[⑧]，1938年12月补助民校费28.9650万两（省票银）[⑨]，1938年全年补助民校费近522.8900万两（省票银）[⑩]。

---

① “吉和成”的帮派属性，见附表《天津商帮商铺情况表》（根据历年随机调查整理），天津市西青区政协文史资料研究委员会编：《西青文史》（第9辑），1999年（内部资料），第109页。

② 《新疆日报》，1935年12月6日，第3版，《本市商家将通设电话，商会筹设商事公断处》。

③ 《新疆日报》，1941年11月23日，第3版，尔昌：《扩大冬学运动》。

④ 新疆维吾尔自治区档案馆：文1-1-434，《新疆省民众学校暂行规程》（1938年），转引自马文华《新疆教育史稿》，新疆大学出版社1998年，第81页。

⑤ 《新疆日报》，1938年11月12日，第4版，《总商会公布八月份收支》。

⑥ 《新疆日报》，1939年2月18日，第4版，《总商会启事》。

⑦ 《新疆日报》，1939年3月4日，第4版，《总商会启事》。

⑧ 《新疆日报》，1939年3月10日，第4版，《总商会启事》。

⑨ 《新疆日报》，1939年4月8日，第4版，《总商会启事》。

⑩ 《新疆日报》，1939年4月8日，第4版，《总商会启事》。

1939年1—6月，新疆总商会每个月都对民众学校进行补助，经计算，共补助148.8600万两（省票银）[①]。具体补助金额如表6–22所示。

表6–22　1939年1—6月新疆省城总商会捐助民众学校金额

月份	补助金额（万两省票银）
1	35.5650
2	26.0150[④]
3	27.1750[⑤]
4	26.9950[⑥]
5	24.0700[⑦]
6	9.0400[⑧]
合计	148.8600

进入国民党治新时期，尽管面对税负沉重、纸币滥发、物价飞涨、社会治安恶劣的经营环境，以商帮人士为主体的新疆总商会仍然全力支持教育事业发展。1949年4月，因物价波动，迪化语文学校[⑨]学生的春季服装，还缺制作费省币4万余亿元。为了帮助学校解决这个问题，以商帮人士为主体的迪化市商会（1945年由新疆工商联合会更名而来）在魏岐山理事长的带领下，开始向全市各商号捐募，有45家商号共捐得省币3万余亿元[③]，很快化解了学校的燃眉之急，使孩子们得以安心上学。

在商帮人士领导、支持下的新疆各级商会，除了主动举办各种公益救济事

---

① 自1939年7月起，新疆省城总商会的开支中就没有对民众学校的补助了，具体7月收支情况见《新疆日报》，1939年8月29日，第4版，《新疆省城总商会启事》。

④ 1939年1、2月份捐助金额，见《新疆日报》，1939年4月26日，第4版，《新疆省城总商会公布民国二十八年一二两月份经费收支详数》。

⑤ 《新疆日报》，1939年5月29日，第4版，《新疆省城总商会启事》。

⑦ 《新疆日报》，1939年6月20日，第4版，《新疆省城总商会民国二十八年四月份经费收支细数》。

⑦ 《新疆日报》，1939年7月11日，第4版，《总商会公布五月份经费收支数目》。

⑧ 《新疆日报》，1939年8月16日，第4版，《新疆省城总商会启事》。

⑨ 即新疆省立语文学校，简称迪化语校，学习科目有国语、维语、俄文等。详见《新疆日报》，1949年9月24日，第3版，《新疆省立语文学校招生》。——作者注

③ 《新疆日报》，1949年4月20日，第2版，《商会捐款四万亿补助语校服装费》。

业，还协助政府推行救济事宜，分担相应的工作。1936年6月，阿克苏地区的乌什县政府为救济难民，将该县武庙、武营方神庙的地产共600多亩全部收回，决定分拨给难民耕种、以维生计。此项亩点承领、分拨难民工作，乌什县政府委托该县商会头领李广生、张万泉负责办理。[①]

晚清民国时期的新疆，是社会从传统走向近代的剧烈变迁时代。当时的社会动荡、政局混乱、税目繁多等许多不良因素遏制着新疆工商业的进一步发展。但在商帮人士带领下的商会，作为这个时期最具民主特征的一种新式商人社团，克服了种种困难，无论在经济、政治领域，还是文化、民政等方面都发挥了积极作用，促进了新疆社会的近代化进程。

经济方面，在商帮人士的带领、支持与努力下，新疆的商会除了积极完成自身制度建设外，还开展了工商登记、组织商业考察、处理商人纠纷、设立商团与商校、平抑物价、鼓励商民投资实业等一系列活动。特别是商会积极支持与鼓励商民投资兴办实业，开创了新疆民族工业在某些领域的先河。新疆总商会在清末民初成立，当时正值新疆协饷断绝，财政困顿。发展经济、振兴民族工业成为当务之急，在以津商为首的新疆总商会会长带领下，商帮人士积极投入新疆的石油工业、面粉加工业、纺织业、电力照明、木材加工业等诸多地方工业的发展建设中。最重要的是将股份公司这种新型的经营管理模式引入新疆，为新疆民族工商业的诞生和发展壮大做出了突出的贡献。

社会方面，首先，商帮人士带领、支持下的商会，成为联系商民社会与政府间的重要纽带。不但协助政府向广大商民推行相关政令，还向政府建言献策，促使新疆省政府制定有利于发展工商业、有利于社会稳定的政策。其次，新疆商会发挥了一定的参政议政功能。商帮人士顺应时代发展潮流，积极支持商会推动新疆和平解放，应权从变。最后，商帮人士积极带领并广泛参与了新疆各商会开展的社会福利救济活动，诸如城市清平水会的组建、赈灾募捐的筹集、扶持孤老、捐资助学等，体现出商帮人士已成为城市近代化变革中不可缺少的一支重要力量。

总之，商帮人士在近代新疆商会的成立、发展及各种活动中，厥功甚伟。在商帮人士的带领与支持、参与下，新疆商会在联络工商、调查商情、鼓励商民兴办实业、调解商事纠纷、加强市场管理、维持市场运行等方面都不同程度

① 《新疆日报》，1936年6月23日，第2版，《乌什庙产拨给难民，共六百余亩》。

地发挥过重要作用。在约束或激励商人行为和商业活动中所采取的措施及形成的规章准则，对推动商业制度现代化功不可没。可以说，在地方经济近代化中，商帮人士引领下的商会发挥了比政治参与更为明显有效的作用。同时，商帮人士积极带领并参与了商会创办的各种公益事业和社会慈善事业，为各族人民造福，促进了新疆社会文明程度的提高。

第七章

商帮对中华传统民俗文化的广泛移植与传承

远在新石器时代，古代新疆居民就同我国内地有了交往。汉人到达新疆的时间很早，早在西汉汉武帝时期，汉人就进入新疆了。以后各个历史时期都有汉人陆续进入新疆。但早期进入新疆的汉人后裔大部分都融合到当地各民族中去了。现在生活在新疆的汉族人，大多是清代以后陆续由内地迁来的。特别是1759年（清乾隆二十四年）清政府统一新疆后，大力开发建设新疆，在新疆进行屯田，屯田者中有部分绿营汉族官兵及被招募的内地汉族贫民。1876年（清光绪二年），以湘军为主力的清军驱逐阿古柏入侵者、收复新疆后，大多数清军及随军汉族商贩留居新疆。1884年（清光绪十年）新疆建省后，清政府又实行了一系列移民戍边、兴办实业、鼓励贸易的政策，许多汉族人来到了新疆，或经商或垦殖。民国年间，有不少汉族人到新疆为官或经商，甘肃、陕西、河南等省灾民也入疆垦殖。

在这些汉族人中，商帮是一支重要的力量，在对中华民俗文化的广泛传承上，发挥了极其重要的作用，而中华传统民俗文化是“百艺进疆”的重要组成部分。

史称的“百艺进疆”，是指商帮传入新疆的百余种文化习俗、技艺技术等，具体有：年画、风筝、剪纸、春联、珠算、烹调、社火（包括龙灯、武术、秧歌、音乐会）、水会、花轿、扎彩、建筑（京式楼阁、四合院、庙宇及雕刻、彩绘）、造纸、毛巾、供电、电影、金银工艺、海味、京货、风味小吃、蔬菜花卉种植、骨医、抖空竹、踢毽子等。涉及中华传统民俗文化中的民俗节日文化（社火、春联）、民俗工艺文化（年画、花灯、剪纸、风筝）、民俗饮食文化（蔬菜种植、糕点、酱菜、风味小吃）、民俗游艺文化（抖空竹、踢毽子）等诸多方面。

据载，“诸（商）帮之大聚会，均在省垣。其言语、习俗，亦依其乡土为标准，并不改变其本来面目”[①]。近代商帮人士在新疆的分布情况，除了省垣外，

---

① 吴绍璘：《新疆概观》，南京仁声印书局1933年，第183页。

新疆北路较南路为多。

我们知道，人口的流动必然伴随着文化的传播。伴随商帮的脚步及活动，一个重要的后发效应就是中华传统民俗文化、民间文化在新疆地区得到广泛传播，潜移默化地影响和改变着新疆地区的社会风貌，丰富了新疆多元一体的文化格局。民俗文化是指民间民众的风俗生活文化的统称，也泛指一个国家、民族、地区中集居的民众所创造、共享、传承的风俗生活习惯。民俗文化是在普通人民群众（相对于官方）的生产生活过程中所形成的一系列物质的、精神的文化现象。它具有普遍性、传承性、变异性。

例如元宵节闹花灯、猜灯谜的中华传统节日民俗，早在清乾隆年间就传入新疆。乾隆年间的纪晓岚诗云："绛蜡荧荧夜未残，游人踏月绕阑干。迷离不解春灯谜，一笑中朝旧讲宫。"[①]至道光年间，新疆迪化"满汉两城元宵灯火最盛，汉城尤胜于满城。店面各有灯棚，大店户悬灯尤多。……（花灯）大率玻璃纱画而已，佐以锣鼓讴歌，店面施放花筒流星之属，亦有过街龙灯，类如内地乡村之制"[②]。随着经济的发展，特别是商帮的活动，在晚清民国时期呈现出愈加繁荣兴旺的景象，尤其是在20世纪初至30年代的迪化也很兴盛。每年的这个时候，迪化城中的大街小巷都张灯结彩。人们穿上节日盛装，观灯、赏灯、猜灯谜。各种社火进行表演，还燃放烟花爆竹，非常热闹。故时人称："新疆之迪化，不仅为政治之中心，亦汉人之大聚会也。举凡饮食起居，语言习俗，俱与内地无别。"[③]同时，一些具有天津地方特点的民间文化，如天津著名的艺术形式——杨柳青木版年画和民间剪纸（如吊钱），伴随着津商的经济活动也相继传入新疆。它们以其鲜艳的色彩、广泛的题材、浓郁的生活气息，为人们的生活增添了许多欢乐吉祥的成分，也深受人们欢迎。

此处以晚清民国时期的省会迪化为例，重点探讨商帮人士如何通过节庆活动、自身的日常行为及经商活动，移植、传承中华传统民俗文化中的节日文化、工艺文化、饮食文化、戏曲文化、游艺文化，促进了新疆地区各民族文化之间的交流交融，巩固了清代新疆地区早就形成的中原文化的主体地位，推动了该

① （清）纪昀：《乌鲁木齐杂诗·游览》，王希隆：《新疆文献四种辑注考述》，甘肃文化出版社1995年，第185页。

② （清）黄濬：《红山碎叶》，中国西北文献丛书编辑委员会编：《中国西北文献丛书（正编·第4辑）·西北民俗文献（第2卷）》（总第118卷），兰州古籍书店影印出版1990年，第104页。

③ 吴绍璘：《新疆概观》，南京仁声印书局1933年，第129页。

地区多元一体的中华文化格局发展。

第一节　商帮与中华传统节日文化

每年春节来临之前的腊月里，商帮人士都有腊祭、打腊鼓、喝腊八粥、扫尘等腊月风俗；在春节、元宵节及庙会等节庆活动中，商帮人士不但积极组织、参与各种社火表演，还有贴春联、互赠贺年片等习惯，中华传统节日文化在商帮人士的传承下，在新疆地区得到了发扬光大。

腊月风俗　农历的十二月俗称“腊月”，腊月里有很多饶有趣味的风俗，被商帮人士带到新疆，并传承下来。

腊祭——家中有家谱的商帮人士，在腊月要把祖辈各代的名字书写在专门印制的“家谱联”上，悬挂于堂屋正中，以示怀念。

腊鼓——迪化大十字周围的商帮商号在腊月的晚上要击鼓，表示迎新年的意思，天津商帮敲太平鼓[①]，陕甘商帮则敲欢乐的鼓点。

腊八粥——腊月初八这天，民间有喝腊八粥之俗，且分赠亲朋好友，互相问安。新疆的商帮人士也做腊八粥，除大米、小米、江米、红豆、花豆、绿豆外，还加上新疆特产葡萄干、杏干、瓜干等，配以莲子、红枣、桂花、白糖等，原料比关内丰富很多。

备“万年粮”——从腊月中旬开始，许多商帮人士要准备够吃十多天的粮食，有蒸花卷、馍馍、包子，制作年糕，炸油果，炖肉等。意思是保证年年有余粮。

扫尘——“除夕的前八九天，……各店铺忙着预备过年，有的在清扫房屋，制备新衣，购办食品。有的在装摆年货，修理门面”。甚至“除夕的清晨，各店铺都在清扫内外”[②]。从腊月二十四开始，一直到年底，商帮人士都要彻底大扫除，准备干干净净过新年。

年夜饭与守岁——岁末大年三十（除夕）这天，商帮人士要吃团圆饭，以

---

① 刘荫楠：《腊月的风俗种种》，《乌鲁木齐掌故》（二），新疆人民出版社 2003 年，第 162 页。

② 宫碧澄：《新疆的新年》，中国西北文献丛书编辑委员会编：《中国西北文献丛书 · 西北民俗文献（第 24 卷）》（总第 140 卷），兰州古籍书店影印出版 1990 年，第 32、38 页。

饺子为主，各种丰盛菜肴。给老人压腰钱，给小孩压岁钱。这天晚上，还要通宵不眠，即“守岁”，守岁是商帮人士在年尾岁头履行辞旧迎新的重要礼节，在除夕子夜“送祖宗”和“接财神”，以示尊祖和希望在新的一年里发财致富的愿望。

组织并参与各种社火表演 “社火”是一种古老的风俗，在中国有着数千年的历史。它产生于原始的宗教信仰，是远古时期巫术和图腾崇拜的产物，是古时候人们用来祭祀拜神的宗教活动。“社”为土地之神，“火”能驱邪避难。崇拜社神，歌舞祭祀，意在祈求风调雨顺，五谷丰登，国泰民安，万事如意。社火也称“花会”，是汉族民间一种庆祝春节的传统庆典活动。包括舞蹈、杂技、杂耍、武术、鼓乐等，是年节庆典、庙会①上自娱自乐、表演性强的民间歌舞技艺活动的统称。

晚清民国年间的迪化，在春节、元宵节等重大节日，以及此期间举行的娘娘庙、水磨沟等庙会上，商帮人士通过其地缘组织——各省会馆，纷纷组织社火表演。春节期间从正月初一到十五，连续半个月，各省会馆的社火，涌向街头，为民众表演。当时，陕西会馆的高抬，山西会馆的汾阳花鼓，四川会馆的舞狮，甘肃会馆的旱船，直隶会馆的高跷，总商会的秧歌队等，都各具特色，争奇斗艳。此外，商帮人士还组织表演武术、龙灯、要中幡等。

曾于1932年在迪化过新年的宫碧澄记载了当年的盛况，“高抬、高跷、旱船、狮子、龙灯、花鼓，各种游艺，逐日地排成了行列，沿街沿户地在表演，到了夜间格外地热闹，通衢灯市如画、歌舞喧天、万人空巷，闹个通宵达旦”②！

庙会，是商帮人士组织社火表演的另一重要场所。据时人记载，每年气温转暖后，迪化都有娘娘庙（今乌市中山路）与水磨沟之庙会，“士女云集，百货骈集，竞妍争艳，举城若狂，虽途遥数十里，风尘十万斛，亦多扶老携幼而

① 庙会又称“庙市”或“节场”，是汉族民间宗教及岁时风俗，一般在春节、元宵节等节日举行。也是我国集市贸易形式之一，其形成与发展和地庙的宗教活动有关。庙会起源于寺庙周围，所以叫“庙”；又由于小商小贩们看到烧香拜佛者多，在庙外摆起各式小摊赚钱，渐渐地成为定期活动，所以叫“会”。久而久之，“庙会”逐渐演变成了人们节日期间，特别是春节期间的娱乐活动，主要内容是大量的各色小吃、各种小商品和游乐项目。——作者注

② 宫碧澄：《新疆的新年》，中国西北文献丛书编辑委员会编：《中国西北文献丛书·西北民俗文献（第24卷）》（总第140卷），兰州古籍书店影印出版1990年，第45—46页。

至”[1]。究其实质，“并无何种新奇之事，特假酬神演剧之机会，聊以稍舒生活沉闷而已”。中秋前数日，还要举行赛会游行一次。“盛设卤簿，广陈鼓乐，长逾里许，时恒三日，最为热闹。”接着又有公园庙会，“车马盈门，群来游园。斯时炎暑已退，花草犹存，观剧赏景，称为乐事”[2]。

社火演出期间，迪化大十字东、西、南、北四条大街的商帮店铺前，都摆着桌椅和茶水点心，供表演者们休息和品尝。负责领会的是天津菜商贾万盛[3]，他手拿小铜锣，指挥全局。各商号都欢迎社火在本店前表演，以图吉祥如意、生意兴隆。

商帮组织的社火表演共计10余场。

高抬——也叫铁芯子社火，由陕西会馆的秦帮商人举办，盛况空前。整个高抬社火，前后有两套锣鼓队，每队8人，专用的锣鼓点，新颖悦耳，前呼后应，给街头盛会增加了热闹氛围。每一台高抬都是一折戏的画面，内容、造型、姿态各异。它的基础是1.5米见方、高约1.2米的四方木台（类似木柜），台内装有铁芯子做基座，从基座伸出一根直径约5厘米、高约5米的铁杆，铁杆两侧根据画面造型，可焊接1人或2人的脚手架，并有保险圈。扮演角色的儿童，站在架子上穿着古装，将脚手架全部掩盖，再用特制的一双假腿假脚把身子连接起来，站在一根树枝上或人的肩头上，既惊险又逼真。秦帮著名的中药店“凝德堂”“元泰堂”及秦帮其他商号，都踊跃出资支持高抬表演，为中华传统民俗文化的传承做出贡献。

1939年3月，为庆祝新疆四月革命六周年，汉文总会组织高抬、秧歌、凤阳花鼓等在街头表演，秦帮商号“永丰栈”“元泰堂”“凝德堂”参与举办了高抬表演。[4]

汾阳花鼓——由山西会馆的晋帮商人举办，表演者为迪化商号中的山西籍人员，有经理，也有店员，有老有少，均为男扮女装。乐器以腰鼓和小铜锣为主，鼓点节奏明快、激昂。男演员身背腰鼓，“女演员”手持小铜锣，边舞边敲，不停变换队形。同时还有一支乐队助兴。花鼓队员们服饰华丽、形象优美，

---

① 吴绍璘：《新疆概观》，南京仁声印书局1933年，第183页。

② 吴绍璘：《新疆概观》，南京仁声印书局1933年，第183页。

③ 刘荫楠：《社火龙灯》，《乌鲁木齐掌故》（一），新疆人民出版社2001年，第310页。

④ 《新疆日报》，1939年3月21日，第3版，《汉文会召集商会、戏院、商号，筹备各项街头游艺》。

最具特点的是从服装、化妆方面表现了当时新疆14个少数民族。每当花鼓队一过来，群众就纷纷寻找本民族的代表人物。特别是晋商赵起宏[①]的表演，幽默风趣，引人注目。当时晋商店铺“永盛生百货店”“永盛堂中药店”等，每年都积极捐款支持汾阳花鼓表演。

耍狮子——四川会馆的川帮商人举办的耍狮子以惊险取胜，在迪化独一无二。一般为三人表演，两人一前一后耍狮头和狮尾，一人扮演童子手拿彩色大绣球。在紧锣密鼓中，用绣球引得狮子翻、滚、蹿、跃，非常好看。最精彩的是高空表演，将8张方桌一个个摞起来，高10米左右。这时童子拿着绣球登上摞着的桌子，引着狮子边表演边往上爬。虽然观众替演员们捏着一把汗，但每次表演都圆满成功。

高跷——在20世纪30—40年代的迪化，由津商与河北商人共同出资举办，是社火表演中的佼佼者。表演者可扮成各种人物，手持道具，双脚踩着木跷（高者1米多，低者30～40厘米），按照一定的规矩、套路，或走或行，或演或唱。高跷表演阵容强大，共有30多人，包括踩高跷者、锣鼓手、总领队、服务人员。表演的节目大多是以传统戏曲为内容的舞蹈。

秧歌——以商帮人士为主体的新疆总商会组织的秧歌队，得到各商帮人士的支持。秧歌队员均男扮女装，并请维吾尔族民间艺人阿不都古力吹奏唢呐。领头的是一男一“女”，“女演员”身着花旗袍、手拿小花伞。领头的二人是全秧歌队的灵魂，表演的是地道的东北大秧歌歌舞。参演者都是商帮商铺挑选的20岁左右青年店员或掌柜老板。其中一位商帮人士张老板扮演的管账老先生角色[②]，给人印象深刻。他穿着长袍马褂，手拿算盘，腰间挂着眼镜盒，老态龙钟，形象逼真。

1939年3月，为庆祝新疆四月革命六周年，汉文总会组织高抬、秧歌、凤阳花鼓等街头表演，商帮人士领导、支持下的新疆总商会参与举办了秧歌表演。[③]

---

① 刘荫楠:《山西花鼓》,《乌鲁木齐掌故》(一)，新疆人民出版社2001年，第312页。

② 刘荫楠:《总商会的秧歌队》,《乌鲁木齐掌故》(一)，新疆人民出版社2001年，第311页。

③《新疆日报》，1939年3月21日，第3版,《汉文会召集商会、戏院、商号，筹备各项街头游艺》。

武术表演——燕帮中的河北商人王永冠（新兴饭庄[1]经理）组织的少林会[2]，逢年过节都在街头和广场拉开场子表演，深受群众欢迎。该少林会主要表演者有10余人，均为紧身短衣，头扎粉红绸子，刀、枪、剑、斧、钺、锤等俱全。主要武打动作有空手对打、单刀对花枪等，其中王永冠演练的白蜡棍，舞动起来呼呼生风，令人眼花缭乱。

龙灯——有两道会：一道是两湖会馆的湘帮、鄂帮商人联合举办的二龙戏珠，一道是由津商（菜商和鸡鸭小商贩们）组织的天津龙灯。两湖会馆的龙灯一般夜间在街头表演，龙身的每节都点有蜡烛，耍起来五彩缤纷，看似两条火龙飞舞，两侧伴舞者则高举灯笼火把。津商的龙灯，一般白天在街头表演，是一条较大彩龙，龙头始终跟着彩珠球转，时而紧缩一团，时而腾空跃起，变化多端，再配合着紧锣密鼓，非常精彩。

耍中幡——20世纪30年代，河北商人组织表演的“耍中幡”，在迪化社火中独树一帜，以粗犷、豪放、刚劲著称。中幡是一根长10余米、粗约10厘米的竹竿或木杆，上面装有彩旗和一个大花伞样的华盖及长长的宽条幅，重约20公斤。表演分“一人中幡”和“三人中幡”。一人表演时，时而肩扛，时而头顶，或用胳膊肘立，甚至用肚子、脊梁把中幡直立在空中，且上下前后舞动生风。三人表演时，除每人做高难动作外，还要互相传递中幡，当然不能用手接，这无形中增加了耍中幡的难度。

贴春联　商帮人士在春节来临时，出于祈福纳祥、盼望财源广茂的心理，都有在自家宅院，特别是店铺门前贴红纸春联的习惯。春联内容一般是抒发过春节的喜悦心情，表达对新年的美好祝福。

早年到新疆“赶大营”的大营客，多是贫苦人，能通文墨者为数稀少，只有津帮商号“文丰泰”的管账先生乔如三尚可代人写些千篇一律的“一夜连双岁，五更分二年”“新春大吉”的春联[3]，为了图个吉利，各商帮商号纷纷效仿之。在商帮人士的带领下，这一习俗在新疆得到了很好传承。1931年，地质学家杨钟健参加中法科考团途经新疆南部重要县城鄯善时，看到鄯善“为一繁盛县份，街市很繁盛，汉人也不少，大半是经商的。街市铺面全很整齐，铺子

---

① 新兴饭庄，今民主路儿童剧院一带。

② 刘荫楠：《少林会》，《乌鲁木齐掌故》（一），新疆人民出版社2001年，第309页。

③ 王鸿逵、于焕文、谢玉明：《天津商帮“赶大营”始末》，天津市政协文史资料研究委员会、天津西青区政协文史资料研究委员会编：《津西古今采珍》，百花文艺出版社1993年，第38页。

门前的红纸对联和汉人住户门前的对联，立刻令人感觉到汉人文化，已深入此地”[①]。

互赠贺年片 在20世纪40年代以前，新疆的商帮人士在春节期间都有互赠贺年片的习俗，祝贺对方新的一年生意兴隆，并有加强往来、相互关照的意义。贺年片是用红绿纸折成长约25厘米、宽约10厘米的长方形，上面盖上本字号的印章即可。赠送贺年片的时间，都在正月初五以前。由店员携带贺年片挨家送，当时的商铺都是老式插板门，从门缝里塞进去。当时迪化的老字号商铺特别重视赠送贺年片这一礼俗，如津帮的“永裕德”“同盛和”“复泉涌”“永盛西”“德生堂”“广聚合”“同泰兴”，陕甘帮的“凝德堂”“元泰堂”，晋帮的“集义生”“永盛生”，川帮的“鸿春园”等，这些老字号的贺年片被一些收藏家保存至今[②]。

第二节　商帮与中华传统工艺文化

商帮通过商贸活动，把杨柳青年画、花灯、剪纸作品、风筝等中华传统工艺品运到了新疆。同时商帮人士在日常生活中，每逢年节贴年画、制作并悬挂花灯、在门窗上贴剪纸，春天放风筝并组织风筝比赛等，使这些中华传统工艺文化在新疆得到了较好的移植与传承。

杨柳青年画 年画是内地普遍流行的民间美术品，广泛应用于年节驱邪纳福活动。我国古老的三大木版年画之一——天津杨柳青木版年画[③]，源于明，盛于清，当年赶大营的首倡者——津商安文忠创办的“文丰泰京货店”，把杨柳青年画首次带到新疆[④]，杨柳青年画构思精巧、线条流畅、色彩鲜艳，为春节增添了欢乐的色彩，所以在新疆大受欢迎，销路畅通。民国年间每年都有大批的杨柳青年画，由商贾经办驼运到迪化。

---

① 杨钟健：《参加中法科学考察团漫记》，《西北的剖面》，甘肃人民出版社2003年，第124页。

② 刘荫楠：《老字号的贺年片》，《乌鲁木齐掌故》(二)，新疆人民出版社2003年，第169页。

③ 还有山东潍坊杨家埠村年画、苏州桃花坞年画。——作者注

④ 王鸿逵、于焕文、谢玉明：《天津商帮“赶大营”始末》，天津市政协文史资料研究委员会、天津西青区政协文史资料研究委员会编：《津西古今采珍》，百花文艺出版社1993年，第38页。

在迪化经销杨柳青年画数量较大的商帮商铺是“务本堂字画店”“经昌美书店”。“务本堂字画店”开业于1910年，由津商赵振声创设于迪化南大街，有三间砖门楼的门市[①]，这家字画店的主要业务是装潢字画，同时批发零售兼营杨柳青年画[②]。“经昌美书店”开业于1917年，由津商周梦先创设于迪化南大街[③]，主要经销各类书籍、名人字画、笔墨纸砚，经营的字画中包括杨柳青年画，每到春节，十分畅销，供不应求[④]。

晚清民国年间，一进入农历腊月，在迪化城里大十字一带，商帮人士出售年画的铺号、地摊一家挨一家。年画一上市，过春节的气氛就浓起来了。春节期间，家家户户都忙活着在院落、房舍里贴上喜气洋洋的年画。杨柳青木版年画的题材丰富多彩，有历史故事、神话故事、戏曲场面和风景花卉等，如以“恭喜发财、四季平安”为内容的财神、门神、福禄寿三星高照图，有“招财进宝”“六路生财”及春夏秋冬四季耕作图，有喜鹊栖于梅林中的“双喜登梅”图，还有谷穗、花瓶、鹌鹑组合的“岁岁平安”图。特别是胖娃娃抱鲤鱼的“连年有余”图，作为杨柳青木版年画的代表作，已成为中国传统文化符号之一。

图 7–1　天津杨柳青年画的代表作——“连年有余”

---

① 刘荫楠:《务本堂字画店》,《乌鲁木齐掌故》(一)，新疆人民出版社 2001 年，第 157 页。

② 附表:《天津商帮店铺情况表》(根据历年随机调查整理)，天津市西青区政协文史资料研究委员会编:《西青文史》(第 9 辑)，1999 年 (内部资料)，第 88 页。

③ 附表:《天津商帮店铺情况表》(根据历年随机调查整理)，天津市西青区政协文史资料研究委员会编:《西青文史》(第 9 辑)，1999 年 (内部资料)，第 88 页。

④ 刘荫楠:《经昌美书店》,《乌鲁木齐掌故》(一)，新疆人民出版社 2001 年，第 158 页。

花灯 每逢元宵佳节，迪化十字街上的商帮店铺继承传统习俗，各商铺家家张灯结彩，有荷花灯、鲤鱼灯、花篮灯、西瓜灯、甜瓜灯、宫灯、走马灯等，热闹非凡。其中以津帮老字号“庆春和百货绸缎店”（今乌鲁木齐大十字自治区中医院一带）制作的灯笼最好看[①]，不但每年都有新的创意，同时还带猜灯谜，猜对有奖品，引得大家前往观赏和竞猜，门前一时竟被挤得水泄不通。

另外，津商刘凤春，绰号“玻璃刘”，他于20世纪20年代在迪化北大街（今乌鲁木齐大十字邮局对面一带）开设的玻璃灯商店，独具特色，参观和买灯的人络绎不绝。[②]制作玻璃花灯，既有玻璃活儿，又有白铁活儿，工艺独特。该店的玻璃灯都是刘凤春自己手工制作的，有六角灯、八角灯、宫灯、四折灯等，光彩夺目，美不胜收。最畅销的是长方形四折玻璃灯，高约20厘米，宽约15厘米，用时能打开点蜡烛照明，不用时可折起来。

此外，商帮人士还在正月十五晚上10点左右，在大十字一带燃放盒子花灯。[③]盒子花灯，是最高级的一种传统花灯，用三根木椽子架起约80厘米见方的折叠纸盒子，里面是盒子灯。点燃后，从盒子里掉下一个小戏台，上面有用各色绫子和纸糊的小人，有八仙祝寿、五子登科、天女散花等，是一出戏。到一定时候，底下的蜡烛燃烧完了，上面又自动掉下来一个戏台，一出戏。约莫一个小时，盒子灯才能燃放完毕。每当燃放盒子灯时，大十字一带是人山人海，掌声、喝彩声震耳欲聋。这些盒子灯大多是津帮店铺从天津买来的，也有的是秦帮“凝德堂”中药店从陕西进货而来。

剪纸、吊钱、刺绣花样子 剪纸这种诞生于民间、流传于民间、扎根于民间的文化艺术，有着悠久的历史传统、深厚的民间土壤和广泛的群众基础。剪纸艺术交融于各族人民的社会生活，其传承延续的视觉形象和造型方式，蕴含了丰富的文化和历史信息，表达了广大民众的社会认识、道德观念、实践经验、生活理想和审美情趣，是中华民族民俗生活中最普遍、最原本、最具文化象征的艺术品之一，是我国非物质文化遗产的瑰宝。

新疆的商帮人士过春节和结婚时，有在门窗上贴大红纸剪成的“福”“喜”字及喜庆图案的习俗。这种技艺多由商帮妇女传、帮、带。20世纪30—40年代，

---

① 刘荫楠:《边城灯节》,《乌鲁木齐掌故》(二)，新疆人民出版社2003年，第181页。

② 刘荫楠:《玻璃刘》,《乌鲁木齐掌故》(一)，新疆人民出版社2001年，第89页。

③ 刘荫楠:《正月十五逛花灯》,《乌鲁木齐掌故》(二)，新疆人民出版社2003年，第180页。

迪化藩台巷（今明德路）的天津杨柳青人肖淑章[①]，就是一位著名的剪纸大师。肖淑章的剪纸技艺，来自剪纸之乡天津杨柳青，大部分是圆形喜花，象征团圆美满。剪纸的内容多为吉祥题材，如龙凤呈祥、状元及第、麒麟送子、莲生贵子、福寿双喜、榴开百生等。形式大小不一，最大的直径30多厘米，最小的10厘米上下。喜花的使用范畴很广，不但可贴在门、窗、墙壁上，还可放在陪嫁的妆奁上，以及放在糕点、寿面、供果上。

一些津帮店铺还销售从天津运来的各种剪纸作品。如1911年津商姚同善在迪化西大街创办的“同义昌杂货店”[②]，每逢春节，天津杨柳青的剪纸窗花等就摆上了柜台[③]。津商孙宝顺开业于1920年的“宝顺成杂货店”，也经销大量的天津杨柳青剪纸作品。[④]

吊钱，又称挂钱，是天津杨柳青民间剪纸工艺品之一，多由津商从天津采购而来，经驼户运到迪化。一进入农历腊月，迪化的商帮杂货铺里就挂满了花样各异、鲜艳夺目的大红吊钱。作为门窗的点缀品，吊钱是用大红锦纸雕镂而成，长约35厘米，宽约20厘米，多为过年过节时贴用。吊钱中间一般刻有4个字的吉祥词语，如“竹报平安”“合家欢乐”“五谷丰登”“人财两旺”“富贵双全”等。在文字的两边还刻有连钱、鱼鳞、方胜等图案花纹，也有不刻字而用“寿星”“增福财神”等图像的。另有一种大吊钱，长约60厘米、宽约30厘米，上面不刻字，而是刻上聚宝盆、摇钱树等，另用金色纸刻出吉祥单字，如福、禄、寿、喜等，在每副吊钱中间贴上这样一个字，四副为一组。大吊钱一般都悬挂在室内，映照得室内红红艳艳、喜气洋洋。贴吊钱的习俗，在新疆得到了很好的传承。小娃娃们一看到贴吊钱，就追逐着喊叫：过年了！

津商孙宝顺1920年前后在迪化大十字东南角开设的“宝顺成杂货店”[⑤]，是经营吊钱最有名的商号。该店主要经营京广杂货、剪纸、吊钱、杨柳青年画等。

---

① 刘荫楠：《刘奶奶剪喜花》，《乌鲁木齐掌故》（一），新疆人民出版社2001年，第81页。

② 附表：《天津商帮店铺情况表》（根据历年随机调查整理），天津市西青区政协文史资料研究委员会编：《西青文史》（第9辑），1999年（内部资料），第79页。

③ 刘荫楠：《同义昌杂货店》，《乌鲁木齐掌故》（一），新疆人民出版社2001年，第150页。

④ 附表：《天津商帮店铺情况表》（根据历年随机调查整理），天津市西青区政协文史资料研究委员会编：《西青文史》（第9辑），1999年（内部资料），第80页。

⑤ 附表：《天津商帮店铺情况表》（根据历年随机调查整理），天津市西青区政协文史资料研究委员会编：《西青文史》（第9辑），1999年（内部资料），第80页。

该店每年都去天津采购一批吊钱，图案年年更新，春节前夕到这家商店买吊钱的顾客拥挤不堪，一时成了吊钱的专卖店。[①]

刺绣花样子是天津杨柳青有名的民间工艺品之一。一般是女性在自制的衣、鞋、裙、裤以及钱袋、香囊等物品上，绣上一些图案花样，做装饰用。花样子形状随物形而变，有方形、圆形、三角形、莲瓣、菱形等，内容有花鸟虫鱼、山水人物、琴棋书画等。20—30年代，家住迪化三角地的天津杨柳青商人郑师傅专门制作刺绣花样子，因技艺精湛、花样繁多，被称为“郑花样子”[②]。当年南关山西巷一带制作维吾尔族花帽的维吾尔族师傅，对郑师傅的花样子很欣赏，他们买来郑师傅的牡丹花等花样子，绣在维吾尔族小花帽上，给维吾尔族小花帽增加了新的花色品种，颇受顾客欢迎。

放风筝 春天放风筝的习俗，自清乾隆年间开始，就在近代新疆流行起来。乾隆年间的纪晓岚诗曰：“儿童新解中州戏，也趁东风放纸鸢。”[③]进入晚清民国年间，伴随着商帮人士的活动，放风筝的习俗，在深度与广度上都得到了进一步的发扬光大。

当年迪化大十字卖年画、吊钱的商帮人士地摊上，都有出售风筝，品种既有花蝴蝶、蜻蜓等小风筝，也有“孙悟空”“巴巴鹰”“片凤凰”等大风筝，质地优良的大风筝都是商帮人士从天津运来的。

迪化本地有两家著名的津商店铺，制作并出售风筝。首先是拥有扎彩手艺的津商张墨庄，被誉为“风筝大王”[④]。1920年前后，他在迪化大兴巷内（现小十字食品大楼对面）开设了“张记扎彩铺”[⑤]，经营各种扎彩成品，图案吉祥、做工精细，如纸灯笼、纸人、纸车、纸牛、纸马等。最引人注目的就是各式各

---

① 刘荫楠：《吊钱》，《乌鲁木齐掌故》（一），新疆人民出版社 2001 年，第 298 页。另一说，该店名为“宝盛成杂货店”，创办人叫宋老宝，见刘荫楠《宝盛成杂货店》，《乌鲁木齐掌故》（二），新疆人民出版社 2003 年，第 216 页。

② 刘荫楠：《郑花样子》，《乌鲁木齐掌故》（一），新疆人民出版社 2001 年，第 88 页。

③ （清）纪昀：《乌鲁木齐杂诗 · 民俗》，王希隆：《新疆文献四种辑注考述》，甘肃文化出版社 1995 年，第 173 页。

④ 刘荫楠：《“龙飞凤舞”的风筝》，《乌鲁木齐掌故》（二），新疆人民出版社 2003 年，第 192 页。

⑤ 附表：《天津商帮店铺情况表》（根据历年随机调查整理），天津市西青区政协文史资料研究委员会编：《西青文史》（第 9 辑），1999 年（内部资料），第 89 页。刘荫楠：《张墨庄的扎彩铺》，《乌鲁木齐掌故》（一），新疆人民出版社 2001 年，第 198 页。

样的风筝，有软翅、硬翅、自由式、微型等高中低档，式样有花蝴蝶、孙悟空、蜻蜓、蜈蚣等。每逢春秋季节，该店的风筝总是供不应求。另一家是位于南关山西巷口（今龙泉街）的津帮商铺“万利成津货铺”。

20世纪30—40年代的迪化，有过两次大型风筝的放飞表演，商帮人士积极参与比赛，他们制作的风筝在比赛中大放异彩，充分展示了风筝的艺术魅力。30年代的风筝比赛中，津商张墨庄拔得头筹，他制作了一个20多米长的五彩飞龙风筝，在南大街津商“永盛西点心铺”的屋顶放飞，飞龙风筝摇摇摆摆腾空而起，犹如真龙在蓝天中翱翔，观者甚众，赞不绝口。1946年的风筝比赛，山西巷口的“万利成津货铺”与“万兴隆清真食品店”两家联合制作了一个5米多高的绿色孔雀形大风筝，放飞后特别引人注目，大有“孔雀西北飞”的意味，给老乌鲁木齐人留下深刻印象。

第三节 商帮与中华传统饮食文化

商帮通过在迪化开设酱园、点心铺、腊味店、豆腐坊、小吃店等食品店的方式，使酱菜、中式糕点、腊味品、豆腐、中原风味小吃、元宵、粽子、月饼等中华传统食品及制作技术，在新疆得到广泛推广。同时，商帮人士在农历正月十五吃元宵、端午节吃粽子、中秋节吃月饼拜月等习俗，使中华传统饮食文化在新疆得到很好的移植与传承。

酱菜 酱菜既是人们日常生活中的佐餐美味，又可作为宴席上的调味佳品，在中华饮食文化中扮演了不可或缺的角色。八大商帮中，尤以津商自制并出售的酱菜最出名。“复泉涌酱园”是津帮老八大家之一，为著名的经营自制酱菜的商铺。1886年（清光绪十二年）天津杨柳青商人杨润棠、杨春华在迪化大十字以南联合创办了“复泉涌”[①]。1910年（清宣统二年），该店卖给津商周义臣。周义臣的次子周宝定（字铸卿），继承父业，一直经营到1956年的公私合营。“复泉涌酱园”坐落于迪化大十字以南，有五大间门市，一进入该店，就闻到了该店自制的什锦酱菜的香味，货架上摆满了各种海菜和面酱、芝麻酱、豆瓣酱、辣子酱（又称甜味酱）、酱油、醋、小磨香油等调味品。该店自制的酱菜以品种

① 刘荫楠：《复泉涌酱园》，《乌鲁木齐掌故》（一），新疆人民出版社2001年，第124页。

多样、口味地道而闻名，具有“鲜、甜、脆、嫩”四大特点。尤其是该店自制的带皮酱笋子和辣子酱，在市民中享有很高声誉，来购买的顾客络绎不绝。辣子酱色泽红亮，香味浓郁，细腻无渣，经久耐贮。

中式糕点 “糕点”在民间大多叫“点心”，是人们日常生活中的一种副食品，还可作为探亲访友、节日馈赠的礼品。中式糕点具体可分为蛋糕类（如云片糕、芙蓉糕）、酥质类（核桃酥、萨其马）、糖馅类（如水晶饼）、油炸类（如萨其马）等。传统中式糕点技术和花样品种，大部分是由八大商帮中的津商传入新疆，并得到了继承与发扬。

津帮老字号“复泉涌酱园”，不但经营酱菜，还聘请名师，在后院作坊制作各种津味中式糕点，形成前店出售、后院加工、现做现卖的经营方式。

后来，商帮人士又陆续开设了一些专门的食品糕点铺，驰名的有晋商的“集义生食品店”、津商的“永盛西点心铺”、津商的“瑞记号点心铺”、津商的“玉华香甜食店”等。

“集义生食品店”，坐落在迪化南大街（今大十字以南，市蔬菜公司第一中心店蔬菜副食门市部），由晋商苗沛然创办于20世纪初。[①]这是当时迪化唯一的一家南式食品店，制作的糕点造型美观，用料重糖轻油，成品薄皮大馅，口味甜而不腻，具有典型的南方风味。该店的招牌产品有水晶饼、黑仿白月饼、绿豆糕等。

“永盛西点心铺”，坐落在迪化南大街（今南门大银行一带），有五大间门市[②]，由津商刘鉴周创办于1920年前后。该店在20世纪30年代以前，除经营中式糕点外，还兼营海味、调料、酱醋、小磨香油等副食品，及京广杂货、绸缎、布匹等。40年代初，重点经营食品加工。该店制作的津味中式糕点，在同行业中技术超群。除“大八件”“小八件”等家常点心外，尤以应时糕点而闻名。如端午节的什锦绿豆糕、中秋节的套馅月饼、元宵节的什锦元宵等。在冬季，该店制作的“什锦南糖”[③]，很有特点，至今已不多见。盅碗糕作为该店的招牌食品，是宴会上的佳点，在当时的迪化独一无二。盅碗糕是用鸡蛋、上等面粉、糖、玫瑰、青红丝等作为原料，再以江西景德镇的兰花小盅碗蒸熟。金黄色的

---

① 刘荫楠:《集义生南式食品店》,《乌鲁木齐掌故》(一)，新疆人民出版社2001年，第128页。

② 刘荫楠:《永盛西点心铺》,《乌鲁木齐掌故》(一)，新疆人民出版社2001年，第126页。

③ 刘荫楠:《什锦南糖》,《乌鲁木齐掌故》(二)，新疆人民出版社2003年，第186页。

盅碗糕，摆在绿边的托盘内，像一束盛开的葵花吐蕊，美不胜收。

“瑞记号点心铺”，是著名的津商老字号，由津商郭广瑞最早在玛纳斯开设，1945年迁至迪化三角地。[①]有很大的门市，后院还有作坊。这家点心铺，主营各种中式糕点，有蛋糕类、酥质类、油炸类。最著名的是酥质类的“京八件”点心。[②]特别是该店制作的糕点萨其马，受到很多满族民众的欢迎，他们在春节期间，都购买该店的萨其马互赠拜年。

“玉华香甜食店”由津商魏锦州于1940年前后在迪化东大街创办[③]，主营各种京津风味甜食小吃，有糖包子、豆沙包子、什锦元宵、枣晶糕、黏糕、八宝饭、山楂糕等。京剧表演艺术家程砚秋来迪化考察和演出时，曾到该店品尝各种甜食，大加赞誉。[④]

由于津味糕点在迪化的风靡，在商帮点心铺制作糕点的大师傅，也逐渐被人们所熟知，被誉为“津门糕点五大名师”[⑤]。他们都是天津科班出身的名师，分别是“永盛西点心铺”掌案师傅刘文江、“复泉涌酱园”点心掌案师傅高继铭、“瑞记号点心铺”掌案师傅郭广瑞、“冯家点心铺”创办者冯子华，还有一位是远在吉木萨尔县开点心铺的闫锡武。

特别值得一提的是五大名师中的首席名师——“永盛西点心铺”掌案师傅刘文江，还给迪化南关一带几家回民经营的清真点心铺传授津门糕点技术，促进了中华传统糕点技术在新疆的传播。

腊味品 一些津商拥有制作京式香肠或腊味品的手艺，使这一饮食文化在新疆得到移植、推广、传承。其中以光绪末年津商王永泰（字华甫）在迪化东大街创办的“王记腊味店”[⑥]，最为驰名。该店制作并销售京式香肠和腊味品，如

---

① 刘荫楠:《瑞记号点心铺》,《乌鲁木齐掌故》(一)，新疆人民出版社2001年，第173页。

② 所谓“京八件”点心是依外形和馅而取名，外形有桃、杏、腰子、枣花、荷叶、扁圆、卵圆、佛手八种，馅也有八种多，做工精细，香酥可口。——作者注

③ 附表:《天津商帮店铺情况表》(根据历年随机调查整理)，天津市西青区政协文史资料研究委员会编:《西青文史》(第9辑)，1999年(内部资料)，第89页。刘荫楠:《张墨庄的扎彩铺》,《乌鲁木齐掌故》(一)，新疆人民出版社2001年，第93页。

④ 刘荫楠:《玉华香甜食店》,《乌鲁木齐掌故》(一)，新疆人民出版社2001年，第176页。

⑤ 刘荫楠:《津门糕点五大名师》,《乌鲁木齐掌故》(二)，新疆人民出版社2003年，第321页。

⑥ 附表:《天津商帮店铺情况表》(根据历年随机调查整理)，天津市西青区政协文史资料研究委员会编:《西青文史》(第9辑)，1999年(内部资料)，第93页。

腊花肉、腊瘦肉、腊猪舌等，特别是京式香肠，常常供不应求。故店主被誉为“肉王二”[①]。

此店内特制的木架上，挂满了半熟的香肠制品，色香味俱全，令人垂涎欲滴。该店的腊味品，因货真价实，深受新疆民众欢迎，除零售外，大批订货者也很多。

豆腐 豆腐以其高蛋白低脂肪，成为最理想的代乳品和老年人的保健食品。清代纪晓岚诗云：“菽乳芳腴细细研，截肪切玉满街前。”并自注道：“豆腐颇佳，冬春以为常餐，夏秋则无鬻者。”[②]可见乾隆年间，新疆迪化就有卖豆腐的小商贩了。但开设专门的豆腐坊，则始自商帮中的津商。1920年，天津杨柳青商人潘兰藻在迪化三角地，开设了最早的一家“潘记豆腐坊”[③]。该店经销豆腐、豆浆、豆腐皮、豆腐干等各种豆制品，批零兼营。种类繁多的豆制品，迅速进入了新疆百姓的餐桌，普惠民众。该店自制的豆腐，含水量低，富有弹力，口感细嫩、醇香，深受顾客欢迎。同时，其自制的豆浆，也与众不同，盛上一碗豆浆，里面是半碗豆腐。每天早晨，附近的居民拿上盆盆罐罐去“潘记豆腐坊”买豆浆，成为一大盛景。[④]

中原风味小吃 新疆风味的传统美食有抓饭、烤包子、烤羊肉串、拌面、油塔子等。晚清民国年间伴随着商帮人士的流动，天津风味、山西风味等中原风味面食、小吃被引入新疆，并和新疆本地的饮食文化相交融，极大丰富了新疆民众的饮食文化。

新疆近代著名的中原风味小吃以天津小吃居多，一般由津帮商贩开办的饭馆经营，主要有天津风味的锅贴、打卤面、煎饼果子、炸糕、狗不理包子、坛子肉、叉子火烧等。别省的风味小吃，主要是山西的烧卖、刀削面等，由晋商开办的大饭店经营。

天津风味小吃中，锅贴很受新疆民众欢迎。1910年（清宣统二年），津商

---

① 刘荫楠：《“肉王二”的腊味店》，《乌鲁木齐掌故》（一），新疆人民出版社2001年，第188页。

② （清）纪昀：《乌鲁木齐杂诗·物产》，王希隆：《新疆文献四种辑注考述》，甘肃文化出版社1995年，第176页。

③ 附表：《天津商帮店铺情况表》（根据历年随机调查整理），天津市西青区政协文史资料研究委员会编：《西青文史》（第9辑），1999年（内部资料），第93页。

④ 刘荫楠：《潘兰藻的豆腐坊》，《乌鲁木齐掌故》（一），新疆人民出版社2001年，第190页。

薛保有创设了“薛记锅贴铺”[①]，后其子薛连魁于20世纪20—30年代继承父业，“薛记锅贴铺”位于迪化衣铺街辕门前（今人民广场一带）[②]，该店在40年代迁到了北门（今民主路鸿春园一带）。该店的锅贴是什锦锅贴，肉馅配上时令蔬菜如白菜或芹菜，形状呈带花边的月牙形面饺，用文火煎到一定程度，再用醋水煎。吃锅贴时，还配有多种佐料，如醋、酱油、辣椒、蒜瓣等。该店给顾客提供的筷子十分讲究，是专门从天津带来的名贵的麻花形“乌木筷子”。种种情形，令食客很喜欢该店的锅贴。

打卤面，是津门名小吃。天津人有一句口头禅：“出门的饺子，津门的面。”这个面就是指打卤面。20世纪40年代，津商宋凤山在迪化民主路开了一家“打卤面”馆[③]，专卖天津风味的打卤面，是全城的独家生意。该店的面条既薄又筋道，卤子的原料有猪肉片、黑木耳、黄花菜、鸡蛋、蘑菇等，因该店的打卤面物美价廉，受到新疆民众的欢迎。打卤面，在津帮商人中很流行。津商逢年过节、红白喜事，要吃四个碟的打卤面。同时，当年津帮的各大商号，每逢初一、十五吃“犒劳”，中午做的都是打卤面。

煎饼果子，是正宗的天津风味小吃。20世纪30—40年代，在迪化三角地一带做煎饼果子生意的天津商人韩大成师傅，很有名。[④]他的煎饼是用黄豆面和绿豆面制作，现摊现卖，摊好的煎饼直径约20厘米，厚约3毫米。[⑤]然后将事先炸好的果子（即油条）放在煎饼里，再舀上一勺甜面酱，卷成卷儿即可食用。这种营养丰富的大众快餐，给新疆民众提供了方便。

炸糕，作为津门风味小吃之一，在新疆也有一定的市场。1930年前后，津商吴玉和在迪化三角地开设了“吴玉和炸糕铺”[⑥]，自做自卖，一般在当天下午4

---

① 附表:《天津商帮店铺情况表》（根据历年随机调查整理），天津市西青区政协文史资料研究委员会编:《西青文史》（第9辑），1999年（内部资料），第94页。

② 刘荫楠:《薛连魁的锅贴》，《乌鲁木齐掌故》（一），新疆人民出版社2001年，第253页。

③ 刘荫楠:《宋凤山的打卤面》，《乌鲁木齐掌故》（一），新疆人民出版社2001年，第264页。

④ 刘荫楠:《三代人的名食文化》，《乌鲁木齐掌故》（二），新疆人民出版社2003年，第338页。

⑤ 刘荫楠:《韩师傅的煎饼果子》，《乌鲁木齐掌故》（二），新疆人民出版社2003年，第331页。

⑥ 附表:《天津商帮店铺情况表》（根据历年随机调查整理），天津市西青区政协文史资料研究委员会编:《西青文史》（第9辑），1999年（内部资料），第94页。

点就全部卖完，生意很红火。吴玉和的炸糕嫩而不生，馅甜而不腻，有玫瑰香味，可与天津的“耳朵眼”炸糕相媲美。[①]

狗不理包子与坛子肉，是天津传统风味饮食。在迪化，被誉为新疆“天津狗不理包子”的，是津商彭恩仲1920年在东大街（今人民广场联合办公大楼一带）开办的“恩顺居天津包子铺”[②]，人们习惯称呼为“彭家包子铺”。该店的包子是地道的天津风味，外观褶花匀称，刚出笼时如薄雾中含苞的秋菊，爽眼舒心，吃在嘴里一咬一口油，美味可口。50年代初，在新疆工作的王震司令员曾慕名来到“彭家包子铺”，赞誉该店的包子是新疆的“狗不理”[③]。津商姜爱棠在迪化北大街大兴巷内（今解放北路小十字食品大楼对面）开设“一品居饭馆”，其制作的天津狗不理包子、天津坛子肉，也很有名气。[④]特别是坛子肉，以五花嫩猪肉为主要原料，肉嫩鲜香、肥而不腻，很受食客欢迎，每天营业到夜里12点左右才收市。

叉子火烧，是津门传统面点，是一种长约8厘米、宽约6厘米、厚约3厘米的小饼，外脆内软、略带咸味。津商高祥林于1910年（清宣统二年）在迪化北梁小西门附近（今民主路商店对面一带）开办的“高记火烧铺”[⑤]，制作的火烧最受欢迎。不但零售给附近的一般百姓，还有食品小商贩来批量预订，然后沿街叫卖，都用天津口音吆喝“叉子火烧”，因此这种食品在迪化城家喻户晓。[⑥]

山西烧卖与刀削面，是山西名小吃。20世纪初，晋商周茂、周文超父子在迪化创办的“三成园饭庄”（又写作“三成元”）（今乌鲁木齐小十字青年照相馆北隔壁），不但提供高中低档各类酒席，还经营山西风味小吃。[⑦]早餐有山西烧卖，又名翡翠烧卖，皮薄馅多、肉鲜味美，深受民众青睐，成为许多人的早餐

---

① 刘荫楠:《吴玉和的炸糕》,《乌鲁木齐掌故》(一), 新疆人民出版社2001年, 第236页。

② 附表:《天津商帮店铺情况表》(根据历年随机调查整理), 天津市西青区政协文史资料研究委员会编:《西青文史》(第9辑), 1999年(内部资料), 第93页。

③ 刘荫楠:《彭家包子铺》,《乌鲁木齐掌故》(一), 新疆人民出版社2001年, 第238页。

④ 刘荫楠:《一品居的坛肉》,《乌鲁木齐掌故》(一), 新疆人民出版社2001年, 第246页。

⑤ 附表:《天津商帮店铺情况表》(根据历年随机调查整理), 天津市西青区政协文史资料研究委员会编:《西青文史》(第9辑), 1999年(内部资料), 第94页。

⑥ 刘荫楠:《高祥林的叉子火烧》,《乌鲁木齐掌故》(一), 新疆人民出版社2001年, 第254页。

⑦ 刘荫楠:《三成园饭庄》,《乌鲁木齐掌故》(一), 新疆人民出版社2001年, 第180页。

必备。中午则有刀削面。此店的山西小吃味道正宗，在全疆享有盛誉。

元宵 农历正月十五吃元宵的风俗，通过商帮人士的商业活动及身体力行，在新疆得到很好的传承。元宵也叫圆子、团子，因煮熟后浮在汤面上，故又称“汤圆”“浮圆子”，正月十五是农历年第一个月圆的日子，元宵的形状是圆形，又含着一个“圆”字的同音字，象征着团圆、美满、吉祥、和睦的家庭，所以汉族民众取其意，在正月十五这天要吃元宵。在20世纪20—30年代的迪化，每年农历十五前，商帮各老字号的食品店，都挂出“什锦元宵”上市的招牌，主要有南大街津商创办的“复泉涌酱园”与“永盛西点心铺”、晋商创办的“集义生南式糕点店”，西大街津商创办的“北昌号食品店”（今中山路食品大厦一带），北大街津商创办的“冯家点心铺”（老板名叫冯子华，今小十字食品大楼一带），北梁津商创办的“玉德生点心铺”（今民主路商店对面一带）。[①]这些点心铺都准备了大量元宵供应市民，讲究货真价实。在原料方面，一般都采用玛纳斯乐土驿的上等糯米碾压而成。元宵馅有白糖、香蕉、山楂、芝麻、桂花、果仁、豆沙等，种类繁多，软化油润，糯而不腻，大受顾客欢迎。

进入40年代，又增加了东大街津商创办的“玉华香甜食店”（今人民广场门面一带）与三角地津商创办的“瑞记号食品店”，这两家津商店铺也开始供应元宵，极大方便了顾客。

粽子 农历五月初五是端午节，又名端阳节。粽子是端午节的必备美食，具有凉、甜、黏等特点。迪化城里商帮人士经营的食品店，不但每年在端午节前后加工制作一批粽子供应市场，同时端午节吃粽子纪念屈原的习俗在汉族商帮中也很盛行。

制作粽子比较有名的食品店是三角地津商吴玉和的“炸糕铺”（1930年前后开业）和藩台巷（今明德路）津商戴文玺的“戴家香油果子铺”（1930年前后开业）[②]，这两家店制作的粽子，都是地道的天津风味，来买粽子的顾客络绎不绝。

每逢端午节来临，“吴玉和炸糕铺”与“戴家香油果子铺”都在店铺前搭起长案，安上锅灶，专门有两三位师傅在包粽子。每个粽子里面都有两个大

---

① 刘荫楠:《正月十五闹元宵》,《乌鲁木齐掌故》(二)，新疆人民出版社2003年，第178页。

② 附表:《天津商帮店铺情况表》(根据历年随机调查整理)，天津市西青区政协文史资料研究委员会编:《西青文史》(第9辑)，1999年(内部资料)，第94、95页。

红枣和一小块豆沙馅，四角端正，大小均匀。粽子烹煮的时间有讲究，先用旺火再用文火，这样煮的粽子不失鲜味。这两家店铺包粽子的粽叶都很讲究，用的是新疆地产的芦苇叶子，有种天然的芳香，给边城的粽子增加了鲜明的地方特色。①

月饼 中秋节在中华传统习俗中的规模仅次于春节。届时，八大商帮的店铺前都张灯结彩，家家户户都忙着采购各种鲜货，准备赏月时食用。商帮人士经营的食品店纷纷挂出中秋月饼上市的大招牌，如津帮的“永盛西点心铺”“复泉涌酱园”“冯家点心铺”“玉德生点心铺”“北昌号点心铺”，晋商的“集义生南式点心铺”等②，来买月饼的顾客很多。

中秋之夜，“拜月”也称“祭月”的习俗在商帮人士中盛行。这一天，商户们都摆供桌祭月，四合院内的津帮商户还把供桌摆在自家门前，也有的人把供桌摆在房顶上。供品有月饼、葡萄、桃子、苹果等，祭月完毕，全家人围坐一起，一边品尝供品，一边谈笑娱乐。

第四节 商帮与中华传统戏曲文化

在近代新疆流行的中华传统戏曲主要有秦腔、河北梆子、花鼓戏、京剧等，这些戏班都是自营，政府从不给予管理。商帮人士远离家乡，“西出阳关无故人”，身居新疆的商帮人士思乡之情时常难以言表，他们需要文化生活，尤其是家乡文化来慰藉这种情感。

地方传统戏曲植根于地方方言，与地方民情风俗水乳交融，在交通还不便利、文化传播手段极为有限的近代新疆，作为简洁的情感载体，拥有痴迷的观众也就成为很自然的事。所以各种传统戏曲一出现，就得到商帮人士的大力支持。商人们集资为艺人们置办戏箱、安排食宿、组织演出。每当有庙会演出，附近的商帮商人（多为京津、晋商、秦商、川商）都来捧场，他们带着载物的大车和伙计、厨师，赶到戏台周围搭起帐房，地上铺着走场用的驼毛毡和狼皮褥子，戏班唱多少天，他们住多少天。看戏的人心满意足，演戏的人收入

① 刘荫楠:《粽子》,《乌鲁木齐掌故》(一)，新疆人民出版社2001年，第235页。

② 刘荫楠:《边城中秋风情》,《乌鲁木齐掌故》(一)，新疆人民出版社2001年，第319页。

颇丰。[①]可以说，商帮对这些中华传统戏曲文化在新疆的传播，发挥了关键性作用。

在商帮及商帮的地缘组织——各省会馆的大力资助与支持下，秦腔、河北梆子、京剧等，在新疆这片土地得以生根、开花。

秦腔　秦腔是中国最古老的戏剧之一，发源于陕西，流行于中国西北的陕西、甘肃、青海、宁夏、新疆等地。

秦腔因其以枣木梆子为击节乐器，所以又叫“梆子腔”，在民间被俗称为“桄桄戏”（因为梆击节时发出“咣咣”声）。在新疆流行历史最久。不仅为汉族所喜爱，也获得了其他少数民族如回族、满族、锡伯族的喜爱。早在清同治年间新疆大乱之前，就流行于北疆各地。[②]从光绪初年到辛亥革命前后，在秦帮与陇帮商人的资助下，秦腔如雨后春笋般在新疆发展起来。就连远在喀什、阿克苏的南疆地区，都有秦腔剧目的演出。秦腔剧目多根据古典历史小说及神话小说，如《隋唐演义》《杨家将》《封神演义》等编排，民间传说故事及讽刺性喜剧剧目只占一小部分。传统剧目有《张良卖布》等。

秦腔在迪化的发展最为显著。1890年（清光绪十六年），由流落迪化的秦腔艺人吴占鳌出面，联络闲散的秦腔艺人，创立了迪化第一个秦腔戏班——“新盛班”[③]。辛亥革命后，在陕西会馆的秦帮商人资助下，联合晋、甘、陕三省流入新疆的秦腔演员，“新盛班”于1917年更名为“三合班”，从西安买来一套完整的大戏箱，演出《黄河阵》等秦腔传统剧目。“三合班”不断得到陕西、甘肃两省会馆中的秦帮、陇帮商人的大力支援，发展非常迅速，在迪化和北疆各县演出增多。特别是1925年，甘肃会馆的陇帮商人出资50万两[④]，购买了一套新戏箱，供“三合班”的秦腔演员演出使用，极大地促进了秦腔事业的发展。1939年后，秦腔演员们终于有了固定的演出秦腔的场所“新中剧院”。“新中剧院”一直存在至今。

---

① 甄光俊：《天津河北梆子在边疆》，中国人民政治协商会议新疆维吾尔自治区文史资料和学习委员会编：《新编新疆文史资料》（第2集），内刊（2005年），第235页。

② 柴恒森：《清末到解放前夕新疆戏剧活动概况》，中国人民政治协商会议新疆维吾尔自治区委员会文史资料研究委员会编：《新疆文史资料选辑》（第11辑），新疆人民出版社1982年，第107页。

③ 张文忠：《乌鲁木齐戏曲发展史略》，中国人民政治协商会议新疆维吾尔自治区委员会文史资料研究委员会编：《新疆文史资料选辑》（第20辑），新疆人民出版社1986年，第172页。

④ 朱光：《粉墨杂记》，中国人民政治协商会议乌鲁木齐市委员会文史资料研究委员会编：《乌鲁木齐文史资料》（第2辑），新疆青年出版社1982年，第50页。

图 7–2 新疆民国年间中华传统戏剧表演[①]

图 7–3 位于当今乌鲁木齐中山路的新中剧院[②]

---

① 照片源自田卫疆、伊第利斯·阿不都热苏勒主编《彩图版中国新疆通史》，新疆美术摄影出版社 2009 年，第 274 页。

② 2016 年 6 月作者拍摄。

河北梆子 河北梆子是河北省的地方剧种。早在清光绪初年就传入新疆。1891年（清光绪十七年），河北商人王希增[①]把迪化的河北梆子艺人组织起来，以王希增为首在迪化集资成立河北梆子戏班——“吉利班”，在红山庙会上演出。因缺乏服装道具，只能坐台清唱。1917年“吉利班”得到津帮商人的支援，筹办了部分戏服，开始演出《南天门》《青松林》等小折子戏。

20年代，“吉利班”发展到了鼎盛时期，吸收从关内来的河北梆子、京剧等演员，形成了一个综合性戏班，仍以河北梆子为主，兼演京剧。“吉利班”里一位叫李成海[②]的男演员，男扮女装，专唱花旦和刀马旦，有新疆“梅兰芳”之美称。1933年“吉利班”利用定湘王庙戏台，开办了“光明戏院”（今东风路天山大厦对面）。

除了“吉利班”，在津帮商人的资助下，还成立了另外一个河北梆子剧团——“天利班”。1919年，迪化、伊犁、塔城三地的津帮商人支持穆连君、李树春等人，在迪化创办了一个河北梆子剧团“天利班”[③]。“天利班”主演河北梆子，另外加演京剧。1921年天津杨柳青来的32名演员加入了“天利班”，使得“天利班”的实力大为增强，其演员阵容、服装道具、演出剧目，都在迪化独占鳌头。加之津帮商人的捧场，“天利班”一时间在天山南北享有很高声誉。[④]1933年，“天利班”在中州会馆的前院，开办了“新星舞台”（今小十字食品大楼对面大兴巷）。

1933年4月盛世才上台后，津帮商人受到严重打压。随后1937年卢沟桥事变爆发后，新疆通往内地的交通受阻，地方商业凋零，津帮商人元气大伤，直接影响了对河北梆子的支持。加之内地通往新疆的道路上土匪猖獗，到新疆谋生的河北梆子艺人锐减，本地的艺人队伍逐年老化，因此河北梆子在新疆日渐萧条。到解放前夕，新疆的河北梆子艺人所剩无几，无力维持演出。在新疆盛行了半个多世纪的河北梆子，从此销声匿迹了。

---

① 张文忠:《乌鲁木齐戏曲发展史略》，中国人民政治协商会议新疆维吾尔自治区委员会文史资料研究委员会编:《新疆文史资料选辑》（第20辑），新疆人民出版社1986年，第177页。

② 刘荫楠:《新疆“梅兰芳”》，《乌鲁木齐掌故》（一），新疆人民出版社2001年，第106页。

③ 甄光俊:《天津河北梆子在边疆》，政协新疆维吾尔自治区文史资料和学习委员会编:《新编新疆文史资料》（第2集），内刊（2005年），第236页。

④ 甄光俊:《天津河北梆子在边疆》，政协新疆维吾尔自治区文史资料和学习委员会编:《新编新疆文史资料》（第2集），内刊（2005年），第237页。

京剧 京剧在清乾隆年间就流行于新疆。清乾隆翰林院学士纪昀在《乌鲁木齐杂诗》中记述道：当时乌鲁木齐有“酒楼数处，日日演剧，数钱卖座，略似京师”。又“有梨园数部，遣户中能昆曲者，又自集为一部，以杭州程四为冠”[①]。

进入20世纪20年代，关内来的一些京剧演员在津帮商人支持下，两个河北梆子戏班（“吉利班”“天利班”）里加演京剧，主要是传统京剧剧目《白马坡》《打金枝》《华容道》等，但未组成独立的京剧班。

20—30年代，在迪化以戴文清为首的一些津籍老艺人组织了一个民间的京剧音乐班，称为“戴家班”[②]。开始只是自娱自乐，后得到大家认可，逐步走向职业化。津帮商人给予“戴家班”一些财力上的支持，“戴家班”受邀参加津商的红白喜事及津帮理门公所的“斋日”活动。此后又有肖家班、贾家班、宋家班相继兴起，大都由津籍老艺人组成，可演奏传统京戏。津帮商人不但在财力上支持京剧表演事业，有些场合还自己登台表演，如1936年9月18日，奇台县反帝第四分会举行纪念“九·一八”五周年盛会，为演剧卖票、筹集会费举行了一些表演节目，津帮商人参与其中，上台清唱了京剧二黄。[③]

到1939年，新疆迪化才出现了第一个职业京剧团。[④]这个戏班是30年代中期从苏联回国来到新疆的，所以被称为“京剧华侨班”。最初在伊犁落户，受到当地津帮商人的欢迎与支持。后来到迪化发展。该戏班是以京剧、评剧、河北梆子组成的综合戏班，以上演京剧为主。花脸陈宝庆、旦角明月仙都受到观众青睐。40年代初每天在迪化三角地的天山会堂演出。1946年开始，“华侨班”每况愈下，后接受了国民党新疆警备总部政治部（后改称政工处）的领导，纳入其所属政工大队京剧团的建制。

---

① （清）纪昀:《乌鲁木齐杂诗·游览》，王希隆:《新疆文献四种辑注考述》，甘肃文化出版社1995年，第186页。

② 刘荫楠:《戴家班的民间京音乐》，《乌鲁木齐掌故》（一），新疆人民出版社2001年，第316页。

③ 《新疆日报》，1936年10月4日，第2版，《奇台县举行五周年九·一八纪念志盛》。

④ 张文忠:《乌鲁木齐戏曲发展史略》，中国人民政治协商会议新疆维吾尔自治区委员会文史资料研究委员会编:《新疆文史资料选辑》（第20辑），新疆人民出版社1986年，第168页。

图 7–4　京剧华侨班演出地——迪化三角地的“天山会堂”旧址①

第五节　商帮与中华传统游艺文化

民间游艺活动作为民俗文化中的一项内容，在民众生活系统中占有较为重要的位置。游艺一般是指利用各种文化娱乐器具或玩具进行的带有一定技艺的游戏活动。游艺活动集文化娱乐和智力锻炼于一体，以丰富多彩的内容和生动有趣的形式受到群众的广泛欢迎。

在传承中华游艺文化方面，八大商帮中的津帮贡献最大。

抖空竹　流行于天津、北京等地的民间传统体育活动——“抖空竹”，被津商传入迪化并盛行一时，人们又叫它“抖轱辘”。空竹是用竹片粘接的，犹如两个圆形小车轱辘，直径为12厘米左右，里面是空的，整个圆周密封，留有距离相等的几个哨口。两个轱辘中心用一根长约13厘米、较细的原木棍连接。表演时，双手用拴线的两根竹竿，把线绕在空竹连接原木棍的中间，抖动空竹旋转，发出嗡嗡的声音。抖空竹有“黄瓜架”“猴爬竿”“回头望月”等技式。

---

① 照片源自袁炳坤《边城的戏班》，樊矫健主编：《往事回眸——20世纪新疆图片纪事》（第1辑），新疆美术摄影出版社1999年，第142页。

20世纪30年代，抖空竹这项民间健身活动在迪化很流行，空竹都是津帮从天津运来，在一般的津商杂货铺里都可以买到。[①]当时的小学生们，差不多人手一副，课余时间在学校操场抖起来，这时几十个空竹一起发出嗡嗡声，颇有气势，成为一种娱乐性技艺。平时的街头巷尾常有成年人抖空竹，相互比赛。可见，这项传统民间体育活动，经过津商的经济活动及身体力行，已经深深影响了新疆民众的日常娱乐生活。

踢毽子 踢毽子是我国传统的民间体育活动，有1000多年的历史。晚清民国时期，迪化的商帮人士，特别是津商都很喜欢踢毽子。毽子是用鸡毛和红铜钱制作的，踢毽子的动作花样很多，一般讲究踢、攀、削、摺、剪等。如“攀”是用双脚轮换踢；“削”是一只脚着地，另一只脚悬空连续踢，然后传给别人。

在迪化最繁华的商业街——十字街周围，一些津帮老字号的老板，每天下午打烊后，便一群一伙地在店铺前的空地上踢毽子。如南大街津帮“同泰兴百货店”老板韩宗耀，“津货摊”老板于荫榕等，踢毽子都很出色，围观者看到妙处，还报以热烈掌声。[②]

在商帮人士的带动下，迪化许多民众参与到这项健身活动中来。特别是小学生们，还组织了个人踢毽子比赛。

第六节 商帮推动新疆多民族间文化的交流交融

新疆自古以来就是多民族聚居地区，伴随着各民族之间的社会和经济活动的交往交流，共同形成了新疆多元一体文化发展的格局。各种文化之间不可避免地发生碰撞与冲突，但文化之间的互动和融合却是大势所趋。

中华文化的传入是伴随着汉通西域开始的。自两汉起，随着中央政府对西域的经营和丝绸之路的兴起，大量汉人进入西域，带来了中原地区先进的凿井技术、礼仪制度、汉语言文字等，中华文化以其特有的内涵影响着当地文化，并逐渐与当地文化相结合，成为西域文化的重要组成部分，形成了当时著名的高昌文化圈、于阗—龟兹文化圈和鄯善文化圈。

清朝统一新疆以后，内地汉人包括商人大量迁入，他们在从事各种经济活

---

① 刘荫楠：《抖空竹》，《乌鲁木齐掌故》（一），新疆人民出版社2001年，第329页。

② 刘荫楠：《踢毽子》，《乌鲁木齐掌故》（一），新疆人民出版社2001年，第328页。

动的同时，也促进了中华文化，特别是中华传统民俗文化在西域的传播。商帮的活动，对中华传统民俗文化的传承，厥功甚伟。如清道光年间，直隶（今河北）商人在南疆的喀什噶尔有“拉洋片者，顽狗熊者，以冰盘球棒者顽古立子（古立子系傀儡子之讹）者，蹬缸蹬坛者，……变戏法者，说书者，踩软绳者，女斤斗者，唱洋戏者”[①]。有学者认为，“清代是近代新疆多元文化并存格局的确立阶段，以绿洲维吾尔文化、草原卫拉特文化、满汉文化为主体，包括众多其他民族文化并存的格局最终确立”[②]。

近代商帮人士通过自身的活动，不断移植、传承中华传统民俗文化，不但推动了不同民族之间民俗文化的交流、碰撞、交融，还影响并改变着少数民族的民俗文化。另外，在新疆独特的人文和地理环境中，商帮人士也在不断吸纳和融合着少数民族的风俗习惯，改变着自身原有的民风民俗。如返回家乡后的津帮大营客们，在生活习俗上，常常带有新疆韵味。[③]

这里主要从饮食文化、戏曲文化、语言文化的角度，阐述商帮对推动新疆地区各民族之间民俗文化的交流交融作用。

一、饮食文化

饮食文化，体现的是一种生存文化，与人们赖以生存的自然环境、气候条件、经济生活、生产力水平、生产技术等，有密切关系。受限于新疆的自然环境与经济模式，新疆少数民族原有的饮食结构中较多地吃牛羊肉与水果，较少地吃蔬菜，经常吃的蔬菜主要有胡萝卜、洋葱、洋芋（土豆）、番茄（西红柿）等几种，绿叶蔬菜很少吃，认为像草一样；在近代商帮人士的影响下，食用各种蔬菜逐渐成为少数民族正餐中不可或缺的部分。

据1876年（清光绪二年）来新疆喀什的A. H.库罗帕特金目睹“喀什噶利亚人从中国（即中国内地）的烹调术里学会了做火锅，这是一种用颇像‘萨马瓦尔’（俄式茶饮），并分成一些小档子的特制器皿烹制的菜肴。这种非常复杂的菜肴包括各种的肉、粉丝、胡椒、丁香和肉桂”。同时，商帮人士制作酱菜的烹调技术，也影响了喀什的少数民族，“喀什噶利亚人还从中国人（即商帮人士）

---

① （清）珠克登：《新疆纪略》，中国西北文献丛书编辑委员会编：《中国西北文献丛书（正编·第4辑）·西北民俗文献（第2卷）》（总第118卷），兰州古籍书店影印出版1990年，第267页。

② 马大正等著：《新疆史鉴》，新疆人民出版社2006年，第358页。

③ 王鸿逵、于焕文、谢玉明：《天津商帮“赶大营”始末》，天津市政协文史资料研究委员会、天津西青区政协文史资料研究委员会编：《津西古今采珍》，百花文艺出版社1993年，第39页。

那里学会制作各种酱的技术”[①]。

1900年（清光绪二十六年），斯坦因走在南疆喀什的大街上，发现这里“到处都是露天的厨房和餐馆。固定的炉台上的大锅和小罐始终沸腾着，盘里装着面包和馕，盘子里盛着菜等”[②]。在20世纪30年代的东疆哈密，“水果和蔬菜虽由汉人种植，而出售的则是维吾尔人的店铺，他们的柜台上充满了胡萝卜、茄子和各种各式的豆，还有一种豆荚——足有一尺长而形状是圆的豆类——出售。而特别多的是南瓜，此外玉葱，大如橘子的多汁的青椒、芹菜、萵苣和胡瓜，也极丰富”[③]。

新疆本地没有的一些蔬菜品种，如白菜、芹菜、韭菜、韭黄、茴香、山药、百合等[④]，由商帮人士，主要是津商输入。津商从家乡带来各种菜籽，在迪化近郊开辟菜园种植。特别是大白菜，还被新疆民众称为“天津白菜”[⑤]，这些新的蔬菜品种丰富了新疆各族民众的饮食。

一些先进的中原蔬菜种植方法，也由商帮人士带入新疆，并传播扩散开来。据时人记载：“初，回人不多食菜。故种类有限。及后汉人出关者众，各播种子，从事园艺，始渐大备。北路一带，菜园事业，几乎被天津人与湖南人所占有。尤以天津人最为讲究，天气虽寒则设暖室，故时在隆冬季节，各种新鲜菜蔬，均能不断。”[⑥]所谓的暖室，类似于我们今天蔬菜种植业的温室大棚法，即“以艺唐花之法，冬月掘地为窟，播种其中。微火烘之，取苇秆密护四周，上覆芦箔，以御风雪，俟春融冻解，则移植畦间。故春秋之菜，无不应时入市”[⑦]。

晚清时期伊犁地区的津商就采用泥碗扣秧苗、苇席搭大棚采暖的技术，在冬季种植新鲜蔬菜。正是以先进的蔬菜种植技术为基础，汉族菜商们才能够做到每年向伊犁将军进献“全菜码”，即夏秋所有成熟的菜，都在农历五月端午这

---

① 该自然段引号中的文字均出自［俄］A. H. 库罗帕特金著《喀什噶利亚》，凌颂纯、王嘉琳译，新疆人民出版社1980年，第15页。

② ［英］马克·奥里尔·斯坦因著：《沙埋和阗废墟记》，殷晴、剧世华、张南、殷小娟译，新疆美术摄影出版社1994年，第116页。

③ 天涯游子：《人在天涯》，新疆人民出版社2000年，第107页。

④ 刘荫楠：《任家菜园子》，《乌鲁木齐掌故》（一），新疆人民出版社2001年，第54页。

⑤ 方兆麟：《“百艺进疆”——寻访赶大营踪迹之四》，天津市西青区政协文化文史委员会编：《西青文史》（第11册·赶大营专辑），2010年（内部资料），第233页。

⑥ 吴绍璘：《新疆概观》，南京仁声印书局1933年，第243页。

⑦ 谢彬著，杨镰、张颐青整理：《新疆游记》，新疆人民出版社1990年，第53页。

天上市，请伊犁将军过目。[①]

新鲜蔬菜新上市时，价格昂贵，“一小束为银几钱（约三钱合大洋一角），往往一餐需菜数束，则非洋数角不可”[②]。种菜的利润较高，“园圃之利富于农十倍”[③]。因此，经营蔬菜种植业的商人们获利颇丰，经济利益的驱动也使得他们对蔬菜种植更加尽心，促进该行业的良性发展。

在饮食烹调技术相互交流借鉴方面，一些商帮人士虚心学习新疆少数民族的烹调技术，促进了饮食文化的交融汇聚。如1913年，天津杨柳青人宋景春在迪化开办的“宋家烤肉铺”，就是“宋景春来到迪化后，向维吾尔族师傅学习烤肉技术，逐渐形成了自己的特色。他的烤肉除按照民族传统方法制作外，特点是选料精细，品种较多”[④]。

同时，把中原烹调技术与新疆特色食品相结合，创造出富有新疆特色的菜肴，丰富了新疆菜肴的品种，也是商帮的一大贡献。津商方师傅，在迪化三角地开设的“方记饭馆”，以制作地道的天津风味“四扒”驰名，即扒海参、扒猪肉、扒鸡代煨鸡蛋、扒面筋。随后他根据新疆羔羊肉质细腻的特点，结合“四扒”的烹调技术，加上羊肉调味品洋葱、辣椒等，创造出了独特的“新疆扒羊肉”[⑤]，一举成名，供不应求。

当然，受少数民族饮食文化的影响，商帮人士的饮食结构也有所改变。开始逐渐地、普遍地喜吃牛羊肉，而且是新疆本地产的牛羊；爱吃新疆瓜果；爱喝鲜牛奶及酸奶。饮食口味偏向西北的酸、辣、咸。南方的蜀帮、湘帮、鄂帮等，由吃米为主变为以面食为主。他们还普遍喜爱当地维吾尔族、回族、哈萨克族的饮食，如维吾尔族的拉条子、揪片子、抓饭、烤肉、馕（一种在底部有炭火的馕坑里烤制的发面饼），以及回族的粉汤、馓子，哈萨克族的清炖羊肉、奶茶等。商帮中的男性学会抽新疆产的莫合烟，女家眷则学会做拉面、馓子等。[⑥]

二、戏曲文化

如前所述，商帮人士对推动中国传统民间艺术——戏曲艺术在新疆的传播

---

① 《新疆日报》，2006年5月11日，第7版，燕玲：《赶大营：一曲长歌唱到今》。

② 吴绍璘：《新疆概观》，南京仁声印书局1933年，第243—244页。

③ 王树楠：《新疆实业志》，《中国学报》1913年第8期，第8页。

④ 刘荫楠：《宋家烤肉铺》，《乌鲁木齐掌故》（一），新疆人民出版社2001年，第244页。

⑤ 刘荫楠：《新疆扒羊肉》，《乌鲁木齐掌故》（一），新疆人民出版社2001年，第241页。

⑥ 笔者于2014年12月11日对石丽莹女士进行访谈时，石丽莹女士口述。

与发展方面，功勋卓著。正是由于有了秦帮、陇帮、津帮商人等商帮人士的大力资助，一些传统戏曲如秦腔、河北梆子、京剧等北方剧种才得到了更好的生存、发展机会，在新疆这块土地上流播开来，为新疆多元一体的文化格局奠定了人文土壤。

曾于1922—1924年间任英国驻喀什噶尔总领事的C. P.斯克莱因（Clairmont Percival Skrine）1924年在莎车观看汉族戏剧演出后记载："这完全是一场地道的汉族戏剧演出，观众中绝大部分都是汉族人，汉族观众背后是拥挤不堪的维吾尔族捧场者，街头顽童，以及其他观光客。"[①]又如1929—1930年来新疆喀什的瑞典人贡纳尔·雅林，在喀什噶尔的汉城（今疏勒）观看汉族戏剧时，惊讶地发现，"在汉族观众中竟然有人数众多的维吾尔族观众，其中大部分来自维吾尔居民中属于下层社会的那些人"[②]。

图 7–5　1930 年喀什噶尔汉城的戏院门前[③]

① ［英］C. P. 斯克莱因（Clairmont Percival Skrine）: *Chinese Central Asia*（中国的中亚），转引自［瑞典］贡纳尔·雅林《中亚地区的文化碰撞——新疆穆斯林笔下的汉族戏剧》，［瑞典］贡纳尔·雅林著:《重返喀什噶尔》，崔延虎、郭颖杰译，新疆人民出版社 1994 年，第 296—297 页。笔者推测此处的汉族戏剧演出为秦腔。

② ［瑞典］贡纳尔·雅林:《中亚地区的文化碰撞——新疆穆斯林笔下的汉族戏剧》，［瑞典］贡纳尔·雅林著:《重返喀什噶尔》，崔延虎、郭颖杰译，新疆人民出版社 1994 年，第 295 页。笔者推测此处的汉族戏剧演出为秦腔。

③ 照片由［瑞典］贡纳尔·雅林拍摄。

如果说，一般的少数民族民众是被中华传统民间戏曲艺术中有乐趣的一面所吸引，由于好奇而观看的话，那么另外还有一些少数民族人士发自内心喜欢，成为票友，如近代伊犁汉人街附近的一些维吾尔老人受周围津商的影响，喜欢上了京戏，经过模仿练习，会唱京剧，成为票友[①]。抑或更上一个层次，通过勤学苦练，掌握了某一汉族戏曲剧种的技巧，主要是秦腔、京剧等，成为相关领域的专业表演艺术家。

在秦帮、陇帮商人的资助下，秦腔在近代新疆得到了广泛传播，个别维吾尔族演员甚至会唱秦腔。如20世纪30年代的迪化，著名的会演几十折新疆小曲子戏的维吾尔族演员卡帕尔，他以演唱新疆小曲子戏为主，同时他也会唱秦腔。卡帕尔性情活泼，有时和朋友们一起自乐时也唱几段“维汉合璧”的滑稽戏。流传甚广的是他自编自唱的秦腔“乱弹”：“头戴缨盔托玛克，身穿战袍阔耐克，足蹬朝靴约提克，手持大刀皮卡克，胯下战骑依夏克……来将报名！吾！蒙古大将喀勒玛克。”[②]在每句唱词中，一半是汉语，一半是维语，唱起来合辙押韵，听起来幽默风趣，这段唱词曾经流行一时。

京剧作为国粹艺术，在津帮商人的资助下，在新疆也得到一定程度的传播，出现了专业的维吾尔族京剧演员。如民国时期迪化光明戏院京剧班中，就有一位著名维吾尔族京剧武生演员达吾提，受周围天津人语言的影响，说一口流利的天津杨柳青味的汉语。他的“小翻跟斗”“纵跳”“跌打”“扑跃”等武功演技精湛，受到同行和观众的赞扬。他能单独主演的京剧武生戏有：《白水滩》中的青面虎、《取洛阳》中的马武、《战长沙》中的魏延、《黄鹤楼》中的赵云、《八腊庙》中的费德功、《连环套》中的窦尔敦等，都演得比较成功。[③]

民国年间迪化有名的吹唢呐的维吾尔族民间艺人阿不都古力，是个多面手，不但能吹奏本民族的乐曲，还能吹奏京剧、河北梆子、秦腔等多种汉族传统戏曲曲目。当年以汉族商帮人士为主体的迪化总商会秧歌队有演出机会时，经常

---

① 《新疆日报》，2005年12月12日，第7版，燕玲：《杨柳青与汉人街》（据杨恩奎的儿子杨俊甲口述）。票友，指会唱京剧但不以专业演戏为生。

② 本刊编辑部：《艺苑史瑰》，中国人民政治协商会议乌鲁木齐市委员会文史资料研究委员会编：《乌鲁木齐文史资料》（第8辑），1984年（内部资料），第73页。

③ 本刊编辑部：《艺苑史瑰》，中国人民政治协商会议乌鲁木齐市委员会文史资料研究委员会编：《乌鲁木齐文史资料》（第8辑），1984年（内部资料），第71—72页。

请阿不都古力吹奏唢呐。令人叫绝的是他不但能用汉语唱京剧，还能用维语唱京剧[①]，他将戏词翻译成维语，但曲调不变，且边唱边表演。

图 7–6　1938 年阿不都古力在表演[②]

少数民族的歌舞艺术，也受到商帮人士的喜爱。早在清乾隆年间统一新疆后，在迪化南山与山民交易的汉族客商，举行春社活动时，他们就扮装成维吾尔姑娘，演唱民族歌曲。有纪晓岚的诗为证："地近山南估客多，偷来番曲演鸯哥。谁将红豆传新拍，记取摩柯兜勒歌。"[③]此诗中"估客"是行商之意，"鸯哥"在维语中是妇女之意，"偷来番曲演鸯哥"意即汉商扮演维吾尔女郎，唱维吾尔歌曲。"谁将红豆传新拍，记取摩柯兜勒歌"中的"红豆"即相思豆，"谁将红豆传新拍"，是指原有的爱情曲调换成新的维吾尔曲调。"摩柯兜勒歌"是西域笳曲名，泛指西域音乐。由此可见，汉族客商不但非常欣赏少数民族音乐，而且自己还演唱少数民族歌曲，并把汉语爱情歌词填进维吾尔曲调中，一片欢乐融融的景象。

进入晚清民国年间，维吾尔族歌舞"麦西来普"，以其节奏明快、热情奔放

---

① 刘荫楠：《用维语唱京戏》，《乌鲁木齐掌故》（一），新疆人民出版社 2001 年，第 104 页。

② 照片源自陈纪滢《新疆鸟瞰》，商务印书馆 1941 年，目录之前的照片部分。

③ （清）纪昀：《乌鲁木齐杂诗 · 游览》，王希隆：《新疆文献四种辑注考述》，甘肃文化出版社 1995 年，第 185 页。

受到商帮人士的喜爱。在参与一些少数民族商民的娱乐活动时，商帮人士也会加入其中，翩翩起舞。[①]

三、语言文化

语言是文化的载体，语言的发展在一定程度上受到文化的制约，同时文化发展演变的情况也一定会在语言中有所体现。通过考察商帮人士的语言与少数民族语言的相互吸收、借鉴，反映了中华传统民俗文化与少数民族民俗文化的互动、融合。

商帮人士，一般都讲带有家乡口音的汉语，如津帮商人讲话，是带有天津口音的汉语。但因长期生活在民族杂居之地，逐步受到少数民族语言语法结构、词汇的影响，在语言方面发生了一些变化。

首先，句法结构上偶尔出现的宾谓倒置，特别是与少数民族民众寒暄问候时，如把“吃饭了”说成“饭吃了”。其次，词汇方面吸收了一些当地少数民族语言中的词汇。所吸收的词汇一般是名词，多为译音，分为两种：一种是汉语词汇中没有的专用名词，如坎土曼、那仁、馕、冬不拉等；另一种是汉语词汇中有，但人们日常生活中已习惯使用的民族语言词汇，如洋葱——皮牙孜、集市——巴扎等。商帮人士在口语中经常夹杂一些民族语言词汇，主要是维吾尔语词汇，如“巴郎”（男孩）、“亚克西”（好）、“巴依”（富户）、“艾买斯”（全部）等，形成一种汉维混合语言。又如新疆的商帮人士普遍喜欢吃维吾尔族人制作的馕，把维吾尔语的“馕”与汉语“馍馍”“饼子”混用，称“馕馍馍”“馕饼子”等。

由于商帮的活动，少数民族语言也受到汉语的影响。首先，一些少数民族民众逐步会讲带有地方口音的汉语。如近代伊犁的津帮商人，他们聚居在一起，基本沿袭着天津老家的生活习俗，导致居住在伊犁汉人街附近的少数民族受到影响，不少维吾尔族老人能讲比较流利的带有杨柳青口音的汉语。[②]其次，由于商帮人士与新疆少数民族商民的通商往来，加之社会生活等多方面的需要，

---

① 笔者于2016年9月18日对王自立先生访谈时，王自立先生口述。王自立是津帮“老八大家”之一“公聚成”商号经理王锦堂的第四代后人，曾于1945—1949年间在津帮“新八大家”之一“德昌源”商号做学徒。——作者注

② 《新疆日报》，2005年12月12日，第7版，燕玲：《杨柳青与汉人街》（据杨恩奎的儿子杨俊甲口述）。

新疆少数民族语言中特别是维吾尔语，大量引进了与商业活动有关的汉语词汇，称为汉语借词。如维吾尔语中的涉及度量衡系统的汉语借词，包括长度、重量单位系统，如jiŋ（斤）、mo（毛）、sun（寸）、puK（分）；涉及生活用品的汉语借词，如laza（辣子）、qay（茶）、boluo（菠萝）、yünzibi（圆珠笔）、kojza（筷子）、moji（毛衣）、moza（帽子）。

总之，由“赶大营”而诞生的津帮，带领其他商帮，在多民族聚居的边疆，不但团结少数民族商民一起，努力振兴和发展新疆的民族商业，重新演绎了古丝路的辉煌；还在四大文明的交汇地，广泛传承了中华传统民俗文化，促进了民族间的文化交流，丰富了新疆多民族多元一体的文化格局。

商帮长期与新疆各少数民族的交往中，在民俗文化的一些层面，如饮食、戏曲、语言等，多有相互影响、效仿和沟通，使新疆的社会文化向多民族、多元一体方向推进的同时，实现了一定程度上的文化融合。可以说，是新疆各族人民，共同创造了新疆的历史，共同构建了多元一体的中华文化精神家园。在此过程中，大家结成了牢不可破的血肉纽带和兄弟情谊，共同捍卫了边疆的稳定、国家的统一和民族的团结，共同推动了国家的建设和社会的进步。近代新疆商帮的活动，作为一个历史片段，也充分印证了这一点。

第八章

商帮与新疆的近代化

在近代中国，近代化亦称中国早期现代化或现代化，就是工业化和与工业化相伴随的政治、经济、文化等方面的变化，就是实现由传统封建农业社会向近代资本主义工业社会转型的历史进程，这是史学界较为普遍的看法。

从社会转型的视角看，近代中国自1840年（清道光二十年）鸦片战争后开始沦为半殖民地半封建社会，并随着外国侵略逐步加深这种半殖民地半封建的社会性质，但却从未停止过向近代工业社会的转型过程。中国社会近代化所包含的内容相当广泛，几乎涉及中国近代史的各个领域，如政治、经济、思想、文化、行为规范、社会生活、风俗道德等许多方面，也涉及发展、改革、革命、社会稳定等一系列问题。具体内容包括：经济领域上的工业化、商品化；城市发展的近代化；政治上的民主化、法治化；思想观念上的理性化、科学化；日常生活的近代化。

在新疆，社会的近代化主要表现为五方面。

一是经济领域的商业化，这是新疆地区近代化的开端；

二是城市建设的近代化，主要表现为近代市政管理机构的出现，市政工程和公用设施的建设，城市功能结构的变化等；

三是政治的民主化趋势，主要表现有晚清新疆省咨议局、自治研究所的成立，民国年间新疆省议会及市、县级参议会的成立，各种社会团体如商会、工会等在新疆的出现，新疆公务员制度建设等；

四是新疆社会生活的近代化，主要表现在物资消费生活的变迁、婚姻家庭生活的变迁、娱乐生活变迁以及公共卫生的近代化等；

五是文化建设领域的新变迁，主要表现有近代新式教育、近代体育事业在新疆的出现和发展。

由于商帮的商业活动极大地促进了新疆经济的商业化，本书第二、三章内容已有详细阐述，这里不再赘述。商帮促进新疆的政治近代化，作用有限，主要表现为以商帮人士为中坚力量的商会（清末成立），作为一种民间团体，对于沟通商界人士与政府间的联系、加强参与社会管理等方面，发挥了不可忽视的作用。因本书第六章已有详细阐述，此处也不再赘述。

商帮对于新疆的近代化有重要的促进、推动作用，本章主要从商帮自身的近代化、商帮促进新疆城市建设的近代化、商帮促进新疆文化建设的近代化、商帮促进新疆社会生活的近代化这四个方面进行具体分析。

第一节　商帮自身的近代化

近代新疆的商帮面对社会政治、经济、思想观念的近代化趋势，不是被动适应，而是主动地参与到促进新疆近代化的进程中去。他们面对欧风美雨，积极学习其先进性，促进自身实现近代化，主要表现在以下几方面。

一、践行西方的商业规则和商业理念

首先，新疆的商帮在商业运作上多践行西方的股份制。这一点在第三章第一节商帮的经营特点中已经有详细阐述，这里不再赘述。

商帮不但自身经营的商号多采用股份制，而且还积极支持新疆本土的股份制企业发展，踊跃认股。如1939年新疆省银行改组为官商合办的新疆商业银行，官股为900万元，商股为580万元，面向全疆招募商股，其中以汉族商帮人士为主体的迪化工商界就入股了156.6万元，其所投股金占全部商股的27%。[①]

其次，近代新疆社会存在的、与商帮发生紧密关系的两大社会组织——会馆与商会，都践行了西方的商业理念，实行西方民主的组织管理制度。作为商帮人士的地缘组织——各省会馆，虽然具有封建落后性，但商帮人士推行理事会制度（即重大决策表决制），会馆重要事项必须通过三分之二的理事表决通过才可以实施，避免了会首的独断专行。1942年2月10日，国民政府颁布《非常时期人民团体组织法》（20条）[②]，开始推行理监事制后，新疆一些地县未被汉文

① 昝玉林:《迪化总商会的成立与活动》，中国人民政治协商会议乌鲁木齐市委员会文史资料研究委员会编:《乌鲁木齐文史资料》（第6辑），新疆青年出版社1983年，第77页。

② 《非常时期人民团体组织法》，马敏、肖芃主编:《苏州商会档案丛编》（第5辑下，1938—1945），华中师范大学出版社2010年，第1290页。

会收归的会馆，也实行了这种执行、监督相互制衡的制度。会馆管理制度的民主化，在很大程度上保障了该组织活动的有序、公正、公平性，使得商帮人士能够在扶贫济困、调解纠纷、办理公益事业、弘扬中华优秀传统文化、加强各民族之间的文化交流等层面，有重要作用。

同时，新疆最早建立的近代意义上的社会团体，同时也是社会影响力最大、最具民主特征的社团——商会，正是在商帮人士的支持下，响应清政府的号召而成立。从清末至新疆和平解放前，新疆商会会长绝大多数由商帮人士担任，商帮人士在商会会员、商会会董（1929年8月前）、执监委（1929年8月—1945年2月）以及理监事（1945年3月起）等层面所占比例极高，以商帮人士为主体商会，一直推行民主的组织管理制度。

清末至1929年8月前，新疆各级商会内部实行会董制，即除了会长、副会长外，还设立会董处理日常事务。商会遇有重要事情，随时召集会董开会民主讨论决定。从1929年8月起至40年代中期，新疆商会内部实行委员制，即执监委制，执行委员处理商会的日常事务，监察委员则负责监督。1942年2月10日国民政府颁布《非常时期人民团体组织法》（20条）后，新疆各级商会从1945年3月起开始逐步推行理监事制度。上述这些民主管理制度的实施，使商会的正常运转有了制度保障，享有较大的独立性和自治权。正是由于商会中的商帮人士认真践行西方的商业理念，才使得近代新疆商会一定程度上参与到经济治理、政治活动及社会事务之中，体现了较为突出的自治精神和参与意识。①

二、打破传统观念，勇创第一

在任何时候，社会进步都必须通过观念进步体现出来。衡量传统社会是否向近代社会转变，其最重要的指标之一，就是看该社会的成员在多大程度上冲破了传统观念的束缚。具体表现在社会观念出现了明显的多元化趋势，如反对传统理念束缚，主张个性自由、勇于争先等。商帮人士在这方面表现得尤为突出。

商帮中的津帮率先冲破了重男轻女封建落后思想的桎梏，支持女子晚婚，重视女子的教育，鼓励女子参加各种体育活动，使得津帮家庭的女子能够与男子一样，享有很多的机会，能够活出精彩的人生。在新疆的津商，非常珍视闺女，闺女在家庭中处于尊贵地位，与世俗的重男轻女截然不同。当时社会上女

---

① 关于汉族商帮人士在新疆商会中的地位与作用，本书第六章《商帮与近代新疆商会》，已有探讨，此处不再赘述。

子十五六岁就出嫁是普遍现象，唯独津帮把姑娘养到20岁还不谈论婚嫁。这是当时新疆社会公认的“天津人养老丫头”的习俗。津帮人家的闺女不但婚龄大，闺女的教育也很受重视。以奇台的津帮为例，奇台的女子学校开办后，津帮女子率先入学，她们一直坚持读完高小，有的还考入省城女中、女师继续求学。如1939年奇台县选拔了5名女运动员去省城参加全疆运动会，这5名女运动员都是津帮女生，分别为张素贞、高凤彩、穆彦兰、高振英、金凤英，年龄都在15岁左右。[①]这说明津帮女生的父母能够冲破世俗偏见，支持女子抛头露面，穿着短衣、短裤在竞技场上一争高下，实现女子自身的价值。

商帮中的津帮还是一群敢为天下先的人。以伊犁的津帮为例，曾任伊犁宁远县（今伊宁）商会会长的津商晏恩波就是一个敢于打破传统的人。晏恩波是伊犁宁远县第一个穿西服、第一个骑自行车的人，引起当时很多人的侧目[②]。又如在伊犁宁远县创办“公兴和”杂货铺的津商杨恩奎，首创了伊犁地区的民间消防队（水龙局）。1939年6月杨恩奎担任宁远县商会会长[③]期间，召集民众组建了一个400多人的民众消防队，“借妥水龙十余架，购妥铁缸子一百四十个，铁斧、钩多种”[④]，填补了当时伊宁消防设施的空白。

三、具有很强的市民意识

“市民”是相对于“城市”而言的。城市近代化的要素之一，是居民与城市的关系。从都市化理论来看，居住在城里的居民，如果不具备近代市民意识，不能算是合格市民。

以省会迪化为例，19世纪90年代迪化开埠通商后，俄、英等外国资本主义的涌入，在导致迪化城市经济结构和运作方式发生变化的同时，也向我们展示了西方的近代科技文明、工业文明和市政文明。这对迪化传统的城市管理模式向近代模式的转变起了一定的客观借鉴作用。

清末迪化南关的俄国贸易圈（租界，面积约205亩）及其领事馆，成为西

---

① 赵学仁：《古城“津帮”史话（续）》，奇台县政协文史资料委员会编：《奇台文史》（第16辑），新疆新华印刷厂2007年（内部资料），第55页。

② 《新疆日报》，2005年12月12日，第7版，燕玲：《杨柳青与汉人街》（据晏恩波的儿子晏鸿宾口述）。

③ 《新疆日报》，2005年12月12日，第7版，燕玲：《杨柳青与汉人街》（据杨恩奎的儿子杨俊甲口述）。

④ 《新疆日报》，1939年6月13日，第3版，《伊犁消防队试机演习》。

方城市的缩影和发展近代化的模式。据载，迪化的“俄国贸易圈无论就房屋数量还是侨民人数来说，都是不多的，但是却安排得很好。……那是一个一条街道的住区，街道两旁是俄国侨民的住房和商店。……街道两旁栽种着大树，绿荫如盖，侨民区的外观给人以十分惬意的印象”[①]。进入30年代，时人吴绍璘对迪化的苏联租界描述道：“曲水涓涓，树荫夹道，路途平坦，洋行林立，屋宇修洁，另有一番风致。踯躅道上，心神为怡。”[②] 1940年前后，根据日本人的观察，迪化“南关一带的苏联租界（实为侨民区），商店鳞次栉比，街道整齐。商贾约有数百户”[③]。不但俄（苏）租界从表面上看显得管理有方，街道整洁、秩序井然，而且苏联领事馆内部的娱乐、金融设施也向新疆民众展示了西方的文明。据载1928年的苏联驻迪化领事馆“里面有俱乐部、剧场、银行和室外网球场”[④]。

图 8–1　1910 年迪化俄国贸易圈内的俄国商行[⑤]

---

① ［俄］尼·维·鲍戈亚夫连斯基著：《长城外的中国西部地区》，新疆大学外语系俄语教研室译，商务印书馆 1980 年，第 254 页。

② 吴绍璘：《新疆概观》，南京仁声印书局 1933 年，第 130 页。

③ ［日］东亚同文会编，于维诚、潘喜明编译：《新修中国通志・新疆卷（一）》，新疆大学出版社 1994 年，第 52 页。

④ ［瑞典］斯文・赫定著：《亚洲腹地探险八年》，徐十周、王安红、王安江译，新疆人民出版社 1992 年，第 228 页。

⑤ 照片源自［澳大利亚］莫理循图 / 文《1910，莫理循中国西北行》（上），窦坤、海伦编译，福建教育出版社 2008 年，第 177 页。

外国租界的洁净、文明与迪化城的肮脏、不文明形成强烈反差。据《新疆游记》的作者谢彬记载，迪化老南门旧学署附近街市“污泥甚深，车底马腹，肮脏不堪”。城北门等处，因街道泥泞，被太阳蒸发的臭气不得不“令人掩鼻而过”，……“余游中国地方多矣，市街污秽，此为第一”。[①]这生动地反映了民国初年迪化的街景。

一些开明、有改革思想的商帮人士在外国模式的启发下，由羡慕西方文明转而主张向西方学习。他们积极仿效西方进行市政设施的建设，借鉴西方先进的市政管理理念，促使迪化向近代化城市转变。商帮人士的市民意识很强，他们积极拥护政府的币制改革、建设城市公益事业，极大带动和提升了迪化民众建城、爱城的市民意识。

首先，对于1939年初新疆省政府实行币制改革废两改元、发行新货币、统一新疆全省货币的金融行为，商帮人士以自己特有的方式予以支持。1939年1月新光电灯公司的总经理任栋梁、副经理韩君璧（津商）[②]，决定新光电灯公司将以九折的优惠价格出售电料一个星期，以拥护新货币的发行[③]。

其次，商帮人士热心参与新疆城市中的各种公益活动。最大的亮点莫过于成立民间消防队组织——清平水会。在省会迪化及北疆重镇奇台、伊犁、绥来（今玛纳斯县），南疆的吐鲁番、喀什等地，最早的民间消防组织都是由津帮商人倡导建立的，具体筹办机构分两种，一种是商帮人士占主体的商会出面筹资兴办，这种方式比较普遍[④]；另一种就是津帮的地缘组织——直隶会馆来筹办[⑤]。民间消防组织对于维护城市群众的生命、财产安全做出了不可磨灭的贡献。

津帮引领新疆商会、直隶会馆创办的民间消防队，发挥了明显的示范效应。在其影响下，商帮人士担任领导职务的一些大型股份制企业也组建了自己的消防队，负责该公司的消防事务，如1939年5月12日，在商帮人士任栋梁（总经

---

① 谢彬著，杨镰、张颐青整理:《新疆游记》，新疆人民出版社1990年，第59页。

② 《新疆日报》，1939年1月28日，第3版，《新光电灯公司欢迎欢送新旧经理》。

③ 《新疆日报》，1939年1月28日，第3版，《新光电灯公司拥护新币，九折售电料一星期》。

④ 详见本章第二节市政工程与公用设施中的相关内容。

⑤ 会馆创办清平水会的详细情况，见本书第五章《商帮的地缘组织——近代新疆的会馆》第三节《会馆的功能》。

理）、韩君璧（副经理）[①]的支持下，迪化新光电灯公司正式成立了自己的消防队，队员共有30多人，由住宿该公司内及住宿较近的职工夫役等参加，分水龙、锨镐、运水3组[②]。

第二节　商帮促进新疆城市建设的近代化

众所周知，城市是人类物质文明与精神文明的集中体现和主要载体。列宁说："城市是经济、政治和人民精神生活的中心，是前进的主要动力。"[③]从世界范围看，城市近代化的起步是与资本主义的生产方式联系在一起的。中国没有资本主义独立发展的历史阶段，中国的资本主义是由西方资产阶级通过暴力强行移植进来的，是侵略和掠夺的副产品。因此中国城市近代化的过程十分复杂。其动力主要来自两方面：一是外力楔入。可以说，外国资本主义侵华势力对中国城市的影响是双面的，负面影响巨大，正面作用也不容忽视。自1840年（清道光二十年）鸦片战争后，中国的一些城市按照不平等条约被迫开放。外国资本主义势力在对中国侵略的同时，客观上也推动了中国近代化的产生和发展，成为这些"约开商埠"城市向近代化转轨的启动者和推动者。二是内力推动，即在外力冲击下，中国社会内部变革所产生的促进作用。如晚清政府的"新政"举措，近代民族资产阶级和知识分子的活动，等等。二者相互作用，促进了中国城市的近代化进程。

中国城市近代化的启动阶段始于五口通商时期。1842年（清道光二十二年）中英《南京条约》的签订，使得广州、福州、厦门、宁波、上海成为通商口岸，这是近代中国"约开商埠"的嚆矢。自此始至1922年，共有79个"约开商埠"城市陆续出现在中国大地上[④]。

近代新疆的发展同祖国的命运息息相关。鸦片战争后，新疆也无一例外地

① 此期间的正副经理，见《新疆日报》1939年1月28日第3版《新光电灯公司欢迎欢送新旧经理》。

② 《新疆日报》，1939年5月13日，第2版，《电灯公司组织消防队》。

③ 中共中央马克思、恩格斯、列宁、斯大林著作编译局编译：《列宁全集》（第19卷），人民出版社1972年，第264页。

④ 王铁崖：《中外旧约章汇编》，三联书店1957年，第1—3册整理。

遭受到帝国主义列强的侵略，经历了严重的边疆危机。觊觎新疆已久的沙俄，于19世纪下半叶强迫清政府先后开放了新疆的伊犁（清咸丰元年，1851年）、塔城（清咸丰元年，1851年）、喀什（清咸丰十年，1860年）、乌鲁木齐（清光绪七年，1881年）[①]为通商口岸，这四个城市率先迈开了近代化的步伐。

近百年来，新疆政治、经济、军事、社会等方面的诸多重要事件，多发生在省会迪化，近代新疆城市的市政工程与公用设施、城市功能的变化，最早也只能是出现在迪化。在全疆范围内，迪化的城市化水平是最高的。从探讨商帮人士推动迪化城市建设的近代化这一角度，在一定程度上，也可以看到近代全疆城市化发展的大致轮廓。

1881年（清光绪七年）《中俄伊犁条约》签订后，沙俄最终于1895年（清光绪二十一年）获得了在迪化设立总领事馆和“贸易圈”（实际是没有租界之名的俄租界）的特权，并取得在新疆各城市进行通商贸易暂不纳税的特权。英国援引“片面最惠国”的条例，也攫取了同等待遇。从此，迪化成为“约开商埠”城市，其城市性质从此改变，一方面它带有强烈的半殖民地色彩，另一方面开埠通商又给了它向外发展的机会，促使迪化从封建城市向近代化城市转化。如果说，外力成为推动迪化城市近代化的主要因素，那么来自社会的内部力量则进一步加速了迪化的发展和城市近代化的进程。具体有：1884年（清光绪十年）迪化成为新疆省省会；20世纪初清政府在全国范围内推行的“新政”措施；盛世才治新时期实行的二期三年计划（1937—1942）等。这些制度性的力量对城市传统的社会结构形成了一定冲击，使迪化城市的近代化进程难以逆转。

在政府的带领和商帮人士的推动下，迪化的城市建设和市政文明开始了迈向近代化的步伐，当然，迪化城市建设近代化的发展速度缓慢、发展水平不高，与发达的上海、天津等无法媲美，但代表近代城市文明的市政工程、公用设施，如电力照明、自来水、消防设施、文化娱乐设施、城市公共交通等次第在边城产生，使人们的传统生活方式向近代化演进。城市的功能结构也发生了相应的变化。

商帮对于推动新疆城市的建设近代化方面，功勋卓著，主要表现在以下两方面：一是市政工程和公用设施；二是城市功能结构的变化。

---

① 档案：《各省区开放商埠一览表》，中国第二历史档案馆编：《民国时期新疆档案汇编（1928—1949）》（第58册），凤凰出版社2015年版，第432—433页。

一、市政工程和公用设施

近代市政工程和公用设施是近代城市文明发展的重要标志。它是城市近代化的基础，也是改善城市生产和生活环境的必要条件，对城市经济的发展起着积极的推动作用。

在商帮人士的积极参与下，近代迪化的市政工程和公用设施建设，在更广泛的范围内展开。近代商帮单独创办或与官方合办的迪化市政工程和公用设施主要涉及电力、自来水、消防、文化娱乐设施、城市道路等领域。

电力　电力是一种新能源，给城市带来了活力，使人类照明获得了根本的改变，更增添了城市近代化的色彩。电灯——这种照明方式，在边城迪化经历了曲折的演变历程。

清末，随着国内洋务运动的喧嚣，新疆地方当局也曾喊出“要实现照明电灯化”的口号，但喊了多年，只闻雷声不见雨点，老百姓风趣地说：“闲扯蛋，难见面。”（按：“闲扯蛋”是“线掣蛋”的谐音，指电线连接着电灯泡）

进入1915年，新疆省政府实业厅门口挂出了“新疆电灯公司”的招牌，但实际是一块空招牌。1920年，新疆都督杨增新将清末时期炼油未成、闲置多年的一台俄造小锅炉，从仓库里翻出来，雇了2名白俄电工，将锅炉安装在督军衙门里发电。从此督军衙门安装上了电灯，不再是烛烟缭绕的灰暗角落，而有了微弱的点点电光。但终因马力甚微，发电有限，不久停办。此乃迪化照明史上由油灯变电灯之嚆矢。

1927年，吴兆熊在迪化发起筹办“永丰电灯公司”。他在发起书上带头出资纹银1万两，迪化的商帮人士积极参与投资，不几天就筹集了4万两。这5万两纹银的资金，距离开办一家电灯公司还有相当大的差距。吴兆熊赶紧联络了几位社会上层人士，劝说杨增新开库资助。当时向官府提出的优惠条件是：（1）公司为官商合资，商股5万、官股3万。公司如果亏损，全由商股分担，官股如数交库；（2）督军衙门所需电灯，优先安装；（3）为昭督军威信，公司保证在1年内发电。[①]面对如此优惠的条件，杨增新遂默认了3万两纹银的官股。

经过吴兆熊等人的多方奔波，地址选在了藩正街（今乌鲁木齐明德路第一小学对面），“永丰电灯公司”正式成立后以吴兆熊为经理。他在一个流亡伊犁

---

① 昝玉林：《永丰·新光与万家灯火》，中国人民政治协商会议乌鲁木齐市委员会文史资料研究委员会编印：《乌鲁木齐文史资料》（第12辑），新疆青年出版社1986年，第7页。

的白俄手中，购得150马力的旧蒸汽机一台，又从国外购进了电机、电料等器材。该公司于1928年中秋之夜建成送电，仅供官府衙署使用，“虽发电不足，而有灯千盏”[①]。但1933年盛世才上台后，以“扫荡旧时的群丑”为名，于1934年逮捕了吴兆熊，永丰电灯公司被查封了。

永丰电灯公司倒闭后，填补迪化电灯市场需求空白的是 德元电业公司。津商杨元富1932年在迪化创办的德元电业公司主营电影院，由于当时新疆恰逢金树仁与马仲英战事正酣，地方当局唯恐聚众滋事，很快就查封了电影院。为另谋生计，杨元富、杨天培（杨元富之子）开始利用原来电影院的发电机试装电灯。没有电器材料，他们就自己动手，用胶水和棉布制作皮线，用木头旋制灯头、开关[②]，不久就给迪化大十字一带的商帮店铺装上电灯，从此电灯这种新的照明方式，第一次进入了普通商户的门店。

盛世才治新初期，来到新疆迪化的东北抗日义勇军演出宣传抗日救国的话剧，需要舞台照明，德元电业公司为他们义务装置电灯，并在舞台周围装了五色彩灯，演出效果非常好。一次盛世才在督办公署院内观看露天演出后，命令德元电业公司给他的办公室、卧室装置电灯，因资金不足，杨元富不敢承担这个任务。后经盛世才同意，德元电业公司向私商招募股份，得到了津帮著名商号“同盛和”创办人、大股东周玉峰（津商）的大力支持，“同盛和”认股30份，德元电业公司的电器折股30份，通过苏新贸易公司从苏联购来24马力的锅炉一台、24马力的直流发电机一台，于1934年开始发电，除满足官方的照明外，还给大十字一带安装了路灯，这是边城最早的路灯，开创了乌鲁木齐现代化照明的新纪元。这一举措，大大方便了夜晚的行路人，这在当时社会上是一件大事，人们奔走相告，莫不欢欣鼓舞。自此边城每晚也有了夜市，“每晚夜市，灯光灿烂，游街看灯的群众比元宵节的灯会还热闹”[③]。

钱少力薄的德元电业公司，勉强维持了一年，已趋焦头烂额、筋疲力尽的状态；另外，德元电业公司也不能满足城市照明日益扩大的需求。为此，津商杨元富通过工商界知名人士津商周海东（时任新疆总商会会长）的斡旋，以商

---

① 张大军:《新疆风暴七十年》（第4册），台北兰溪出版社1980年，第2204页。

② 裕佚:《德元电业公司拾遗》，中国人民政治协商会议乌鲁木齐市委员会文史资料研究委员会编:《乌鲁木齐文史资料》（第2辑），新疆青年出版社1982年，第40页。

③ 裕佚:《德元电业公司拾遗》，中国人民政治协商会议乌鲁木齐市委员会文史资料研究委员会编:《乌鲁木齐文史资料》（第2辑），新疆青年出版社1982年，第40页。

帮人士为主体的总商会提出倡议：由维吾尔族富商吐尔逊巴巴牵头，募股创办新的电灯公司。募股办法为官商各半，在商股中，德元电业公司的机器和吐尔逊巴巴的资金共占25%，其余25%向迪化工商界募集。该办法于1936年2月获得省政府批准。经过一年多的艰苦工作，1937年5月11日官商合办的迪化新光电灯股份有限公司正式成立，股金共4000万元，官商各半，地址在南梁原美商壁利洋行的经理、俄罗斯族格米里肯房屋后的一块官地，东西长为27丈、南北宽为24丈，总面积为648方丈。省政府任命维吾尔族商人吐尔逊巴巴为总经理，周海东（津商）、杨元富（津商）为副经理，公司职工共70人。1937年8月1日全市放光，计电力为250千瓦，装电灯8000盏。[①]从此迪化几条主要道路及沿街商店都装上了电灯，一时间灯光灿烂，映着皓明的月光，招来观光人群，把迪化四大街拥挤得水泄不通。

商帮人士对新光电灯公司的良性运营发挥了重要作用，先后担任该公司领导职务的商帮人士有周海东（津商）、杨元富（津商）、任栋梁、韩君璧（津商）。[②]吐尔逊巴巴于1938年1月被盛世才诬陷逮捕入狱后，津商周海东担任公司总经理，杨元富（津商）仍为副经理，任栋梁为第二副经理。1938年7月，周海东、杨元富、任栋梁这三名商帮人士联名向银行贷款，从苏联购进500马力新式蒸汽机一台、360瓦特发电机一台、50瓦特变压器三台，以及可装1万支灯头的各种电器材料。这批新设备投产后，迪化城区照明条件有了非常明显的改善。使用电灯者主要为军政机关、部队、商号[③]，如新疆省城总商会1939年4月的电灯使用费支出为7万两（省票银）[④]。同时，在商帮人士的领导下，新光电灯公司遵循股份制企业的机制，定期召开股东大会。1945年3月新光电灯公司在《新疆日报》刊发告示，定于3月15日召开第四届股东大会，报告1944年营业状况及1945年营业计划。[⑤]

在津商周海东、杨元富的带领下，新光电灯公司在迪化安装了两条路灯线路：一条从南梁（现胜利路）电厂门口到北门；另一条从大西门到现在的天山

---

① 张大军：《新疆风暴七十年》（第7册），台北兰溪出版社1980年，第3886页。

② 《新疆日报》，1938年12月6日，第3版，《总商会临时会，选定韩君璧为新光副经理，筹办卫生车经费各商负担四千万》。

③ 《新疆日报》，1939年4月4日，第4版，《新光电灯公司启事》。

④ 《新疆日报》，1939年6月20日，第4版，《新疆省城总商会民国二十八年四月份经费收支细数》。

⑤ 《新疆日报》，1945年3月11日，第1版，《迪化新光电灯公司召开股东大会启事》。

大厦。灯距50米，电杆均为木制，上装马路弯灯，搪瓷灯罩，原来的玻璃罩燃油街灯改为25～100瓦白炽灯泡。全部电器材料都从苏联进口。有3名电工管理和维修，开闭灯都由人工操作。路灯费用由市政府支付一部分，其余由沿街有灯的各工商户分担，如1941年的路灯费用共计31.26万元，其中新疆省财政厅拨给新光电灯公司官款10.31万元，征募商款20.95万元。①

到1949年新疆和平解放时，新光电灯公司的装机容量为380千瓦②，年发电量为30万千瓦·时。供给市中心区约4平方公里的机关、商店、工厂用电，居民用电者极少，动力用电不过七八户。尽管新光电灯公司机器老化，电力不足，时常停电，但该公司仍然是新中国成立前新疆容量最大的发、供电企业。

新疆其他地县的电灯公司也是在商帮人士的协助下，安装成功的。1939年1月15日，南疆吐鲁番县商会与街长召开了联席会议，吐鲁番县商会会长关守信、副会长韩金华等40多名商帮人士一致通过决议：筹备装设电灯，由商人协助街长举办。③北疆阿山（今阿勒泰地区）的商人张伯宸出资3000万两（省票银）作为股本，支持阿山电灯公司的筹设。④北疆的奇台县准备以1.5亿两省票银为基金设立电灯公司，以商帮人士为主体的奇台县商会分担6000万两省票银⑤，接近总金额的一半。在商帮人士的努力下，到民国中后期“新疆较大的城市中均有电灯”⑥。

自来水 城市中的机械化给水设施——自来水，是城市建设近代化的重要表现形式，且自来水关乎民众的身体健康，商帮人士积极支持自来水公司的设立。1936年5月19日，在新疆总商会会长津商周海东主持下，新疆总商会召开自来水公司筹备会议，参加者有建设厅师厅长、裕新土产公司经理包尔汉及新

---

① 李守伦：《乌鲁木齐市路灯史话》，中国人民政治协商会议乌鲁木齐市天山区委员会编：《天山区文史资料》（第7辑·城区建设专辑），2005年（内部资料），第115页。

② 乌鲁木齐市党史地方志编纂委员会编：《乌鲁木齐市志·城市建设》（第2卷），新疆人民出版社1995年，第76页。

③ 《新疆日报》，1939年2月3日，第3版，《（吐鲁番）县商会筹备装设电灯，购置汽车投资银行建修马路》。

④ 《新疆日报》，1939年3月5日，第3版，《荣誉商人张伯宸，捐省票1亿建中等学校，前后捐款一亿六千余万》。

⑤ 《新疆日报》，1939年3月8日，第3版，《奇台电灯公司召开临时会议，催收基金提前动工建筑》。

⑥ 宋念慈：《新疆之现状》，《中央训练团团刊》1943年第200期，第1625页。

疆总商会会员10多人。该公司需款500万金卢布，计划由各商家自由出资。当时的商帮商号积极响应，“同盛和”商号经理——津商曹余三、“利顺成”商号经理——津商韩君璧，“都有圆满答复，其他商号经理亦深表同意”。会议决定，由津商周海东会长将发起人名单报告建设厅，由建设厅拟订计划，另行开会讨论。①

1939年2月，新疆省建设厅拟订迪化自来水公司建设方案，并开始勘察设计。4月，在西河坝掘探井五眼，并采集水样送苏联阿拉木图化验。②1939年6月，官商合办的迪化自来水公司正式成立③，但实际是一块空招牌，一直未实现供水。

民间消防组织　因为城市人口集中，建筑林立，火灾容易造成严重的损害，如1915年4月20日，伊犁地区的绥定县（今霍城县水定镇）南关发生火灾，延烧百余家，商家损失严重。④所以消防灭火是关系到各族群众生命财产安全的一件大事。

因近代新疆人口密集的大城镇为数甚少，加之经济、贸易、工业十分落后，城镇消防建设基本处于空白状态。迪化作为省会，是近代新疆唯一的置市城市，城市人口相对较多，所以近代新疆官办的消防建设以迪化为重点展开。但官方消防警察创立时间较晚，力量又有限，故商帮人士不得不设立救火组织以自卫。可以说，近代以降，商帮人士一直是新疆民间救火力量的主要组织者。特别是杨增新治新时期，奉行“无为而治”的施政方针，对警察消防建设并不热心，尽管1914年就设立了新疆省警察厅，有警察消防队，负责消防事宜。但警察消防队装备陈旧、职业素质低下，其工作业绩未见史料记载。反而是汉族商帮中津帮主办的民间消防组织“清平水会”，对这一时期迪化城的消防工作做出了重要贡献。

新疆建省后，随着商业经济的迅猛发展，商帮人士把供奉火神祝融的习俗带到边疆。最初，火神的画像或牌位，只是在各大商帮商号的柜房中供奉。后

---

① 《新疆日报》，1936年6月14日，第2版，《商务会筹备成立自来水公司，解决本市饮料问题》。

② 《新疆通志》编撰委员会：《新疆通志·城乡建设志》，新疆人民出版社1995年，第40页。

③ 张大军：《新疆风暴七十年》（第7册），台北兰溪出版社1980年，第3889页。

④ 霍城县地方志编纂委员会编：《霍城县志》，新疆人民出版社1998年，第18页。

来民间集资在新疆省会迪化（今乌鲁木齐南门人民剧场后院）修建了火神庙，定期酬神过会。但大小火灾仍然时有发生，促使人们由对火神的精神祈祷，转变为切实的消防灭火的物质防范。

商帮人士早在1911年（清宣统三年）就在迪化设立了民间消防组织——“清平水会”（俗称水龙局）。作为唯一的一支民众消防队，队长均由知名的汉族商帮人士担任，第一任队长是津商韩乐常，后来商帮人士韩君璧（津商）、石寅甫（津商）[①]、萧佩华[②]等都曾担任过民众消防队的队长职务。

以商帮人士为主体的新疆总商会为了促使这一社会公益组织早日实现，历届会长都亲自出面募集经费、购置器械。民国初期，新疆总商会副会长、津商韩乐常在家乡天津杨柳青曾当过救火员（又名伍善）[③]，遂参照家乡的办法为“清平水会”划地建房，他将自己经营的“怡和永”百货商店的全部财产捐献出来[④]，获得广大群众的爱戴，被推举为水龙局的会首。

该局在迪化下设五个分局，为救火方便，因地制宜，城里城外均有分布。在维吾尔族、回族两个民族聚居的南关一带设立两个分局，小西门外回族聚居的地区设立一个分局，此外还在三角地、满城（今建国路）各设立一处分局。水龙局专门从天津购买了专业消防器械，即大型水龙18台（用人力压水），花了四个多月的时间，用骆驼从草地长途驮运至迪化。随后又集资购置了会址，添置了水桶、水柜、扁担、会旗、灯笼、锣、鼓、镢、挠钩、板斧等用具。这些资金主要来源于商帮人士及社会各阶层热心公益人士的捐款集资。如秦帮药材商店“凝德堂”“元泰堂”，晋商食品店“集义生”，回族磨商马正元和维吾尔族商界首领肉孜阿吉等人都有对“清平水会”进行过捐款。

“清平水会”最初选派商帮各商号中的精壮青年店员为当然的救火员，规定每年阴历五月、腊月集中训练两次，人员集齐后拈香行礼，然后择地演习，或

---

① 《新疆日报》，1938年12月6日，第3版，《总商会临时会，选定韩君璧为新光副经理，筹办卫生车经费各商负担四千万》。

② 《新疆日报》，1939年10月12日，第4版，《新疆省会民众消防队启事》。

③ 王鸿逵、于焕文、谢玉明：《天津商帮“赶大营”始末》，天津市政协文史资料研究委员会、天津西青区政协文史资料研究委员会编：《津西古今采珍》，百花文艺出版社1993年，第41页。

④ 韩毓麟：《火神庙与清平水会》，中国人民政治协商会议乌鲁木齐市委员会文史资料研究委员会编：《乌鲁木齐文史资料》（第4辑），新疆青年出版社1982年，第18页。

研讨历次救灾之得失，布置以后应办事项，聚餐酬劳后散去。[①]救火员的酬劳由新疆总商会支付，1938年新疆总商会支付“清平水会”的酬劳金为389.2250万两省票银。[②]1939年4月，新疆总商会又决定补助民众消防队1000万两省票银[③]，该款按照商会会员等级募集。“清平水会”救火员均佩戴银质圆形徽章，上镌刻“消防”二字，及相应号码。[④]

后来参加“清平水会”的会员发展为自愿报名，有上千人之多。主要为郊区菜农、商帮商号的店员及城市贫民和手工业者。利用春秋季节，经常演习，刻苦训练，提高消防战斗能力。

当时“清平水会”楹联：

水府清凉宫，王居在沼；
火宅烦躁界，众济同心。[⑤]

楹联中“众济同心”这个词语，反映出水会会员团结互助，积极参与城市管理的意识。若一旦发生火警，不论是官府衙门，还是普通百姓；不论是遥远的郊区，还是窄狭的小巷；不论哪个民族，不论是白天黑夜，只要听到报警铜锣声和蚌壳的呜呜声，会员们立即穿上印有“水会”的油布坎肩，赶奔自己所在的分局，抬起水龙，拿起挠钩，担起水桶，迅速赶赴起火现场灭火。民国初年，迪化南关一家维吾尔族商店失火，城里的民间消防队（即“清平水会”）立即赶来，将火扑灭。第二天，新疆省参议会副议长、维吾尔族商界首领肉孜阿吉拿出自家的阿克苏上等大米和四只大尾肥羊，并带着屠夫、厨师和失火店主到民众消防队慰劳救火的汉族兄弟。大家一边吃抓饭，一边促膝交谈，气氛热烈、活跃，真像一家人同席会餐。

---

① 王鸿逵、于焕文、谢玉明：《天津商帮“赶大营”始末》，天津市政协文史资料研究委员会、天津西青区政协文史资料研究委员会编：《津西古今采珍》，百花文艺出版社1993年，第42页。

② 《新疆日报》，1938年12月20日，第3版，《总商会召开总结大会》。

③ 《新疆日报》，1939年4月4日，第3版，《商会昨开三十七次例会，议决续租影片六套，商营汽车暂定五十辆》。

④ 《新疆日报》，1939年10月12日，第4版，《新疆省会民众消防队启事》。

⑤ 王子钝：《西陲楹联选辑》，中国人民政治协商会议乌鲁木齐市委员会文史资料研究委员会编：《乌鲁木齐文史资料》（第11辑），七二二零工厂印刷1986年（内部资料），第182页。

1920年夏天，迪化南大街晋商“集义生”食品店起火，火势蔓延到南门瓮城的边缘，要不是“清平水会”会员们奋不顾身及时灭火，火势必然蔓延至城外，殃及“天井”(即维吾尔族商人们做买卖的一条长达四五百米的市场)。当时，维吾尔族商民都很感激，事后给“清平水会”送了十只活羊，犒劳会员。[①]

“清平水会”从1917年开展消防活动以来，先后扑灭了几百起严重火灾[②]，不仅有效地保证了城内群众生命财产的安全，而且增进了各民族之间的团结。

1938年12月中旬，新疆总商会会长兼民众消防队队长津商石寅甫还参加了公安管理处召集的迪化市消防会议，出席者有李英奇、石寅甫、张念勺和公安局代表张科长以及官方消防队人员，共几百人。可见商帮人士组建的“清平水会”在迪化城市消防工作中的重要地位。在会上公安管理处处长李英奇甚至提议:“最好在可能范围内，各商号可购消火器，以备不测。”[③]

普通的商帮人士也踊跃捐钱捐物，支持民众消防队的工作。1939年3月，津商在迪化创办的“万利成津货铺”给省城民众消防队捐省票银20万两，以充实其防务。[④]

30年代后期在商帮人士的领导下，新疆其他城镇也开始筹设民间消防队。1939年4月，南疆吐鲁番商务分会在该商会常务主席韩金华的领导下，召开第6次常务会议，倡议筹设吐鲁番县的民众消防队，“当场经大众热烈通过，一时纷纷自动捐款”，共捐款312万两(省票银)，其中商帮人士韩金华、王雨生各捐款20万两(省票银)，王成祥捐款10万两(省票银)，晋帮商号“永盛生”捐款20万两(省票银)。[⑤]到1939年10月该县消防队拥有了一定数量的消防器材：铁桶120只，担子60条，斧头、铁锨、铁钩等，又向省城总商会贸易公司购买水

---

① 韩毓麟:《火神庙与清平水会》，中国人民政治协商会议乌鲁木齐市委员会文史资料研究委员会编:《乌鲁木齐文史资料》(第4辑)，新疆青年出版社1982年，第19页。

② 昝玉林:《迪化总商会的成立与活动》，中国人民政治协商会议乌鲁木齐市委员会文史资料研究委员会编印:《乌鲁木齐文史资料》(第6辑)，新疆青年出版社1983年，第74页。

③ 《新疆日报》，1938年12月21日，第3版，《公安管理处总商会等召开本市消防会议，通过解决消防办法三项》。

④ 《新疆日报》，1939年3月16日，第3版，《万利成等自动捐助钱物，充实民众消防队防务》。

⑤ 《新疆日报》，1939年4月9日，第3版，《吐鲁番商会筹组消防队，首次倡捐三百余万》。

龙机6架。[①]

商帮人士领导下的新疆地县商务分会还与县公安局合作，共建城镇消防队。1939年6月，北疆的绥来（今玛纳斯县）县公安局会同县商会，共同组织消防队。[②]1939年，喀什疏附县公安局与该县商会共建消防队，7月26日假疏附县商会召开第二次消防筹备会，当场捐款的商帮人士有：张春芝捐喀票银10万两，高华生捐喀票银2万两，杜宝亭捐喀票银1.5万两，杜家春、朱乐山、杜家朋、万顺祥各捐喀票银1万两，董子馨捐喀票银3000两，商号“冀存义”捐喀票银2000两。疏附县商会高会长与董子馨还负责会后向未到会的商号劝捐。[③]

文化娱乐设施　1922年春建成的迪化鉴湖公园（今人民公园，俗称西公园）就是时任迪化总商会会长之职的津商杨绍周与晋商苗沛然一起，联合发动工商界人士筹集资金修建的。杨增新命名为“同乐公园”，俗称“西公园”。据载：园内“茂林清泉，沉静雅丽，有池沼亭榭，书艇画阁之属。鲜花名草之美，大都中西参半。为新省极为著名之名园。每逢春秋佳日，仕女如云，熙来攘往，最称热闹”[④]。从此新疆人民有了一处茶余饭后的休闲娱乐场所。

商帮人士还积极给迪化的西公园捐赠动物，增强其观赏性。如1939年9月7日，津商创办的“裕兴金店”“捐给西公园跑鹿一只，供人观看”[⑤]。

城市公共交通　城市公共交通是近代城市文明的重要标尺，也是城市基础设施的主要组成部分，包括城市内外的道路、桥梁及道路的附属物。

商帮人士对于城市公共交通的贡献，主要表现在积极整修城市道路。津商安辅臣、赵润田在省会迪化南关二道桥福寿巷创设的“直兴公司”，面对福寿巷道路“凹凸难平，一遇天雨几成溪流”的情况，1939年夏该公司主动整修了路面，“计长150米远，过去凹凸不平之道路，一变而成为平直之马路”[⑥]。对于妨碍城市交通的墙角、障碍物等，商帮人士也积极配合城市管理机构，及时拆除。

---

① 《新疆日报》，1939年10月25日，第3版，《吐鲁番防委会召集各消防队，召开第二次会议，讨论内部工作》。

② 《新疆日报》，1939年7月6日，第3版，《绥来民众捐助，整顿市政》。

③ 《新疆日报》，1939年7月28日，第3版，《喀什二次消防筹备会，各界捐喀票二十二万》。

④ 吴绍璘：《新疆概观》，南京仁声印书局1933年，第130页。

⑤ 《新疆日报》，1939年9月8日，第3版，《热心大众文化，郑联鹏赠民教馆大批书籍，裕兴金店赠西公园鹿一只》。

⑥ 《新疆日报》，1939年8月3日，第3版，《直兴公司自动修马路》。

1939年8月8日，新疆省城总商会会长津商石寅甫主持召开第72次常会，以商帮人士为主的执监委通过了一项决议："总商会会同公安管理处，商办拆毁本市有碍交通之墙角、障碍物等。"此项决议得到了广大商号的认真执行。

居住在新疆其他城镇的商帮人士，对于当地的道路建设也热情参与。1939年1月15日，南疆吐鲁番县商会与街长举行了联席会议，商会会长关守信、副会长韩金华及执监委等40多名商帮人士参会，街长有10多人参会，经讨论决议："修平旧城马路，由政府发动商学各界后，由商民负责。"① 1939年3月，北疆阿山的商人张伯宸捐助5000万两（省票银）修筑公路。②1939年6月，南疆的英吉沙县因"街道破坏不堪"，该县县长召集各族商民，会商建设新的街道办法，决定组织建筑委员会，规定街房式样及街道宽度。③为了使城市街道更加宽敞，便于交通运输，1939年8月，奇台县以商帮人士为主的商民，"纷纷将门面缩进五六尺之多"，此项工作在11月陆续竣工后，"不但街道较前宽大，而且各商户门面改为新式，全街焕然一新，颇有活泼气象"。④

对于城市间的交通事业发展，商帮人士也不遗余力地支持。1939年4月，为发展迪化、伊犁间的交通，新疆总商会会长津商石寅甫领导下的总商会决定：经营商办汽车50辆，"商业银行担负代价，入股事宜，由崔善祥（津商）负责"⑤。

二、城市功能结构的变化

随着近代交通运输（如公路、航空）、商业贸易、城市建设的发展，迪化的城市布局和功能结构发生了很大的变化，形成了完全不同于封建传统城市的新面貌，而商帮人士在城市功能结构的变化过程中，发挥了重要作用。

首先表现在新的中心区的形成。封建传统城市布局是以官署和庙宇为重心，而近代以来，城市布局则以工商业实体为重心，成为近代城市生活的中心。从

---

① 《新疆日报》，1939年2月3日，第3版，《（吐鲁番）县商会筹备装设电灯，购置汽车投资银行建修马路》。

② 《新疆日报》，1939年3月5日，第3版，《荣誉商人张伯宸，捐省票1亿建中等学校，前后捐款一亿六千余万》。

③ 《新疆日报》，1939年7月25日，第3版，《英吉沙建设新街》。

④ 《新疆日报》，1939年11月18日，第3版，《奇台商民自动缩进铺面，扩大街道面积》。

⑤ 《新疆日报》，1939年4月4日，第3版，《商会昨开三十七次例会，议决续租影片六套，商营汽车暂定五十辆》。

清末民初到20世纪40年代初，迪化就有“天津小杨柳青”之称。以城内的大十字为中心，东、西、南、北各街，是边城第一商业中心，“南大街多晋商，藩后街多津商，东大街则众帮杂处”[①]。各行各业的大小商店90%都是商帮中的津帮经营的，商品以京津杂货为主，“城内商务握于津帮之手”[②]。每天晚上，各食品店还开夜市。尤其是十字街一带，天津各种风味小吃，及干果鲜货，琳琅满目，形成了津帮商业网。如1938年迪化城共有1200多家店铺，津商经营的就占一半。[③]

随着城市的发展，迪化南关（现解放南路）在20世纪20年代，则逐步形成了另一条商业街，最繁华的地段为南门外、二道桥一带。这里很有民族特点，商务以“缠头回商(即维吾尔商人)最占优势”[④]，还有少数回、汉商人，是边城的第二商业中心，以经营土特产为主，如喀什等地的土布，和田的丝绸、地毯、桑皮纸，南疆各地的干鲜果品及苏联的一些商品。

这些繁华的中心商业街区，各种商店林立，集散功能很强，对人口流动和物资流动、购物消费起着聚焦作用，改变了城市的结构和布局。

其次为近代工业地带的出现。家庭手工业和作坊手工业是封建城市的重要组成部分。而近代机器工业则是资本主义生产方式的核心。它的产生标志着社会生产力在性质上发生了深刻的变化。据1943年统计，近代全省各种机器马力总数的36%[⑤]集中在迪化。汉族商帮人士创办的近代工业企业从厂址看，抗战前的一些工业主要分布在今乌鲁木齐天山区范围内。具体如永丰电灯公司（1927年商人吴兆雄发起筹办，官商合办，今明德路）、德元电业公司（1934年津商杨元富创办，在今大十字以北天百名店一带）、迪化新光电灯公司（1936年津商杨元富、周海东发起创办，官商合办，今胜利路）等。全面抗战爆发后，新疆从1937年起实施第一期三年计划，地方工业大兴。就省会而言，第一期三年计划

---

① 谢彬著，杨镰、张颐青整理：《新疆游记》，新疆人民出版社1990年，第46页。

② 《新疆之经济（续）》，《中外经济周刊》1925年第103期，北京经济讨论处发行，第14页。

③ 陈纪滢：《新疆鸟瞰》，商务印书馆1941年，第230页。

④ 《新疆之经济（续）》，《中外经济周刊》1925年第103期，北京经济讨论处发行，第14页。

⑤ 李溥霖：《十年来新疆的经济建设》，中国国民党新疆省党部新新疆月刊社编：《新新疆》第1卷第1期（1943年4月12日出版，新疆日报社印），第63页，表格《本省各地机器马力分布表》。

由商帮独资创办或与官股合资创办的工业企业主要有：迪化电灯厂（商办，迪化新光电灯公司投资主办）、迪化修理汽车机件总工厂（官商合办）、迪化机制面粉厂（商办）、迪化制油厂（商办，由以商帮人士为主的新疆总商会承办）[①]、迪化制酪厂（商办）、迪化制糖果厂（商办）、迪化自来水公司（官商合办）、迪化精盐公司（商办）、迪化第二锯木厂（津商崔善祥创办，商办）、迪化皮革厂（商办）[②]等纷纷出现。主要为电力、机床、食品、木材加工、皮革等轻工业，与内地比较，水平不高，如迪化机制面粉厂，1943年每日生产面粉5000斤[③]，但毕竟为近代化的工业生产方式，促使迪化的城市结构形态由封建的自闭型逐渐向具有近代经济行业的新型城市转变。

第三节　商帮促进新疆文化建设的近代化

商帮在新疆近代文化史上发挥了重要作用。众所周知，社会包括三个子系统：政治、经济、文化。文化是其中不可或缺的一部分。一般地讲，文化建设是指发展教育、科学、文学、艺术、新闻出版、广播电视、卫生教育、图书馆、博物馆等各项文化事业的活动。文化建设既是建设物质文明的重要条件，也是提高人们思想觉悟和道德水平的重要条件。

就商帮促进新疆文化建设的近代化而言，主要涉及近代教育、体育等领域。

一、推动新疆近代教育事业发展

民国杨增新、金树仁时期（1912—1933）奉行闭关自守和极端的愚民政策及文化封锁政策，对于教育的投入经费也微乎其微，只占财政支出的2%[④]，因此杨、金时期新疆的教育事业极不发达。

1933年新疆爆发“四·一二”政变，金树仁政权被推翻后，情况才有了转

---

① 设计委员会编:《新疆第一期三年计划书》，新疆日报社1936年，第102页。

② 这些新式工厂见张大军《新疆风暴七十年》(第7册)，台北兰溪出版社1980年，第3886—3890页。

③ 李溥霖:《十年来新疆的经济建设》，中国国民党新疆省党部新新疆月刊社编:《新新疆》第1卷第1期(1943年4月12日出版，新疆日报社印)，第64页。

④ 张大军:《新疆风暴七十年》(第5册)，台北兰溪出版社1980年，第2891—2892页。

变。据1933年来新的吴蔼宸记载，“迪化文化落后，书纸店极少，且所售多残旧小说，以及医、卜、堪舆等书，不堪入目”。自从迪化设立了博达书馆，“与商务图书馆订有特约，运来新书多种，情况才好些。……该馆图书尤为畅销，《东方杂志》最受社会欢迎，随到随尽”[①]。待盛世才击败各个政敌控制新疆政权后，早期采取了一些进步措施，最后逐步完善成“反帝、亲苏、民平（民族平等）、清廉、和平、建设”六大政策。在联共党员、中共党人和进步知识分子的帮助下，新疆两期三年计划时期（1937—1942）的教育事业出现了前所未有的蓬勃发展局面。官办的各种教育，如小学义务教育、高中等教育、少数民族教育、妇女教育、职业教育、社会教育等方面都获得了飞速发展。

新疆的商帮人士一向都很重视教育，他们推动新疆教育发展的贡献主要表现为：（1）出资创办私立学校，因为盛世才时期的官办教育事业非常发达，所以民办私立学校主要集中在杨增新、金树仁治新时期；（2）为各级学校捐款、捐物、修建教室与校舍。（3）支持汉族文化促进会的发展；（4）推动妇女教育发展。

商帮人士经营民办学校的方式有两种，一种是以其地缘组织——会馆的形式来办学，另一种是商帮人士集资办学。

杨增新、金树仁时期，因教育落后，官办学校太少，为解决商帮子女的上学问题，于是商帮人士便以会馆的名义来办学。如前文提到的省城迪化陇帮商人的地缘组织——甘肃会馆，于1930年开办了一所中山小学，共有四个班，学生102人，大都是甘肃同乡子弟。省城迪化湘帮与鄂帮的地缘组织——两湖会馆于1931年开办了一所两湖子弟小学，共有两个班，学生97人。[②]

商帮人士集资办学方面，“执新疆商界之牛耳”的津商在该领域表现突出，有一定作为。以伊犁宁远（今伊宁市）的津商为例，1932年该地的津商集资创办了“宁远私立汉族三民小学”，解决了当地汉族子女上学难的问题。这所民办小学用的是新式课本，教授近代文化课程，课程有语文、算术、图画、体育，每天还有一节维吾尔语课。那时，人们的思想不开化，虽然上学不要学费、吃饭不要钱，但是人们还是不愿意让孩子上学，学校只有稀稀落落的几个学生。

---

① 吴蔼宸著，田杉整理：《边城蒙难记》（原名《新疆纪游》），新疆人民出版社2010年，第98页。

② 昝玉林：《会馆漫记》，中国人民政治协商会议乌鲁木齐市委员会文史资料研究委员会编：《乌鲁木齐文史资料》（第8辑），1984年（内部资料），第84页。

见此情景，津商晏恩波就赶上马车挨家挨户去接送孩子。[①]

伊犁宁远（今伊宁市）的津商除了开办私立小学，还在当地集资创办了一所中学。1935年，由新疆省教育厅拨款，津商和各界商户踊跃集资建立校舍，又成立了省立伊宁中学校，俗称五族中学。[②]后因师资力量不足，加上资金困难，就交给市政府，改称伊宁市中学，即现在的伊宁第八中学。

为各级学校捐款、捐物方面，新疆各地的商帮人士积极踊跃。省会迪化方面，1939年1月迪化的商帮人士沙致祥热心教育，捐助迪化老满城县立小学校桌椅费80余万两（省票银）、洋炉费20余万两（省票银）。[③]

新疆地县的商帮人士对于当地的教育事业也积极支持，大量捐助煤炭，帮助学校度过寒冬。1938年11月，北疆的孚远县（今吉木萨尔县）商会会长、商帮人士李天荣，“鉴于近日天气渐寒，而学校炭资尚未拨发”，孚远县小学的小学生“每日在教室上课，冷不可当”，遂“慨捐生炭一千斤，……嘉惠学子不浅”。[④] 1939年11月，北疆昌吉县各小学校因“炭资微薄，不敷需用，均以冬炭成为问题”，该地商号“永盛德煤窑”经理陈席珍“对于教育极端热心，……慨捐煤12万斤，以供各校之燃料，使各校之青年学生感谢异常”。[⑤]

一些商帮人士还捐资帮助学校修建教室、校舍等硬件设施。1939年2月，北疆的阿山地区公私学校已达70处以上，商人“张伯宸深明大义，热心公益。……先后捐款6000万两（省票银）修筑教室、校舍等，故阿山教育局呈请政府奖励”[⑥]。张伯宸是“裕源公司”经理，1939年3月又捐1亿两（省票银）建修阿山中学校舍40间。[⑦]

为进一步激发包括商帮在内的社会各界的助学热情，1940年6月省政府教

---

① 《新疆日报》，2006年5月11日，第7版，燕玲:《赶大营：一曲长歌唱到今》(晏恩波的女儿晏鸿书口述)。

② 《新疆日报》，2006年5月11日，第7版，燕玲:《赶大营：一曲长歌唱到今》。

③ 《新疆日报》，1939年1月28日，第3版，《沙致祥热心教育，帮助政府建设学校》。

④ 《新疆日报》，1938年11月29日，第3版，《李天荣邵文热心教育，慨捐生炭各一千斤》。

⑤ 《新疆日报》，1939年11月14日，第3版，《昌吉陈席珍热心教育，慨捐大煤十余万斤，各校联合开欢迎会》。

⑥ 《新疆日报》，1939年2月2日，第3版，《阿山商人张伯宸热心教育，前后两次捐六千万两》。

⑦ 《新疆日报》，1939年3月5日，第3版，《荣誉商人张伯宸，捐省票1亿建中等学校，前后捐款一亿六千余万》。

育厅还公布了《奖励捐资兴学办法》[①]。

商帮人士还积极支持各地汉族文化促进会的发展。1938年11月，迪化火神庙的会首“元泰堂”（秦帮）、“义和成”、“利顺成”（津帮）、“继美丰”（秦帮）、“凝德堂”（秦帮）、“德记号”、“万福永”、“泰和永”、“福兴楼”共9家商号将火神庙侧一块空地，以省票银800万两的价格卖给了晋商商号“集义生”，然后将此款“送交汉族会（总会），以发展文化之用”。汉族文化促进会称赞商帮人士为“深明大义、热心文化”[②]。

新疆地县的汉文分会也得到了商帮人士的支持。1938年11月26日，南疆焉耆县汉文分会召开筹备会议，“燕、豫商帮负责人自动将旧日保管之纹银一千五百两，（省）票银二百多万两，送交汉文会作为基金”[③]。北疆阿山（今阿勒泰地区）的商人张伯宸于1938年捐助省票银220万两给当地的汉族文化分会。[④]

商帮人士对于妇女教育十分重视。1939年1月17日新疆总商会会长兼津商石寅甫主持召开了执监委第47次例会，以商帮人士为主体的执监委积极支持妇女教育发展，决议“成立商界妇女识字夜校，以提高商界妇女文化水准”[⑤]。新疆各地县的商帮人士对于修建女校，同样予以积极捐助。1939年6月，北疆乌苏县建修女子小学，商帮商号“正兴□”号经理安维新捐款10万两（省票银）。[⑥]

二、推动新疆近代体育事业发展

从西方传来的近代体育运动，如篮球、排球等在新疆的传播，主要得益于

---

① 《新疆教育年鉴》编辑室编:《新疆教育大事记（公元520—1998）》，新疆教育出版社1999年，第34页。

② 《新疆日报》，1938年11月20日，第3版，《火神庙会首热心文化，协助汉文会经费八百万两》。

③ 《新疆日报》，1938年12月23日，第3版，《焉耆成立汉文分会，推陈立祥于德一为执监委长，三省会馆及燕豫商帮慨捐产业储金》。

④ 《新疆日报》，1939年3月5日，第3版，《荣誉商人张伯宸，捐省票1亿建中等学校，前后捐款一亿六千余万》。

⑤ 《新疆日报》，1939年1月18日，第3版，《总商会第四十七次例会，通过拥护政府发行新币办法，实行减价售货三天以表拥护热忱，为提高商界妇女文化筹设识字班》。

⑥ 《新疆日报》，1939年6月21日，第3版，《乌苏建修女校，各界捐款四百万》。

政府的积极推广，但不能不看到商帮慷慨出资捐助各种近代体育活动的行为，属于锦上添花，激发了更多的人积极参与其中，促进了新疆体育事业的近代化进程。

20世纪30—40年代，政府在新疆各地广泛修建公共活动场所，特别是体育场大量出现。如1936年奇台县建公共体育场，内设篮球场、跷跷板、巨人步等体育设施。[①]1936年12月，呼图壁县一座长110米，宽70米的公共体育场落成，内设篮球场1处、秋千1个、杠子1个、浪木1个。[②]1936年12月，迪化市动工兴建公共体育场。[③]1938年7月6日，精河县设立公共体育场。[④]1941年，伊宁、塔城也筹建了体育场。[⑤]据统计到1944年，全省各地共有体育场58处[⑥]，虽然这些体育场设备简陋、管理欠妥，但在民众生活中开始占据一定的地位，成为公共生活的重要场所。这些场所的出现，极大地推动了西方近代体育运动在新疆的传播，如篮球、排球、足球、田径等比赛，促进了大众体育活动的开展。

商帮人士十分热心新疆近代体育事业发展。1936年9月15日新疆第三届全省运动会在迪化召开，共有参赛选手774名，比赛项目以田径、球类赛为主，共有4万余名观众观看比赛。[⑦]为支持新疆体育运动的发展，商帮人士给第三届全省运动会捐赠了大量奖品。以商帮人士为主体的新疆总商会赠送壳怀表一打。[⑧]秦帮商人以陕西会馆的名义捐赠了物品，具体有裁纸、胶棒、小洋刀三打，手套二打，运动袜二打，小手套五打，香皂六打，毛笔一百支。[⑨]不仅某一具体商帮以本帮派的名义积极支持运动会，第三届全省运动会还

---

① 赵学仁:《建国前奇台县体育活动概况》，奇台县政协文史资料委员会编:《奇台文史》（精编本），新疆新华印刷厂2006年（内部资料），第442页。

② 《新疆日报》，1936年12月5日，第2版，《呼图壁公共体育场落成》。

③ 《新疆通志》编撰委员会:《新疆通志·城乡建设志》，新疆人民出版社1995年，第39页。

④ 博尔塔拉蒙古自治州地方志编纂委员会编，刘震主编:《博尔塔拉蒙古自治州志》，新疆大学出版社1999年，第28页。

⑤ 《新疆日报》，1942年1月1日，第6版，《1941年新疆的建设》。

⑥ 张大军:《新疆风暴七十年》（第10册），台北兰溪出版社1980年，第5727页。

⑦ 《新疆日报》，1936年9月22日，第2版，《第三届全省运动大会，开幕后之两日纪实》。

⑧ 《新疆日报》，1936年12月4日，第4版，《捐赠全运会的奖品（续）》。

⑨ 《新疆日报》，1936年9月15日，第2版，《本市各界纷纷赠全运会大批奖品》。

得到了商帮个人（时任新疆总商会会长津商周海东以个人名义赠银杯一个[①]）、40家商帮商号[②]的大量捐赠，其中可查出准确商帮派别的商号以津帮商号最多，有20家，分别为“福泰成”“春茂合”“春盛祥”“德聚和”“德元厚”“文义厚”“义昌裕”[③]“德元公司”“同泰兴”“复泉涌”“德昌源”“同盛和”“利顺成”[④]“复兴永”[⑤]“吉和成”“同义兴”[⑥]“庆记”“义善长”“复昌隆”[⑦]“永盛和”[⑧]。

津商石寅甫经营的“福泰成”商号给第三届全运会捐赠自来水网笔20打。[⑨]津商杨家琛[⑩]经营的商号“春茂合”捐赠给第三届全运会的物品有化学代线铅笔2打、十二色蜡笔2套、白铜墨盒5个、跳舞花10枝[⑪]。津帮商号“春盛祥”捐赠化学代线铅笔2打、十二色蜡笔2罗、白铜墨盒5个、跳舞花10枝，津帮新八大家之一“德聚和”捐赠湖笔50支，津帮商号“德元厚”捐赠西洋服背带6个，

---

① 《新疆日报》，1936年12月4日，第4版，《捐赠全运会的奖品（续）》。

② 这40家商号的统计数字是根据《新疆日报》1936年12月4日、5日、6日、9日、10日、11日第4版《捐赠全运会的奖品（续）》计算而得。——作者注

③ 义昌裕的帮派属性，见《杨柳青商人在新疆》（译稿），日本满铁华北经济调查所1943年9月9日油印本，见天津市口述史研究会、天津市西青区政协合编《丝路津商——赶大营资料汇编》，天津人民出版社2014年，第190页。

④ 利顺成的帮派属性，见《杨柳青商人在新疆》（译稿），日本满铁华北经济调查所1943年9月9日油印本，见天津市口述史研究会、天津市西青区政协合编《丝路津商——赶大营资料汇编》，天津人民出版社2014年，第190页。

⑤ 复兴永的帮派属性，见《杨柳青商人在新疆》（译稿），日本满铁华北经济调查所1943年9月9日油印本，见天津市口述史研究会、天津市西青区政协合编《丝路津商——赶大营资料汇编》，天津人民出版社2014年，第191页。

⑥ 同义兴的帮派属性，见《杨柳青商人在新疆》（译稿），日本满铁华北经济调查所1943年9月9日油印本，见天津市口述史研究会、天津市西青区政协合编《丝路津商——赶大营资料汇编》，天津人民出版社2014年，第190页。

⑦ 复昌隆的帮派属性，见《杨柳青商人在新疆》（译稿），日本满铁华北经济调查所1943年9月9日油印本，见天津市口述史研究会、天津市西青区政协合编《丝路津商——赶大营资料汇编》，天津人民出版社2014年，第190页。

⑧ 迪化永盛和的创办者为津商乔印福，见《永盛和百货店》，刘荫楠:《乌鲁木齐掌故》（一），新疆人民出版社2001年，第145页。

⑨ 《新疆日报》，1936年9月15日，第2版，《本市各界纷纷赠全运会大批奖品》。

⑩ 关于春茂合的帮派属性及经理人情况，见《杨柳青商人在新疆》（译稿），日本满铁华北经济调查所1943年9月9日油印本，见天津市口述史研究会、天津市西青区政协合编《丝路津商——赶大营资料汇编》，天津人民出版社2014年，第188页。

⑪ 《新疆日报》，1936年12月4日，第4版，《捐赠全运会的奖品（续）》。

津帮商号“义昌裕”捐赠书包5个，津商杨元富创办的德元公司捐赠文具2个、铅笔刀2个、铅笔1打。[①]津商韩君璧创办的“永康号”百货商店捐赠白铜墨盒5个、十二色图画2打、粗铅条5盒、细铅条5盒。津商韩宗耀经营的“同泰兴”捐赠文具6件、铅笔刀6个。津商周海东经营的“复泉涌”商号捐赠西洋文具墨水壶4个，津帮商号“俊兴德”捐赠自来水笔3打，津商崔善祥经营的“德昌源”商号捐赠背心10件、手套10副、羊毫笔50支、香墨50块。[②]津帮商号“同盛和”捐赠湖笔50支，商号“德源永”捐赠饼干45盒，津帮商号“利顺成”捐赠色蜡笔6打、钢笔12打、铜书钉5盒、牙刷子1打、印花纸2盒，商号“德和昌”捐赠洋账本92本、铅笔9打、肥皂若干，津帮商号“复兴永”捐赠航空铁盒20盒。[③]津帮商号“吉和成”捐赠小楷笔10支、铁盒十二色1打、橡皮2打、铅笔刀11个。津帮商号“永盛和”捐赠手套1打，日记本20本。[④]津帮商号“同义兴”捐赠药瘟丹150盒，津帮商号“庆记”号捐赠小楷笔30支，津帮商号“义善长”捐赠秋衣5件、俄国牙粉1打、呢便帽2顶、小楷笔10支，津帮商号“复昌隆”捐赠秋衣半打、小楷笔25支。[⑤]

对于1938年9月新疆省政府举办的第四届全省运动会，商帮人士同样一如既往地予以支持，捐赠奖品。以商帮人士为主体的新疆省城总商会捐赠银盾一座、银花瓶一对。[⑥]津商崔善祥经营的“德昌源”商号捐赠银盾一座[⑦]，津商石寅甫经营的“福泰成”商号捐赠银瓶一对[⑧]。津帮商号“义昌裕”捐赠练习本1打，津帮商号“德元厚”捐赠铅笔500支。陇帮商人以甘肃会馆的名义捐款5万两省票银。[⑨]

1945年2月4日，迪化省立民众教育馆举办春节溜冰大赛，得到了众多机关法团的赞助。在商帮人士的支持下，迪化市总商会捐助金额最多，为新币

① 《新疆日报》，1936年12月5日，第4版，《捐赠全运会的奖品（续）》。
② 《新疆日报》，1936年12月6日，第4版，《捐赠全运会的奖品（续）》。
③ 《新疆日报》，1936年12月9日，第4版，《捐赠全运会的奖品（续）》。
④ 《新疆日报》，1936年12月10日，第4版，《捐赠全运会的奖品（续）》。
⑤ 《新疆日报》，1936年12月11日，第4版，《捐赠全运会的奖品（续）》。
⑥ 《新疆日报》，1938年11月29日，第4版，《第四届全运会申谢启事（续）》。
⑦ 《新疆日报》，1938年11月25日，第4版，《第四届全运会申谢启事（续）》。
⑧ 《新疆日报》，1938年12月30日，第4版，《第四届全运会申谢启事（续）》。
⑨ 《新疆日报》，1938年12月15日，第4版，《第四届全运会申谢启事（续）》。

4000元。[①]

不但省城的商帮人士积极支持近代体育运动事业，新疆其他地县的商帮人士同样予以了热情捐助。如1938年9月新疆省政府举办的第四届全省运会就得到了伊犁的商帮人士的捐赠。伊犁的商号“文义成”捐铅笔5打，“合记”商号捐省票银1万两。[②]伊犁的“振大号”“□兴复”“新泰合”这三家汉族商号各捐省票银5000两，“复生涌”商号捐省票银1万两。[③]又如1941年9月奇台县召开第三届运动会第二次筹委会议，有4家单位捐款，其中商帮人士占主体的奇台县工商会捐助经费150元。[④]

综上所述，可见近代新疆文化建设的近代化，诸如教育、体育等领域，政府起了主要作用，特别是盛世才治新的两个三年计划时期（1937—1942），上述领域有了迅猛发展，跟以前相比，可谓有了翻天覆地的变化。即便如此，在这些领域中仍然可以看到商帮人士积极作为的身影。

在教育方面，商帮人士创办新式学校主要集中在杨增新、金树仁治新时期。由于这一时期新疆的官办教育发展极端滞涩落后，他们创办的新式学校对区域内的学生们来说，可谓甘霖雨露，具有启蒙作用。后来盛世才治新时期，由于政府的大力推动，教育事业飞速发展，商帮人士对教育的贡献就是积极为学校捐款。

新疆各级政府倡导举办的体育运动会，涉及田径及篮球、排球、足球等球类比赛，主要集中于20世纪30—40年代，参与的民众，一方面锻炼了身体及意志，另一方面也培养了团结、竞争的团队精神，使得新疆民众开始融入近代社会公共生活。而商帮人士捐资捐物支持此类体育运动，是一种双赢行为，既是一种营销方式，又为新兴起的体育活动提供了物质奖励及资金外援，促进了新疆体育事业的近代化。

---

① 《新疆日报》，1945年2月8日，第1版，《省立迪化民众教育馆主办春节民众溜冰大会筹备会启事》。

② 《新疆日报》，1938年12月11日，第4版，《第四届全运会申谢启事（续）》。

③ 《新疆日报》，1938年12月13日，第4版，《第四届全运会申谢启事（续）》。

④ 《新疆日报》，1941年9月9日，第3版，《奇台三届运动会，决定发动农民参加》。

第四节　商帮促进新疆社会生活的近代化

辛亥革命后，近代工业文明的传播和欧风美雨的阵阵袭来，使得封建社会的上层建筑及其意识形态受到猛烈冲击，人们的社会生活发生了显著的变异，增添了新的内容，也影响了社会风气。新疆民众的社会意识、生活习俗也发生了潜移默化的变化。以前，人们视洋货为“奇技淫巧”，而民国以后，人们开始坦然接受，“衣食居住之模仿欧风，日用品物之流行洋货，其势若抉江河，沛然莫御”[①]。市场上新机制品的涌现，激发了人们的消费欲望，促成了传统保守观念的变更，以及人们生活习俗和心态的变化。

商业活动同一切经济活动一样，总是在一定的社会历史文化背景下进行，这就不可避免地触及许多非经济因素，而这些非经济因素反过来又影响包括商业在内的经济运动，使之成为相互交叉、彼此影响和互为制约的复合运动过程。

这一时期，商帮人士的商业活动在促进新疆人民的物资消费生活、婚姻家庭生活、娱乐生活、公共卫生等生活形态方面的近代化变迁发挥了重要作用。当然，与同一时期的内地相比，尤其是上海、天津等大城市，其商业领域已出现了先施、永安、中原等大型百货公司、商场，性质为股份有限公司，资本多为几百万港元，是超越了杂货店、小百货商店，而逐步发展起来的一种新型资本主义商业企业。而新疆由于多种因素的制约，相对而言，还处于一种较原始、低层次的商业网点状态。尽管如此，通过商帮的活动，新疆商业的发展还是促使了象征西方物质文明的电灯、留声机、自行车、电影院等在新疆相应出现，使人们的传统生活方式向近代化演进。如20世纪30年代，津商杨元富创办的德元电业公司利用发电机试装电灯。[②]他们给迪化大十字附近的商帮商号装上电灯，还安装了大十字一带的路灯。20世纪30—40年代，留声机由商帮人士从内地运至新疆迪化，新疆民众称之为“话匣子”或“戏匣子”。在民间，凡娶亲、过寿、生子等喜庆日子宴请宾客的时候，“话匣子”成为必不可少的娱乐设备。

---

① 伦父:《论社会变动之趋势与吾人处世之方针》,《东方杂志》第9卷第10期（1913年4月1日），上海商务印书馆发行，第2页。

② 裕侠:《德元电业公司拾遗》，中国人民政治协商会议乌鲁木齐市委员会文史资料研究委员会编:《乌鲁木齐文史资料》（第2辑），新疆青年出版社1982年，第40—41页。

20世纪20年代，迪化街头出现了自行车，都是津商运来的舶来品，有英国的“站人”“三枪”牌，及产自苏联、日本、美国各种品牌的自行车。1932年，新疆历史上第一家电影院——津商创办的德元电影院在迪化诞生。公共卫生领域，政府虽然起主导作用，但商帮仍然有一定作为，他们开设西医药店、诊所；逢有鼠疫、天花、伤寒等疫病流行，商帮人士积极协助政府扑灭疫情；对于街道环境卫生建设也非常热心，认真清扫店铺门前积雪，并踊跃捐款购买清运垃圾的卫生车；创设公共浴室，促进民众身体健康。

总之，在商帮人士的努力下，新疆商业的发展与繁荣，迅速地显示了它的活力，使城市的面貌日新月异，生活于其中的人们也不自觉地步入了近代化的生活模式。

一、物资消费生活的变迁

商帮人士促进新疆物资消费生活的近代化，主要体现在衣、食、住、行等方面。

（一）服饰、发型的变化

近代服饰的多样化是日常生活中变化最显著的，衣服以西装、夹克、中山装取代长衫、短襟。民国初年，西式服装在新疆人的生活中初露端倪，人们开始尝试穿西装。由于不熟悉西式服装的搭配原则，最初人们的着装显得有点不伦不类。在喀什，“许多的汉族人穿上了欧式服装，但看上去并不庄重，很可笑”[①]。只有到了20世纪30—40年代，西装在新疆才真正地风行起来。新疆“当时也习惯穿西装，但都不结领带”[②]。40年代“西装一套200元（新币，合法币5元）”[③]。据参加西北工业考察团的李烛尘亲眼所见，1942年的伊犁城中，“无论官吏平民，均是西装革履”[④]。可以说，服饰的丰富多彩正是新疆社会生活近代化进程中开放性的一种表现。

---

① ［英］凯瑟琳·马嘎特尼著:《外交官夫人的回忆》，王卫平译，新疆人民出版社1997年，第170页。

② （满族）艾里:《“藐姑仙子下天山”——茅盾先生在新疆主持文协工作的点滴回忆》，陆维天编:《茅盾在新疆》，新疆人民出版社1986年，第205页。

③ 迪化通讯:《生活在迪化》，《福建训练月刊》1943年第2卷第6期，第59页。

④ 李烛尘:《西北历程》，载蒋经国《伟大的西北》，宁夏人民出版社2001年，第140页。

由于西洋服装的流行，西方的缝纫方式兴起，一些商帮人士开设了西式缝纫店，这些西装店无疑进一步推动了新疆民众的服饰变迁。迪化南大街的商号“裕丰德绸缎呢绒百货店”，为适合人们的需求，于1936年6月7日附设了一家西服庄，聘请著名西服技师，“专做男女新式西服，式样之美观，衣料之新丽，俱能合时代化。而价格之低廉，工艺之精巧，尤开迪市洋服商之新纪录”[①]。

除了服装款式的变化，人们对服装功能的认识理解也进入了更高层次。商帮人士1948年在迪化开设的“建国西服店”，在报纸上的广告词为“专做各种时装，男女大衣”[②]。注意“时装”这个词的使用，可见民国后期，新疆城市居民的着装品位已经脱离了服装的遮羞蔽体、御寒等初级功能，进而加入了审美、时尚等元素。

裁剪西式服装的新式缝纫工具——缝纫机从俄国（苏联）进口到新疆。据1898年（清光绪二十四年）来到喀什噶尔的英国驻新疆领事——马继业的夫人记载，“喀什噶尔的裁缝们也开始用上了辛格牌缝纫机”[③]。伴随着缝纫机的进口，新疆出现了商人经营的缝纫机专修店，如山东商人栾平均在迪化创办的“缝纫机专修店”[④]，除修理缝纫机外，还承修自行车、留声机、汽灯等，该人有“百巧百能”之美称。那时迪化市面上经销的缝纫机，都是从苏联进口，有脚踏式三斗卧箱和明箱手摇式两种。如果谁家的缝纫机部件发生故障，请栾师傅修理，确实是手到“病除”。他修理从苏联进口的用脚倒闸的自行车，更是得心应手。

人们的发型也发生了变化。辛亥革命推翻了清王朝后，民国政府推出了一系列移风易俗的举措。在发型方面，最明显的就是剪辫，民国政府提倡剃光头。杨增新、金树仁政府“闭关自守”时期，无论哪一界的人都是剃光头。但随着对外经济文化的交流，近代东洋式、西洋式的发型流入新疆，人们称为东洋（日本）式的“平头”和西式的“分头”“背头”。如1918年樊耀南就是留着“东洋头”来到乌鲁木齐的。[⑤]

---

① 《新疆日报》，1936年6月21日，第4版，《裕丰德绸缎呢绒百货店，附设西服庄广告》。

② 《新疆日报》，1948年5月17日，第3版，《建国西服店开幕启事》。

③ ［英］凯瑟琳·马嘎特尼著：《外交官夫人的回忆》，王卫平译，新疆人民出版社1997年，第60页。

④ 刘荫楠：《栾平均的缝纫机专修店》，《乌鲁木齐掌故》（一），新疆人民出版社2001年，第94页。

⑤ 杨梦九：《从“带诏”到理发馆》，中国人民政治协商会议乌鲁木齐市委员会、文史资料研究委员会编：《乌鲁木齐文史资料》（第12辑），新疆青少年出版社1986年，第95页。

到了30年代初，蓄发风气在新疆逐渐兴盛起来后，一些商帮人士开始从事新式理发业。如在津商李养泉开办的“玉清池浴室”从事理发工作的盛自云[①]，就是当时理男士新发型和女式短发的最早理发师之一。女子的发型也有了变化，以短发、烫发取代“辫子”“螺髻”。迪化东大街津商韩庆玉创办的“庆玉理发店”，以其店中有全城第一位女理发师陈文秀师傅[②]而著名。该店每天理发的人川流不息，特别是省立女子中学（今乌鲁木齐市第八中学）的女学生们，常常到该店来修剪当时流行的“童花头”发型，这种发型美观大方，且梳洗方便。

到解放前，商帮人士在迪化共设立了10余家[③]新式理发馆，给人们理蓄东、西各种发型。特别是位于当时迪化东大街，三江帮江苏商人刘衡财创办的“上海理发馆”[④]设备最为先进，设有活动理发椅，以及吹风、烫发等现代化理发工具，生意非常兴隆。

（二）饮食的变化

首先，晚清民国年间伴随着商帮人口的流动，中原各种菜系（川菜、鲁菜）、风味小吃（天津风味、山西风味、陕西风味）等中原饮食引入新疆，大大丰富了新疆民众的饮食结构，促进了中原与新疆之间饮食文化的交流与发展。

商帮人士在城市中开设较大规模的饭店，经营各种南北大菜及中原风味小吃，集中、广泛地传播了中原菜系、风味小吃等中原饮食文化。特别是津商宫德铭于1893年（清光绪十九年）在伊犁惠远城（今霍城县）开设的“会芳园”[⑤]，以家什之精、烹调之巧、食物之丰、菜肴之盛，驰名全疆，经营面积2000多平方米，每日的经营收入都在百两银子以上。“会芳园”经营包办喜、婚、丧三方面的筵席，经营南北大菜，尤其擅长烧烤席，一天可开一二百桌酒席，高级山

---

① 刘荫楠：《理发师盛自云》，《乌鲁木齐掌故》（一），新疆人民出版社2001年，第99页。

② 刘荫楠：《第一位女理发师》，《乌鲁木齐掌故》（一），新疆人民出版社2001年，第100页。

③ 该数据系根据杨梦九《从“带诏”到理发馆》（《乌鲁木齐文史资料》（第12辑），新疆青少年出版社1986年），以及刘荫楠《第一位女理发师》（《乌鲁木齐掌故》（一），新疆人民出版社2001年）计算而得。

④ 杨梦九：《从“带诏”到理发馆》，中国人民政治协商会议乌鲁木齐市委员会、文史资料研究委员会编：《乌鲁木齐文史资料》（第12辑），新疆青少年出版社1986年，第94页。

⑤ 宫志刚：《会芳园史话》，天津市西青区政协文化文史委员会编：《西青文史》（第11册·赶大营专辑），2010年（内部资料），第162页。

珍海味如海参、鱼翅、燕窝、鱼唇、鲍鱼、蟹黄、蟹腿、鱿鱼等应有尽有，均购自天津、北京、江西、南京、云南、福建、两湖等地。"会芳园"的"炒、煎、炸、泡、扒、浸、烩、炖、蒸、烤"等烹调技术有其独特的技巧，做出的菜肴有脆、香、酥、肥、浓、鲜之美味，全烤席有120道菜肴，羊蹄一种可做出20道菜。"会芳园"可同时容纳40多桌，300多人吃饭。1893年至1933年为其最发达兴旺的时期。

图 8–2　创办"会芳园"的津商宫德铭[①]

在省会迪化，1907年（清光绪三十三年）有24家饭店，除了8家回民饭店外，其余的16家饭店均由商帮人士开办，比例高达67%。[②]迪化的汉餐老饭店中最著名的有三家，称为"三园"，具体为"鸿春园"、"三成园"（又写作三成元[③]）、"永庆园"。

"鸿春园"开业于1890年（清光绪十六年）[④]，由川商王恺川、陈兴顺、郑连

---

① 照片来源于宫志刚《会芳园史话》，天津市西青区政协文化文史委员会编：《西青文史》（第11册·赶大营专辑），2010年（内部资料），第166页。

② ［芬兰］马达汉著：《马达汉西域考察日记（穿越亚洲——从里海到北京的旅行1906—1908）》，王家骥译，中国民族摄影艺术出版社2004年，第267页。

③ 《新疆日报》，1936年12月25日，第4版，《山西会馆公启》。

④ 《鸿春园饭店》，刘荫楠：《乌鲁木齐掌故》（一），新疆人民出版社2001年，第177页。另一说，开业于1904年（清光绪三十年），见《鸿春园的兴衰》，刘荫楠：《乌鲁木齐掌故》（二），新疆人民出版社2003年，第226页。

芳创办经营，1948年起经理是川商李南村。店址最初在满城（今建国路）钟鼓楼附近，字号叫“杏花村”，是迪化唯一的川菜小饭馆。1932年迁至北大街大兴巷口东北角（今解放北路小十字），改字号为“洪升园”。1940年左右迁至汉城参将巷内（今东风路工会大厦对面一带），字号改为“鸿春园”，解放后迁至小十字。“鸿春园”饭店有四大间门市，工作人员20多人，是当时迪化较大的川菜大饭店，经营南北大菜，可制作各种川菜达200余种，经常与顾客见面的有170余种。该店同时可开酒席30多桌，酒席分海参席、鸡肘席等，其四川名菜有糖醋鱼、麻婆豆腐等。该店解放后荣获“中华老字号”的美誉。

开业于20世纪初由晋商周茂、周文超父子创办的“三成园”饭店[①]久负盛名，它坐落在迪化北大街（今小十字青年照相馆北隔壁），有四大间门市，可同时开20余桌酒席，经营的传统菜有200余种，经常与顾客见面的不下150余种，从海参席到鸡肘席，高中低各种档次都有。该饭店的一大特色就是经营山西风味小吃，如笼蒸、油煎翡翠烧卖、山西刀削面、各种炒菜等。

“永庆园饭店”开业于20世纪20年代，由陇商烧烤大师杨树林创办[②]，坐落在迪化王爷庙上坡（今东风路一带），有三大间门市，工作人员20余人。该饭庄不仅能做南北大菜，还经营挂炉烧烤，挂炉烧烤是当时迪化的独家生意，较高级的宴会才会有烤乳猪、烤鸭。该饭店日常供应的各种炒菜有150多种，名菜有芙蓉鸡片、葱爆羊肉、珍珠面筋、拔丝山药等。

其次，各种海鲜产品通过商帮人士的活动从东部沿海进入西部新疆市场。新疆深处内陆，海鲜较少。据吴霭宸1933年记载，“迪化食品以鱼类最为欠缺。一日周海东（津商，总商会会长）送来无鳞鱼十余尾，……产自郊外水磨沟，为省城唯一之鱼类”[③]。

经过商帮人士的商业活动，各种海鲜类产品登上了新疆人的餐桌。在清末民初，仅津帮商号“同盛和”一家，每年运到新疆的海参、唇、肚、明骨、干贝、鲍鱼、鱼翅等干鲜海货就有300多驮。[④]

据马继业夫人记载，清末她参加喀什一个汉族官员的宴会，“依次大约有

① 《三成园饭庄》，刘荫楠:《乌鲁木齐掌故》(一)，新疆人民出版社2001年，第180—181页。

② 《永庆园饭庄》，刘荫楠:《乌鲁木齐掌故》(一)，新疆人民出版社2001年，第182页。

③ 吴霭宸著，田杉整理:《边城蒙难记》(原名《新疆纪游》)，新疆人民出版社2010年，第99页。

④ 王鸿逵、于焕文、谢玉明:《天津商帮“赶大营”始末》，天津市政协文史资料研究委员会、天津西青区政协文史资料研究委员会编:《津西古今采珍》，百花文艺出版社1993年，第39页。

40道菜——有肉食、菜蔬、鸡，各种各样的干鱼、海参、鸭、鱼翅、海带、莲子、藕，各种各样的蘑菇、甜食，还有各种非常别致的美味小吃，烤乳猪，最后还有燕窝汤。……对出席筵席的中国客人来说，这一顿饭可真是难得的珍馐美味，很多东西是从中国内地运来的，非常贵”①。又如1934年在哈密，斯文·赫定参加哈密卫戍司令张凤鸣的欢迎宴会，席间有“鸡肉丸子（和鸽蛋一起烩在汤里）、鱼翅、鱼籽、海藻、莲藕、竹笋、白馒头和其他珍馐美味，……据推测是从汉城集市上的商人那里抢来的”②。

再次，一些南方的水果及蔬菜品种也通过商帮的活动运入新疆，使新疆民众可食用的水果、蔬菜品种大为增多。

近代新疆的水果，不但有地产水果，还有从南方运来的水果。众所周知，新疆地产水果种类丰富，如葡萄、西瓜、哈密瓜等。南方的一些水果品种，主要依靠商帮的商贸活动运入新疆，丰富了人们的餐桌。据记载，道光年间新疆民众所食的水果中虽没有“杨梅、枇杷之类”，但有“橘、柚、柿、楂、栗、榄之鲜者，皆中国南方而来，其价数十倍”③。民国初年“山楂皆仰给予津商人输入品（尝）”④。1933年来新的吴霭宸赴宴，发现“席间居然有香蕉、蜜柑，乃由飞机带来者，新省人对此二物，均不之识，竟误认香蕉为小茄子”⑤。

新疆本地的蔬菜品种不多，近代新疆的商帮，特别是津商擅长蔬菜种植，他们从内地引入了白菜、茼蒿、丝瓜、苦瓜、百合、山药、红心萝卜、芹菜、韭菜、韭黄、芹黄等多种蔬菜，使新疆民众可食用的蔬菜种类繁多，有利于身体的营养平衡，促进了身体健康。具体如“白菜为直隶人输入种（植）”“葱、芹菜、番茄为天津人输入种（植）”“韭黄，天津、（河北）河间移住人有培养

① ［英］凯瑟琳·马嘎特尼著：《外交官夫人的回忆》，王卫平译，新疆人民出版社1997年，第67—68页。

② ［瑞典］斯文·赫定著：《马仲英逃亡记》，王嘉琳、凌颂纯译，宁夏人民出版社2003年，第38页。

③ （清）黄濬：《红山碎叶》，中国西北文献丛书编辑委员会编：《中国西北文献丛书（正编·第4辑）·西北民俗文献（第2卷）》（总第118卷），兰州古籍书店影印出版1990年，第108页。

④ 贾树模：《新疆杂记（续）》，《地学杂志》1917年第6—7期，中国地学会发行，第52页。

⑤ 吴霭宸著，田杉整理：《边城蒙难记》（原名《新疆纪游》），新疆人民出版社2010年，第101页。

之者”“苋菜、苦瓜为湖南人输入种（植）”。[①]

在商帮人士的努力下，道光年间新疆的绿叶菜品种已是“白菜、菠菜、芥菜等类皆有之，苋菜颇少”[②]。

最后，西式的面包、点心等餐饮通过商帮人士的活动，进入普通民众的生活。据清末俄属芬兰探险家马达汉记载，1906年（清光绪三十二年）叶尔羌地方官员为其举办的招待宴会上有洋酒，“洋酒品种有白兰地、甜酒、热香槟酒等”[③]。1907年（清光绪三十三年）马达汉采访流放到新疆迪化的辅国公载澜[④]，看到其住所“桌椅家具和圆桌上摆放的饮料比一般的多和更加欧式”[⑤]。1911年（清宣统三年）新疆的洋酒极贵，啤酒每瓶银2两，香槟酒大瓶每瓶14两[⑥]。可见，20世纪初的新疆，西式餐饮仅限于官方人士享用从国外进口的西式饮品。

二十世纪三十年代，西式的面包、点心等餐饮开始进入新疆普通民众的生活。如1939年11月商帮人士在迪化文庙街开设了一家“新新疆面包店”，制作销售“超等法国盐面包、乳油鸡蛋糖面包、酥油鸡蛋面包干”，并定做“西式各样镶花大点心、苏联式各种茶食糖果”。[⑦]1939年12月，商帮人士在迪化洋行街开设的“宝泰记糕点铺”，主营“西餐大点，种类甚繁”。[⑧]

二十世纪三四十年代，一家面向大众的西餐馆（后改名为博格达饭店）[⑨]在迪化出现。它由商帮人士王福（山东人，归国苏侨）与妻子乌克兰人玛莎于30年代初开创经营，是当时边城规模较大的一家典型俄式西餐馆。主要供应炸牛

---

① 贾树模：《新疆杂记（续）》，《地学杂志》1917年第6—7期，中国地学会发行，第45—47页。

② （清）黄濬：《红山碎叶》，中国西北文献丛书编辑委员会编：《中国西北文献丛书（正编·第4辑）·西北民俗文献（第2卷）》（总第118卷），兰州古籍书店影印出版1990年，第105页。

③ ［芬兰］马达汉著：《马达汉西域考察日记（穿越亚洲——从里海到北京的旅行1906—1908）》，王家骥译，中国民族摄影艺术出版社2004年，第55页。

④ 原书此处为载漪，有误；应为载澜。——作者注

⑤ ［芬兰］马达汉著：《马达汉西域考察日记（穿越亚洲——从里海到北京的旅行1906—1908）》，王家骥译，中国民族摄影艺术出版社2004年，第260—261页。

⑥ 温世霖：《昆仑旅行日记》，天津古籍出版社2005年，第154页。

⑦ 《新疆日报》，1939年11月9日，第4版，《新新疆面包店又开市了！》。

⑧ 《新疆日报》，1939年12月13日，第4版，《宝泰记发卖饼干点心》。

⑨ 刘铸梁：《王福的西餐馆》，中国人民政治协商会议乌鲁木齐市天山区委员会编：《天山区文史资料》（第4辑），新疆新华印刷厂1997年（内部资料），第110—111页。

排、炸猪排、面包、列巴、牛肉饼、苏伯汤等。[①]该餐厅的顾客，除南梁一带的苏侨、苏联驻迪化领事馆的工作人员外，附近单位的公务人员和学校的学生来这里就餐者也络绎不绝。

最后，商帮中的平津商人运来国产的“橘子糖、柠檬糖”，丰富了新疆市场的水果糖品种。但由于俄国的“白糖多系葡萄所制，色白味淡。纸包糖则中多带馅，外裹以花纸，食之可口，视之悦目，每磅在一元以上，普通人士多以之款客或消闲。嗜者甚多”。以至于“本国橘子糖、柠檬糖，渐为掠夺与摒弃”[②]。

（三）居所的变化

新疆定居区的传统民居为平房，房屋建筑材料以土木或砖木为主。据记载，省城迪化民居的“屋顶或平滑、或倾斜，皆因降水稀少而未覆瓦，仅用普通泥土熳抹”[③]。在游牧区，则多为逐水草而居的帐篷、毡房。

清末民初以来，伴随着津商的活动，中国最典型的民居建筑——四合院式结构的房屋，在新疆逐渐出现。省城迪化十字街（今大十字）周围，民国年间已经形成了四合院群体，主要是晚清民国年间进疆津帮商人的住宅区。具体分布在八条东西巷道（今文化路一带）、藩台巷（今明德路）、三角地、满城（今建国路）、北梁（今民主路一带）等处，有各种类型的四合院。最典型的是津商刘贵铭在藩台巷（今明德路）修建的四合院，占地450多平方米。[④]这些四合院的设计师主要是天津巧木匠王恩荣。[⑤]四合院住宅多是砖木结构，式样仿照北京的四合院，可住三户人家。屋顶是两坡水的，门窗都是花木格子糊粉连纸，室内隔墙采用木板，卧室设有火炕，可供冬季取暖；室内家具如桌、椅、立柜等都是天津式样。整个庭院是正方形的小院，中间砌着花池，种植各种鲜花，显得古朴、静谧。四合院蕴含着深刻的文化内涵，如四合院的营建极讲究风水；四合院的装修、雕饰、彩绘也处处表现出人们对美好、吉祥生活的追求，如以

① 刘铸梁：《王福的西餐馆》，中国人民政治协商会议乌鲁木齐市天山区委员会编：《天山区文史资料》（第4辑），新疆新华印刷厂1997年（内部资料），第111页。

② 该自然段引号中的文字，均出自吴绍璘《新疆概观》，南京仁声印书局1933年，第267页。

③ ［日］东亚同文会编，于维诚、潘喜明编译：《新修中国通志·新疆卷（一）》，新疆大学出版社1994年，第54页。

④ 刘荫楠：《天山区史话（建筑篇）》，中国人民政治协商会议乌鲁木齐市天山区委员会编：《天山区文史资料》（第7辑·城区建设专辑），2005年（内部资料），第124页。

⑤ 刘荫楠：《巧木匠王恩荣》，《乌鲁木齐掌故》（一），新疆人民出版社2001年，第84页。

蝙蝠、寿字组成的图案，寓意“福寿双喜”。从四合院在边城的落户表明，津商按照家乡的风情修建四合院生活休息，已在心里把新疆当成了第二故乡。

（四）生活用品的变化

在生活照明方面，由于商帮人士的作为，使得电灯照明于20世纪30年代在新疆出现，而电力照明的出现，对于经历了植物油照明、煤油照明的新疆民众而言，是一个飞跃性的质的变化。

1934年，津商杨元富创办的德元电业公司给迪化商业中心区大十字一带商号装上电灯，这是电灯首次进入新疆的普通商铺。1936年9月在津商杨元富、周海东的努力下，成立了官商合办的迪化新光电灯股份有限公司，截至1937年3月，该公司得到大量商帮人士的支持，共筹资11.9万现洋，有36户要求安装电灯，能安装电灯3000余盏。[①]至1937年8月全市放光，可供8000盏电灯照明。迪化城区照明条件有了明显改善。

民用五金产品方面，商帮人士做出很大贡献。近代“新疆工业幼稚，无可讳言”[②]。尤其是新疆的“五金工业，最为落后”[③]。民用五金制品，多依赖苏联进口。民初迪化的“富贵人家，多用洋炉，导烟流之室外，室温而无煤气”[④]。当时连烧饭用的小铁锅，都从苏联进口。但30年代后期开始，商帮人士开始涉足五金工业，生产一些生活用铁制品。1938年开业的迪化建新铸造厂，由商人高洪雨（河北人，苏联归国华侨）创办经营。[⑤]此厂使用电动机、鼓风机、小型机床等设备，铸造手摇压面机、大小铁锅、水井盖、生铁火炉、阀门等，不但极大方便了群众的生活，还促进了新疆铸造业的发展。到40年代后期迪化半机械化生产的铸造厂有30余家，从当时的设备、工艺，还有新产品方面看，边城迪化的冶铸业还领先于内地的中小城市。

民用铝制品方面，津商张克忠开设了迪化第一家铝制品厂。[⑥]该厂就地利用矿山资源，铸造大小铝勺、铝饭盒、铝盆、铝铲、门扣手等生活用品，成为

---

① 《新疆日报》，1937年3月16日，第3版，《每日小言：新光电灯公司要放光了》。

② 李国干：《新疆经济状况》，《东方杂志》第28卷第12号（1931年6月），第23页。

③ 宋念慈：《新疆之现状》，《中央训练团团刊》1943年第200期，第1625页。

④ 谢彬著，杨镰、张颐青整理：《新疆游记》，新疆人民出版社1990年，第53页。

⑤ 刘荫楠：《建新铸造厂》，《乌鲁木齐掌故》（一），新疆人民出版社2001年，第169页。

⑥ 刘荫楠：《勺子张》，《乌鲁木齐掌故》（一），新疆人民出版社2001年，第92页。

银器、瓷器、铜器、铁器的替代品，因价格低廉，热销新疆。

轻纺产品方面，20世纪40年代以前新疆民众使用的擦脸毛巾，是一种吸水性很差的白细布。津商贾耀明经过不断试验，终于在1940年生产出带毛环的擦脸毛巾，人称“羊肚子毛巾”[1]。这种毛巾吸水性强，手感舒适，人们争先购买，迪化城内外乃至外县的各百货店和小摊贩，也都到此进货。津商贾耀明从一台织机起家，后扩展至20多台[2]，花色品种渐多，从此新疆有了真正的“毛巾”。

电子产品方面，20世纪30—40年代，留声机位居新疆高档娱乐电子用品的首位。因价格昂贵，多为官宦人家、大商号、有钱人家购买。留声机是商帮人士从内地运来的。当时留声机共有两种，一种是进口宝石针的，每只针可在机头上连续使用半年，而不损坏唱片；另一种是国产钢针的，每只针只能供唱片正反两面使用一次，就要另换新针。这两种手摇式的留声机，新疆民众称之为“话匣子”或“戏匣子”。在民间，凡娶亲、过寿、生子等喜庆日子宴请宾客的时候，“话匣子”是必不可少的。自家没有也得借一个唱，好像只有这样，才能营造欢乐的气氛。

当时有德国[3]、俄国（或苏联）、国产等留声机品牌，最受人们青睐的是哥伦比亚的[4]，音质音量外形俱佳。唱片有俄语歌曲、京剧（最受欢迎的剧目有《霸王别姬》《贵妃醉酒》《女起解》《借东风》《空城计》等）、河北梆子、秦腔（著名剧目如《二度梅》《白玉楼》《玉堂春》等）唱段，均由中国百代公司录制。后来还出现了周璇等歌星演唱的流行歌曲唱片，如《夜上海》《天涯歌女》《四季歌》《花好月圆》《何日君再来》等。1936年2月，新疆运输处汽车局庶务股还在《新疆日报》上登广告，回收、购买人们手中留声机使用过的破裂、报废的旧唱片。[5]1936年10月，据新疆税务局消息，“最近由内地到新大批杂货，有

---

① 刘荫楠:《贾耀明的羊肚子手巾厂》,《乌鲁木齐掌故》(一)，新疆人民出版社2001年，第171页。

② 天津市口述史研究会、天津市西青区政协合编:《丝路津商——赶大营资料汇编》，天津人民出版社2014年，第18页。

③ 刘铸梁:《留声机的兴衰》，中国人民政治协商会议乌鲁木齐市天山区委员会编:《天山区文史资料》(第4辑)，新疆新华印刷厂1997年（内部资料），第104页。

④ 刘荫楠:《话匣子》,《乌鲁木齐掌故》(二)，新疆人民出版社2003年，第304页。

⑤《新疆日报》，1936年2月4日，第1版,《广告：收买留声机破唱片》。

唱片、丸药、毛巾、皮包等”[①]。

由此可见，在商帮人士的商贸活动下，留声机及唱片在新疆民众日常生活中的流行程度。

（五）照相进入日常生活

商帮人士在迪化开设的照相馆，使日常生活照在新疆民众日常生活中得到一定程度的普及。一个不透光的盒子，这就是照相机。照相机是用感光胶片把景物拍摄下来的摄影器材。它的发明经历了漫长的岁月。1839年（清道光十九年）8月19日，法国画家达盖尔公布了他发明的“达盖尔银版摄影术”，于是世界上诞生了第一台可携式木箱照相机。这一天被世界公认为摄影术的诞生日。

照相术直到20世纪初才传到新疆省会迪化。最初都是为官宦、富商、外国“考察团”“考古队”之类服务的，收费昂贵。

从1935年到1940年，商帮人士先后在迪化创办了“六大照相馆”，分别为“丁记照相馆”“启文照相馆”“春华照相馆”“华北照相馆”“鸿印照相馆”“宝光照相馆”[②]，照相开始进入平民百姓的日常生活中。六大照相馆中，以华北照相馆最大，这家照相馆多外出照相，所到之处都是达官贵人的衙门及各种集会、婚庆等场合。

20世纪40年代以后，商帮人士又在省会迪化创办了三家著名的照相馆，即“云光照相馆”（津商创办）[③]、“银都照相馆”（津商创办）[④]、“三星照相馆”（宁夏商人与江苏商人合办）[⑤]，这三家照相馆对于丰富和美化边城各族群众的精神生活，起到重大作用。当时拍摄的风景照、市容照、家庭生活照等，已成为极具价值的珍贵资料。

“云光照相馆”原名“启新照相馆”，由津商刘起廉、刘起义兄弟俩出资大洋100元，东北人王兴明以自己的全部照相器材折价合资，1941年在迪化南门外开设，起名为“启新照相馆”。半年后王兴明因事他去，把照相器材全部折价

---

① 《新疆日报》，1936年10月16日，第2版，《内地杂货、南北路手工业品，纷纷汇集本市》。

② 刘起义口述，李富整理：《乌鲁木齐照相业的起源》，中国人民政治协商会议乌鲁木齐市委员会文史资料研究委员会编：《乌鲁木齐文史资料》（第4辑），新疆青年出版社1982年，第65页。

③ 刘荫楠：《云光照相馆》，《乌鲁木齐掌故》（一），新疆人民出版社2001年，第166页。

④ 刘荫楠：《银都照相馆》，《乌鲁木齐掌故》（一），新疆人民出版社2001年，第167页。

⑤ 刘荫楠：《三星照相馆》，《乌鲁木齐掌故》（一），新疆人民出版社2001年，第165页。

卖给刘家兄弟后，该照相馆改名为“廉义照相馆”，直至1946年，生意尚称兴隆。1946年，该照相馆从南门外迁至人民广场对面，改名为“云光照相馆”[①]。兄弟俩掌握了娴熟的照相技术，技艺上乘，可以自照、自冲、自印，每到春节，是一年中业务最忙的时候，许多新疆民众携家带口来这里照“全家福”团圆相留念并馈赠亲友。当时的照相馆都用天然光线，照相室设有玻璃天棚，全凭经验调节光度。津商刘起廉、刘起义兄弟俩经营的“云光照相馆”不断更新和购置先进设备，1946年该照相馆购进美国柯达照相转机一架，专照数百人的集体合影。

“银都照相馆”坐落在迪化大十字东大街（今人民广场以南），由津商王大生与甘肃人柴锡武、迪化的魏延昌合伙经营。津商王大生既是经理又是店员，负责开票收款，会说一口流利的维吾尔语，维吾尔族顾客喜欢到该照相馆照相。柴锡武与魏延昌担任摄影师，负责照相、冲洗。这家照相馆是当时迪化装饰最好的一家，设备齐全、布景优美，还有放大、艺术照相和着色等服务项目。该相馆兼营外照，可上门服务，有一套外出拍照的器材以及人员，随叫随到。当时群众有红白喜事，小孩子的生日满月照以及给体弱多病的老人照相等，都愿意请银都照相馆的师傅。

“三星照相馆”开业于1948年前后，由宁夏商人孙茂林和江苏商人周聪文合伙经营，坐落在迪化大十字以北。该相馆的照相技术精湛，设备和服务堪称一流。他们的黑白照片着色技术，深受顾客称赞。该店也有一架进口的美国柯达照相转机，可照团体照。新疆和平解放后，仍使用原字号名称。1993年被授予“中华老字号”的美誉。

（六）交通工具的变化

在新疆，人们外出除了依靠步行之外，传统的交通工具主要是畜力。据时人记载，新疆首府迪化直至1933年时，普通人出行一般“均藉骑行，或乘北方通行之骡车，富者则备有俄国马车。汽车只省府及邮务局有之，私人自备者，舍此实未之见”[②]。

随着时代的进步和公路等交通设施的修建，特别是商帮人士的活动，近代

---

① 刘起义口述，李富整理：《乌鲁木齐照相业的起源》，中国人民政治协商会议乌鲁木齐市委员会文史资料研究委员会编：《乌鲁木齐文史资料》（第4辑），新疆青年出版社1982年，第65页。

② 吴绍璘：《新疆概观》，南京仁声印书局1933年，第130页。

半机械化、机械化工具进入新疆民众的生活中，如自行车、汽车等。20世纪20年代，迪化街头出现了自行车，人们当稀奇看，称呼它是“不吃草的铁驴”。1925年，在省城迪化创办德元电业公司的津商杨元富从天津买来一辆崭新的英国“站人”牌自行车，他的儿子杨天培整天骑着在城里大十字一带兜风周游，这一举动轰动了全城，居民纷纷驻足观看。此后，一辆辆自行车陆续由商帮人士运抵迪化，都是舶来品，有英国的“站人”牌、“三枪”牌，苏联的“四达灯”牌倒闸车（脚闸）；40年代又出现美国的“兰陵”牌自行车（配有变速器），日本的“菊花”牌自行车。由于商帮人士的商业活动，就连偏僻的南疆地区也出现了自行车的身影。如20世纪初的喀什噶尔，“一个男孩子骑了一辆脚踏车（即自行车），一上街便被当地人称作‘魔鬼的车’。后来，又有人带过来一辆摩托车”①。据记载，1938年10月，柯坪人阿布都拉孜克从阿克苏购回一辆自行车。②

汽车也出现在人们的生活中，主要是商帮人士开始购买、驾驶私家汽车，并组建私营汽车队从事运输业。1939年9月，在伊犁经商的商人周鸿斌驾驶汽车在奇台县文庙街口行驶时，发生车祸，该汽车的鸣笛声使得途经此地的一匹马受到惊吓，致使骑马人被马踢入街心，周鸿斌的汽车“越身而过”导致其身亡，“司法机关处理结果：赔偿命价500元，已令该车主周鸿斌取保限期交清”③。

一些商帮人士还创办了私营汽车队，从事商货运输业。津商戴连鹏创办的汽车队，以拥有汽车质好量多、驾驶技术娴熟而驰名。④该汽车队在1947年拥有美国产大道吉汽车3辆，每辆车载重5吨。戴家汽车行主要从事南北疆以及跨省的兰州、西安至迪化的商货运输，对近代新疆的商贸运输业做出了贡献。

二、婚姻家庭生活的变迁

20世纪30年代以后，由于政府的倡导，新疆的婚姻家庭生活发生了重大变迁，婚姻制度和婚姻习俗逐渐走向文明，婚姻登记、婚姻自由等理念逐步取代了以前的早婚、买卖婚姻等婚嫁方面的恶习。婚装方面也发生了明显的变化。

---

① ［英］凯瑟琳·马嘎特尼著：《外交官夫人的回忆》，王卫平译，新疆人民出版社1997年，第171页。

② 《柯坪县志》编纂委员会编、阿不都沙塔尔·阿木冬主编：《柯坪县志》，新疆大学出版社1992年，第10页。

③ 《新疆日报》，1939年9月3日，第3版，《奇台周鸿斌汽车肇祸，赔偿命价五百元》。

④ 刘荫楠：《戴连鹏的汽车队》，《乌鲁木齐掌故》（一），新疆人民出版社2001年，第337页。

商帮人士在推动婚姻家庭生活的变迁方面，主要体现为促进婚装的西化。

20世纪初随着西方文化的传入，婚纱首次在我国亮相。到30—40年代，在上海等大城市开始流行穿白色婚纱礼服，并成为一种风气。一般新娘穿白色婚纱礼服，手捧鲜花，头戴白色长纱，长达五六米。新郎穿黑色大礼服，白硬领衬衫，戴黑领结，手捧黑呢高帽和白色手套。晚清民国时期的新疆，婚装也发生了西化。旧时婚俗中新娘的凤冠霞帔、新郎的长袍马褂被逐渐摈弃，随之而兴的是新娘开始穿旗袍、高跟鞋，烫发，头戴花冠，穿水红色的长纱衫（礼服），披白纱，手拿鲜花等，新郎则西服领带，穿皮鞋。这种新式的“文明结婚”得到社会上的承认，颇受百姓欢迎。

20世纪30年代，新疆迪化的库后巷（今民主路电力宾馆一带）就有两位津商——李如森和他的老伴高秀云（人称李奶奶）专做租赁花冠、礼服的生意。[①]由于办事认真，租金合理，深受群众信赖，“花冠李”的雅号远近闻名。每逢节假日，“花冠李”一天会租出去三四套花冠。李奶奶心灵手巧，花冠上的各种鲜花，都是她用很薄的高级绫绸制作的。有的新娘还亲自来谈订购花冠的花形花色，李奶奶会乐呵呵地应道：“这是一辈子的大事，包你满意！”

图 8–3　1934 年盛世骐（身着西服）、陈秀英（头戴花冠、着礼服）迪化水磨沟结婚照[②]

① 刘荫楠：《花冠李》，《乌鲁木齐掌故》（一），新疆人民出版社 2001 年，第 87 页。

② 照片源自蔡锦松著《盛世才外传》，中共党史出版社 2005 年，第 282 页。

图 8–4　民国年间迪化市民陈横秋、严慧月婚纱照[①]

三、娱乐活动变迁

在近代新疆，传统的文化娱乐形式有戏曲（如京剧、秦腔、河北梆子等）、社火、杂耍、灯谜等。新疆的维吾尔族等少数民族喜欢声乐、歌舞，婚嫁等重大喜庆节日多聚众载歌载舞，称为“麦西来甫”；蒙古、哈萨克等游牧民族则偏重赛马、摔跤之类。随着商帮人士的活动，到了晚清民国年间，新疆传统的娱乐活动发生了重大变化。

首先，新的娱乐方式——电影出现。电影作为一种西方传来的、新兴的艺术形式，在新疆的出现、发展都与商帮人士的活动密不可分。

电影也称映画，发明于19世纪末，它以现代科技为手段，以画面与声音为媒介，在运动着的时间和空间里创造银幕形象，是反映和表现生活和思想感情的一种艺术。一般称它为继文学、音乐、舞蹈、戏剧、绘画、雕塑之后的第七艺术。电影艺术依靠其独特的叙事手段、表现手段，可以比实际生活更集中、更强烈、更富于典型性地反映生活。逐步成为最广泛和最具影响力的艺术。事实说明：电影不仅是艺术，而且在电视发明以前，一直是群众性最广的艺术。

---

① 照片来源于民间征集。

电影传入新疆的时间在20世纪初。1928年，津商韩慕颜从天津买来一部8毫米英国产手摇发电的家庭用电影放映机，附带有100多部无声英文字幕的滑稽、惊险一类的影片。他经常在迪化自己家中并应邀到别人家去放映，一般放映的场地小，但亲戚朋友和街坊邻居来看片的很多，总是挤得水泄不通。他不收费，没有进行过营业性的放映活动。[①]

电影真正进入新疆普通老百姓的日常生活，成为丰富人们业余生活的重要娱乐方式，则是从20世纪30年代才开始的。

1932年6月2日，新疆省会迪化历史上第一家电影院——德元电影院诞生。[②]它坐落在大十字以北，该影院由德元电业公司（地址在今乌鲁木齐大十字以北天百名店一带）经理、津商杨元富创办。当时的电影院设备简陋，仅用苇席搭着天棚，有数十条木头长板凳，能容纳200多人。放映电影的设备，是杨元富以省票银5000两，从伊犁商人马炳龄处购买的陈旧俄式放映机和6马力柴油发电机，附有10盘无声电影拷贝。开业的第一场，首先招待新疆地方政府的军政官员及其家属，当时放映的是外国无声电影，内容简单，残损不全，即便如此，也使得那些从未开过“洋风”的老官僚感到大开眼界。在售票门口看热闹的群众，更是拥挤得水泄不通。第二场和第三场都是公开售票，买票的人们把票房门上的玻璃都挤碎了。但仅仅放映了3场，就因当时金树仁与马仲英战事正酣，社会秩序混乱，新疆地方政府借故“防止暴民聚众闹事”，勒令该影院停止放映电影了。德元电影院虽被地方当局勒令停业了，但是这处电影院的开办，为后来新疆影院事业的发展开辟了道路。

1933年新疆时局发生变化，当年4月金树仁倒台，电影解禁了。随着电影解禁，加之自身的电力增强，两方面的因素合力，津商杨元富的德元电影院着手再度进军电影市场。杨元富先后从内地买来《火烧红莲寺》《昆仑大盗》《孟姜女》《小英雄》等几部国产无声电影，放映后颇受观众欢迎。后为配合抗日宣传，又从内地租来了《姊妹花》《孤城烈女》《壮志凌云》等几部国产有声电影，从此省会才有了有声电影。抗战影片《壮志凌云》一放映，主题曲《拉犁歌》就传遍了全城。

国产有声电影《姊妹花》在德元电影院的放映，在迪化引起了巨大轰动。该片由1933年电影皇后胡蝶和著名艺术家赵丹主演。这部影片30年代在国内首

---

① 景梦陵:《电影艺术传入新疆始末》,《新疆艺术》1995年第5期，第41页。

② 裕侠:《德元电业公司拾遗》，中国人民政治协商会议乌鲁木齐市委员会文史资料研究委员会编:《乌鲁木齐文史资料》(第2辑)，新疆青年出版社1982年，第39—41页。

映，打破国产影片有史以来上座率的最高纪录，后来到东南亚、日本、西欧诸国放映，也大获好评。当时该片的海报就贴在津商店铺——复泉涌商店（今大十字食品商店）的大砖墙上，满满一墙都是，围观海报的人群多日来挤得水泄不通。一连十几天，德元电影院的门口场场都挂着“客满”的揭示牌。[①]

图 8-5　电影演员胡蝶

图 8-6　电影演员赵丹

图 8-7　电影《姊妹花》

津商杨元富创办的德元电影院，使得新兴娱乐方式——电影带给新疆民众视觉和思想上强烈的冲击，人们从那一块高悬的银幕上看到了原先戏剧舞台上从来没有过的精彩。只有200多个座位的简陋的德元电影院座无虚席，影院不得不超额售票，有些痴迷的观众干脆自带椅凳。

1937年七七事变后，中国进入全面抗战时期。新疆抗日领头羊“反帝会”积极开展各种抗日救国活动，电影成为宣传抗日救国的一种有力武器。“反帝会”从外国进口了一批新式电影机。德元电影院陈旧的电影机被淘汰，于是新疆迪化历史上第一家电影院、第一次给新疆民众带来有声电影的电影院——德元电影院，也就结束了电影放映业务，逐渐退出了历史舞台。

不但省会迪化的商帮人士积极创办电影院，丰富民众的娱乐生活，新疆其他地县的商帮人士也开办电影院。1935年，伊犁地区宁远县（今伊宁市）的津商晏恩波、彭恩秋、杨恩奎等人，组织商界人士集资创办了三民电影院[②]，主要

① 李富：《银幕春秋》，中国人民政治协商会议乌鲁木齐市委员会文史资料研究委员会编：《乌鲁木齐文史资料》（第5辑），新疆青少年出版社1983年，第39页。

② 《新疆日报》，2006年5月11日，第7版，燕玲：《赶大营：一曲长歌唱到今》。

播放《神童子》《渔夫和金鱼》等苏联电影。抗战爆发后，新疆成了大后方，大批进步人士来到伊犁，推动了伊犁政治、文化的进一步发展。这时，“三民电影院”引进了国产片《孤城烈女》《壮志凌云》《血战台儿庄》《渔光曲》等在伊犁地区上演，同时也上演《淞沪抗战》等大型纪录片，报道全国各地抗日救亡活动和募集冬衣救济灾民的情况。这些抗日进步电影，宣传了爱国主义思想，丰富了民众的文化生活，受到各族群众的一致称赞。

全面抗战期间，是解放前新疆电影放映最活跃的几年。除了各类俱乐部（主要是反帝会、各民族文化促进会及新疆日报社、学校等单位的俱乐部，苏联原版电影放映得较多）播放电影外，商帮还通过资助戏园的方式大量放映电影，以及商帮人士领导、支持下的新疆总商会从外地租赁电影的方式播放电影，商帮的这些活动广泛推动了电影在近代新疆的传播与发展。

20世纪30年代，在湘、鄂商帮人士的资助支持下，迪化“定湘王”庙戏园内，上演了具有抗战内容的国产有声黑白影片《孤城烈女》，由著名电影明星陈燕燕主演，当时轰动全市，连续上演数月，场场客满。[①]

津商石寅甫担任新疆总商会会长期间，积极推动新疆电影传播发展，他代表新疆总商会在1938年“与甘肃兰州某电影公司订立合同，租赁抗战影片”。第一批影片在新星舞台放映后，颇受观众欢迎；第二批影片于1938年11月26日下午6点在迪化督办公署西大楼试机，观众有数百人，参观影片为《壮志凌云》《化身姑娘》。[②]“第三批影片已从兰州出发，不日即可到达省会迪化。”石寅甫领导下的新疆总商会还发布启事道：“为使新疆同胞明了神圣抗战实际情况起见，特向兰州电影公司订租抗战有声电影，……不仅在迪市放映，还要到伊（犁）、塔（城）、阿（勒泰）、奇（台）、吐（鲁番）、焉（耆）、库（车）、乌（苏）、喀（什）、和（阗）各区去扩大放映，使我全疆同胞都有参观机会。”[③]在津商石寅甫的带领下，新疆总商会把租来的抗战电影在南北疆广泛放映，既丰富了民众的娱乐生活，又极大团结了各族民众，激发了民众的抗战热情。

1939年1月，新疆总商会运至伊犁的国产抗战片在该地的民众俱乐部、三

---

① 刘荫楠:《陈燕燕主演的影片“孤城烈女”》,《乌鲁木齐掌故》(二)，新疆人民出版社2003年，第127页。

② 《新疆日报》，1938年11月27日，第3版,《总商会第二批电影由兰到省，昨在督署西大楼试机》。

③ 《新疆日报》，1938年12月6日，第4版,《新疆省城总商会通知》。

民电影院分别上映，票价为2000两（省票银），观众反应热烈，每日来看电影的观众极为拥挤。[①]1939年3月，总商会决定“抗战电影将在周内运往南疆各地放映，以提高民众抗战热情”。虽然这些抗战影片已过了租赁期，每日面临50元罚金，但总商会“以此项影片南疆民众均未能目睹，对于抗战宣传，实属缺欠，故甘愿牺牲巨量罚金，前往南疆各地放映，以广宣传，而资提高民众对抗战之热情”[②]。1939年7月，抗战影片又运往西路的乌苏、绥来（今玛纳斯）等地放映。[③]

经过商帮人士的努力，电影《再生花》《慈母曲》《春到人间》《新人道》[④]《孤城烈女》《马路天使》《十字街头》……接踵而来，新片广告琳琅满目，迪化大十字一带高悬跨街布栏，好似过节一样热闹。“声色俱美”的电影给新疆民众带来了强大的艺术感染力。抗战片如《大战台儿庄》《卢沟桥风云》等，苏联影片如《拖拉机手》《列宁在十月》等，都在迪化热映，这些影片都极大增强了新疆民众抗战的信心。

其次，商帮人士积极资助新疆各级政府修建公园，伴随着公园的修建，公园成为公共生活的重要场所，逛公园这种西式娱乐活动成为人们新的娱乐方式，伴随着逛公园的活动，也使一些中华传统节日习俗得到了很好传承。

中国近代意义上的公园是近代西方文明进入中国后的产物，最早出现于租界，而后影响至华界。中国最早的公园是由英租界工部局在1868年（清同治七年）8月在上海建成开放的外滩公园。公园在新疆出现得较晚。直到1922年，商帮人士在迪化筹资建成新疆第一处公园——“同乐公园”。1933年盛世才执政后，改“同乐公园”为“迪化第一公园”。1944年3月改为“中山公园”，解放后改称“人民公园”。因该公园位于城西，所以人们习惯称为“西公园”，也称“海子沿”。

早年迪化百姓把“西公园”称“树窝子”，此地有一个乌鲁木齐河潴成的大湖泊，四周芦苇丛生、绿树环绕，俗称“海子沿”，被辟为官员休憩之地。1884年（清光绪十年）新疆建省后，首任新疆巡抚刘锦棠扩建省城，也将“海子

---

① 《新疆日报》，1939年1月13日，第3版，《中国抗战电影片，上周在伊放映，每日观众异常拥挤》。

② 《新疆日报》，1939年3月28日，第3版，《抗战电影将运南疆放映》。

③ 《新疆日报》，1939年7月11日，第3版，《新到中国有声电影，赴乌绥一带放映》。

④ 《新疆日报》，1939年6月29日，第3版，《新到中国有声影片，昨在维文会放映》。

沿”挖深疏浚，整修后的湖泊，湖水清澈如镜，故名“鉴湖”。1898年（清光绪二十四年）户部左侍郎张荫桓因与戊戌变法有牵连，被流放迪化。次年张荫桓捐修鉴湖湖心小楼，起名“水阁”，又称“鉴湖亭”。至此，此处已初具公园的雏形。人们称其为“鉴湖公园”或“西湖公园”。

杨绍周是津帮“老八大家”之一的“永裕德”商号经理，他于1911年（清宣统三年）担任新疆总商会第一任会长。辛亥革命后，杨增新治新期间，他继任会长之职。他十分热衷社会公益事业，1918年津商杨绍周与晋商苗沛然等人发起倡议，二人发动工商界人士筹集资金数十万元，开始修建以迪化鉴湖为中心的公园。历时4年，1922年公园终于建成，从此此处成为公共游览场所。公园内的丹凤朝阳阁及附属建筑如“阅微草堂”“醉霞榭”“晓春亭”“火车长亭”等，均仿照北京故宫太和殿建造，全部为木架结构。这些建筑物的工程总设计师和木工都是杨绍周从天津请来的能工巧匠。工程总设计师是天津杨柳青人崔大师，木工领工是天津杨柳青人王恩荣，所有精雕细刻部分均出自王恩荣的手笔。

公园于1922年建成后，一些官吏绅商为了讨好杨增新，建议将“鉴湖公园”改名为“杨公堂”。杨增新未采纳，取“周文王与民同乐”之意，命名为“同乐公园”。商帮人士集资修建的公园风光秀丽，成为迪化民众休闲娱乐的公共场所。夏天晚饭后，一些津商家的老太太，总喜欢头上插一朵鲜花，带上儿媳妇和孙子孙女，兴冲冲地坐着六根棍车（一种专供人坐的马车）到这里赏花游玩，以享天伦之乐。[①]每年农历五月初五端午节清晨，很多迪化民众都要到该公园的鉴湖边采摘沙枣花和艾叶，这种习俗一直延续到1960年前后。[②]

在商帮人士的积极捐助下，新疆的一些地县也开始修建景色优美、环境宜人的公园。1939年6月，北疆的呼图壁县决定修建民众公园，获得了当地社团、个人的捐助，以商帮商号为主体的商界共捐款40余万两（省票银）。[③]截至1944年，新疆全省各地已有公园36处。[④]

---

① 高建飞：《十字街年景及其他》，乌鲁木齐市政协学习文史委员编：《乌鲁木齐文史资料》（第17辑），新疆人民出版社1997年，第262—263页。

② 刘荫楠：《西公园》，《乌鲁木齐掌故》（二），新疆人民出版社2003年，第29页。

③ 《新疆日报》，1939年7月1日，第3版，《呼图壁提高正当娱乐，各界踊跃捐款建筑民众公园》。

④ 张大军：《新疆风暴七十年》（第10册），台北兰溪出版社1980年，第5727页。

四、公共卫生领域的近代化变迁

近代新疆政局动荡、战争频仍、社会变迁剧烈，公共卫生事业的发展处于艰难的困境。但在政府、医务工作者，以及包括商帮人士在内的民众的共同努力下，这一时期的公共卫生领域，仍然取得了一定的成绩。

按照现代公共卫生学的定义，公共卫生是“社会有组织地预防疾病、延长寿命、促进健康的科学和艺术”。与个人卫生相对而言，公共卫生落脚点是人类群体的健康，它是有组织的、系统的、满足公共健康需求的社会性事业。在公共卫生领域，政府起主导作用，但汉族商帮在此领域仍有一定作为，主要表现为开设私立西医药店、诊所，积极协助政府扑灭疫情，推进街道环境卫生建设，开设公共浴室等，可以说商帮人士推动了新疆西医东渐、疫病防控、街道环境卫生等公共卫生领域的近代化。

首先，商帮人士推动了西医在新疆的传播与发展。西方医学最初于晚清年间由传教士传入近代新疆，但新疆省政府直到20世纪30年代才逐步建立起一整套规范的医护体系和富有人文关怀的医患关系，如医院、西医培训及医疗行政机构等，这不仅对传统的中医、维医、哈医、蒙医提出了挑战，同时医院、医疗保健制度等一系列相关事务的相继设立、推行，对新疆近代公共卫生事业的开启起到了促发作用，是新疆公共卫生事业建立的科学基础。人们有病，开始进入集治病与护理为一体的近代西医院治疗。特别在临床的外科、眼科和妇科等方面，西医具有中医不可企及的优势。商帮人士很早就认识到了西医的科学性，民国初年就开始创设西医药房及诊所。

民国初年，外国教会如天主堂、福音堂在迪化兼营西医西药，进行敲诈勒索，以商帮人士为主体的迪化总商会为抗衡外国教会，聘来北京医生马体仁，开设迪化西医诊所，终因药源不济而倒闭。[①]马体仁诊所倒闭后，当时的津商刘云卿（曾任新疆总商会会长）在全市工商界的大力支持下，1927年在迪化开设“民生药房”，是迪化第一家经营西药和门诊的药店。该店中西药兼营，重视推广新药，20世纪40年代生产的有效消炎抗菌药物如盘尼西林等，他们都组织货源、批零兼营。该药房以最低价格的收费，为患者诊病售药，遇到经济困难

---

① 昝玉林:《迪化总商会的成立与活动》，中国人民政治协商会议乌鲁木齐市委员会文史资料研究委员会编:《乌鲁木齐文史资料》（第6辑），新疆青年出版社1983年，第72页。

的患者，还免收或少收药费。[①]

到盛世才治新时期，津商刘云卿之子刘竹溪担任“民生药房”经理，他将“民生药房”的经营业务由以前的主营西药，转变为专营西药、附设西医诊所。该药房的调剂药物业务，由于坚持正规操作、调制处方严格，得到迪化各界的广泛信任。有些著名医生如儿科医生张桐寿，经他诊治开的处方一律写明“去民生药房调配”。

津商刘竹溪主持“民生药房”业务期间，该药房的诊所业务有了较大拓展，除门诊外还可出诊，遇到危重病人则到家中为其打针。该药房的西医曾于夜间去迪化南梁宁夏湾等处给小儿打针。还有一次一妇女产后大出血病情危急，“民生药房”的刘竹溪兄弟同医生终夜守在病人家中，进行输液急救，终于使病人转危为安，而输液在当时的诊所中是少有的。[②]

可见，新疆总商会会长津商刘云卿开办的“民生药房”，信奉、执行认真负责的医疗态度与作风，不但对新疆西医事业的发展起了重要推动作用，还深深造福了广大患者。

迪化还有一家著名的西医诊所——“志光诊所”，由津帮人士王金萼与妻子郑学兰于1930年在少数民族聚居的迪化西大桥附近（今红山宾馆附近）创办。[③]王金萼毕业于新疆军医学校，医术高超。该诊所擅长儿科，兼治性病、传染病，尤以儿科名冠全城。所用药物都是从苏联进口或从上海各大药房购买。每天都有许多各族患者来此就医。

商帮人士还在新疆的一些地县开设西医诊所。1938年12月，乌苏县的三家商帮商号，分别为“宝聚丰”经理津商王宝珊、“正兴□”号经理安维新、“运发生”经理李运成，为了当地的卫生保健事业，“不惜巨资，在乌苏筹设诊疗所，以解当地民众有钱无药、有病无医之痛苦，该所成立以后，前往看病者络

① 易耀：《民生药房开设前后》，中国人民政治协商会议乌鲁木齐市委员会文史资料研究委员会编：《乌鲁木齐文史资料》（第12辑），新疆青少年出版社1986年，第77—78页。

② 易耀：《民生药房开设前后》，中国人民政治协商会议乌鲁木齐市委员会文史资料研究委员会编：《乌鲁木齐文史资料》（第12辑），新疆青少年出版社1986年，第77—80页。

③ 《天津商帮店铺情况表》（根据历年随机调查整理），天津市西青区政协文史资料研究委员会编：《西青文史》（第9辑），1999年（内部资料），第89页。刘荫楠：《志光西医诊所》，《乌鲁木齐掌故》（一），新疆人民出版社2001年，第163页。

绎不绝，当地民众受惠不少”[①]。

其次，商帮人士积极帮助新疆省政府扑灭疫病。由于新疆民众的不良卫生习惯，为疫病在近代新疆的发生和流行提供了土壤。以民国初年的迪化为例，“住户随时把脏水向大门外泼，把垃圾向大门外扔。于是一到春暖解冻，……街道变为泥海”，同时，“臭气冲天，如入鲍鱼之肆，……细菌活跃，极易感染疫病”。[②]直至1933年前，新疆的“大街小巷垃圾遍地，街头巷尾便溺狼藉，零食小贩的食物上面，到处积满了苍蝇灰尘，饭馆酒肆，澡堂浴池肮脏污秽情形更不堪言状”。由于不讲卫生，不注重健康，“致使疫病常常发生，人民的身体蒙害甚巨”[③]。

面对疫病，除了政府的努力外，从事医药业的商帮人士的力量也不容忽视。1918年8月，新疆瘟疫蔓延，南疆尤烈。疫情波及迪化，死亡1000余人。面对疫情肆虐，除了官方的抗疫行动外（杨增新拨款熬制防疫药剂，用数十口大锅放置在政府门口煎汤熬药，用大碗盛给患者，每人一碗），商帮人士经营的中药店也积极参与到灭疫行动中来。

当时迪化各药店同行公议，均要在药店门前支起大锅熬制防疫药液，免费供应居民服用；各位开业中医与业余行医者还发起义诊，为扑灭疫情尽力。迪化的医生高峻嵩、高华亭、吴绶等携药赴南疆疫区，为当地民众治病，以减少死亡，控制瘟疫。[④]

商帮人士创办的八家中药店，均免费熬制抗疫汤药，送给病人饮用。秦商经营的“凝德堂”（1875年开业）、“元泰堂”（1876年开业），它们在内地有总店，在新疆各地有分号，所以有“口里口外，凝德元泰”之说；津商经营的“德生堂”（1892年开业）、“德聚堂”（1914年开业）中药店；湘商经营的“复临泰”（1886年开业）中药店、“杏林春”（1917年开业）中药店；晋商经营的

① 《新疆日报》，1938年12月13日，第3版，《乌苏三商号筹设诊疗所，当地民众受惠不少》。

② 继鹿：《民初新疆大疫及当时医药卫生情况》，中国人民政治协商会议新疆文史资料研究委员会编：《新疆文史资料选辑》（第3辑），新疆人民出版社1979年，第179页。

③ 李英奇：《新疆的保健事业》，中国国民党新疆省党部新新疆月刊社编：《新新疆》第1卷第4期（1943年7月16日出版，新疆日报社印），第32页。

④ 《新疆通志》编撰委员会：《新疆通志·卫生志》，新疆人民出版社1996年，第14页。

“元顺西”（1894年开业）中药店、“永盛堂”（1917年开业）中药店[①]等，都纷纷在门前用大锅熬药，用大碗施给病人[②]。这种方法，多少也有一些作用，到该年底天气转寒，疫情才慢慢平息下来。

图 8–8 津商在迪化大十字南大街开办的“德生堂”中药店旧址[③]

津商刘云卿创办于1927年的西医药房——民生药房，每逢遇有疫情蔓延时，也积极组织西医专家坐诊，协助政府对抗疫情。40年代迪化各种传染病如伤寒、麻疹、肺炎、痢疾等猖獗一时，民生药房为防止传染病蔓延，于1946年增添西医门诊业务，先后聘请西医知名大夫张健生、李郁、杨维钧等坐堂接诊[④]，门诊每天都有100多名患者看病[⑤]。

再者，商帮人士积极支持街道环境卫生建设。在环境卫生领域，新疆省政

---

① 昝玉林:《乌鲁木齐往事漫记 · 悬壶与药王》，中国人民政治协商会议乌鲁木齐市委员会文史资料委员会编:《乌鲁木齐文史资料》（第 16 辑），新疆兵团印刷厂 1993 年（内部资料），第 84 页。

② 继鹿:《民初新疆大疫及当时医药卫生情况》，中国人民政治协商会议新疆文史资料研究委员会编:《新疆文史资料选辑》（第 3 辑），新疆人民出版社 1979 年，第 173 页。

③ 图片来源于天津市口述史研究会、天津市西青区政协合编《丝路津商——赶大营资料汇编》，天津人民出版社 2014 年，图片部分。

④ 易耀:《民生药房开设前后》，中国人民政治协商会议乌鲁木齐市委员会文史资料研究委员会编:《乌鲁木齐文史资料》（第 12 辑），新疆青少年出版社 1986 年，第 77—79 页。

⑤ 刘荫楠:《民生药房》，《乌鲁木齐掌故》（一），新疆人民出版社 2001 年，第 161 页。

府采取了一系列的举措，如开展卫生大扫除活动、捕蝇运动；通过电台、展览、报纸、讲座、比赛等形式，对公众进行公共卫生知识宣教等。

在政府的倡导下，商帮人士对街道环境卫生建设十分热心。新疆北部地区冬天寒冷、漫长，省会迪化的“大雪盈尺厚，春暖遂成泥泞，将军署前深没马腹”[①]。1938年12月，迪化公安局管理处为“注意公共卫生，防止春季街道泥泞起见，……要求通令各商号住户，在冬令之际，关于城内外通衢小巷，所积灰雪要扫除净尽，运至城外，以重卫生而利交通”[②]。迪化的商帮商号认真执行公安局扫除积雪的通知，履行了作为市民的职责。

1938年12月，以商帮人士为主体的新疆总商会召开临时会议，决定捐助4000万两（省票银）购买清理街道卫生的卫生车，此举可谓进一步完善了迪化城内的公共卫生设施建设。捐款数额按商号规模大小均摊，共分五等，甲等为“福泰成”“德昌源”等5家商号，各捐助80万两。乙等为“德聚和”“恒丰泰”等29家商号，各捐助50万两。丙等为“东立德”“华丰立”等47家商号，各捐助25万两。丁等为“义礼生”“德裕润”等53家商号，……戊等为“善丰厚”“义和堂”等45家商号。[③]可见，在此次捐款筹办卫生车方面，商帮人士起了带头捐助的示范作用，捐款最多的甲等中排名第一的“福泰成”为津商暨主持总商会会务的石寅甫经营，排名第二的“德昌源”是津商崔善祥经营的商号，乙等中排名第一的“德聚和”是津商任名武经营的商号。其余商号“恒丰泰”“东立德”“华丰立”“义礼生”“德裕润”，均为商帮商号。

1939年5月，迪化南梁一带“阴沟倒塌，易生水灾”，商帮人士又积极参与了捐款翻修活动，其中“永德号”商号捐款16.4万两（省票银），“元盛魁”商号捐款10万两（省票银）[④]。

新疆各地县的商帮人士也积极支持当地的环境卫生建设。1939年6月，以商帮人士为主的绥来县（今玛纳斯县）商会，“鉴于天热，市政卫生尤要注意”，

---

① 问天：《新疆迪化调查纪略》，王云五、李圣五主编：《新疆与回族》，商务印书馆1933年，第92页。

② 《新疆日报》，1938年12月2日，第3版，《保护马路，扫除街道积雪，公安局通令各商户》。

③ 《新疆日报》，1938年12月6日，第3版，《总商会临时会，选定韩君璧为新光副经理，筹办卫生车经费各商负担四千万》。

④ 《新疆日报》，1939年5月27日，第3版，《捐集中巨款翻修阴沟，南梁居民热心可嘉》。

县商会召集会议，决定："通街设置卫生水桶，大户每家一个，城内外共设卫生车两辆，特为办理街市卫生之用，所需款项全由民众捐款。"[①]

最后，由于近代新疆公共浴室较少，人们清洁洗浴不方便，商帮人士遂积极创办公共澡堂，培养民众良好的卫生习惯，预防疾病，强身健体。如1936年2月，津商韩君璧准备在省城迪化修筑一座大规模新式澡堂，内分男女浴室。虽然澡堂由韩君璧负责召集股东合资开办，但充其量仅能进行建筑房屋、修填炉灶及购置桌凳等项，其他如汽锅、瓷盆、汽管等项均需向苏联批购，需要大量资金。商帮人士领导、支持下的新疆总商会对此进行了担保，经省政府批准，所有向苏联购办的汽锅炉、汽管等费用，由政府500万金卢布贷款内补助借贷[②]，才促成此事。又如津商张锡禄于1939年9月25日在迪化文化路开办的"新盛泉浴室"，浴室有池堂和盆堂，池堂的休息室分雅座和普通座，设有理发、搓背、修脚等服务项目[③]。"新盛泉浴室"设备齐全，营业至今，成为"中华老字号"。汉族商人在迪化开办的"宜新澡堂"，也很有特色，浴室分特号、小号、大号，最高级"特号内设大洋瓷浴盆，毛巾、香皂、海绵、脸盆、草鞋，一应俱全，每位票价1元（新省币），时间60分"。"小号每位票价1000两（省票银），时间不得超过40分钟，过时补票。"[④]同时，该澡堂还有理发、烫发、刮脸等服务项目。

商帮人士中的津商经营此业者较多，他们在迪化还开设有玉清池澡堂（津商李养泉1920年创办于衣铺街）、杨家澡堂（津商杨易斋1940年创办于藩台巷）、黄家澡堂（津商黄玉1940年创办于藩台巷）、李家澡堂（津商李某，人称李货郎子，1940年创办于西河街）等。[⑤]

---

① 《新疆日报》，1939年7月6日，第3版，《绥来民众捐助，整顿市政》。

② 《新疆日报》，1936年2月24日，第3版，《本市将建修大规模之新式浴塘一所，商民召集股本合资筹办》。厉声：《新疆对苏（俄）贸易史（1600—1990）》，新疆人民出版社1993年，第454页。

③ 刘荫楠：《新盛泉浴室》，《乌鲁木齐掌故》（一），新疆人民出版社2001年，第194页。《新疆日报》，1939年9月26日，第4版，《新盛泉澡堂广告》。

④ 《新疆日报》，1939年5月18日，第4版，《要想得到健康身体，快来宜新澡堂沐浴》。

⑤ 《天津商帮店铺情况表》（根据历年随机调查整理），天津市西青区政协文史资料研究委员会编：《西青文史》（第9辑），1999年（内部资料），第84页。

图 8–9　津商老字号“新盛泉浴室”文化北路旧址[①]

总之，19世纪末、20世纪上半叶是新疆近代化发展的重要时期。受国际、国内大环境的影响，这一时期新疆饱受列强和境外侵略势力的宰割和欺凌，新疆军阀割据，贫穷和战乱严重制约经济和社会发展，可谓内忧外患、民不聊生。但就是这个时期，新疆社会的方方面面都发生了重大的变革、近代化变迁以及革命，是近代新疆社会历史发展的主轴。

在这样一个历史时期，商帮作为一个群体，通过自己的商业活动，与各族商民团结一致，互相提携帮助，不畏艰难，潜心经营，并肩抵抗外国经济侵略，努力振兴和发展新疆的经济、文化。这个群体不但成立了自己的地缘组织——会馆，对于近代最具民主特征的全体商人业缘组织——商会，商帮在新疆商会的成立、组织运作以及经济、社会活动中，都发挥了极其重要的作用。由于商帮的积极作为，这两个组织在补充国家管理；维护行业、商业和同乡、民族利益；调解纠纷；对于维护国家统一，加强新疆的开发建设，促进各民族之间的文化交流等方面都发挥了不可替代的巨大作用。

同时，中华传统民俗文化中的节日文化、工艺文化、饮食文化、戏曲文化、游艺文化以及民间信仰习俗等，都通过商帮这个载体得到了广泛传承，促进了中华传统民俗文化在新疆的传承与发展，逐步形成了新疆地区多元一体的文化格局，为今天新疆的人文景观提供了历史积淀。

① 照片源自刘荫楠《新盛泉的60年变化》，刘荫楠：《乌鲁木齐掌故》（二），新疆人民出版社2003年，第224页。

由于自身具有鲜明的近代化特征，商帮这一群体在新疆的城市建设近代化、文化建设近代化、社会生活近代化领域，一定程度上都充当了推动角色，特别是在促进新疆的城市建设近代化、社会生活近代化方面，可谓厥功甚伟，使新疆人民的物质生活与精神生活日益融入世界近代文明的轨迹。

可以说，商帮在新疆近代史上扮演了重要角色，留下了浓墨重彩的一笔，其活动具有鲜明的进步意义，增进了民族团结，强化了新疆各族人民作为中华民族大家庭成员的心理认同感，反映了晚清民国时期新疆的新变化。

第九章

近代商帮：社会转型的强劲推手

近代商帮的崛起是中国社会转型的重要推动力量。在传统社会向近代社会转变的过程中，商帮以其独特的方式推动了社会变革。

商帮推动了中国经济的近代化进程。他们的活动促使全国商品实现广泛流通，开辟了更为广阔的国内外市场，加速了地方经济的蓬勃发展，引入了西方先进的经营理念与管理方法，推动中国传统商业向现代化商业转型。

商帮增强了中国封建社会阶层的流动性，积极参与政治活动，为促进社会变革做出贡献。近代商帮的活动提升了商人地位，打破了传统社会阶层的固化，改变了社会结构。他们参与中国近代政治活动，经历了从被动依附到主动参与，从边缘到中心的演变过程。这种变化既是商人阶层政治意识觉醒的体现，也是中国政治近代化进程的重要组成部分。商帮的政治参与，是中国社会从传统向近代转型过程中的重要历史现象，为理解中国近代政治转型提供了独特视角。

商帮是中国近代文化转型的引领者。近代商帮在传承中华优秀传统文化与伦理道德的同时，还积极推动中国教育事业的近代化、移风易俗及中西文化的交流交融，这些都改变了人们的思想观念，为中国文化的近代转型注入了新的生命力。他们用实际行动证明，传统文化与现代文明并非对立，而是可以相互融合、共同发展的。这种观念的转变，为近代中国的文化转型奠定了重要基础。

近代商帮的历史作用表明，经济力量的崛起必然带来社会结构的深刻变革。这种变革不仅体现在物质层面，更深刻地影响着社会观念和文化形态的转变。

第一节　经济层面

在近代社会转型中，商帮作为重要的经济力量，促进了全国范围内的商品流通、拓展了国内外市场、加快了地方经济的繁荣与进步，引进了西方先进的经营思想和管理模式，对于助力中国传统商业向近代商业[①]的转型，做出了重要贡献。

一、促进商品流通与市场扩大

近代商帮通过跨区域经营和团结协作，不仅在国内市场上占据重要地位，还积极开拓国际市场，将中国商品推向世界各地，促进了不同地区间商品的流通和市场的扩大。商业资本活跃，存量流量大，经营范围广泛，不同于以往的传统商业。

清代前期随着国家的统一多民族国家的巩固和发展，特别是对东北、西北、西南等边疆地区行政管辖制度的有效实施，形成了比较稳定的政治局面，为晋帮等商人在内地和边疆的迅速发展，创造了极为有利的社会环境。可以说，稳定、统一的多民族国家的政治局面，是商帮和商品经济发展的必要条件。反过来，商帮通过长途贩运、设立商号等方式，打破了地域限制，促进了各地商品的交流与融合。这不仅丰富了市场供给，满足了民众多样化需求，还加强了不同地区间的经济联系，为统一多民族国家的经济整合提供了物质基础。同时，商帮的活跃也促进了经济文化交流与民族融合，有助于巩固国家统一与民族团结。

陕西商帮在其几百年的经营过程中对中国经济、全国市场一体化做出了巨大的贡献。陕西商人一般进行大宗商品的长途贩运，他们走南闯北，不拘泥于一个地方，突破区域的限制，到福建、安徽、湖南等地运茶贩茶，到江南购布，又在西北地区收购皮毛进行加工，然后销往全国各地。陕西商人的这种经营活

---

① 近代商业与传统商业在资本活动、商业组织形式、商业从业人员与市场及商业文化与社会地位等方面都存在显著的区别。从资本活动与经营范围看，近代商业资本活动对象和范围扩大，商业资本运作快速，存量流量大。而传统商业资本运作相对缓慢，存量流量小，经营方式和管理制度较为传统和保守。从商业组织形式看，近代商业建立了大型百货公司、商品交易所等新式商业组织形式，这些组织形式有助于商品的批量销售和交易的标准化。而传统商业是以小商铺、集市等形式存在，缺乏大规模的商业组织形式。从商业从业人员与市场角度看，近代商业是商业业种、户数、从业人员增长迅速，商业活动更加专业化、规模化，市场细分更加明显，消费者需求得到更好的满足。而传统商业从业人员相对较少，市场规模有限，商品种类和数量相对较少。从商业文化与社会地位看，近代商业中商人的社会地位逐渐提高，商人积极参与政治、社会活动，商业文化也更加开放和多元。而传统商业则是受到“重农抑商”政策的影响，商人地位较低，商业文化相对保守和封闭。——作者注

动极大地加强了西北地区与内地之间的联系，将西北的经济与中原接轨，把西部纳入了全国经济的运转轨道，促进了西北地区市场化的进程，使西北与内地市场的联系加强，从而促进了全国经济市场的融合统一。

广东商帮的商业活动不但推动了全国社会经济的发展、扩大了市场空间，还对我国近代工业、航运业及金融业等诸多行业的发展起到了促进作用。在我国封建社会，市场的空间较小，大部分商品通过家庭自给性生产来满足消费需要，市场交易的规模不大，商人活动的市场空间较小。广东商帮利用其得天独厚的地理优势和敢于冒险的创业精神，不断拓展国内外的市场空间。明清时期，广东商帮西进、北上、东拓，将“洋货”和广东本地的土特产销往全国各地，并将全国其他地方的产品运往广州，经广州销往世界各地，积极拓展了海外市场。

近代宁波帮在全国的经济贸易活动遍及各业，可谓“无宁不成商”“无宁不成市”。宁波悠久的经商传统，使得宁波帮在近代对外贸易中驾轻就熟，特别是在上海。上海开埠以后，由于各种有利条件的交合，很快替代广州成为对外贸易的中心。一方面上海将从祖国各地收购的土产转运国外，另一方面还分销从国外进口的洋货及沪产的机制国货。宁波帮凭借既有的贸易经验，在上海主要从事洋布、五金、颜料等洋货和丝、茶、草帽等土特产进出口贸易，特别在传统丝茶出口贸易中独占鳌头。浙江是生丝的重要产地，宁波帮控制着长江下游地区的市场，他们在整个生丝的收购和销售过程中，对各方面的情况非常熟悉。宁波帮还涉足食品出口、火油进口及棉花出口业务。世界火油公司亚细亚公司的壳牌火油就是通过宁波帮经销的。

二、推动区域经济发展

近代商帮利用地域资源和行业优势，发展特色产业和优势产业，形成了具有地域特色的产业集群和产业链。这种区域经济的发展模式，不仅提升了当地的经济发展水平，也带动了周边地区的经济繁荣。

此处以晋商为例进行阐述。晋商作为中国近代史上最具影响力的商帮之一，在推动区域经济发展方面发挥了重要作用。他们的商业活动不仅促进了山西本地的经济繁荣，也对周边地区产生了深远影响。晋商在全国各地设立商号，形成了庞大的商业网络。这些商号不仅从事商品贸易，还经营票号、典当等金融业务，为区域经济注入了活力。晋商在内蒙古、新疆等地的贸易活动，促进了边疆地区的经济开发。他们在恰克图的茶叶贸易，带动了中俄边境地区的经济发展。

晋商以其创立的票号制度，标榜历史。票号的金融活动为区域经济发展提供了资金支持。1823年（清道光三年），晋商的第一家票号——日升昌诞生，是近代中国银行制度的雏形，票号的诞生避免了异地买卖现银交易的诸多弊端。此后一二十年里，有二三十家票号在晋中的祁县、太谷和平遥创建，分支机构遍布全国，一度还把票号分支开设在邻近的日本、朝鲜等国家，创造了金融王国的神话。

山西票号在中国金融领域活跃了整整一个世纪，并且在一段时间里充当清政府中央银行的角色，为清政府代汇动辄成百上千万的银两饷银和赋税，在金融界独占鳌头，为政府成功解决了金融难题，推动了经济社会发展。光绪年间，票号发展到了鼎盛，除晋中的几十家总号外，分号达400余家，遍布全国21个行省85个重要城镇及内蒙古、新疆等边远的地方，汇兑网络四通八达，垄断了金融市场。甚至一些地方的市面流通全靠山西票号的丰盈程度周转。

晋商创造的商业制度和经营理念，也为区域经济发展提供了制度保障。晋商文化中蕴含的诚信、创新精神，成为区域经济发展的精神动力。晋商的历史经验表明，商业力量的崛起是区域经济发展的重要推动力。

三、积极引进西方先进经营思想和管理模式

近代商帮面对西方工业文明的冲击，以开放的姿态积极引进先进的经营思想和管理模式，推动了中国商业的近代化转型。

在经营思想方面，商帮突破了传统商业的局限。晋商票号引入西方银行制度，创立票号制度，建立了现代金融体系的雏形；徽商借鉴西方公司制度，改革传统家族经营模式。这些变革使中国商业开始摆脱传统经验主义的束缚，转向科学化、专业化经营。宁波商帮在上海开设的百货公司，率先引入西方市场营销理念，采用明码标价、橱窗展示等新型销售方式，改变了传统的商业经营模式。

在管理模式上，商帮进行了大胆创新。他们学习西方企业的组织管理方法，建立科层制管理体系，推行专业化分工。张謇创办的大生纱厂引入西方工厂管理制度，实行标准化生产；荣氏家族的企业采用西方会计制度，提高了财务管理水平。这些管理创新大大提升了企业的运营效率。

商帮还注重人才培养和技术引进。他们派遣子弟出国留学，创办新式商业学校，培养具有现代商业知识的人才。同时，积极引进西方先进技术设备，如

面粉加工、纺织机械等，推动产业升级。这些举措为中国商业的近代化转型奠定了人才和技术基础。

近代商帮积极借鉴融合西方先进的经营思想和管理模式，不仅推动了中国商业的现代化进程，也为当代中国企业走向世界提供了历史借鉴。他们的实践表明，只有以开放包容的态度吸收先进文明成果，才能在全球化浪潮中实现创新发展。

第二节　社会层面

在清政府保商、振商的政策支持下，近代商帮的活动打破了传统社会的阶层固化，提升了商人地位，推动了社会观念的更新。这个时期，晋商、徽商等商帮通过商业活动积累了巨额财富，他们捐官买爵、修建宗祠、兴办义学，使商人阶层的社会地位显著提升。这种经济实力与社会地位的提升，动摇了传统士农工商的等级秩序。

同时，商帮也积极参与了中国近代政治活动。从传统社会的政治依附到近代社会的主动参与，商帮的政治活动反映了中国社会结构的深刻变迁。商帮的政治参与历程，展现了近代中国社会转型的复杂性和多样性。

一、提升商人社会地位

清末清政府推行鼓励发展商业、奖励实业的政策。在这种背景下，随着商帮的经济实力不断增强，商人的社会地位也得到了提升，动摇了封建社会中士农工商的等级秩序。晋商凭借其物产资源和地理优势，抓住商机，勇于开拓进取并诚信经营，“海内最富”，让国人认同了“无晋不成商”的事实。一些晋商还作为内务府皇商，为清廷充当捐纳军饷的办事机构，为户部解交税款，为政府承汇国外赔款，代理省关财政金库，为清政府筹集各种特需和急需款项等，驾驭清廷经济之命脉。清代的一些典籍文献、名人笔记、朝廷奏折和国家捐输银两的记录簿中，都不乏晋商的名字。《清史稿》的《列传》中，就有晋商在册。强大的晋商让人们重新审视中国几千年的轻商思想，客观上提升了商人的社会地位。

商帮的活动，还展现并树立了优秀中国商人的形象，改变了旧有的“唯利是图”的刻板印象，不但为后世树立了榜样，还为中国商业文化的发展注入了新的活力。他们以诚信为本，恪守商业道德，形成了独特的商业文化和经营理念。晋商的“以义制利”、徽商的“贾而好儒”，都体现了中国商人将商业经营与道德修养相结合的传统。晋商在国际贸易中也很活跃。在对外贸易中，晋商的聪明才智与诚信重义给外国人留下了深刻的印象，他们给予晋商很高的评价。德国地质学家、曾任柏林大学校长的李希霍芬在《中国》一书中这样评价晋商：“山西人具有卓越的商才和大企业精神，有无比优越的计算智能和金融才华。”1907年日本驻广州领事上野吉一在报告中称：山西票号“设于壕畔街地方，以义善源、源丰润、日升昌、百川通、蔚泰厚等最有信用，其款自以官金为主，其他之经营一切商业而从事于北清贸易者，其汇款项大抵经由票号，其信用之厚，自足以凌驾地方银行，而占极大之利益”[①]。

二、参与近代政治活动　促进社会变革

伴随着商人地位的提升，商帮人士开始更多地参与社会政治事务，发挥自己的影响力，推动了社会的民主化进程。近代商帮的政治活动反映了中国社会转型的复杂性。从传统的捐纳功名到近代的议会政治，从被动依附到主动参与，从边缘到中心的演变过程，商人的政治参与方式发生了根本性变化，深刻反映了商人阶层政治地位的变迁和社会结构的转型。

在传统社会，商帮的政治活动主要表现为对朝廷的依附和利用。明清时期，晋商、徽商等大商帮通过捐纳制度参与政治。他们向朝廷捐输军饷、修筑城防、赈济灾民，以此换取功名和官职。这种政治参与方式具有明显的功利性，主要是为了维护商业利益和提升社会地位。商帮人士还通过结交官员来获取政治庇护。他们资助官员上任，提供资金支持，建立密切的政商关系。这种关系网络既保护了商业利益，也增强了商帮的政治影响力。但这种政治参与本质上仍是传统社会权力结构的延续，商人并未获得真正的政治权力。

近代中国，随着西方列强的入侵和国内危机的加深，商帮的政治意识开始觉醒。洋务运动时期，商帮积极参与官督商办企业，在“求富”的口号下寻求政治参与的新途径。张謇等商人领袖开始关注国家命运，提出“实业救国”的主张。

清末新政时期，商帮的政治参与进入新阶段。1904年成立的上海商务总会，

---

① 武占江、丁月华:《传统诚信观与晋商的经营管理》,《经济与管理》2004年第4期。

成为商人表达政治诉求的重要平台。商帮积极参与立宪运动，推动政治改革。他们组织请愿活动，要求召开国会，实行君主立宪。这种政治参与方式已经突破了传统社会的藩篱，具有明显的近代特征。

辛亥革命前后，商帮的政治参与达到高潮。他们资助革命党人，参与地方自治，在政治变革中发挥了重要作用。上海商团在光复上海的过程中扮演了关键角色。商帮还通过商会组织维持地方秩序，填补了政权更迭时期的权力真空。

民国成立后，商帮的政治参与方式更加多元化。他们通过议会政治参与国家治理。商界代表在国会中占有重要席位。商帮还积极参与政党活动，如上海总商会会长虞洽卿就曾担任国民党中央执行委员。这种政治参与方式体现了商人阶层政治地位的显著提升。

但应该注意的是，商帮的政治参与存在明显局限。由于缺乏独立的政治纲领和组织，商人的政治活动往往依附于其他政治力量。在军阀混战时期，商帮常常被迫与各派军阀周旋，难以形成独立的政治力量。

尽管如此，商帮的政治参与对中国近代政治转型产生了深远影响。他们推动了政治改革，促进了社会变革，为近代中国政治发展注入了新的活力。

第三节　文化层面

近代中国社会经历了前所未有的剧变，在这个历史转折点上，商帮作为一支重要的社会力量，悄然推动着中国文化的现代转型。他们不仅是经济活动的参与者，更是文化变革的推动者。在传统与现代的交汇处，商帮以其独特的方式，重塑着中国人的价值观念和生活方式，为近代中国的文化转型开辟了新的路径。

一、传承中华优秀传统文化与伦理道德

近代商帮承载着中华优秀传统文化的精髓。这个群体积极守护并广泛传承了中华传统的节日文化、工艺文化、饮食文化、戏曲文化、游艺文化，为弘扬中华文化、增强民族自豪感做出了巨大贡献。同时，最重要的是，商帮在具体的经营活动中，注重中华优秀传统文化和伦理道德的传承。他们将儒家思想等中华传统文化融入商业经营中，形成了独特的商业伦理和经营理念，通过传承和创新，将深厚的文化底蕴融入商业实践之中。他们注重诚信经营，以诚待人，

以信为本，这种商业道德观念不仅赢得了客户的信任，也为社会树立了良好的商业风气。

在中国传统文化中，诚信被赋予了极高的道德价值。儒家思想强调“人而无信，不知其可也”，道家思想也倡导“信言不美，美言不信”，这些思想共同构成了中国传统文化中诚信观念的理论基础。晋商经营过程的一个成功之道，就是守信不欺。“商人的本性就是唯利是图，不择手段，欺诈、哄骗是商人的共性。可是山西商人却认识到守信不欺乃是经商长久取胜之道，认为经商虽亦以盈利为目的，凡事则以道德信义为根据。”[①]晋商精神影响着代代山西商人，以其诚信的经营理念和稳健的经营风格，在中国近代商业史上赢得了良好的声誉。晋商深受儒家思想影响，以诚信为本，奉行义利并重的经营理念。晋商拥有不畏艰险、勤俭刻苦的进取精神；稳重谨慎、稳中求进的创新精神；积德行善、乐善好施的精神。

中国传统文化中的公益理念源远流长。[②]徽商以儒家的“以义为利”“仁心为质”作为其商业道德的根本，充分体现了服务家乡、服务社会的公益精神。徽州人在“儒风独茂”的社会环境影响下，徽商大多“贾而好儒”。从贾是为了获利，业儒是为了求名。徽人把儒业作为最终的目的，在弃儒经商后，依然把儒家的伦理道德视为立身行事之本。近代徽商，无论身处何方，都有较为强烈的、服务帮助家乡的情感，“故乡大好山水，固无日不萦绕于梦魂中”[③]。因此，许多徽商在事业成功后，以部分利润报效宗亲，回馈桑梓，从事社会公益事业。如徽商吴翥，安徽省黟县人，为上海英商怡和洋行买办，又在上海、无锡等地开设丝厂，获利颇丰，拥有数十万元的资产。他为人很宽厚，慷慨好义，凡遇善举，毫不吝惜。吴翥捐银两千，在家乡黟县择中途之要者，分别建亭十二座，名之曰“延寿亭”。吴翥目睹家乡的清代石桥倾塌后，慷慨解囊，于1914年动工重建，共用银圆一万两千元有奇。乡亲们为彰其善举，由知县章寿椿撰写《重修石山挹秀桥记》，刻石立碑于桥头，以志纪念。吴翥还在无锡捐资修筑了

① 张海鹏、张海瀛：《中国十大商帮》，黄山书社1993年，第7页。

② 中国传统文化中的公益理念深受儒释道三家思想的影响。儒家思想强调“仁爱”，以及“老吾老以及人之老，幼吾幼以及人之幼”的博爱精神；道家思想中的“天人合一”观念，强调人与自然和谐共生，体现了对公益事业的关注；佛教则强调慈悲为怀，普度众生，这些思想都为公益理念提供了坚实的思想基础。——作者注

③ 张海鹏、王廷元：《明清徽商资料选编》，黄山书社1985年，第7页。

钢桥。1915年春，吴翥决定捐资建桥，与上海求新铁厂洽谈，按照上海外白渡桥式样在无锡建造钢桥。1916年建桥工程开始后，因战事频发，钢材价格飞涨，造桥费用涨至六万余元，吴翥信守承诺，如数支付造桥款项，昼夜施工，终于完成施工，钢桥建成，名之为“黄埠墩洋桥”。吴翥一生义举极多，其他如上海闸北区办救火会、孤儿院、贫民小学；捐助上海、九江的徽商会馆[①]；在家乡出资助刊《黟县四志》、周恤贫困亲邻、资助发展蚕桑等等，不胜枚举。

二、推动近代中国文化转型

近代中国文化的转型主要表现在教育事业的近代化、移风易俗、中西文化交流交融等方面，其中商帮发挥了积极作用。

（一）商帮在推动教育现代化方面有一定作为

商帮人士认识到教育对国家富强的重要性，纷纷捐资兴学，创办新式学堂，引进西方教育理念，培养新型人才。张謇创办的通州师范学校、盛宣怀创办的南洋公学，都是商帮推动教育近代化的典范。这些新式学堂不仅传授现代科学知识，还注重培养学生的爱国精神和社会责任感。商帮还支持女子教育，打破传统观念束缚，为女性提供受教育机会，培养了一批具有现代意识的女性人才。

前文提到的徽商吴翥积极兴办新式教育。他捐银3万，在家乡横冈村兴办敬业小学。敬业小学的兴办，对黟县教育事业的发展、开化风气、改变旧的教育模式，起了一定的推动作用。

（二）在移风易俗方面，近代商帮走在了时代前列，成为推动社会风俗改革的重要力量，对社会产生了示范效应

他们不仅在经济领域开疆拓土，更在社会变革中扮演了先锋角色。商帮成员往往是最早接触西方文化的群体之一，他们通过对外贸易和海外经商，亲身感受到现代文明的冲击，并将这些新思想、新观念带回国内。

在生活方式上，商帮成员率先剪辫易服，接受新式着装。他们摒弃长袍马褂，改穿西装革履，这种改变不仅是对传统服饰的革新，更是对现代生活方式的认同。商帮还积极支持妇女解放运动，鼓励女性接受教育、参与社会活动。

---

① 冯剑辉：《近代徽商研究》，合肥工业大学出版社2009年，第109页。

许多商帮家族打破“女子无才便是德”的传统观念，送女儿进入新式学堂，培养了一批具有现代意识的女性。

在社会风俗改革方面，商帮也发挥了重要作用。他们反对封建迷信，提倡科学精神；抵制铺张浪费，倡导节俭务实；反对包办婚姻，支持自由恋爱。这些改革举措通过商帮成员的身体力行和示范效应，逐渐影响和改变了社会风气。商帮还积极参与市政建设，推动城市现代化进程，在改善公共卫生、普及现代生活设施等方面做出了重要贡献。

（三）近代商帮积极推动中西文化交流

他们积极学习借鉴西方的企业管理制度、引进西方科技与设备、组织考察团出国学习等，这些活动促进了中西文化的融合，为中华传统文化注入了新的活力。宁波帮是这方面的翘楚。宁波作为“五口通商”口岸之一，较早接触到西方文化。宁波人没有视其为洪水猛兽，而是注重学习和借鉴西方文化，以包容性取人之长，补己之短。随着近代上海对外贸易的迅猛发展，宁波商人果断决策，纷纷涉足出口贸易，经营五金、颜料、洋油、洋布、钟表、眼镜、西药等畅销洋货，还有不少人经营保险业、证券业、公用事业和其他新式服务业。

在企业管理制度上，宁波商人效仿西方企业的管理思想和方式，建立了一套机构健全、效率较高的管理制度，推动了宁波商帮的崛起和壮大。主要表现为公司制组织形式、完善的规章制度、民主决策与科学管理。

宁波商帮大多引进西方的公司制组织形式，这种组织形式适应了近代企业分工细致和管理上要求分工明确、职责分明的特点。它有利于加强企业内部的组织性，提高企业的管理水平和生产效率。宁波商人以生产经营职能作为划分标准，形成职能制组织形式，各专业管理部门在其职权范围内对下级行使管理职责，责任明确，效率高，能够提高企业管理的专业化程度，适应大型化、复杂化企业的管理需要。

规章制度方面，宁波商帮大都参照西方企业的管理方法，对生产、工作职责、职员任免、作息时间、例假、纪律、损害赔偿等方面都有详细具体的规定。这些规章制度保证了正常的生产秩序和工作秩序，提高了企业的运营效率。例如，刘鸿生所创企业的规章制度就尤为完善，制定了包括成本会计、职员和工人的职责及生产设备的使用管理办法等在内的一整套规章制度。

民主决策与科学管理方面，宁波商人仿效西方的管理方式，在企业管理中注重民主决策与科学管理。他们强调管理层与员工、股东等利益相关方的紧密合作，共同制定和实施管理策略。这种民主决策机制有利于提高员工的参与感和认同度，促进团队的合作和创新。同时，宁波商人还注重运用科学管理方法和工具，对企业的资源和人力进行有效管理，以实现组织的战略目标。

基于科学有效的近代管理制度，在当时国外商品充斥中国市场的情况下，宁波商帮逐渐改变了传统经济条件下的小打小闹经营作风，用名牌优质产品开拓市场，占领了市场。宁波商帮深深懂得“凡百业如欲抵御外侮，专持国家保护政策与社会爱国心理，而不力图改进产品，实非竞争之根本办法”（载《中国民族火柴工业》）。他们创制的名牌国货产品，不仅是民族企业生存能力的表现，也是民族企业家抵御外侮，以国货优质产品击败洋货，在市场上为民族工业的发展赢得一席地位的爱国主义精神的体现。

中国日用化学品工业的奠基人，有“国货大王”“化工大王”之称的宁波商人方液仙（宁波镇海人）曾说过：“一支不合格的牙膏出厂，不仅断了买主，而且还影响了信誉。”[①]为此他在生产管理上实行专人负责、层层检验、分级管理的制度，不合格产品不准出厂。其精心生产出的独具特色的民族名牌产品，方液仙的“三星”牌系列产品，在近代中国轻工业市场上占有一席之地。

总之，近代商帮作为中国经济史上的独特现象，在中国社会转型中扮演了重要角色，既是传统社会向近代社会过渡的推动者，也是这一过程中的受益者。

经济转型方面，商帮通过跨区域贸易和金融创新，促进了商品经济的发展，打破了自然经济的束缚。晋商、徽商等商帮的票号、钱庄等金融工具，推动了金融体系的创新，为近代金融体系的形成奠定了基础。同时，商帮积极参与近代轻工业投资，推动了民族工业的兴起，加速了中国从农业社会向工业社会的转型。

社会结构转型及政治转型方面，商帮的崛起打破了传统“士农工商”的等级秩序，提升了商人的社会地位，促进了社会流动和阶层融合。同时，商帮的近代政治活动，是中国社会从传统向近代转型过程中的重要历史现象，为我们检视中国社会结构变化和政治近代化提供了鲜活资料。

文化观念转型方面，商帮在推动文化传承与创新方面发挥了重要作用。商帮形成了以诚信为本、积德行善、开放进取为核心的商业精神与伦理，传承了中华优秀传统文化，融合了西方商业文化精髓，推动了中国商业文化的传播。

---

① 《宁波帮企业家的崛起》，浙江人民出版社 1998 年，第 114 页。

同时，商帮对教育、文化的支持也促进了新思想的传播，为近代社会变革提供了思想基础。

然而，商帮的局限性也不容忽视。其依赖传统家族和地域纽带的特点，限制了其向跨地域的现代企业组织的转型。总体而言，近代商帮既是社会转型的推动者，也是这一过程的缩影，其贡献与局限共同反映了中国近代化的复杂历程。

参考文献

档案资料

1.《朱批奏折·民族事务类》(简称朱批民族),嘉庆六年八月二十五日,富俊折。

2.《朱批奏折·民族事务类》(简称朱批民族),嘉庆十六年一月十日、四月五日铁保折。

3.《军机处录副奏折·民族事务类》(简称录副民族),嘉庆十六年一月十日铁保折附片及同年二月二十四日那彦宝折。

4.新疆维吾尔自治区档案馆:Q15-33-002881,《镇迪道就饬各属注重发展商业事札吐鲁番厅文》(宣统二年一月二十五日,即1910年3月6日)。

5.中国第二历史档案馆档案:《杨增新关于阿商会提议让阿尔泰张长官解决借款事致大总统电》(1919年6月8日),中国第二历史档案馆编:《民国时期新疆档案汇编(1912—1927)》(第23册),凤凰出版社2015年。

6.中国第二历史档案馆:《新疆塔城乾丰厚茶号驻北平经理处经理张瀚请求宽免税厘以奖励茶商远赴新疆致国民政府呈及各方办理该案有关文书》(1928年12月10日),中国第二历史档案馆编:《民国时期新疆档案汇编(1928—1949)》(第3册),凤凰出版社2015年。

7.中国第二历史档案馆:《新疆省政府建设厅为呈报该省工商建设计划书事与工商部来往文书——新疆建设葡棉毛革土产局之计划》(1928年12月10日),中国第二历史档案馆编:《民国时期新疆档案汇编(1928—1949)》(第3册),凤凰出版社2015年。

8.中国第二历史档案馆:《新疆省政府报送的各县商会暨有关限价主要必需品业同业公会一览表及相关文书——新疆省乌苏县市商会暨有关限价主要必需品业同业公会一览表》(1944年1月—5月19日),中国第二历史档案馆编:《民国时期新疆档案汇编(1928—1949)》(第31册),凤凰出版社2015年。

9.新疆维吾尔自治区档案馆:政2-7-374-105,《为呈报依法成立商事公断处由》(1936年)。

10.新疆维吾尔自治区档案馆：政2-7-374-44,《商户登记纳费办法》(1936年)。

11.新疆维吾尔自治区档案馆：政3-1-352,《调节福泰成分伙问题会议记录》(1939年)。

12.新疆维吾尔自治区档案馆：政2-7-373-30,《新疆省工商联合会会章》(1939年)。

13.新疆维吾尔自治区档案馆：政3-1-4,《呈省政府代同业公会申诉之事由》(1948年)。

14.新疆维吾尔自治区档案馆：政3-1-358,《迪化市商会公断处办事规程》(1948年)。

15.新疆维吾尔自治区档案馆：政3-1-358,《迪化市商会理监事选举规程》(1948年)。

16.新疆维吾尔自治区档案馆：政3-1-358,《新疆迪化市商会章程》(1949年)。

17.新疆维吾尔自治区档案馆：文1-1-434,《新疆省民众学校暂行规程》(1938年)。

18.奇台县档案馆：12-1-1,《1913年新疆古城商务分会职员表》。

19.奇台县档案馆：12-1-1,《新疆古城商务分会第四届选举职员一览表》(1925年)。

20.奇台县档案馆：12-1-4,《新疆奇台县商会第十届职员一览表》(1936年)。

21.奇台县档案馆：《新疆古城商会试办便宜章程》(1912年)，周海山：《古城商业史话》，奇台县政协文史资料委员会编：《奇台文史》(精编本)，新疆新华印刷厂2006年(内部资料)。

22.档案资料：《镇迪道宣统二年俄商贩运货物出入卡及时估值各项数目底册》，厉声：《新疆对苏(俄)贸易史(1600—1990)》，新疆人民出版社1993年。

23.档案资料：《同泰兴查封卷》(天字5号),《新疆商业外贸史料辑要》(第1辑)(内部资料)，新疆通志·商业志编纂委员会、新疆通志·外贸志编纂委员会、新疆维吾尔自治区档案馆合编，1990年。

24.档案资料：《新疆省政府关于婚丧等事宜应行俭约之各项规定》(1938年)，新疆维吾尔自治区档案馆编：《民国时期新疆省组织、人事制度档案史料选编》，新疆人民出版社1997年。

25.档案资料：《新疆商人抗日爱国捐献(1938年)》，新疆档案局(馆)编：《不能忘却的记忆——档案中的故事》，新疆人民出版社2007年。

26. 档案资料:《财政厅呈请重新修改取缔隐匿契税办法·附取缔隐匿契税修改办法》(1940年5月29日),新疆党史工作委员会、自治区财政厅编:《抗日战争时期在新疆财经战线上的中国共产党人》,新疆人民出版社1993年。

27. 档案资料:《民商买买提请发还缴货》(1944年9月11日),见《新疆商业外贸史料辑要》(第1辑)(内部资料),新疆通志·商业志编纂委员会、新疆通志·外贸志编纂委员会、新疆维吾尔自治区档案馆合编,1990年。

28. 档案资料:《玉合泉烧坊1944年出入银钱流水账》,中国人民政治协商会议、新疆维吾尔自治区奇台县委员会文史资料委员会编:《奇台文史》(第6辑),奇台县印刷厂1997年(内部资料)。

29.《非常时期人民团体组织法》,马敏、肖芃主编:《苏州商会档案丛编》(第5辑下·1938—1945),华中师范大学出版社2010年。

30. 新疆维吾尔自治区档案馆档案:《省政府就统一币制的训令》(1939年7月1日),《新疆通史》项目资料丛书,童鹿主编:《民国时期新疆金融档案史料》(上),凤凰出版社2013年。

31. 新疆维吾尔自治区档案馆档案:《省政府就省票喀票折率变更执行办法事给各行政长等的电》(1939年8月21日),《新疆通史》项目资料丛书,童鹿主编:《民国时期新疆金融档案史料》(上),凤凰出版社2013年。

32. 新疆维吾尔自治区档案馆档案:《财政厅为报新发叁仟万元及陆千万元省币印制尺码情形并发行日期事给省政府的呈》(1949年4月9日),《新疆通史》项目资料丛书,童鹿主编:《民国时期新疆金融档案史料》(下),凤凰出版社2013年。

33. 新疆维吾尔自治区档案馆档案:《省政府就进行币制改革的代电并新疆省银币发行办法》(1949年5月19日),《新疆通史》项目资料丛书,童鹿主编:《民国时期新疆金融档案史料》(下),凤凰出版社2013年。

34. 行政院新疆建设计划委员会编:《新疆建设计划大纲草案》(1934年)。

35. 设计委员会编:《新疆第二期三年计划书》,新疆日报社1941年印。

36. 本省政令布告类:《新疆省政府布仰各界护惜纸币以维信用仰一体遵照由》,新疆省政府公报委员会主编:《新疆省政府公报》1930年12月第9期,省政府秘书处印行。

期刊

1.《东方杂志》第1卷第1期(光绪三十年正月二十五日,即1904年3月11

日），上海商务印书馆发行。

2.《东方杂志》第1卷第5期（光绪三十年五月二十五日，即1904年7月8日），上海商务印书馆发行。

3.《东方杂志》第5卷第12期（光绪三十四年十二月二十五日发行，即1909年1月16日），上海商务印书馆发行。

4.《东方杂志》第9卷第10期（1913年4月1日），上海商务印书馆发行。

5.《东方杂志》第10卷第10期（1914年4月1日），上海商务印书馆发行。

6.《东方杂志》第11卷第3期（1914年9月1日），上海商务印书馆发行。

7.《东方杂志》第11卷第4期（1914年10月1日），上海商务印书馆发行。

8.《东方杂志》第26卷第15号（1929年8月10日），上海商务印书馆发行。

9.《东方杂志》第28卷第12号（1931年6月），上海商务印书馆发行。

10.《地学杂志》1913年第7期，中国地学会发行。

11.《地学杂志》1917年第1期，中国地学会发行。

12.《地学杂志》1917年第6—7期，中国地学会发行。

13.《中国学报》1913年第8期。

14.《新亚细亚》1925年第10卷第3期，新中国建设学会发行。

15.《新亚细亚》1925年第10卷第4期，新中国建设学会发行。

16.《新亚细亚》1933年第6卷第5期，新中国建设学会发行。

17.《复兴月刊》1933年第2卷第2期，新中国建设学会发行。

18.《钱业月报》1934年第14卷第9期，上海钱业公会发行。

19.《开发西北》1934年第1卷第2期，南京开发西北协会发行。

20.《天山月刊》1934年第1卷第4期，南京天山学会天山月刊社发行。

21.《天山月刊》1934年第1卷第5期，南京天山学会天山月刊社发行。

22.《拓荒》1934年第2卷第6期，南京《拓荒》杂志社编辑部发行。

23.《中外经济周刊》1925年第103期，北京经济讨论处发行。

24.《中央训练团团刊》1943年第200期。

25.《福建训练月刊》1943年第2卷第6期。

26. 中国国民党新疆省党部新新疆月刊社编:《新新疆》第1卷第1期（1943年4月12日出版，新疆日报社印）。

27. 中国国民党新疆省党部新新疆月刊社编:《新新疆》第1卷第4期（1943年7月16日出版，新疆日报社印）。

报纸

1.《新疆日报》（1935年、1936年、1937年、1938年、1939年、1940年、1941年、1942年、1944年、1945年、1948年、1949年、2005年、2006年）。

2.《新民晚报》，1983年6月12日。

古籍、民国文献、资料集

1.（清）椿园：《西域闻见录》（卷一·新疆纪略上），嘉庆十九年（1814年）味经堂刻本，日本早稻田大学藏书。

2.（清）纪昀：《乌鲁木齐杂诗》，王希隆：《新疆文献四种辑注考述》，甘肃文化出版社1995年。

3.（清）傅恒等撰：《平定准噶尔方略续编》（卷16、32），文渊阁《四库全书》史部，台湾商务印书馆影印本1986年。

4.（清）珠克登：《新疆纪略》，中国西北文献丛书编辑委员会编：《中国西北文献丛书（正编·第4辑）·西北民俗文献（第2卷）》（总第118卷），兰州古籍书店影印出版1990年。

5.（清）黄濬：《红山碎叶》，中国西北文献丛书编辑委员会编：《中国西北文献丛书（正编·第4辑）·西北民俗文献（第2卷）》（总第118卷），兰州古籍书店影印出版1990年。

6.（清）文绶：《陈嘉峪关外情形疏》，贺长龄辑：《皇朝经世文编》（卷81·兵政十二·塞防下），清道光六年（1826年）刻本。

7.（清）璧昌：《叶尔羌守城纪略》，中国西北文献丛书编辑委员会编：《中国西北文献丛书（二编）·西北史地文献（第3卷）》（总第10册），线装书局2006年。

8.（清）林则徐：《乙巳日记》，《林则徐奏稿·公牍·日记补编》，中山大学出版社1985年。

9.（清）林则徐：《家书（道光二十二年十二月十四日于伊犁）》（1843年1月14日），周轩、刘长明编注：《林则徐新疆资料全编》，新疆大学出版社2009年。

10.（清）左宗棠：《左文襄公全集》（奏稿·第56、57卷），湖南，光绪十六年（1890年）刻本。

11.（清）刘锦棠：《刘襄勤公奏稿》（第2、3、4、5、7、12、14卷），湖南长沙，光绪二十四年（1898年）刻本。

12.（清）奕䜣等纂：《平定陕甘新方略》（第320卷），光绪二十三年（1897年）刻本。

13.燕京大学图书馆藏：《昨据各帮商首以私税扰害事具禀伊犁税局员司一案业已另备公牍，光绪乙巳（1905年）正月至六月致各处叙事函稿（十）致新疆潘抚帅、吴方伯函》，见《伊犁将军马明山致覆各处函稿（稿本）》手写稿。

14.（清）陶模：《陶勤肃公奏议遗稿》（第1卷），兰州将军公署1924年刊本。

15.（清）永保：《总统伊犁事宜》，中国社会科学院中国边疆史地研究中心编：《清代新疆稀见史料汇辑》，全国图书馆文献缩微复制中心出版，三河县潮河印刷厂印刷1990年。

16.（清）松筠修，汪梃楷、祁韵士撰：《西陲总统事略》（卷七·屯务成案），中国书店2010年影印本。

17.（清）袁大化修，王树楠等纂：《新疆图志》（建置一）（学校一、二）（民政一、二、三、四、五）（沟渠一、二、三、四、五、六）（道路八）（军制三）（赋税一）（实业一、二）（交涉三、五、六）（礼俗一）（奏议十六），东方学会据志局书重校正增补，1923年。

18.（清）《新疆全省财政说明书·司法费》，见广东省立中山图书馆、中山大学图书馆编《续编清代稿钞本》（第100册），广东人民出版社2009年。

19.（清）钟广生等著：《新疆志稿》，见成文出版社印行《中国方志丛书·西部地方（第二十号）》，台湾成文出版社1968年。

20.（清）佚名：《迪化县乡土志》，马大正、黄国政、苏凤兰整理：《新疆乡土志稿》，新疆人民出版社2010年。

21.（清）温世霖：《昆仑旅行日记》，天津古籍出版社2005年。

22.新疆社科院历史研究所编：《清实录·新疆资料辑录》（光绪朝宣统朝卷）新疆大学出版社2003年。

23.新疆社会科学院历史研究所编：《清实录·新疆资料辑录》（道光朝卷一、卷二、卷三，咸丰朝卷），新疆大学出版社2008年。

24.新疆社会科学院历史研究所编：《清实录·新疆资料辑录》（乾隆朝卷三、四、五），新疆大学出版社2009年。

25.杨增新：《补过斋文牍》（甲集下）（辛集二、三）（壬集下），辛酉（1921年）三月新疆驻京公寓初版（刻本）。

26.杨增新:《补过斋文牍续编》(第11卷·外交编上),丙寅(1926年)二月上浣开雕(刻本)。

27.王云五、李圣五主编:《新疆与回族》,商务印书馆1933年。

28.吴绍璘:《新疆概观》,南京仁声印书局1933年。

29.蒋君章:《新疆经营论》,中正书局1936年。

30.陈纪滢:《新疆鸟瞰》,商务印书馆1941年。

31.张之毅:《新疆之经济》,中华书局1945年。

32.许崇灏:《新疆志略》,正中书局1948年。

33.王铁崖:《中外旧约章汇编》,三联书店1957年。

34.李寰:《新疆研究》,台北四川文献研究社发行,1977年再版。

35.张大军:《新疆风暴七十年》(第4、5、6、7、8、9、10、11册),台北兰溪出版社1980年。

36.包尔汉:《新疆五十年》,文史资料出版社1984年。

37.张治中:《张治中回忆录》(下册),文史资料出版社1985年。

38.中共新疆维吾尔自治区委员会、党史工作委员会:《新民主义革命时期中国共产党在新疆斗争纪事》,解放军出版社1985年。

39.甘肃省图书馆书目参考部编:《西北民族宗教史料文摘》(新疆分册上),甘肃省图书馆1985年。

40.茅盾:《新疆风土杂记》,陆维天编:《茅盾在新疆》,新疆人民出版社1986年。

41.曾问吾:《中国经营西域史》,新疆地方志总编室据1936年商务版横排铅印,1986年。

42.杨缵绪:《整理新疆实业情形折》,载张灏、张忠修编《中国近代开发西北文论选》(下),兰州大学出版社1987年。

43.谢彬著,杨镰、张颐青整理:《新疆游记》,新疆人民出版社1990年。

44.新疆通志·商业志编纂委员会、新疆通志·外贸志编纂委员会、新疆维吾尔自治区档案馆合编:《新疆商业外贸史料辑要》(第1辑),1990年(内部资料)。

45.宫碧澄:《新疆的新年》,中国西北文献丛书编辑委员会编:《中国西北文献丛书·西北民俗文献(第24卷)》(总第140卷),兰州古籍书店影印出版1990年。

46.新疆党史工作委员会、自治区财政厅编:《抗日战争时期在新疆财经战线上的中国共产党人》，新疆人民出版社1993年。

47.蔡锦松：《新疆近代史事记》，载《新疆烈士传通讯》（1993年第1期、1995年第1期、1996年第2期）。

48.胡正华：《西陲话旧》，新疆人民出版社1995年。

49.《新疆教育年鉴》编辑室编：《新疆教育大事记（公元520—1998）》，新疆教育出版社1999年。

50.天涯游子：《人在天涯》，新疆人民出版社2000年。

51.刘荫楠：《乌鲁木齐掌故》（一），新疆人民出版社2001年。

52.李烛尘：《西北历程》，载蒋经国《伟大的西北》，宁夏人民出版社2001年。

53.刘荫楠：《乌鲁木齐掌故》（二），新疆人民出版社2003年。

54.杨钟健：《参加中法科学考察团漫记》，《西北的剖面》，甘肃人民出版社2003年。

55.吴蔼宸著，田杉整理：《边城蒙难记》（原名《新疆纪游》），新疆人民出版社2010年。

56.林竞著，杨镰、张颐青整理：《亲历西北》（原名《西北丛编》），新疆人民出版社2010年。

57.新疆通史编纂委员会编，戴良佐编著：《西域碑铭录》，新疆人民出版社2013年。

58.新疆维吾尔自治区党史研究室编：《永远的怀念——回忆陈潭秋、毛泽民、杜重远、林基路烈士》，新疆人民出版社2013年。

59.中国共产党先驱领袖文库：《陈潭秋文集》，人民出版社2013年。

60.天津市口述史研究会、天津市西青区政协合编：《丝路津商——赶大营资料汇编》，天津人民出版社2014年。

外文译著

1.中共中央马克思、恩格斯、列宁、斯大林著作编译局编译：《列宁全集》（第19卷），人民出版社1972年。

2.［英］包罗杰著，本馆翻译组译：《阿古柏伯克传》，商务印书馆1976年。

3.［俄］尼·维·鲍戈亚夫连斯基著：《长城外的中国西部地区》，新疆大学俄语系俄语教研室译，商务印书馆1980年。

4.［俄］A. H.库罗帕特金著：《喀什噶利亚》，凌颂纯、王嘉琳译，新疆人民出版社1980年。

5.［英］柏来乐:《由蒙古和新疆到喀什噶尔》,《英国蓝皮书关于辛亥革命资料选译》，中华书局1984年。

6.［瑞典］斯文·赫定著:《亚洲腹地探险八年》，徐十周、王安红、王安江译，新疆人民出版社1992年。

7.［日］东亚同文会编，于维诚、潘喜明编译:《新修中国通志·新疆卷(一)》，新疆大学出版社1994年。

8.［英］马克·奥里尔·斯坦因著:《沙埋和阗废墟记》，殷晴、剧世华、张南、殷小娟译，新疆美术摄影出版社1994年。

9.［瑞典］贡纳尔·雅林著:《重返喀什噶尔》，崔延虎、郭颖杰译，新疆人民出版社1994年

10.［瑞典］斯文·赫定著:《丝绸之路》，江红、李佩娟译，新疆人民出版社1996年。

11.［英］凯瑟琳·马嘎特尼著:《外交官夫人的回忆》，王卫平译，新疆人民出版社1997年。

12.［日］吉川小一郎:《敦煌见闻》，大谷光瑞等著:《丝路探险记》，章莹译，新疆人民出版社1998年。

13.［日］橘瑞超:《中亚探险》，橘瑞超著:《橘瑞超西行记》，柳洪亮译，新疆人民出版社1999年。

14.［瑞典］斯文·赫定著:《马仲英逃亡记》，王嘉琳、凌颂纯译，宁夏人民出版社2003年。

15.［芬兰］马达汉著:《马达汉西域考察日记(穿越亚洲——从里海到北京的旅行1906—1908)》，王家骥译，中国民族摄影艺术出版社2004年。

16.［澳大利亚］莫理循著:《一个澳大利亚人在中国》，窦坤译，福建教育出版社2007年。

17.［澳大利亚］莫理循图/文，窦坤、海伦编译:《1910，莫理循中国西北行》(上)，福建教育出版社2008年。

18.［英］C. P. 斯克莱因、P. 南丁格尔著:《马继业在喀什噶尔：1890—1918年英国、中国和俄国在新疆活动真相》，贾秀慧译，新疆人民出版社2013年。

文史资料

1. 中国人民政治协商会议新疆维吾尔自治区委员会文史资料研究委员会编:《新疆文史资料选辑》(第1辑)，新疆人民出版社1979年。

2. 中国人民政治协商会议新疆维吾尔自治区委员会文史资料研究委员会编:《新疆文史资料选辑》(第2辑),新疆人民出版社1979年。

3. 中国人民政治协商会议新疆维吾尔自治区委员会文史资料研究委员会编:《新疆文史资料选辑》(第3辑),新疆人民出版社1979年。

4. 中国人民政治协商会议新疆维吾尔自治区委员会文史资料研究委员会编:《新疆文史资料选辑》(第4辑),新疆人民出版社1979年

5. 中国人民政治协商会议新疆维吾尔自治区委员会文史资料研究委员会编:《新疆文史资料选辑》(第11辑),新疆人民出版社1982年。

6. 中国人民政治协商会议新疆维吾尔自治区委员会文史资料研究委员会编:《新疆文史资料选辑》(第14辑),新疆人民出版社1985年。

7. 中国人民政治协商会议新疆维吾尔自治区委员会文史资料研究委员会编:《新疆文史资料选辑》(第20辑),新疆人民出版社1986年。

8. 余骏升主编:《新疆文史资料精选》(第4辑),新疆人民出版社1998年。

9. 中国人民政治协商会议乌鲁木齐市委员会文史资料研究委员会编:《乌鲁木齐文史资料》(第2辑),新疆青年出版社1982年。

10. 中国人民政治协商会议乌鲁木齐市委员会文史资料研究委员会编:《乌鲁木齐文史资料》(第4辑),新疆青年出版社1982年。

11. 中国人民政治协商会议乌鲁木齐市委员会文史资料研究委员会编:《乌鲁木齐文史资料》(第5辑),新疆青年出版社1983年。

12. 中国人民政治协商会议乌鲁木齐市委员会文史资料研究委员会编:《乌鲁木齐文史资料》(第6辑),新疆青年出版社1983年。

13. 中国人民政治协商会议乌鲁木齐市委员会文史资料研究委员会编:《乌鲁木齐文史资料》(第8辑),1984年(内部资料)。

14. 中国人民政治协商会议乌鲁木齐市委员会文史资料研究委员会编:《乌鲁木齐文史资料》(第9辑),七二二零工厂印刷1985年(内部资料)。

15. 中国人民政治协商会议乌鲁木齐市委员会文史资料研究委员会编:《乌鲁木齐文史资料》(第10辑),七二二零工厂印刷1985年(内部资料)。

16. 中国人民政治协商会议乌鲁木齐市委员会文史资料研究委员会编:《乌鲁木齐文史资料》(第11辑),七二二零工厂印刷1986年(内部资料)。

17. 中国人民政治协商会议乌鲁木齐市委员会文史资料研究委员会编:《乌鲁木齐文史资料》(第12辑),新疆青少年出版社1986年。

18. 中国人民政治协商会议乌鲁木齐市委员会文史资料委员会编:《乌鲁木

齐文史资料》(第16辑),新疆兵团印刷厂1993年(内部资料)。

19. 乌鲁木齐市政协学习文史委员会编:《乌鲁木齐文史资料》(第17辑),新疆人民出版社1997年。

20. 中国人民政治协商会议乌鲁木齐市天山区委员会编:《天山区文史资料》(第2辑),工人时报印刷厂1995年(内部资料)。

21. 中国人民政治协商会议乌鲁木齐市天山区委员会编:《天山区文史资料》(第4辑),新疆新华印刷厂1997年(内部资料)。

22. 中国人民政治协商会议乌鲁木齐市天山区委员会编:《天山区文史资料》(第7辑·城区建设专辑),2005年(内部资料)。

23. 中国人民政治协商会议奇台县委员会文史资料研究委员会编:《奇台县文史资料》(第14辑),奇台县印刷厂1988年(内部资料)。

24. 中国人民政治协商会议奇台县委员会文史资料研究委员会编:《奇台县文史资料》(第26辑),奇台县印刷厂1991年(内部资料)。

25. 中国人民政治协商会议奇台县委员会文史资料研究委员会编:《奇台文史》(第1辑),奇台县印刷厂1991年(内部资料)。

26. 中国人民政治协商会议新疆维吾尔自治区奇台县委员会文史资料委员会编:《奇台文史》(第2辑),奇台县印刷厂1992年(内部资料)。

27. 中国人民政治协商会议新疆维吾尔自治区奇台县委员会文史资料委员会编:《奇台文史》(第3辑),奇台县印刷厂1994年(内部资料)。

28. 中国人民政治协商会议、新疆维吾尔自治区奇台县委员会文史资料委员会编:《奇台文史》(第5辑),奇台县印刷厂1995年(内部资料)。

29. 中国人民政治协商会议、新疆维吾尔自治区奇台县委员会文史资料委员会编:《奇台文史》(第6辑),奇台县印刷厂1997年(内部资料)。

30. 奇台县政协文史资料委员会编:《奇台文史》(第15辑),新疆新华印刷厂2005年(内部资料)。

31. 奇台县政协文史资料委员会编:《奇台文史》(第16辑),新疆新华印刷厂2007年(内部资料)。

32. 奇台县政协文史资料委员会编:《奇台文史》(精编本),新疆新华印刷厂2006年(内部资料)。

33. 中国人民政治协商会议玛纳斯县委员会文史资料委员会编:《玛纳斯文史资料》(第3辑),1988年(内部资料)。

34. 中国人民政治协商会议、伊犁哈萨克自治州委员会文史资料委员会编:

《伊犁文史资料》(第13辑),伊犁日报社印刷厂1997年(内部资料)。

35. 中国人民政治协商会议喀什市委员会文史资料研究委员会编:《喀什市文史资料》(第6辑),喀什日报印刷厂1991年(内部资料)。

36. 天津市政协文史资料研究委员会、天津西青区政协文史资料研究委员会编:《津西古今采珍》,百花文艺出版社1993年。

37. 天津市西青区政协文史资料研究委员会编:《西青文史》(第9辑),1999年(内部资料)。

38. 天津市西青区政协文化文史委员会编:《西青文史》(第11册·赶大营专辑),2010年(内部资料)。

39. 政协新疆维吾尔自治区委员会文史资料和学习委员会编:《新编新疆文史资料》(第2集),2005年(内部资料)。

40. 乌鲁木齐市政协学习文史委员会编:《民国旧事札记——感悟乌鲁木齐》,新疆人民出版社2007年。

地方志、统计年鉴

1.《柯坪县志》编纂委员会:《柯坪县志》,新疆大学出版社1992年。

2.《库车县志》编纂委员会编,裴孝曾主编:《库车县志》,新疆大学出版社1993年。

3. 奇台县史志编纂委员会编:《奇台县志》,新疆大学出版社1994年。

4. 乌鲁木齐市党史地方志编纂委员会编:《乌鲁木齐市志·城市建设》(第2卷),新疆人民出版社1995年。

5. 乌鲁木齐市党史地方志编纂委员会编:《乌鲁木齐市志·政治》(第5卷),新疆人民出版社1999年。

6. 沙雅县地方志编纂委员会编,李鹏海主编:《沙雅县志》,新疆人民出版社1995年。

7.《霍城县志》编纂委员会编,贺斌主编:《霍城县志》,新疆人民出版社1998年。

8. 乌苏党史地方志编纂委员会编,廖基衡主编:《乌苏县志》,新疆人民出版社1999年。

9. 博尔塔拉蒙古自治州地方志编纂委员会编,刘震主编:《博尔塔拉蒙古自治州志》,新疆大学出版社1999年。

通志

1.《新疆通志》编撰委员会:《新疆通志·民政志》,新疆人民出版社1992年。

2.《新疆通志》编撰委员会:《新疆通志·城乡建设志》,新疆人民出版社1995年。

3.《新疆通志》编撰委员会:《新疆通志·卫生志》,新疆人民出版社1996年。

4.《新疆通志》编撰委员会:《新疆通志·商业志》,新疆人民出版社1998年。

5.《新疆通志》编撰委员会:《新疆通志·语言文字志》,新疆人民出版社2000年。

研究著作

1.张玉法:《清季的立宪团体》,台湾“中央”研究院中国近代史研究所1971年。

2.新疆社会科学院民族研究所编:《新疆简史》(第1册),新疆人民出版社1980年。

3.许涤新、吴承明主编:《中国资本主义发展史》(第2卷),人民出版社1990年。

4.陆仰渊、方庆秋主编:《民国社会经济史》,中国经济出版社1991年。

5.朱英:《辛亥革命时期新式商人社团研究》,中国人民大学出版社1991年。

6.中国社会科学院近代史研究所编:《国外中国近代史研究》(第20辑),中国社会科学出版社1992年。

7.史若民:《票商兴衰史》,中国经济出版社1992年。

8.殷晴等编:《新疆经济开发史研究》(上),新疆人民出版社1992年。

9.厉声:《新疆对苏(俄)贸易史(1600—1990)》,新疆人民出版社1993年。

10.马敏、朱英:《传统与近代的二重变奏——晚清苏州商会个案研究》,巴蜀书社1993年。

11.罗澍伟:《近代天津城市史》,中国社会科学出版社1993年。

12.何一民:《中国城市史纲》,四川大学出版社1994年。

13.刘佛丁、王玉茹:《中国近代的市场发育与经济增长》,高等教育出版社1996年。

14.陆学艺:《社会学》,知识出版社1996年。

15.马文华:《新疆教育史稿》,新疆大学出版社1998年。

16. 隗瀛涛主编：《中国近代不同类型城市综合研究》，四川大学出版社1998年。

17. 董庆煊、穆渊著：《新疆近二百年的货币与金融》，新疆大学出版社1999年。

18. 陈超、陈慧生：《民国新疆史》，新疆人民出版社1999年。

19. 樊矫健主编：《往事回眸——20世纪新疆图片纪事》（第1辑），新疆美术摄影出版社1999年。

20. 周泓：《民国新疆社会研究》，新疆大学出版社2001年。

21. 马敏：《商人精神的嬗变——近代中国商人观念研究》，华中师范大学出版社2001年。

22. 朱英：《近代中国商人与社会》，湖北教育出版社2002年。

23. 黄鉴晖：《明清山西商人研究》，山西经济出版社2002年。

24. 黄鉴晖：《山西票号史》，山西经济出版社2002年。

25. 彭南生：《行会制度的近代命运》，人民出版社2003年。

26. 苗普生、田卫疆主编：《新疆史纲》，新疆人民出版社2004年。

27. 何一民主编：《近代中国城市发展与社会变迁》，科学出版社2004年。

28. 蔡锦松著：《盛世才外传》，中共党史出版社2005年。

29. 刘建生：《晋商研究》，山西人民出版社2005年。

30. 刘建生：《明清晋商制度变迁研究》，山西人民出版社2005年。

31. 李颖超：《新疆津帮》，新疆人民出版社2006年。

32. 马大正等著：《新疆史鉴》，新疆人民出版社2006 年。

33. 周泓：《群团与圈层——杨柳青：绅商与绅神的社会》，上海人民出版社2008年。

34. 陈其田：《山西票庄考略》，经济管理出版社2008年。

35. 卫聚贤：《山西票号史》，经济管理出版社2008年。

36. 朱英：《近代中国商会行会及商团新论》，中国人民大学出版社2008年。

37. 张仲礼：《近代上海城市研究（1840—1949）》，上海文艺出版社2008年。

38. 田卫疆、伊第利斯·阿不都热苏勒主编：《彩图版中国新疆通史》，新疆美术摄影出版社2009年。

39. 张正明：《晋商兴衰史》，山西经济出版社2010年。

40. 王敏、魏兵兵、江文君、邵建：《近代上海城市公共空间（1843—1949）》，上海辞书出版社2011年。

学术论文

1. 杨平：《从地名看天津史地特点》，《天津师范大学学报》（社科版）1982年第5期。

2. 魏丽英：《明清时期西北城市的“商帮”》，《兰州学刊》1987年第2期。

3. 陈慧生：《杨增新督新时期的新疆商业》，殷晴主编：《新疆经济开发史研究》（上册），新疆人民出版社1992年。

4. 景梦陵：《电影艺术传入新疆始末》，《新疆艺术》1995年第5期。

5. 潘志平：《乾嘉年间新疆的商业贸易研究》，《西北民族研究》1996年第2期。

6. 苏北海：《新疆十四民族之源流、分布及风俗、文化概述》，转引自薛宗正《汉族》，新疆美术摄影出版社1996年。

7. 张洋：《新疆汉语方言的特点》，《语言与翻译》1997年第1期。

8. 袁澍：《新疆会馆探幽》，《西域研究》2001年第1期。

9. 张绍梅、张华军：《论清代新疆山西会馆》，《新疆职业大学学报》2002年第3期。

10. 周泓：《杨增新、金树仁统治时期中国新疆的内外贸易》，《西北民族研究》2003年第4期。

11. 黄达远：《晚清新疆城镇化初探》，《西域研究》2005年第3期。

12. 佘健明、袁纣卫：《绥远回族商帮的内部结构》，《回族研究》2006年第4期。

13. 李刚、袁娜：《论清代陕西商人在新疆的活动及其会馆建设》，《新疆大学学报》2006年第5期。

14. 王平：《新疆回族驼运业的调查与研究》，《回族研究》2006年第3期。

15. 杨俊国、马世祥：《试论清代新疆晋商》，《昌吉学院学报》2008年第2期。

16. 王泽民：《试论杨增新的民族语言观念》，《新疆大学学报》2010年第2期。

17. 陶德臣：《晋商与清代新疆茶叶贸易——新疆茶叶贸易史研究之二》，《中国社会经济史研究》2015年第4期。

18. 贾秀慧：《“津帮”在近代新疆的商业活动述评》，《西北民族研究》2005年第3期。

19. 贾秀慧：《晚清民国时期乌鲁木齐城市近代化述论》，《西域研究》2007年第2期。

20. 贾秀慧:《晚清民国时期新疆的社会生活变迁》,《新疆大学学报》2008年第6期。

21. 贾秀慧:《晚清民国时期新疆的政治近代化述评》,《新疆社会科学》2009年第2期。

22. 贾秀慧:《民国后期新疆的工商同业工会初探》,《西域研究》2010年第4期。

学位论文

1. 文璐:《近代以来新疆通商口岸的开设与发展》, 2005年新疆大学硕士学位论文。

2. 刘卓:《新疆的内地商人研究——以晚清、民国为中心》, 2006年复旦大学博士学位论文。

3. 夏晨茹:《清末民国时期新疆商会研究》, 2007年新疆大学硕士学位论文。

4. 李明娟:《二十世纪上半叶乌鲁木齐娱乐活动述评》, 2010年新疆大学硕士学位论文。

5. 董霞:《清至民国时期乌鲁木齐社会生活》, 2010年新疆大学硕士学位论文。

6. 杜玲:《清代内地与新疆茶叶贸易探析》, 2010年新疆大学硕士学位论文。

后　记

《近代商帮与社会转型研究》一书是在国家社科基金一般项目“近代新疆的汉族商帮研究”（12BZS089）的基础上增补、修改而成，也是“天山英才”培养计划哲学社会科学人才和新疆文化名家项目资助（2023WHMJ012）阶段性研究成果。本着解读近代新疆商帮历史贡献与现实意义的初心，我认真搜集资料，研读资料的过程就是一次深入了解近代商帮的心灵之旅。

在本书付梓之际，要特别致谢我的家人，特别是我的父母，你们是我前进道路上不竭的动力，是你们的鼓励、赞赏与支持，使我在学术道路上砥砺前行！

感谢我的导师吴福环先生对我的学术指导与帮助！

感谢“赶大营”后裔石丽莹、崔庆吉、王自立等对本书资料方面的支持和帮助！

感谢天津市文史研究馆方兆麟老师、新疆档案馆郭红霞老师的无私帮助！

感谢新疆大学铸牢中华民族共同体意识研究基地对本书的支持！

感谢为本书出版付出辛勤劳动的出版社朋友！

谨以此书献给我的母亲，表达我对母亲深深的怀念！

谨以此书献给所有不畏艰险、百折不挠，维护祖国统一、繁荣新疆经济、创造“百艺进疆”伟绩、谱写民族大团结史诗的近代商帮前辈们！

2025年7月11日于新疆乌鲁木齐